汽车专业高技能职业教育“十二五”规划教材

汽车底盘电控系统原理与检修

张　蕾　主　编

机　械　工　业　出　版　社

本书以现代汽车底盘电子控制技术的理论基础为重点，系统介绍了电控液力自动变速器、新型自动变速器、车轮防滑转电控系统（ABS、TRC）、电控悬架系统、电控转向系统等最新底盘电子控制技术的理论知识，以及各系统的组成、分类、工作原理、故障诊断与维修等内容。

本书可以作为汽车设计与制造、车辆工程、汽车运用、汽车服务工程和交通运输等专业应用型本科及高职院校教材，同时还适用于汽车维修高级工、维修技师培训及汽车检测人员学习参考。

图书在版编目（CIP）数据

汽车底盘电控系统原理与检修/张蕾主编. —北京：机械工业出版社，2012.7（2020.1 重印）
汽车专业高技能职业教育“十二五”规划教材
ISBN 978-7-111-38838-8

Ⅰ.①汽… Ⅱ.①张… Ⅲ.①汽车—底盘—电气控制系统—理论—高等职业教育—教材②汽车—底盘—电气控制系统—车辆修理—高等职业教育—教材 Ⅳ.①U472.41

中国版本图书馆 CIP 数据核字（2012）第 130942 号

机械工业出版社（北京市百万庄大街 22 号　邮政编码 100037）
策划编辑：齐福江　责任编辑：齐福江　杨　帆
版式设计：霍永明　责任校对：肖　琳
封面设计：陈　沛　责任印制：郜　敏
北京中兴印刷有限公司印刷
2020 年 1 月第 1 版第 8 次印刷
184mm×260mm · 15.25 印张 · 371 千字
15 401—17 300 册
标准书号：ISBN 978-7-111-38838-8
定价：36.00 元

凡购本书，如有缺页、倒页、脱页，由本社发行部调换

电话服务	网络服务
服务咨询热线：010-88379833	机 工 官 网：www.cmpbook.com
读者购书热线：010-88379649	机 工 官 博：weibo.com/cmp1952
	教育服务网：www.cmpedu.com
封面无防伪标均为盗版	金 书 网：www.golden-book.com

前言

Foreword

随着电子工业的迅速发展，现代汽车的底盘电控技术发生了巨大的变革，对提高汽车的动力性、安全性、舒适性、操纵稳定性及平顺性起到了重要的作用。汽车制造业、汽车组装行业、汽车检测行业、汽车维修行业等许多相关行业都需要大量的熟练掌握汽车底盘电控技术的人才，因此各高等院校、职业院校都积极开设了汽车底盘电控技术课程，以满足汽车科技飞速发展的需要。

为了帮助汽车相关专业的学生以及汽车使用与维修人员全面系统地掌握现代汽车底盘电控技术，适应汽车新技术发展的需要，编者根据多年的教学实践和科学研究，并参阅了大量的文献、资料和专著，编写了本书，力求全面、系统地介绍汽车底盘电控技术的基本原理、基本组成、工作过程以及相关部件的结构。本书编写具有如下特征：

(1) 全面性。本书内容广泛，涉及汽车底盘电子控制技术的各个方面。内容重点放在对汽车电子控制技术的学习和应用方面，摒弃了不必要的理论学习和繁复的控制软件实现技术。

(2) 新颖性。编写内容包括最新的底盘电子控制技术，注重与时代发展同步。对于落后的电子控制技术，不再进行详细讲解。

(3) 形象化。采用多种图形对电控系统的组成、部件结构及工作原理进行解释，有助于读者的理解和记忆。

(4) 实用性。本书注重知识的实际应用能力，每章都包括本系统故障诊断的基本方法、故障诊断步骤等，培养学生的故障诊断能力。

本书共七章。其中第一章为绪论；第二章为汽车电控液力自动变速器；第三章为新型自动变速器，内容包括电控无级自动变速器、电控机械自动变速器、双离合器自动变速器；第四章为汽车车轮防滑转电控系统，内容包括电控防抱死制动系统（ABS)、电控驱动防滑控制系统（ASR)；第五章为汽车电控悬架系统；第六章为汽车电控转向系统，内容包括液压式电控动力转向系统、电动式电控动力转向系统、四轮转向控制系统；第七章为最新底盘电子控制系统，内容包括辅助制动电控系统、电子驻车制动系统、电子液压制动系统（EHB）、电动式电控动力转向（ESP）系统、车辆稳定控制系统（VSC）等。

本书由天津职业技术师范大学张蕾主编，第一章、第二章、第四章由张蕾编写，第三章由高鲜萍编写，第五章由魏健编写，第六章由宋建锋编写，第七章由张希通编写。参加编写的人员还有：石传龙、邢艳云、包丕利、徐湜清等。

由于编者水平有限，书中难免存在一些缺点和错误，诚望读者批评指正。

意见反馈及交流合作邮箱：502135950@qq.com。

编　者

目录

Contents

第四章 车轮防滑转电控系统

第五章 电控悬架系统

第六章 电控转向系统

第七章 其他电子控制系统

第一章 汽车底盘电控系统概述

◎基本概念

➢ 汽车底盘电子控制系统的组成

➢ 汽车底盘电子控制系统的功能

★ 案例导入

当前，世界汽车科技发展日新月异，以电子和信息技术为核心的技术革新、技术发明大量涌现，汽车工业正处于创新时代。许多中高级车装备有ABS、EBD、VSC、TRC等电子装备，这些电子控制技术的广泛应用，已经使现代汽车成为“电子控制汽车”。

思考如下问题：

1）什么是ABS、EBD、VSC、TRC?

2）在现代汽车中，你知道应用了哪些底盘电子控制技术，又分别有什么作用?

3）各汽车生产厂商最新推出的车型都采用了哪些底盘电子控制技术?

一、电子控制系统的基本组成

电子控制系统的基本组成可以分为信号输入装置、电子控制单元（ECU）和执行元件三大部分，如图1-1所示。

图1-1 电子控制系统的基本组成

1. 传感器

电子控制系统中的信号输入装置主要是各种传感器。传感器安装在发动机或车上的各个部位，其功用是检测汽车运行状态的电量参数、物理参数和化学参数等，并将这些参数转换成电信号输入ECU。

这些电信号主要包括两种类型：

1）模拟信号：信号电压（或电流）随时间变化而连续变化的信号称为模拟信号。

2）数字信号：信号电压（或电流）随时间变化而不是连续变化的信号称为数字信号。由于采用了计算机技术，与以往的模拟电路相比，数字信号处理的速度和容量都大大提高。

ECU 能够接收的信号为数字信号。

2. 电子控制器

电子控制器（Electronic Control Unit，ECU）又称电子控制组件或电子控制单元，如图 1-2 所示。ECU 是以单片机为核心而组成的电子控制装置，具有很强的数学运算和逻辑判断功能。汽车电子控制器 ECU 主要由输入回路、单片微型计算机（单片机）和输出回路三部分组成。输入回路和输出回路一般都与单片机一起制作在一个金属盒内，固定在车内不易受到碰撞的部位，如仪表台下面或座椅下面等。

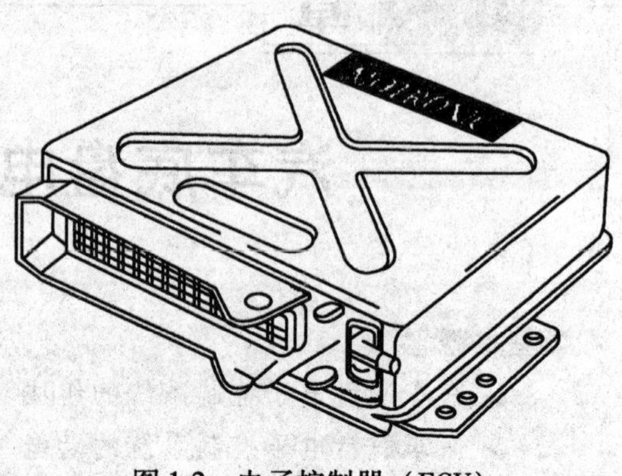

图 1-2 电子控制器（ECU）

3. 执行元件

执行元件是控制系统的执行机构，其功用是接受 ECU 输出的各种控制指令，完成具体的控制动作，从而使各种控制目标于最佳的工作状态。执行元件的类型主要有电动机、继电器、开关和电磁阀。

二、汽车底盘电子控制技术的应用

随着汽车工业的飞速发展，计算机在汽车上的应用越来越广泛，汽车底盘技术也相应地发生了重大的改革，正朝着电子化、智能化方向发展，使汽车的驾驶更方便，乘坐更舒适、安全。汽车底盘电子控制系统主要包括：电控自动变速器、制动防抱死系统、驱动防滑转系统、电控悬架系统、转向控制系统等。

1. 电控液力自动变速器

电控自动变速器（Electronic Automatic Transmission）可以通过自动变速器 ECU 对发动机的负荷和汽车车速信号的判断，自动地实现档位的变换，减轻驾驶人的体力消耗，提高汽车行驶安全性。电控液力自动变速器由液力变矩器、变速齿轮和电控液压操纵系统组成，通过液力传递和齿轮组合的方式实现变速变矩。由节气门位置传感器提供负荷信号，由安装在变速器输出轴的转速传感器得到对应的车速信号，自动变速器 ECU 通过对负荷信号和车速信号的分析，得出最佳的换档时刻，控制电磁阀使相应的油路通断，实现不同的齿轮组合，得到适合的档位。目前越来越多的轿车甚至货车都安装了自动变速器。

2. 无级变速器

无级变速器（Electronic Continuously Variable Transmission）是一种比较理想的汽车动力传动装置。通过 V 形金属带实现动力的传递，根据发动机的状况和汽车的车速，可以连续不间断地改变传动比，使发动机始终处于最佳的稳定转速，得到最佳的动力性、经济性和排放性能。电控无级变速器采用金属传动带和可变槽宽的带轮进行动力传递，由电控单元控制带轮变化来改变槽宽，相应改变驱动带轮与从动带轮上传动带的接触半径进行连续变速。

3. 防抱死制动系统

防抱死制动系统能在各种路面上防止汽车制动时车轮抱死。该系统可以提高制动效能，防止汽车在制动和转弯时产生侧滑，是保证行车安全、防止事故发生的重要措施。这种系统利用电子电路自动控制车轮制动力，充分发挥制动器的效能，提高制动减速效率和缩短制动距离，并能有效提高车辆制动的稳定性，防止车辆侧滑和甩尾，减少车祸，因此被认为是当前提高汽车行驶安全性的有效措施之一。目前国内外轿车和客车上已广泛使用。

防抱死制动系统以最佳车轮滑移率（或最佳减速度）为控制目标，ECU 根据轮速传感器（有的车上还设有减速度传感器）检测到的车轮转速进行控制。在制动过程中，当 ECU 根据车轮转速信号判断到车轮即将被抱死时，便向执行元件发出控制指令，使执行元件动作，调节作用在制动轮缸内的液压，从而控制作用在车轮上的制动力，使车轮始终工作在不被抱死（滑移率为 10% ~30%）的状态下，从而达到最佳制动效果。

4. 驱动防滑转系统

驱动轮滑转是指汽车在起步时驱动轮不停地转动，但汽车却原地不动，或者在加速时汽车车速不能随驱动轮转速的提高而提高。驱动轮滑转的根本原因是汽车的驱动力超过了地面的附着力。当驱动轮滑转时，汽车会失去方向稳定性和转向控制能力，使得安全性能变差，还会加剧轮胎的磨损，所以驱动防滑转系统应运而生。

汽车在起步或加速过程中，四个车轮上的轮速传感器不停地向驱动防滑转系统 ECU 输送各车轮转速信号，ECU 根据这四个轮速信号计算出车轮的滑转率，并判断滑转率是否在最佳范围内。当 ECU 判断出某车轮的滑转率不在最佳范围内时，便向执行器发出指令，通过调节发动机的输出功率，以及对差速器进行锁止控制等控制方式降低滑转率，使车轮的滑转率保持在最佳范围内，充分利用地面附着力，提高汽车起步、加速等工况的方向稳定性。

5. 电控悬架系统

电控悬架系统能根据不同路面状况和驾驶工况，控制车辆高度，调整悬架的阻尼特性及弹性刚度，改善车辆行驶的稳定性、操纵性和乘坐舒适性，使汽车的有关性能始终处于最佳状态。

目前大多数汽车的悬架都是被动式悬架，即汽车的车轮和车身状态只能被动地取决于路面及行驶状况，以及汽车的弹性支承元件、减振器和导向机构。20 世纪 80 年代以来，半主动悬架和主动悬架开始在一部分汽车中得到应用。

主动悬架是根据行驶条件随时对悬架系统的刚度、减振器的阻尼力以及车身的高度和姿势进行调节，使汽车的有关性能始终处于最佳状态。调节方式可以是机械式的，也可以是电子控制式的，这种调节需要消耗能量，因此系统中需要能源。

半主动悬架仅对减振器的阻尼力进行调节，有些还对横向稳定器的刚度进行调节，调节方式也有机械式和电子控制式两种，这种调节不需消耗能量，因此系统中不需要能源，即系统是无能源的。

1987 年，世界上首次推出了装有空气弹簧的主动悬架，它是一种通过改变空气弹簧的空气压力来改变弹性元件刚度的主动悬架。1989 年又推出了装有油气弹簧的主动悬架。20 世纪 90 年代以后，电子技术在汽车悬架系统中的应用越来越多。

6. 转向控制系统

转向控制主要包括动力转向控制和四轮转向控制。采用动力转向系统的目的是使转向操纵轻便，提高响应特性。理想的动力转向系统应在停车和低速状态时提供足够的助力，使转向轻便；而随着车速的增加，助力逐渐减少；在高速行驶时则无助力或助力很小，以保证驾驶人有足够的路感。为了实现在各种行驶条件下转向盘上所需的力都是最佳值，电子控制转向系统应运而生。

目前，电控前轮动力转向较为普及，通过控制转向力，保证汽车停驶或低速行驶时转向轻便，而高速行驶时又确保安全。轿车的动力转向发展方向是四轮转向系统，其特点是汽车在转向上只作轻微操作及缓慢转动时，或在改变行驶路线而又高速行驶时，后轮与转向盘转动方向基本一致，这样行车摆动小，稳定性好。在车轮出入车库、左右转向行驶及大转向或做 U 形掉头时，后轮与转向盘转动方向相反，可使汽车轻易转弯，具有较小的转弯半径。电子控制系统能根据驾驶工况，调整后轮转向角的大小，达到提高转向特性和转向响应性以及改善高速行驶稳定性的目的。

7. 其他电控系统

1）碰撞报警/避撞系统。碰撞报警/避撞系统可以分为两类，即被动碰撞报警系统和主动避撞系统。被动系统在探测到潜在危险时只向驾驶人发出报警，而主动系统在这种情况下会自动采取措施以避免碰撞的发生。尽管主动系统可以控制节气门、制动甚至转向，但两者探测危险的工作原理是相同的。目前，用于障碍物探测的技术通常有激光扫描雷达传感器、定波长频率调制技术、摄像机及其相关的算法等。

2）ESP——电子稳定装置（Electronic Stablity Program）。ESP 是由奔驰汽车公司首先应用在它的 A 级车上的，实际上也是一种防滑控制系统。他通过转向盘转角传感器和横向加速度传感器、横摆率传感器的信号进行比较，判定车辆在转向时的状态是转向不足、还是转向过度，同时控制制动系统制动相应的车轮，防止高速转向时不稳定现象的发生，提高汽车安全性、转向稳定性、通过性。

3）EBD——电子制动力分配系统（Electronic Brakeforce Distribution）。EBD 能够根据汽车制动时产生轴荷转移的不同，自动调节前、后轴的制动力分配比例，提高制动效能，并配合 ABS 提高制动稳定性。汽车在制动时，四个轮胎附着的地面条件是不同的，EBD ECU 在汽车制动的瞬间，分别对四个轮胎附着的不同地面进行感应、计算，得出不同的摩擦力数值，使四个轮胎的制动装置根据不同的情况用不同的方式和力量制动，并在运动中不断高速调整，从而保证车辆的平稳、安全。

4）EHB——电控液压制动系统（Electro-Hydraulic-Brake）。通过高压储液缸产生制动力。在制动时，EHB ECU 根据制动踏板力的大小，并结合汽车的其他数据（如滑移率等）计算各个车轮所需的制动压力，然后由车轮制动压力调节器控制各车轮的制动压力。在电控液压制动系统中，仍将保留液压的车轮制动器。在正常工作情况下，它们与制动踏板是相互独立的，而当 EHB 系统失效时，驾驶人的踏板力会按照传统的液压制动方式经制动主缸传递到前轮制动器上。

5）VSC——车辆稳定控制系统（Vehicle Stability Confrol）。车辆稳定性控制（VSC）用来帮助避免事故发生，且部分地可参与自动避免事故的发生。VSC 系统的作用是帮助驾驶人完成限制汽车侧滑的最佳驾驶操作。也就是说，VSC 系统是除 ABS 和 TRC 之外，在汽车所有运行方向（前进、后退和侧向）提供有限防护功能，以限制汽车操纵失控的控制系统。

三、汽车底盘电子控制系统的发展趋势

1. 汽车底盘的线控技术

所谓线控就是用电子信号的传送取代过去由机械、液压或气动的系统连接的部分，如换档连杆、节气门拉索、转向器传动机构、制动油路等。它不仅是取代连接，而且还实现了包括操纵机构和操纵方式的变化，以及执行机构的电气化，这将改变汽车的传统结构。图1-3所示为线控过程的基本组成，全面线控的实现意味着汽车由机械到电子系统的转变。线控技术要求网络的实时性好、可靠性高，而且一些线控部分要求功能实现的冗余，以保证在一定的故障时仍可以实现这个装置的基本功能。就像现在的ABS和动力转向一样，在电路故障时仍具有制动和转向的基本功能，这就要求用线控的网络数据传输速度高、时间特性好且可靠性高。

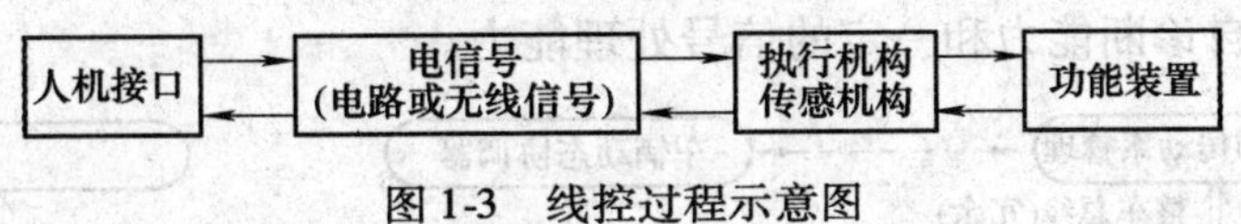

图1-3 线控过程示意图

日前汽车底盘的线控技术包括线控换档系统、制动系统（如电液制动系统EHB、电子机械制动系统EMB）、悬架系统、增压系统、节气门系统和转向系统等。线控技术具有如下优点：

1）无需使用液压制动或其他任何液压装置，使汽车更为环保。

2）减小了正面碰撞时的潜在危险性，并为汽车设计提供了更多空间。

3）线控的灵活性使汽车设计、工程制造和生产过程中的成本大为降低，且降低了维护要求和车身重量。

2. 汽车底盘集成化技术

现代汽车底盘电子控制系统正从最初的单一控制发展到多变量多目标综合协调控制，这样可以在硬件上共用传感器、控制器件、电路，使零件数量减少，从而减少连接点，提高可靠性；在软件上实现信息融合、集中控制，提高和扩展各自的单独控制功能。

（1）ABS/ASR/ESP的集成化　ABS/ASR装置成功地解决了汽车在制动和驱动时的方向稳定性，但不能解决汽车转向行驶时的方向稳定性。汽车转向行驶时，只有当地面能够提供充分的转向力时，驾驶人才能控制住车辆，使其按照预定的方向行驶。如果地面侧向附着能力比较低，不能提供足够的转向力，汽车将侧向滑出。ABS/ASR/ESP集成系统的应用，在制动、加速和转向方面满足了驾驶人的较高要求，提高了汽车的主动行驶安全性。

（2）ABS/ASR/ACC的集成化　在ABS/ASR电子控制装置硬件的基础上，增加了接收车距传感器信号的电子电路、ACC常闭式和常开式进油电磁阀电子驱动电路。在原ABS控制模块和ASR控制模块的软件基础上，增加一个ACC控制模块，并与ABS/ASR电子控制模块进行有机融合，用来实时处理、计算和确定汽车的行驶状态和车轮的转动状态。汽车ABS/ASR/ACC集成化系统具有优先支持驾驶人操作的功能和ABS优先工作的功能。

（3）汽车底盘全方位控制系统　汽车传动控制系统、电子悬架系统、电子转向系统、制动系统等集成融合在一起成为综合的汽车底盘电子控制系统。各控制功能集中在一个

ECU 中，通过 CAN 总线实现信息共享、资源综合利用。

3. 集成底盘管理系统

随着汽车技术和电子技术的进步，汽车的底盘电子控制系统将逐步形成一个集成底盘管理（ICM）系统。该系统将集成所有的底盘电控子系统，实现各子系统间硬件、能量和信息的共享，以最大限度地获取系统集成带来的增效作用，提高汽车的安全性、舒适性和经济性。图 1-4 所示为 ICM 系统的层次结构，结构图的上层只包含一些关键的监控功能，在这一层次上系统通过一个“协调器”ECU 实现对发动机/传动系、底盘系统等的管理。图 1-4 上图中空白方块可以代表其他的功能，如导航和 ACC 功能。结构图的下层代表目前的电控系统，不过它们不再是单独工作的模块，而是在上层单元管理、监控下协调工作。系统中的传感器和执行器可以分为两类：传统型和智能型。传统型传感器和执行器与各自的 ECU 之间只有直接的物理连接，而智能传感器和执行器与 ECU 之间则使用总线接口传输数据，一般情况下它们都具有自诊断能力和一定的信号处理能力。

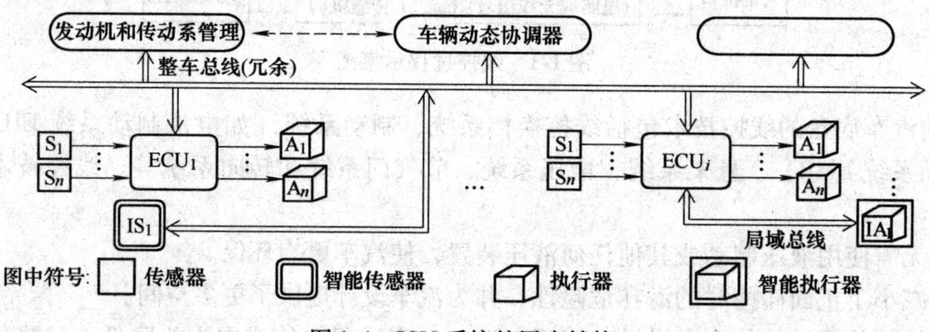

图 1-4　ICM 系统的层次结构

集成底盘管理系统的实现将是一个长期、渐进的过程，还有赖于电子、通信等技术的发展，但毋庸置疑，它的实现必将推动汽车技术的整体飞跃。

思考题

1）汽车底盘电子控制技术的应用对汽车的动力性、燃油经济性、安全性有哪些影响？

2）你还知道哪些先进的汽车底盘电子控制技术，它们有什么作用？

练习题

1. 填空题

1）电子控制系统中的信号输入装置是________。

2）传感器安装在汽车的各个部位，其功用是检测汽车运行状态的________、物理参数和________等，并将这些参数转换成计算机能够识别的电信号输入 ECU。

3）模拟信号是：________________。

4）数字信号是：________________。

5）汽车电子控制器 ECU 主要由________、单片机和________三部分组成。

6）执行元件类型主要包括________、继电器、开关和________。

7）汽车底盘电子控制主要包括：________、制动防抱死系统、________、电控悬架系统、________等。

8）自动变速器 ECU 通过传感器（如________、________等）将节气门开度、汽车车速转变为电信号并输入 ECU，ECU 通过电磁阀控制换档执行元件的动作实现换档。

9）ABS 系统利用电子电路自动控制车轮制动力，提高制动减速和缩短________，并能有效提高车辆制动的________，防止车辆侧滑和甩尾，减少车祸。

10）驱动轮滑转是指汽车在起步时________不停地转动，但汽车却________，或者在加速时汽车车速不能随驱动轮转速的提高而提高。

11）主动悬架是根据行驶条件，随时对悬架系统的________、减振器的________以及车身的高度和姿势进行调节，使汽车的有关性能始终处于最佳状态。

12）理想的动力转向系统应在停车和低速状态时能提供________的助力，在高速行驶时则________，以保证驾驶人有足够的路感。

13）EBD 能够根据由于汽车制动时产生轴荷转移的不同，而自动调节前、后轴的________分配比例，提高制动效能，并配合________提高制动稳定性。

2. 简答题

1）电控自动变速器的作用？

2）防抱死制动系统的作用？

3）驱动防滑转系统的作用？

4）电控悬架系统的作用？

5）转向控制系统的作用？

6）ESP 系统的作用？

第二章 电控液力自动变速器

◎ **掌握技能**

➢ 正确拆装辛普森式自动变速器
➢ 正确拆装拉维娜式自动变速器
➢ 正确读取故障码
➢ 正确检修各种传感器的故障
➢ 正确检修各种液压阀、电子控制阀的故障
➢ 正确检修自动变速器升档过迟等常见故障

◎ **基本概念**

➢ 自动变速器电子控制系统的组成及各部分的作用
➢ 液力变矩器的工作原理
➢ 单排行星轮机构传动原理
➢ 锁止离合器的工作条件
➢ 自动变速器中多片式离合器的工作过程
➢ 自动变速器中多片式制动器的工作过程
➢ 自动变速器中带式制动器的工作过程
➢ 典型的辛普森式行星轮系统结构特征及各档动力传递路线
➢ 典型的拉维娜式行星轮系统结构特征及各档动力传递路线
➢ 电磁阀的分类及工作原理
➢ 自动变速器的换档控制过程
➢ ECU 如何控制换档时刻
➢ ECU 如何控制换档品质
➢ ECU 有哪些失效保护功能

★ 案例导入

一辆丰田皇冠轿车，发动机型号 2JZ-GE、自动变速器型号 A340E。车主反应速度达到 80km/h 后，有时车速上不去，要慢慢地踩加速踏板才能提速，故障指示灯不亮。

经检查，失速转速在规定范围，可以排除液力变矩器故障；再检查节气门位置传感器，发现其在关闭、1/4 开度和 1/2 开度时都正常，超过 1/2 开度时，电阻值异常。更换新的节气门位置传感器，症状消失。分析原因是由于节气门位置传感器指示不准确，而 ECU 误认为无提速请求，因此故障指示灯不亮。另外，自动变速器控制模块需要依靠节气门位置传感器提供信号，因此自动变速器也得不到加速请求，因此不能主动升档。

根据上述案例，请思考下列问题：

1）自动变速器中有哪些电子控制系统？

2）节气门位置传感器在自动变速器控制系统中有何作用？

第一节　概　述

随着现代汽车工业的快速发展，自动变速器在汽车上得到了日益广泛的应用。早期的自动变速器效率低、油耗高、价格贵，仅用在军用车辆、公共汽车和高档轿车上。20 世纪 70 年代以后，自动变速器的性能有了很大的改善，许多中档轿车甚至低档轿车都装备了自动变速器。到 20 世纪 90 年代，自动变速器已经发展成为机电一体化的高技术产品，在汽车上的使用率大大提高。

所谓自动变速器，就是指汽车离合器和变速器的操纵都实现了自动化，简称 AT（Automatic Transmission）。目前自动变速器的自动换档过程都是由自动变速器的电子控制单元（ECU）控制的，因此自动变速器又简称为 EAT、ECAT、ECT 等。

1. 自动变速器的特点

（1）优点

1）整车具有更好的驾驶性能。自动变速器可以根据发动机工况和车速进行自动换档，使整车自动达到良好的驾驶性能，并获得最佳的燃油经济性和动力性。驾驶性能与驾驶人的技术水平关系不大，因而特别适用于非职业驾驶人。

2）良好的行驶性能。自动变速装置的档位变换平稳，乘坐舒适性好。通过液力传动和 ECU 控制换档，可以消除或降低动力传递系统中的冲击和动载。试验表明，在坏路段行驶时，自动变速器的车辆传动轴承受的最大动载转矩只有手动变速器的 20% ~40%；原地起步时，最大动载转矩只有手动变速器的 50% ~70%，并且能大幅度延长发动机和传动系零部件的寿命。同时，由于液力变矩器是液体传力，可以实现无级变速，使汽车起步、加速更加平稳，还能避免由于负荷过大而造成的发动机熄火。

3）较好的行车安全性。在车辆行驶过程中，驾驶人必须根据道路、交通条件的变化，对车辆的行驶方向和速度进行改变和调节。以城市车辆高峰交通为例，车辆平均每分钟换档 3 ~5 次。由于这种连续不断的频繁操作，易使驾驶人的注意力分散，产生疲劳，造成交通事故增加。自动变速的车辆取消了离合器踏板和变速杆，只需控制加速踏板就能自动变速，从而减轻驾驶人的疲劳强度，使行车事故率降低、平均车速提高。

4）降低废气排放。发动机在怠速和高速运行时，废气中的一氧化碳或碳氢化合物的浓度较高，而自动变速器的应用，可以使发动机经常处于经济转速区域内运转，也就是在较小污染排放的转速范围内工作，从而降低排气污染。

5）故障自诊断。电控自动变速器有失效保护、故障自诊断等功能。

（2）缺点

1）结构较复杂。与手动变速器相比，自动变速器的结构较复杂，零件加工难度大，生产成本较高。

2）传动效率低。与手动变速器相比，自动变速器的效率低。不过目前通过与发动机的匹配优化、液力变矩器锁止、增加档位数等措施，自动变速器的效率已经接近手动变速器的水平。

2. 自动变速器的分类

自动变速器有多种分类方式。

（1）按驱动方式分类　按照汽车驱动方式的不同，可以分为后驱动自动变速器和前驱动自动变速器。

后驱动自动变速器的变矩器和齿轮变速器的输入轴及输出轴在同一轴线上，发动机的动力经变矩器、变速器、传动轴、后驱动桥的主减速器、差速器和半轴传给左右两个后轮。前驱动自动变速器在自动变速器的壳体内还装有主减速器和差速器，纵置发动机前驱动变速器的结构和布置与后驱动自动变速器基本相同。横置发动机前驱动变速器由于汽车横向尺寸的限制，要求有较小的轴向尺寸，通常将输入轴和输出轴设计成两个轴线的方式，变矩器和齿轮变速器输入轴布置在上方，输出轴布置在下方，减少了变速器总体的轴向尺寸。

（2）按前进档的档位数分类　按前进档的档位数不同，可以分为4个前进档、5个前进档、6个前进档等。新型轿车的自动变速器基本上都是4个前进档，即没有超速档。现在已经出现了7、8个前进档的自动变速器。

（3）按齿轮变速器的类型分类　按齿轮变速器类型的不同，可以分为行星轮式自动变速器和平行轴式自动变速器。行星轮式自动变速器结构紧凑，能获得较大的传动比，被大多数轿车使用。平行轴式自动变速器体积较大，最大传动比较小，只有少数几种车型使用，如本田雅阁轿车。

（4）按控制方式分类　按控制方式不同，可以分为液力控制自动变速器和电子控制自动变速器两种。

液力控制自动变速器通过机械方式，将汽车行驶时的车速和节气门位置开度两个参数变为液压控制信号，阀板中的各个控制阀根据这些液压信号的大小，按照设定的换档规律，通过控制换档执行元件的动作实现自动换档，如图2-1所示。

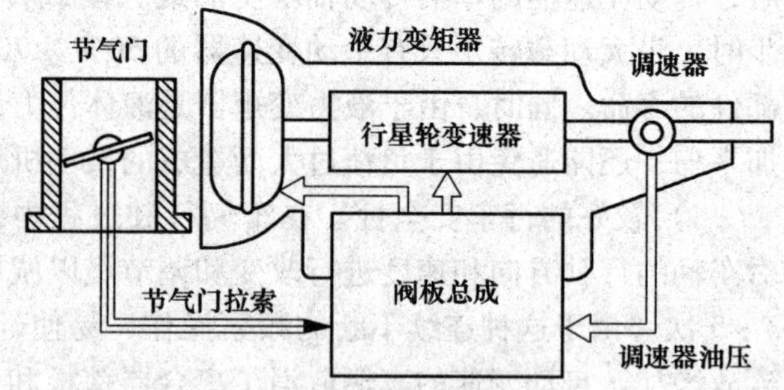

图2-1　液力控制自动变速器控制过程

电子控制自动变速器通过各种传感器，将发动机转速、节气门开度、车速、发动机冷却液温度、自动变速器油温等参数转变为电信号并输入ECU。ECU根据这些信号，按照设定的换档规律，向换档电磁阀、油压电磁阀等发出电子控制信号，换档电磁阀、油压电磁阀再将ECU的电子控制信号转变为液压控制信号，阀板中的各个控制阀根据这些液压控制信号，控制换档执行元件的动作，实现自动换档，如图2-2所示。

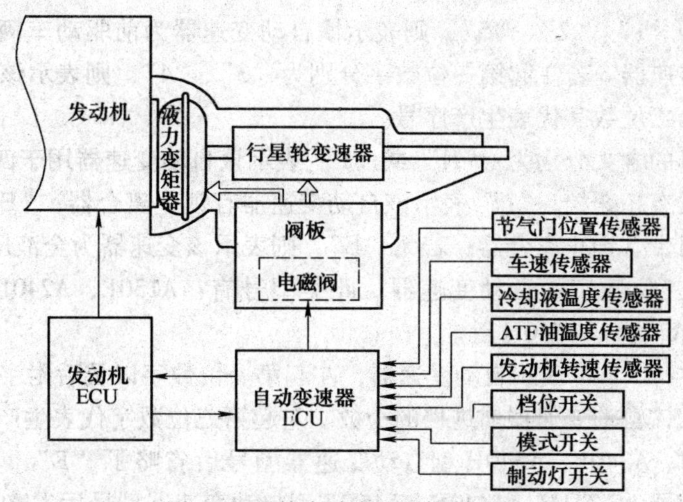

图 2-2 电控自动变速器控制过程

3. 自动变速器型号的含义

(1) 自动变速器型号代表的含义

1) 变速器的性质。字母“A”表示自动变速器，字母“M”表示手动变速器。

2) 自动变速器的生产厂家。例如，德国 ZF 公司生产的自动变速器，其型号前面大多标有“ZF”。

3) 驱动方式。一般用字母“F”表示前驱动，用字母“R”表示后驱动。

4) 前进档位数。表示自动变速器前进档位的个数，用数字表示。

5) 控制类型。变速器的控制方式（包括电控、液控或电液控制）：电控一般用字母“E”表示，液控一般用字母“L”表示，电液控制一般用字母“EH”表示。

6) 改进序号。自动变速器在原变速器基础上改进的顺序号。

7) 额定驱动转矩。在通用、宝马公司的自动变速器型号中有此参数。

(2) 主要公司的自动变速器具体型号含义

1) 通用公司的自动变速器型号。该公司自动变速器的型号主要有 4T60E、4L60E 等。

左起第一位的阿拉伯数字表示前进档的个数，例如“4”表示有 4 个前进档；第二位的字母表示驱动方式，例如“T”表示自动变速器横置（Transverse）；第二位的字母为“L”的表示后驱动；第三位、第四位的数字表示自动变速器的额定驱动转矩，例如 60 为 60N · m。第五位的字母表示控制类型，例如“E”表示电子控制。

2) 宝马 ZF4HP22-EH。“ZF”表示德国 ZF 公司生产；“4”表示前进档位的个数为 4；“H”表示控制类型为液压控制；“P”表示齿轮类型为行星轮机构；数字“22”表示额定驱动转矩为 22N · m；“EH”表示电液控制的类型。

3) 丰田汽车自动变速器型号。丰田公司的自动变速器型号分为两大类：一类为型号中除字母外有两位数字；另一类为型号中除字母外有三位数字。

① 型号中有两位数字的自动变速器。此类型号有：A40、A41、A55、A55F、A40D、A44DL 等。

左起第一位字母“A”代表自动变速器。左起第一位数字表示汽车的驱动方式，若左起第一位数字分别为“1”、“2”、“5”，则表示该自动变速器为前驱动车辆用，即自动变速器内有主减速器与差速器。若左起第一位数字分别为“3”、“4”，则表示该自动变速器为后驱动车辆用。左起第二位数字代表生产序号。

数字后附字母的含义分别为：“H”或“F”表示该自动变速器用于四轮驱动车辆；“D”表示该自动变速器有超速档；“L”表示该自动变速器有锁止离合器；“E”表示该自动变速器为电控式，同时带有锁止离合器；若无“E”，则表示该变速器为全液压控制自动变速器。

② 型号中有三位数字的自动变速器。此类型号有：A130L、A240L、A440F、A340E、A340F、A141E、A241E、A540H 等。

左起第一位字母“A”表示自动变速器，左起第一位数字以及后附字母的含义同上。左起第二位数字代表该自动变速器前进档的个数。左起第三位数字代表生产序号。

注意：A340H、A340F、A540H 型自动变速器型号后省略了“E”，均为带有锁止离合器的电控自动变速器；A241H、A440F、A45DF 型自动变速器型号后省略了“L”，但都带有锁止离合器。

4. 自动变速器的档位

自动变速器换档元件有按钮式和拉杆式两种类型，驾驶人可以通过其换档元件进行档位选择。按钮式一般布置在仪表板上；拉杆式即变速杆可布置在转向柱上或驾驶室地板上，如图 2-3 所示。

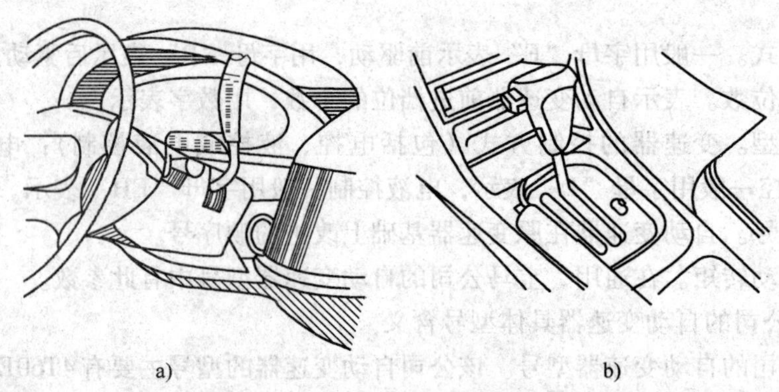

图 2-3　变速杆的位置

a）布置在转向柱上　b）布置在驾驶室地板上

自动变速器的变速杆通常有 4 ~ 7 个位置，如本田车系有 7 个位置，分别为 P、R、N、D4、D3、2、1；丰田车系变速杆的位置为 P、R、N、D、2、L，日产车系变速杆的位置为 P、R、N、D、2、1，如图 2-4 所示。其功能如下：

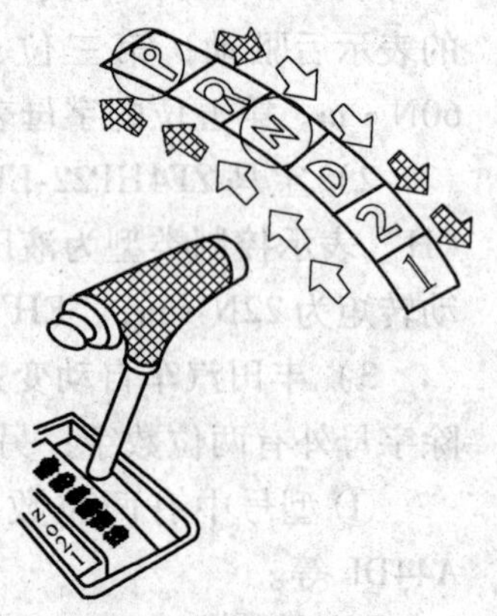

图 2-4　变速杆档位

P 位：停车档。停车锁止机构将变速器输出轴锁止。

R 位：倒档。液压系统倒档油路被接通，驱动轮反转，实现倒档行驶。

N 位：空档。此时行星轮系统空转，不能输出动力。

D（D4）位：前进位。当变速杆置于该位置时，液压系统控制装置根据节气门开度信号和车速信号自动接通相应的前进档油路，行星轮系统在执行机构的控制下得到相应的传动比。随着行驶条件的变化，在前进档中自动升降档，实现自动变速功能。

3（D3）位：高速发动机制动档。变速杆位于该位时，液压控制系统只能接通前进档中的1、2、3档油路，自动变速器只能在这三个档位自动换档，无法升入第四档。

2（S）位：中速发动机制动档。变速杆位于该位时，液压控制系统只能接通前进档中的1、2档油路，自动变速器只能在这两个档位自动换档，无法升入更高的档位。

L位（也称1位）：低速发动机制动档。此时发动机被锁定在前进档的1档，发动机制动效果更强。此档多用于山区行驶、上坡加速或下坡时有效地稳定车速等特殊行驶情况。

5. 停车锁止机构

目前，大多数自动变速器都是通过锁止输出轴实现驻车（停车）。停车锁止机构的结构如图2-5a所示，主要由停车棘爪、停车齿圈和锁止杆等组成。

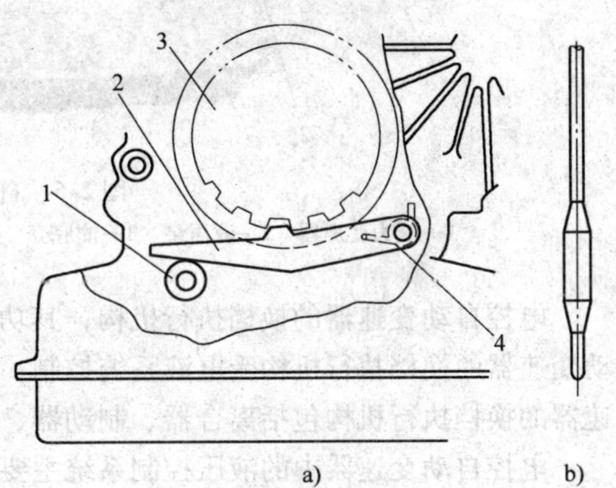

图2-5　停车锁止机构

a）机构组成　b）锁止杆结构

1—锁止杆　2—停车棘爪　3—停车齿圈　4—复位卡簧

停车棘爪上制作有一个锁止凸齿，一端支承在变速器壳体的支承销上，且可以绕支承销转动。锁止杆的一端制作成直径大小不同的圆柱杆，如图2-5b所示，另一端经连杆机构与变速杆连接。

当变速杆拨到P位以外的任一位置时，连杆机构带动锁止杆向离开停车棘爪方向移动，使锁止杆直径较小的圆柱杆与停车棘爪接触，停车棘爪在复位卡簧弹力的作用下复位，其锁止凸齿与外齿圈分离，变速器输出轴可以自由旋转。

当变速杆拨到P位时，连杆机构推动锁止杆向接近停车棘爪方向移动，使锁止杆直径较大的圆柱杆部分与停车棘爪接触，将停车棘爪顶向停车齿圈。当锁止凸齿嵌入齿圈的齿槽时，便将输出轴与变速器壳体连成一体而无法转动，使汽车停止不动。

第二节　电控自动变速器的结构与工作原理

电控自动变速器主要由液力变矩器、齿轮变速机构、换档执行机构、液压控制系统和电子控制系统组成，如图2-6所示。

液力变矩器安装在发动机与变速器之间，将发动机转矩传给变速器输入轴。它相当于普通汽车上的离合器，但在传递力矩的方式上又不同于普通离合器。普通汽车离合器是靠摩擦传递转矩，而液力变矩器是靠液力来传递转矩，而且液力变矩器可改变发动机转矩，并能实现无级变速。

齿轮变速机构可以形成不同的传动比组合成电控自动变速器的档位。目前大多数电控自动变速器采用行星轮机构，但也有少数车型采用普通齿轮机构。

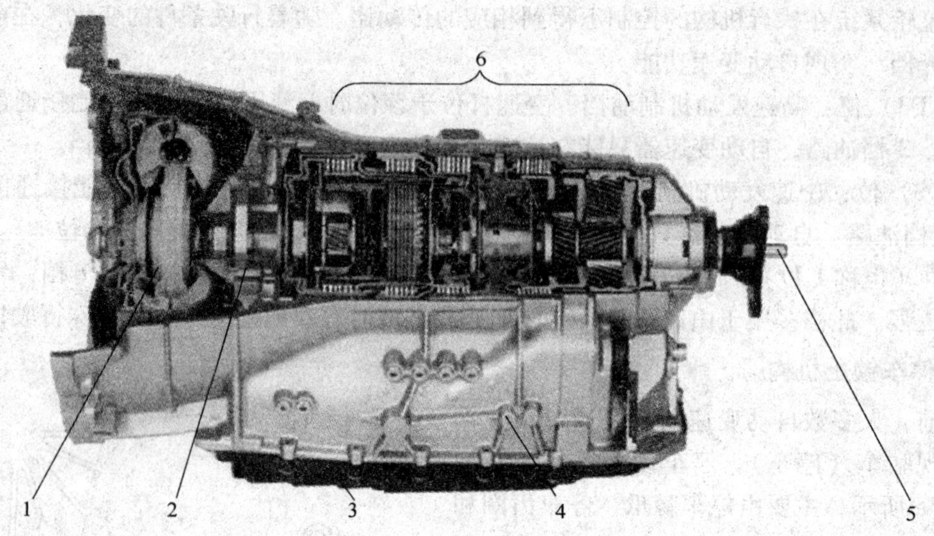

图 2-6 自动变速器的组成

1—液力变矩器 2—液压泵 3—油底壳 4—液压控制系统 5—输出轴 6—齿轮变速机构

电控自动变速器的换档执行机构，其功用与普通变速器的同步器有相似之处，但电控自动变速器的换档执行机构受电液系统控制，而普通变速器的同步器由人工控制。电控自动变速器的换档执行机构包括离合器、制动器、单向离合器三种。

电控自动变速器中的液压控制系统主要控制换档执行机构的工作，由液压泵及各种液压控制阀和液压管路等组成。

电控自动变速器中的电子控制系统与液压控制系统配合使用，通常称为电液控制系统。电子控制系统中的传感器及各种控制开关将发动机工况、车速等信号传递给电子控制单元，电子控制单元向执行器发出指令，执行器和液压系统按一定的规律控制换档执行机构工作，实现电控自动变速器自动换档。

一、液力变矩器

汽车上所采用的液力变矩器是在液力偶合器基础上改进的，两者均属于液力传动，即通过液体的循环液动，利用液体动能的变化传递动力。

1. 液力偶合器的结构与工作原理

（1）液力偶合器的结构组成 液力偶合器是一种液力传动装置，又称液力联轴器。在不考虑机械损失的情况下，它的输出转矩与输入转矩相等。它主要有两个方面的功能，一是防止发动机过载，二是调节工作机构的转速。其结构主要由壳体、泵轮、涡轮三个部分组成，如图 2-7 所示。

液力偶合器的壳体安装在发动机飞轮上，泵轮与壳体焊接在一起，随发动机曲轴的转动而转动，是液力偶合器的主动部分；涡轮和输出轴连接在一起，是液力偶合器的从动部分。泵轮和涡轮相对安装，统称为工作轮。在泵轮和涡轮上有径向排列的平直叶片，泵轮和涡轮互不接触，两者之间有一定的间隙（约 3～4mm）；泵轮与涡轮装合成一个整体后，其轴线

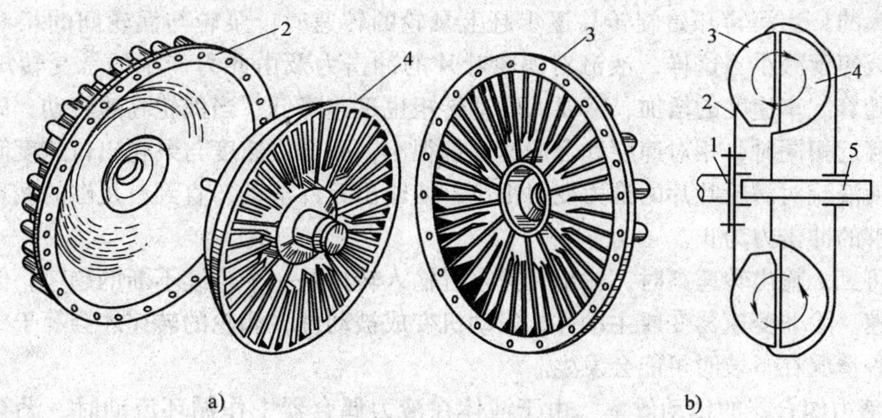

图 2-7 液力偶合器基本构造

a）结构 b）工作原理

1—输入轴 2—壳体 3—泵轮 4—涡轮 5—输出轴

断面一般为圆形，在其内腔中充满液压油。

（2）液力偶合器的工作原理 当工作轮转动时，其中的油液也被叶片带动一起旋转，在离心力作用下，油液从叶片内缘向外缘流动。因此，叶片外缘处压力较高，而内缘处压力较低，其压力差取决于工作轮的半径和转速。

由于泵轮和涡轮的半径相等，因此当泵轮的转速大于涡轮的转速时，泵轮叶片外缘的液压力大于涡轮叶片外缘的液压力。于是，油液不仅随工作轮绕其旋转轴线作圆周运动，而且在上述压力差的作用下，还沿循环圆作如箭头所示方向的循环流动，其形成的流线如同一个首尾相连的环形螺旋线，如图 2-8 所示。

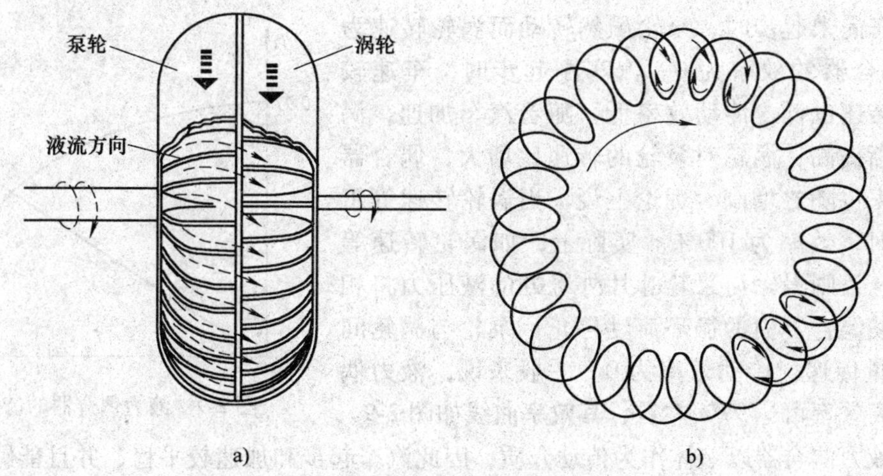

图 2-8 液力偶合器工作过程

a）两种旋转运动 b）两种旋转运动合成

当车辆即将要起步时，泵轮在发动机驱动下转动而涡轮静止不动。由于涡轮没有运动，泵轮与涡轮间的相对速度将达最大值，由此而得到的合成速度，即油液从泵轮进入涡轮的速度也是最大的；当涡轮开始旋转并逐步赶上泵轮的转速时，泵轮与涡轮间的相对线速度减小，使合成速度减小。这样，液流对涡轮叶片的冲击力及由此力产生的承受转矩的能力减小，但是随着汽车速度的增加，需要的驱动转矩也迅速降低；当涡轮高速转动，即输出和输入的转速接近相同时，相对速度和合成速度都很小，而合成速度与泵轮出口速度间的夹角很大，这就使液流对涡轮叶片的推力变得很小，使输出元件滑动，直到有足够的循环油液对涡轮产生足够的冲击力为止。

由此可见，输出转速高时，输出转速接近输入转速是一个连续不断的趋势，但总不会等于输入转速。除非变速器变成主动件，发动机变成被动件，涡轮的转速才会等于或高于泵轮转速。这种情况在下坡时可能会发生。

（3）液力偶合器的传动效率　由于液体在液力偶合器中作循环流动时，没有受到任何其他附加外力，因此发动机作用于泵轮上的转矩与涡轮所接受并传给从动轴的转矩相等，液力偶合器只起传递转矩的作用，而不改变转矩的大小。

设泵轮转速为 n_B，涡轮转速为 n_W，$\frac{n_W}{n_B}$为液力偶合器的转速比 i，则偶合器的传动效率为：

$$\eta = \frac{P_W}{P_B} = \frac{M_W n_W}{M_B n_B}$$

式中，η 是传动效率；P_B是泵轮输入功率；P_W是涡轮输出功率；n_B是泵轮输入转矩；n_W是涡轮输出转矩。

因为作用在偶合器上的泵轮和涡轮的转矩相同，即 $M_B = M_W$，则有 $\eta = \frac{n_W}{n_B} = i$。

也就是说，液力偶合器的传动效率等于其转速比。涡轮与泵轮的转速差越大、转速比越小，传动效率就越低；反之，转速比越大，传动效率越高。在发动机进入运转并挂上了档位，而汽车尚未起步时，泵轮虽然转动而涡轮转速为0，此时偶合器的效率为0。汽车刚起步时，车速较低，涡轮转速也低，传动效率低。随着汽车加速，涡轮转速逐渐提高，涡轮对泵轮的转速比增大，偶合器的传动效率也随之增高。理论上说，当涡轮转速等于泵轮转速时，效率为100%。实际上，如涡轮转速等于泵轮转速，则涡轮与泵轮叶片外缘处的液压力将相等，从而使偶合器内的循环流动停止，泵轮与涡轮间不再有能量传递，传动效率为0。一般来说，液力偶合器的最高效率可达97%左右，其效率曲线如图2-9。

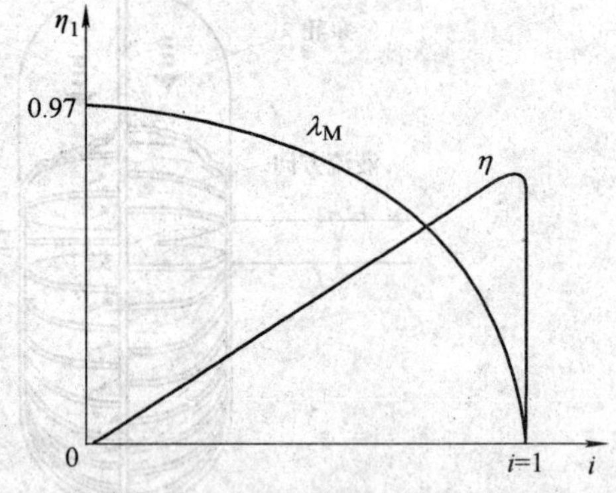

图2-9　液力偶合器的特性曲线

由于液力偶合器以液体作为传动介质，因此汽车起步和加速较平稳，并且能够衰减传动系统的扭转振动并防止传动系过载，还能在暂时停车时不脱开传动系而维持发动机的怠速运转。但是因于偶合器不能改变所传递的转矩大小，使得相应的变速机构需要增加档位。由于上述缺点，近年来生产的轿车基本上不采用液力偶合器，而使用液力变矩器。

2. 液力变矩器的结构与工作原理

（1）液力变矩器的功用　液力变矩器位于发动机和变速器之间，以自动变速器油

(ATF) 为工作介质，主要完成以下功用：

1) 传递转矩。发动机的转矩通过液力变矩器的主动元件，再通过自动变速器油传给液力变矩器的从动元件，最后传给变速器。

2) 无级变速。根据工况不同，液力变矩器可以在一定范围内实现转速和转矩的无级变化。

3) 自动离合。液力变矩器由于采用自动变速器油传递动力，当踩下制动踏板时，发动机也不会熄火，此时相当于离合器分离；当抬起制动踏板时，汽车可以起步，此时相当于离合器接合。

4) 驱动油泵。自动变速器油在工作的时候需要油泵提供一定的压力，而油泵一般是由液力变矩器壳体驱动的。

同时由于采用自动变速器油传递动力，液力变矩器的动力传递柔和，并且能防止传动系过载。

(2) 液力变矩器的组成　典型的液力变矩器由泵轮、涡轮和导轮组成，如图2-10所示。泵轮是液力变矩器的输入元件，位于液力变矩器的后端，与变矩器壳体刚性连接。变矩器壳体总成用螺栓固定在发动机曲轴后端，随发动机曲轴一起旋转。涡轮是液力变矩器的输出元件，通过花键孔与行星轮系统的输入轴相连。涡轮位于泵轮前方，其叶片面向泵轮叶片。导轮位于涡轮和泵轮之间，通过单向离合器单方向固定在导轮轴或导轮套管上。

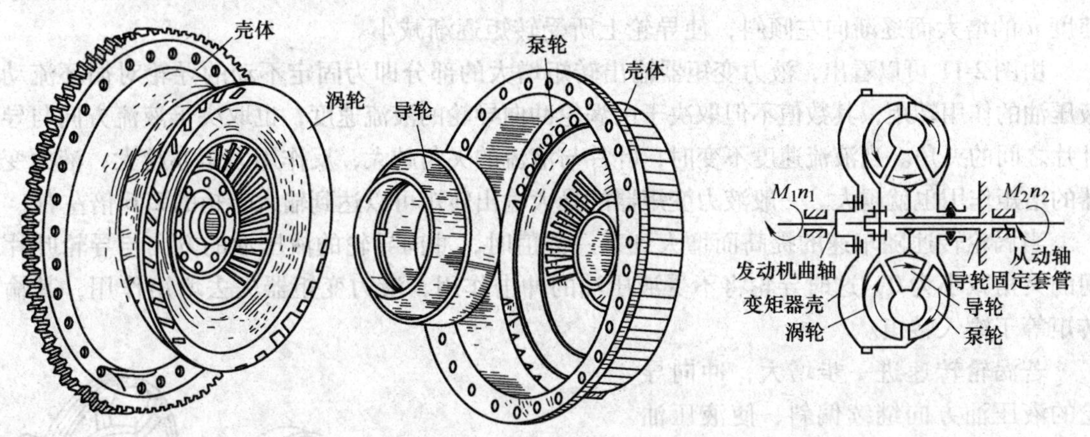

图2-10　液力变矩器的组成

(3) 液力变矩器的工作原理　变矩器工作时，发动机带动外壳及泵轮旋转，泵轮叶片间的液压油在离心力的作用下，从内缘流向外缘。当泵轮转速大于涡轮转速时，泵轮叶片外缘的液压大于涡轮外缘的液压，油液在绕着泵轮轴线作圆周运动的同时，在上述压差的作用下由泵轮流向涡轮。泵轮顺时针旋转，油液将带动涡轮同样按顺时针方向旋转。如果涡轮静止或涡轮的转速比泵轮的转速小得多，则由液体传递给涡轮的动能就很小，而大部分能量在油液从涡轮返回泵轮的过程中损失，油液在从涡轮叶片外缘流向内缘的过程中，四周速度和动能逐渐减小。当油液回到泵轮后，泵轮对油液做功，使之在泵轮叶片内缘流向外缘的过程中动能和圆周速度渐次增大，再流向涡轮，如图2-11a所示。

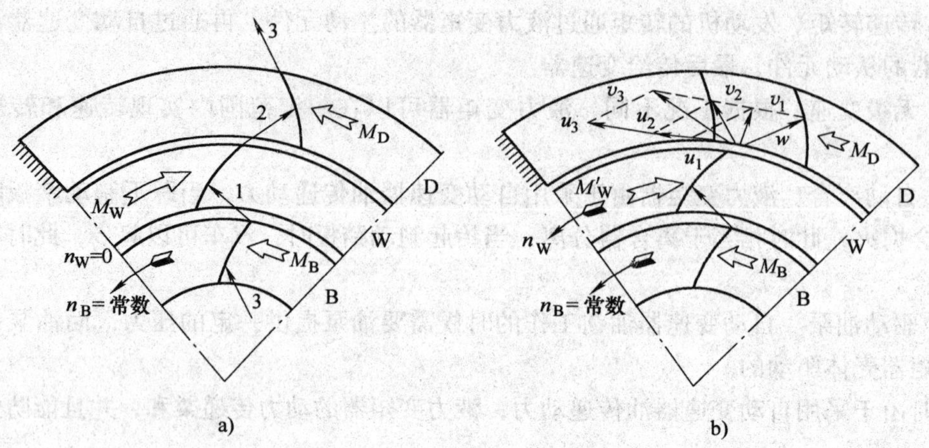

图 2-11　液力变矩器工作原理

a）$n_w=0$　b）$n_w\neq0$

当液力变矩器输出的转矩，经传动系传到驱动车轮上所产生的牵引力足以克服汽车起步阻力时，汽车即起步并开始加速，与之相连的涡轮转速 n_w 也从零起逐渐增加。设液流沿叶片方向流动的相对速度为 ω，沿圆周方向运动的牵连速度为 u，设泵轮转速不变，即液流在涡轮出口处的相对速度不变，如图 2-11b 所示，冲向导轮叶片的液流的绝对速度 v 将随牵连速度 u 的增大而逐渐向左倾斜，使导轮上所受转矩逐渐减小。

由图 2-11 可以看出，液力变矩器输出转矩增大的部分即为固定不动的导轮对循环流动的液压油的作用转矩，其数值不但取决于由涡轮冲向导轮的液流速度，也取决于液流方向与导轮叶片之间的夹角。当液流速度不变时，叶片与液流的夹角越大，反作用力矩亦越大，液力变矩器的增矩作用也就越大。一般液力变矩器的最大输出转矩可以达到输入转矩的 2.6 倍左右。

当涡轮转速随车速的提高而增大到某一数值时，冲向导轮的液压油的方向与导轮叶片之间的夹角减小为 0，这时导轮将不受液压油的冲击作用，液力变矩器失去增矩作用，其输出转矩等于输入转矩。

若涡轮转速进一步增大，冲向导轮的液压油方向继续偏斜，使液压油冲击在导轮叶片的背面，这时导轮对液压油的反作用转矩的方向与泵轮对液压油转矩的方向相反，因此涡轮上的输出转矩为两者之差，液力变矩器的输出转矩反而比输入转矩小，其传动效率也随之减小。因此，上述这种液力变矩器是不适合实际使用的，要通过导轮的单向离合器改进，如图 2-12所示。

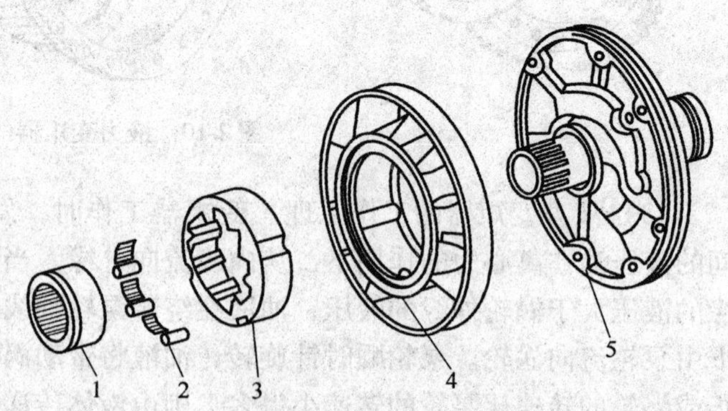

图 2-12　液力变矩器的单向离合器

1—内座圈　2—滚柱和弹簧　3—外座圈　4—导轮　5—导管套管

当涡轮转速较低时，从涡轮流出的液压油从正面冲击导轮叶片，对导轮施加一个朝逆时针方向旋转的力矩，但由于单向离合器在逆时针方向具有锁止作用，将导轮锁止在导轮固定套上固定不动，因此这时该变矩器的工作特性和液力变矩器相同，涡轮上的输出转矩大于泵轮上的输入转矩，即具有一定的增矩作用。当涡轮转速增大到某一数值时，液压油对导轮的冲击方向与导轮叶片之间的夹角为0，此时涡轮上的输出转矩等于泵轮上的输入转矩。若涡轮转速继续增大，液压油将从反面冲击导轮，对导轮产生一个顺时针方向的转矩。由于单向离合器在顺时针方向没有锁止作用，可以像轴承一样滑转，所以导轮在液压油的冲击作用下开始朝顺时针方向旋转。由于自由转动的导轮对液压油没有反作用力矩，液压油只受到泵轮和涡轮的反作用力矩的作用。因此这时该变矩器没有增矩作用，其工作特性和液力偶合器相同。这时涡轮转速较高，该变矩器亦处于高效率的工作范围。

导轮开始空转的工作点称为偶合点。由上述分析可知，综合式液力变矩器在涡轮转速由0至偶合点的工作范围内按液力变矩器的特性工作，在涡轮转速超过偶合点转速之后按液力偶合器的特性工作。因此，这种变矩器既利用了液力变矩器在涡轮转速较低时所具有的增矩特性，又利用了液力偶合器涡轮转速较高时所具有的高传动效率的特性。

(4) 液力变矩器的工作特性

1) 特性参数。描述液力变矩器的特性参数主要有转速比、泵轮转矩系数、变矩系数效率和穿透性等。

① 转速比：液力变矩器转速比 i_{WB} 是涡轮转速 n_W（输出转速）与泵轮转速 n_B（输入转速）之比，用来描述液力变矩器的工况。其数学表达式为

$$i_{WB}=\frac{n_W}{n_B}$$

② 变矩系数 K：液力变矩器变矩系数 K 是涡轮转速 n_W 和泵轮转矩 n_B 之比，用来描述液力变矩器改变输入转矩的能力。其数学表达式为：

$$K=\frac{M_W}{M_B}$$

由变矩器原理分析可知，变矩系数 K 是随涡轮转速 n_W，或者随转速比 i_{Wb} 而变化的。当 $K>1$ 时，称为变矩工况；当 $K=1$ 时，称为偶合工况。当涡轮转速 $M_W=0$ 时，即转速比 $i_{WB}=0$ 时，这种工况相当于汽车起步之前的工况，故称为零速工况（也称起动工况，或制动工况）。在此工况下，变矩系数为最大值一般为1.9~5。目前，汽车常用液力变矩器的变矩系数为2~2.3。

③ 效率 η：液力变矩器效率 η 是涡轮轴输出功率 P_W 与泵轮轴输入功率 P_B 之比。即：

$$\eta=\frac{p_W}{P_B}=\frac{M_W n_W}{M_B n_B}=Ki_{WB}$$

可见，液力变矩器的效率等于变矩系数与转速比的乘积。

④ 穿透性：液力变矩器的穿透性是指变矩器和发动机共同工作时，在节气门开度不足的情况下，变矩器涡轮轴上的载荷变化对泵轮轴转矩和转速（即发动机工况）影响的性能。具体说：在上述情况下，若涡轮轴上的转矩和转速出现变化而发动机工况不变时，这种变矩器称为是不可透的；反之，则称为可透的。汽车自动变速器上采用的液力变矩器是可透的，

当涡轮轴因负荷增大而转速下降时，转速比随之下降而使发动机的负荷增大。

2）失速特性。液力变矩器失速状态是指涡轮因负荷过大而停止转动，但泵轮仍保持旋转的现象，此时液力变矩器只有动力输入而没有输出，全部输入能量都转化成热能，因此变矩器中的油液温度急剧上升，会对变矩器造成严重危害。失速点转速是指涡轮停止转动时的液力变矩器输入转速，该转速大小取决于发动机转矩、变矩器的尺寸和导轮、涡轮的叶片角度。

3. 液力变矩器的锁止机构

由于液力变矩器的泵轮和涡轮之间存在转速差和液力损失，其效率不如普通机械式变速器高。为提高液力变矩器在高转速比工况下的效率及汽车正常行驶时的燃油经济性，绝大部分液力变矩器增设了锁止机构，使变矩器输入轴与输出轴刚性连接，增大传动效率。主要类型有由锁止离合器锁止的液力变矩器、由离心式离合器锁止的液力变矩器和由行星轮机构锁止的液力变矩器。

（1）由锁止离合器锁止的液力变矩器　在带有锁止机构的液力变矩器中，以锁止离合器作为锁止机构最常见，其结构如图 2-13 所示。锁止离合器的从动盘安装在涡轮轮毂花键上，主动部分压盘（包括传力盘和活塞）与泵轮固连。如果压力油经油道进入活塞左腔室，推动压盘右移压紧从动盘，离合器结合，泵轮与涡轮固连在一起，于是变矩器的输入轴与输出轴刚性连接。当活塞左腔室油压被卸除后，主、从动部分分离，锁止离合器解除锁止状态，变矩器恢复正常液力传动。当锁止离合器结合时，单向离合器脱开，导轮可在油液中自由旋转。

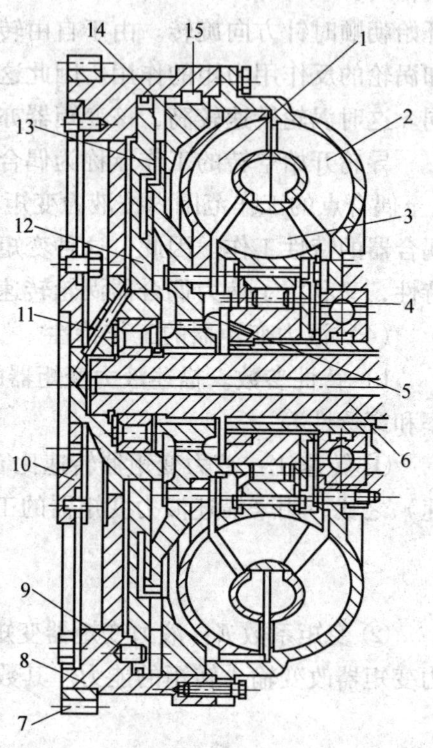

图 2-13　带锁止离合器的液力变矩器

1—涡轮　2—泵轮　3—导轮　4—单向离合器压盘　5—涡轮轮毂　6—输出轴　7—起动齿圈　8—油缸　9—导向销　10—曲轴凸缘盘　11—油道　12—活塞　13—从动盘　14—传力盘　15—连接盘

图 2-14 所示为带有锁止离合器的液力变矩器的另一种结构。这种锁止离合器的工作由液压油的流向控制。带有摩擦材料的传力盘总成与涡轮相连，随涡轮一起旋转。涡轮轴制有内、外两条压力油道，当液压油从内油道进入传力盘左腔而经外油道排出时，离合器处于分离状态。当压力油经涡轮轴外油道进入传力盘右腔而经内油道排出时，传力盘总成被压向变矩器壳，传力盘上摩擦材料与变矩器壳接触并逐渐压紧，涡轮与变矩器壳即泵轮连接成一体。

（2）由离心式离合器锁止的液力变矩器　由离心式离合器锁止的液力变矩器如图 2-15 所示。离心式离合器通过单向离合器与涡轮轮毂相连，其外缘通过弹簧与腹板相连，腹板上固定有若干摩擦片。当离合器处于分离状态时，腹板被弹簧拉向离合器中心。随着涡轮转速

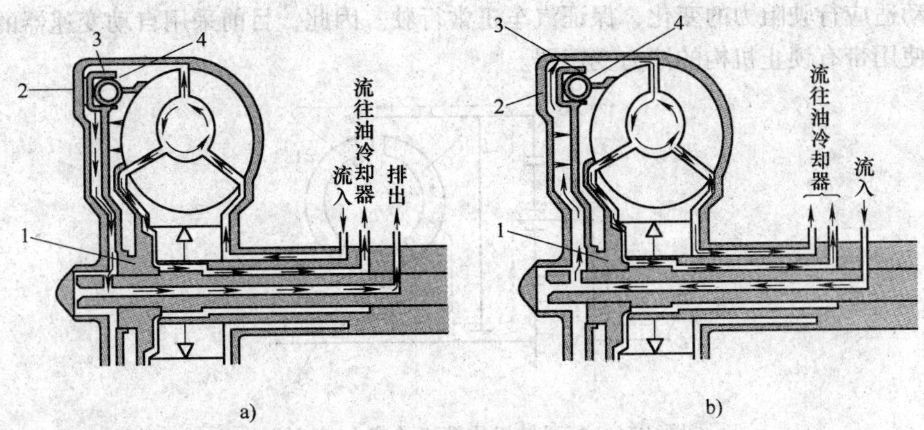

图 2-14 锁止离合器工作原理示意图

a）锁止状态 b）分离状态

1—涡轮轮毂 2—变矩器壳体 3—锁止活塞 4—扭转减振器

的升高，腹板在离心力的作用下外张，靠近变矩器壳。

当涡轮达到一定转速时，摩擦片压紧变矩器壳，离合器通过单向离合器带动涡轮旋转，此时，涡轮与泵轮连接成一体。可见，由离心式离合器锁止的液力变矩器的工作是由发动机转速和负荷控制的。

上述两种锁止机构通常带有减振器总成，由若干减振弹簧组成，其主要作用是削减发动机的扭转振动，减小噪声和冲击。

（3）由行星轮机构锁止的液力变矩器 变矩器在三元件液力变矩器的基础上增加了一套行星轮机构，如图 2-16 所示。行星架与发动机曲轴相连，为输入元件，太阳轮通过花键与涡轮轴相连，齿圈与泵轮相连，与太阳轮和齿圈同时啮合的行星轮安装在行星架上。发动机的动力传递给行星架后，一部分经太阳轮传递给涡轮轴，另一部分经齿圈传递给泵轮，再由涡轮输出。传递动力的多少由变速器所处的档位决定，如变速器处于 3 档时，有 93% 的动力经过机械传动的途径传递，而液力传动只占 7%，这时可以认为液力变矩器被锁止，泵轮与涡轮连成一体，通过机械传动的方式传递动力。

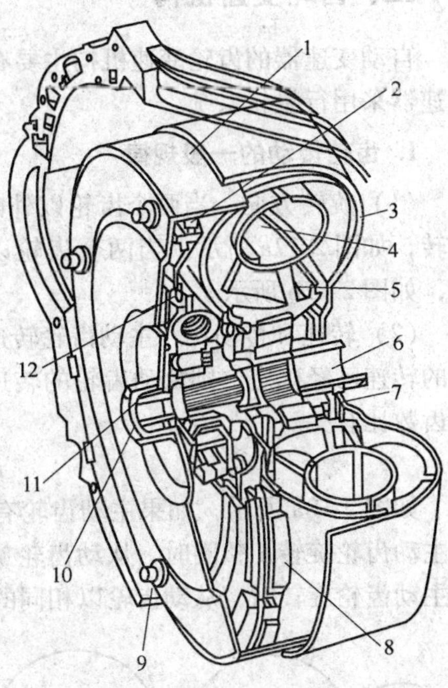

图 2-15 离心式离合器式液力变矩器

1—变矩器壳体 2—腹板 3—泵轮 4—涡轮 5—导轮 6—油泵驱动轴 7—导轮单向离合器 8—离心式离合器摩擦片 9—起动齿圈固定螺栓 10—输入轴 11—单向离合器 12—离心式离合器总成

以上三种带有锁止机构的液力变矩器的共同特点是：当汽车在良好路面上行驶时，变矩器的输入轴和输出轴刚性连接，此时变矩比为 1，变矩器效率达到 100%，提高了汽车的行驶速度和燃油经济性。若汽车在坏路面行驶或起步时，锁止机构解除锁止，变矩器发挥变矩作用，自动适应行驶阻力的变化，保证汽车正常行驶。因此，目前采用自动变速器的汽车越来越多的使用带有锁止机构的液力变矩器。

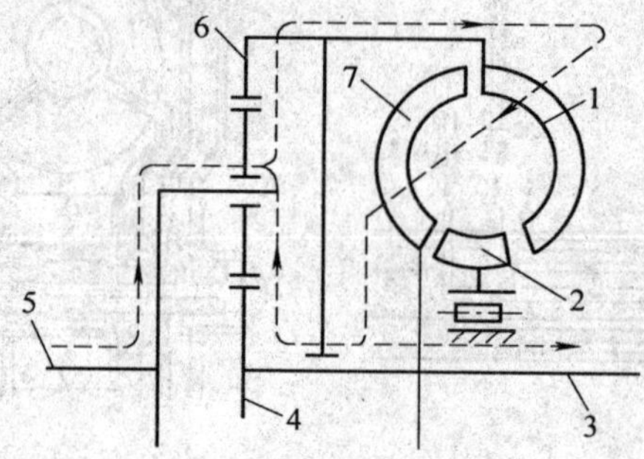

图 2-16　行星轮机构锁止的液力变矩器

1—泵轮　2—导轮　3—涡轮轴　4—太阳轮　5—行星架　6—齿圈　7—涡轮

二、齿轮变速机构

自动变速器的齿轮变速机构主要有行星轮系统和平行轴齿轮系统两类，目前大多数自动变速器采用行星轮系统。

1. 齿轮传动的一般规律

（1）旋转方向　当两个齿轮以外啮合方式工作时，主动齿轮与从动齿轮以相反的方向旋转，如图 2-17a 所示。当两个齿轮以内啮合方式工作时，主动与从动齿轮以相同方向旋转，如图 2-17b 所示。

（2）转速和传动比　主动齿轮转速 n_1 与从动齿轮转速 n_2 的比值称为传动比 i。如主动齿轮的转速已经确定，则从动齿轮的转速取决了两个齿轮（Z_1、Z_2）的齿数比，故传动比也与齿数比有关。

$$i = n_1/n_2 = Z_2/Z_1$$

如图 2-18a 所示，如果主动齿轮有 12 个齿时，从动齿轮有 24 个齿，其传动比为 2：1，即主动齿轮旋转 1 整圈时，从动齿轮旋转 1/2 圈。若两个齿轮的齿数相等，传动比即为 1。当主动齿轮旋转时，从动齿轮以相同的转速旋转，如图 2-18b 所示。

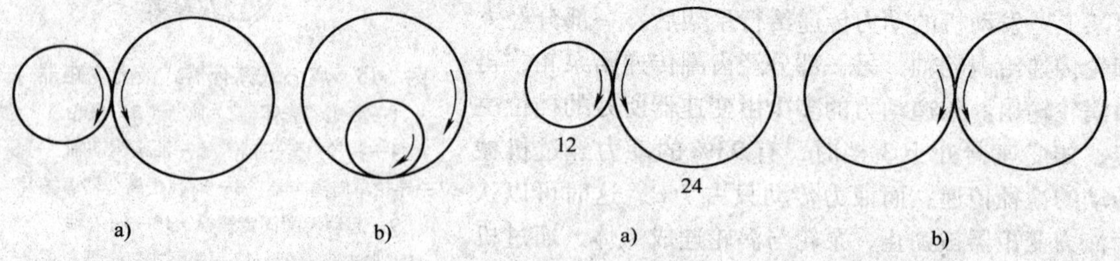

图 2-17　齿轮啮合的旋转方向

图 2-18　齿轮工作时的传动比

（3）中间齿轮　在主动和从动齿轮中间加入另一个齿轮时，如图 2-19a 所示，各齿轮相互接触，均为外啮合，各以相反方向旋转，从动轮的旋转方向和主动轮相同。而图 2-19b 所示的中间齿轮与主动齿轮内啮合，与从动齿轮外啮合，从动齿轮的旋转方向与主动齿轮相反。而中间齿轮无论与主动齿轮啮合后是增速还是减速，其作用都会被它与从动齿轮的啮合所抵消，因此在计算传动比时，可不考虑中间齿轮的齿数。

2. 平行轴式齿轮变速机构

平行轴式齿轮变速机构应用于本田（HONDA）车系和部分福特（FORD）车系。

（1）基本变速机构的组成　平行轴式齿轮变速机构由普通齿轮及平行轴组成，如图 2-20 所示。

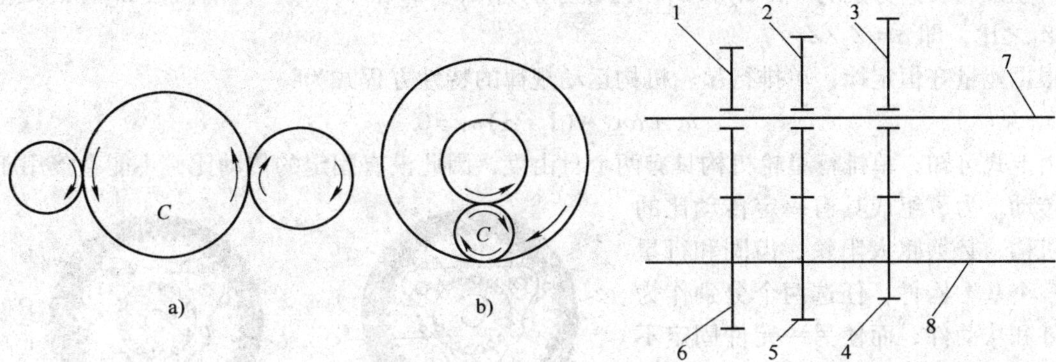

图 2-19　中间齿轮对传动的影响

图 2-20　平行轴式齿轮变速机构

1、2、3、4、5、6—档位齿轮　7、8—平行轴

（2）变速原理　在一对齿轮传动中，设主动齿轮的转速为 n_1，齿数为 Z_1；从动齿轮的转速为 n_2，齿数为 Z_2。由于两轮转过的齿数相等，即 $Z_1n_1 = Z_2n_2$，由此可得出一对齿轮的传动比为：

$$i = n_1/n_2 = Z_2/Z_1$$

由多个齿轮组成的轮系传动比：

$i = i_1 i_2 i_3 \cdots i_n$ = 所有从动齿轮齿数的乘积/所有主动齿轮齿数的乘积

3. 行星轮变速机构

（1）行星轮机构的组成　行星轮机构有不同的类型，其中最简单的行星轮机构由一个太阳齿轮、一个内齿圈、一个行星架及若干个行星轮组成，一般称为单排行星轮机构。太阳轮、齿圈和行星架是行星排的基本构件，具有公共的固定轴线。行星轮安装于行星架的行星轮轴上，与齿圈和太阳轮两者啮合。行星轮既可围绕行星轮轴旋转（自转），又可在齿圈内行走，围绕太阳轮旋转（公转），如图 2-21 所示。这种运动方式有两个自由度，其齿圈、行星架和太阳轮能够具有不同的传动比。

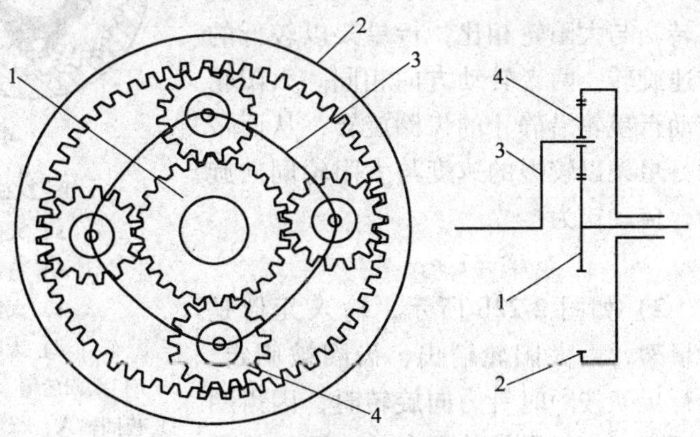

图 2-21　行星轮机构组成

1—太阳轮　2—齿圈　3—行星架　4—行星轮

按照太阳轮和齿圈之间行星轮的组数不同，行星轮机构分为单行

星排和双行星排。双行星排在太阳轮和齿圈之间有两组互相啮合的行星轮，其中外面一组行星轮与齿圈啮合，里面的一组行星轮与太阳轮啮合。

以行星轮机构为变速机构，由于有多个行星轮同时工作，且采用内啮合方式，故与普通齿轮变速机构相比，在传递同样功率的情况下，可减小变速器的尺寸和重量，能实现同向、同轴减速传动。由于采用的是常啮合传动，可使动力不间断。

（2）单排行星轮机构的运动规律　为分析单排行星轮机构的运动规律，设太阳轮、齿圈和行星架的转速分别为 n_1、n_2和 n_3，齿数分别为 Z_1、Z_2和 Z_3。α：齿圈齿数 Z_2与太阳轮齿数 Z_1之比，即 $\alpha = Z_2/Z_1$。

根据能量守恒定律，单排行星轮机构运动规律的特性方程式为：

$$n_1 + \alpha n_2 - (1+\alpha) n_3 = 0$$

由上式可知，单排行星轮机构具有两个自由度，因此没有固定的传动比，不能直接用于变速传动。为了组成具有一定传动比的传动机构，必须将太阳轮、齿圈和行星架这三个基本构件，任选两个分别作为主动件和从动件，而使另一元件固定不动（即使该元件转速为0），或使其运动受一定的约束，则机构只有一个自由度，整个轮系以一定的传动比传递动力，如图2-22所示。下面对各种情况分别进行讨论：

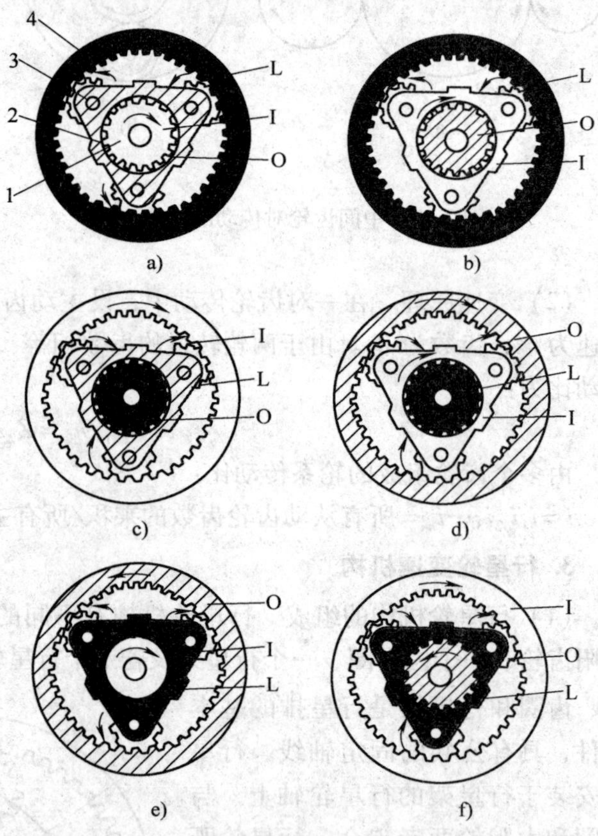

图2-22　单排行星轮机构的工作状态

a）太阳轮输入，行星架输出，齿圈固定

b）行星架输入，太阳轮输出，齿圈固定

c）太阳轮固定，齿圈输入，行星架输出

d）太阳轮固定，行星架输入，齿圈输出

e）太阳轮输入，行星架固定，行星轮带动齿圈输出动力

f）齿圈输入，行星架固定，行星轮自转并带动太阳轮输出动力

1—太阳轮　2—行星架　3—行星轮　4—齿圈

I—输入元件　O—输出元件　L—固定元件

1）如图2-22a所示，太阳轮为输入元件，由行星架输出，齿圈被固定。当太阳轮按顺时针方向旋转时，行星轮则按反时针方向绕行星轮轴旋转。行星轮的这种运动使齿圈力按反时针方向转动，但齿圈已被固定，行星轮只能在围绕齿圈行走时带动行星架按顺时针方向旋转。与太阳轮相比，行星架以较低的转速旋转，两者转动方向相同。太阳轮带动行星轮沿静止的齿圈旋转，从而带动行星架以较慢的速度与太阳轮同向旋转，传动比为：

$$i_{13} = 1 + \alpha$$

2）如图2-22b所示，输入元件是行星架，由太阳轮输出，齿圈被固定。当行星架按顺时针力向旋转时，因齿圈被固定，与行星轮外啮合的太阳轮按顺时针方向旋转。传动比为：

$$i_{31}=1/(1+\alpha)$$

3）如图 2-22c 所示，齿圈为主动件，行星架为从动件，太阳轮固定。当齿圈按顺时针方向旋转时，行星轮以顺时针方向绕其轴自转，并试图使太阳轮按反时针方向旋转。因太阳轮被固定，行星轮只能在自转的同时，带动行星架按顺时针方向围绕太阳轮公转。与齿圈相比，行星架以较低转速旋转，其转向和齿圈相同。传动比为：

$$i_{23}=1+Z_1/Z_2$$

4）如图 2-22d 所示，固定元件是太阳轮，输入元件是行星架，输出元件是齿圈。当行星架按顺时针力向旋转时，因太阳轮被固定，与行星轮内啮合的齿圈按顺时针方向旋转。传动比为：

$$i_{32}=Z_2/(Z_1+Z_2)$$

5）如图 2-22e 所示，太阳轮为主动件，齿圈为从动件，行星架固定。当太阳轮按顺时针力向旋转时，行星轮按反时针方向绕其轴自转。因行星架被固定，与行星轮内啮合的齿圈按反时针方向旋转。与太阳轮相比，齿圈以较低转速作反向旋转，即可得到倒档。传动比为：

$$i_{12}=-Z_2/Z_1$$

6）如图 2-22f 所示，输入元件是齿圈，行星架被固定，行星轮只能自转，并带动太阳轮旋转输出动力。太阳轮的旋转方向与齿圈相反，传动比为：

$$i_{21}=-Z_1/Z_2$$

7）太阳轮和齿圈为主动件，行星架为从动件。当太阳轮与齿圈以相同转速、按相同方向旋转时，行星轮被夹住，不能绕其轴转动。因此，太阳轮、齿圈、行星轮和行星架成为一体，各元件之间没有相对运动，从而形成直接档。若使三元件中的任何两个元件连成一体旋转，则第三个元件的转速必与前两者转速相等，即行星排按直接档传动，传动比 $i=1$。

8）任一个为主动部件，无夹持部件。假设太阳轮为主动件按顺时针方向旋转，行星轮按反时针方向绕其轴自转，促使齿圈以反时针方向旋转，而行星架按顺时针方向转。如想从行星架输出转矩，则因齿圈处于无负荷自由状态，来自太阳轮的转矩均通过行星轮传至齿圈，使齿圈旋转，而行星架无转矩输出。若想从齿圈输出转矩，则因行星架处于无负荷自由状态，来自太阳轮的转矩均通过行星轮传至行星架，使行星架旋转，齿圈不可能有转矩输出。也就是说，如果所有元件都不受约束，可以自由转动，则行星轮机构失去传动作用，此种状态相当于空档。

三、换档执行机构

行星轮变速器中的所有齿轮都处于常啮合状态，实现档位变换必须通过不同方式对行星轮机构的基本元件进行约束（即固定或连接某些基本元件）。对这些基本元件实施约束的机构就是行星轮变速器的换档执行机构。

执行机构主要由离合器、制动器和单向离合器三种执行元件组成，离合器和制动器以液压方式控制行星轮机构元件的旋转，而单向离合器则以机械方式对行星轮机构的元件进行锁止。

1. 离合器

（1）离合器的结构　离合器是自动变速器中最重要的换档执行元件之一，它既可以作为驱动元件，又可以作为锁止元件。离合器的作用是将变速器的输入轴和行星排的某个基本元件连接，或将行星排的某两个基本元件连接在一起，使之成为一个整体转动。

自动变速器中所用的离合器为湿式多片离合器，通常由离合器鼓、离合器活塞、复位弹簧、钢片、摩擦片、花键毂等组成，其结构如图2-23所示。

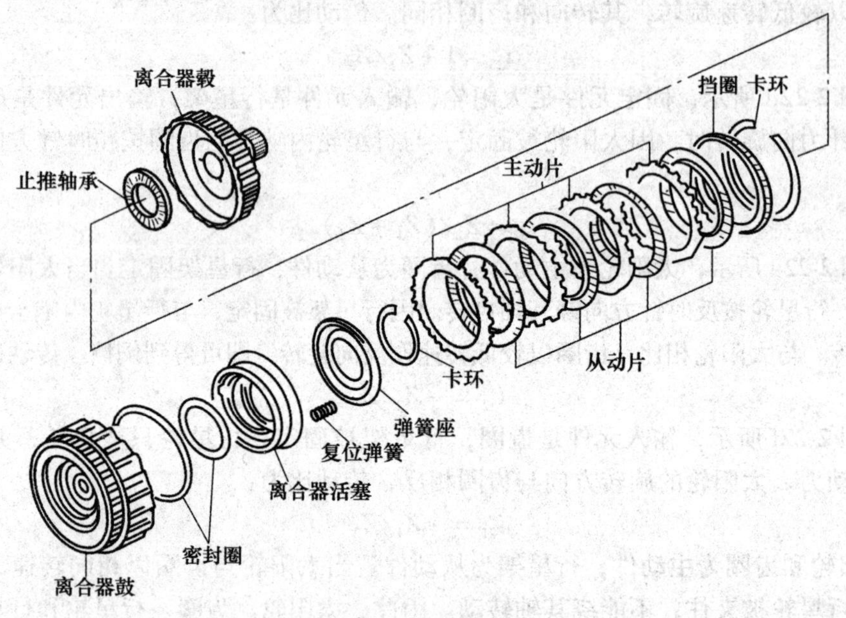

图2-23　多片离合器

离合器活塞是一种环状活塞，安装在离合器鼓内，由活塞内外围的密封圈保证其密封，与离合器鼓一起形成封闭的环状液压缸，并通过离合器鼓内圆轴颈上的进油孔和油道相通。

主动片（钢片）和从动片（摩擦片）交错排列，统称为离合器片，均为钢制材料制成。为保证离合器片结合柔和及散热，把它浸在油液中，因而称为湿式离合器。主动片的外花键齿安装在离合器鼓内的花键齿圈上，可以沿齿圈键槽做轴向移动；从动片由其内花键齿与离合器花键鼓的外花键连接，也可以沿键槽做轴向移动。从动片的两面烧结有摩擦因数较大的铜基粉末冶金层或合成纤维层，与主动片组成钢—粉末冶金摩擦副。

（2）工作原理　如图2-24所示，当离合器处于分离状态时，活塞在回位弹簧作用下处于左极限位置，钢片、摩擦片间存在一定间隙。当液压油经油道进入活塞左腔室时，液压力克服弹簧张力使活塞右移，将所有钢片、摩擦片依次压紧，离合器接合。该元件成为输入元件，动力经主动元件、离合器鼓、钢片、摩擦片和花键毂传至行星轮机构。油压撤出后，活塞在回位弹簧的作用下回位，离合器分离，动力传递路线被切断。

为保证离合器分离彻底，需要满足以下要求：首先，离合器处于分离状态时，主、从动片之间必须有足够的间隙，这一间隙称为离合器的自由间隙，其标准范围为0.5～2.0mm，可以选择适当的卡环和从动片厚度等方法调整。如间隙过大，表明离合器片摩擦严重，应及时更换；否则，即使复位弹簧被压至全部压紧而离合器也不会完全接合，从而造成离合器打滑；而间隙过小，往往由于离合器片翘曲，也需更换，否则离合器分离不彻底。其次，油压撤除以后，活塞进油腔不能残存液压油。为此，某些驱动离合器在活塞进油腔设置由钢球组

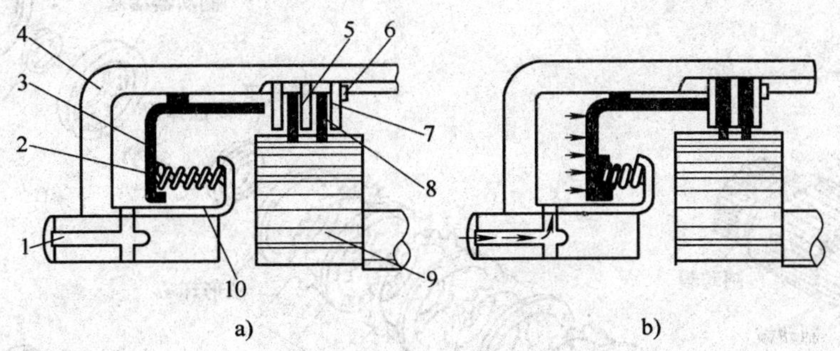

图 2-24 多片离合器工作原理

a）分离状态 b）结合状态

1—主动元件 2—回位弹簧 3—活塞 4—离合器鼓 5—钢片 6—卡环 7—压盘 8—摩擦片 9—花键毂 10—弹簧保持座

成的安全阀，即球阀控制辅助泄油通道开关。当液压油被撤除时，球体在离心力的作用下离开阀座，开启辅助泄油通道，使液压油迅速而充分地撤除，如图 2-25 所示。

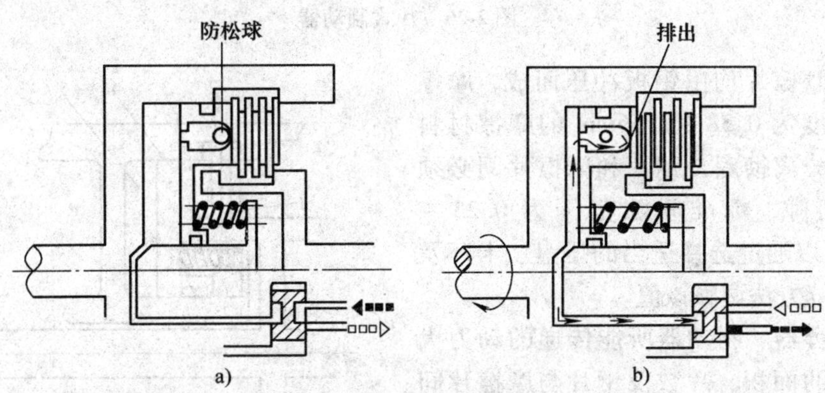

图 2-25 离合器安全阀的作用

a）安全阀关闭 b）安全阀开启

2. 制动器

制动器的作用是固定行星轮机构中的基本元件，阻止其旋转。在自动变速器中常用的制动器有片式制动器和带式制动器两种。

（1）片式制动器 片式制动器由制动器活塞、回位弹簧、钢片、摩擦片及制动器毂等组成，如图 2-26 所示。

其工作原理与湿式多片离合器基本相同，如图 2-27 所示，只是其钢片通过外花键齿安装在变速器壳体的内花键齿圈上，摩擦片则通过内花键齿和制动器毂上的外花键槽相连，制动器毂与行星轮机构的元件相连。当液压缸中没有液压油时，制动毂可以自由旋转，当液压油进入制动器的液压缸后，通过活塞将钢片和摩擦片压紧在一起，制动器毂以及与其相连的行星轮机构的某一元件被固定而不能旋转。

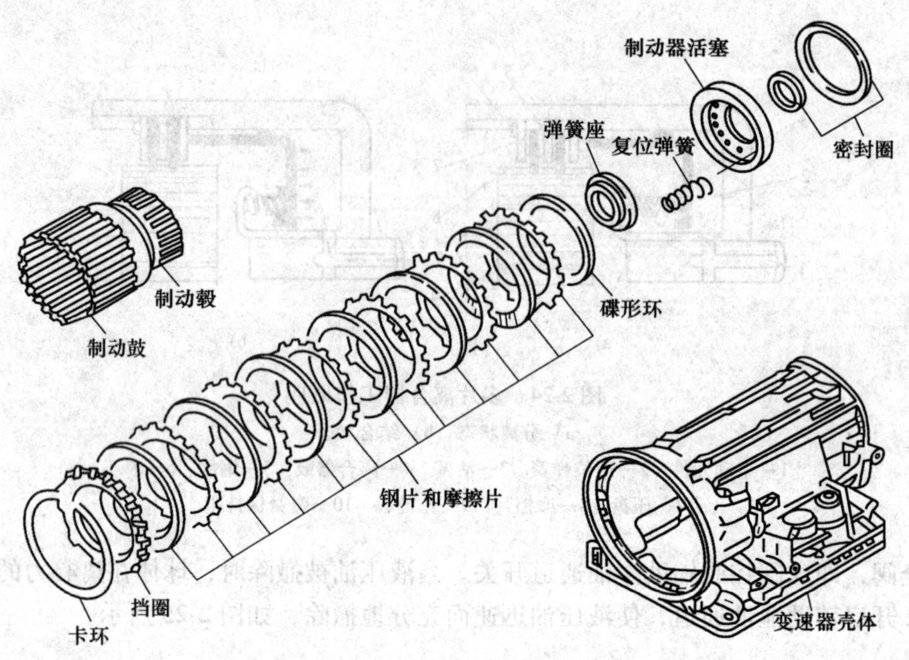

图 2-26　片式制动器

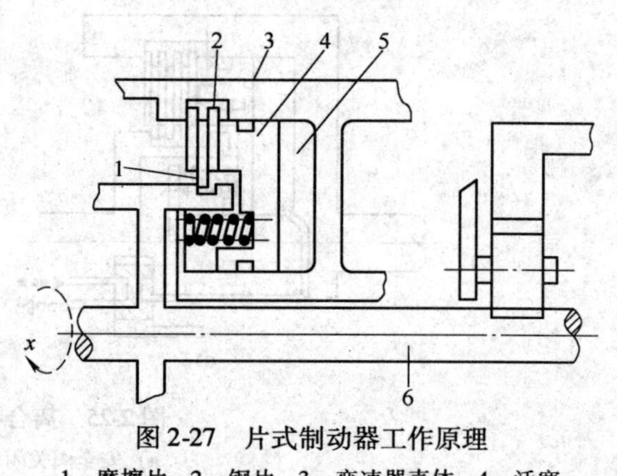

图 2-27　片式制动器工作原理

1—摩擦片　2—钢片　3—变速器壳体　4—活塞

5—液压缸　6—制动器毂

钢片、摩擦片均由钢板冲压而成，摩擦片表面有厚度为 0.38 ~ 0.76mm 的摩擦材料层。为保证分离彻底，钢片和摩擦片间必须有足够的间隙，标准间隙范围为 0.25 ~ 0.38mm，可以通过选择适当的压盘、卡环及摩擦片厚度等方法调整该值。

片式离合器、制动器所能传递的动力大小与摩擦片的面积、片数及钢片与摩擦片间的压紧力有关，压紧力的大小由作用在活塞上的油压及作用面积决定，但增大油压将引起接合时的冲击。当压紧力一定时，传递动力的大小取决于摩擦片的面积和片数。考虑到通用化、标准化等因素，其基本尺寸基本相近或相同。因不同离合器、制动器所传递动力大小各异，所以使用的摩擦片的片数也有所不同，一般摩擦片为 2 ~ 6 片，钢片等于或多于摩擦片的片数。这样，同一厂家同一类型的自动变速器可以在不改变离合器、制动器外形和尺寸的条件下，通过增减摩擦片的片数满足不同动力传递的要求。增加或减少摩擦片的片数时，要相应地减少或增加钢片的片数，或者增减调整垫片的厚度，以保证离合器的自由间隙不变。因此，有些离合器在相邻两个摩擦片间有两片钢片，就是为了使自动变速器在改型时具有灵活性。

（2）带式制动器　带式制动器由制动带及其伺服装置（控制油缸）组成。制动带是内表面带有镀层的开口式环形钢带，开口的一端支撑在与变速器壳体固连的支座上，另一端与伺服装置相连。按结构可以分为单边式和双边式制动带两种类型，如图 2-28 所示。双边式制动带具有自行增力功能，制动效果更好，多用于转矩较大的低档和倒档制动器。用于不同档位的同类型制动带内表面镀层的材料不尽相同，低、倒档制动带镀层多采用金属摩擦材料，其作用是保证足够的制动力矩，高档制动带一般使用有机耐磨材料，防止制动鼓过度磨损。

制动器伺服装置有直接作用式和间接作用式两种类型。直接作用式制动器结构如图 2-29 所示。制动带开口的一端通过摇臂支撑于固定在变速器壳体的支承销上，另一端支承于液压缸活塞杆端部，活塞在回位弹簧和左腔油压的作用下位于右极限位置。此时，制动带和制动鼓之间存在一定间隙。

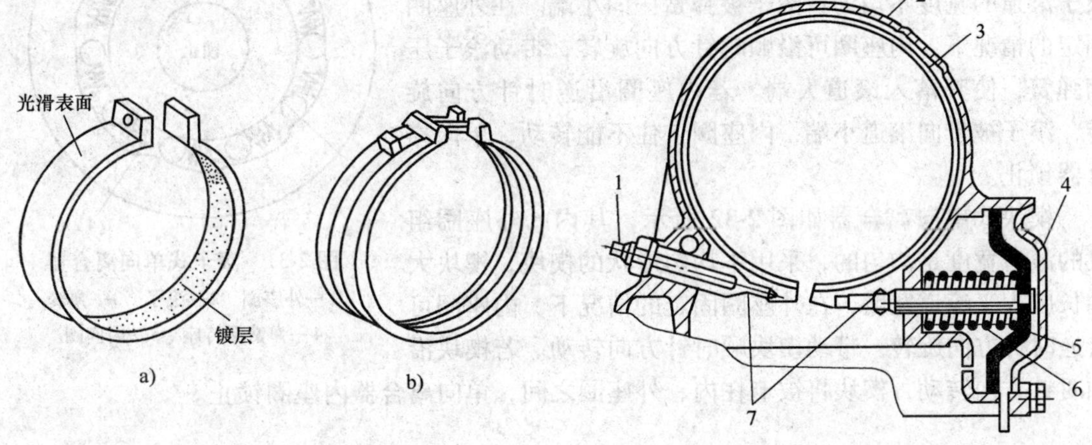

图 2-28　制动带

a）单边制动带　b）双边制动带

图 2-29　直接作用式制动器

1—支承销　2—变速器壳体　3—制动带　4—油缸盖　5—活塞　6—回位弹簧　7—摇臂

制动时，液压油进入活塞右腔，克服左腔油压和回位弹簧的作用力推动活塞左移，制动带以固定支座为支点收紧。在制动力矩的作用下，制动鼓停止旋转，行星轮机构某元件被锁止。随着油压撤除，活塞逐渐回位，制动解除。若仅依靠弹簧张力，则活塞回位速度较慢。目前大多数制动器设置左腔进油道，在右腔撤除油压的同时左腔进油。活塞在油压和回位弹簧的共同作用下回位，可以迅速解除制动。

图 2-30 所示为间接作用式伺服装置。它与上述结构的区别在于制动器开口的一端支承于推杆的端部，活塞杆通过杠杆控制推杆的动作。由于采用杠杆结构将活塞作用力放大，制动力矩进一步增加。

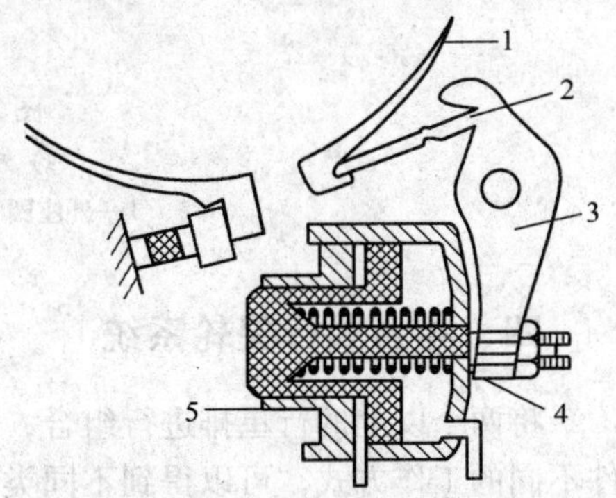

图 2-30　间接作用式伺服装置

1—制动带　2—推杆　3—杠杆　4—活塞杆　5—壳体

制动解除后，制动带与制动鼓之间应存在一定间隙，否则会导致制动带过度磨损和制动鼓的滑磨，影响行星轮系统的正常工作。调整该间隙的常见结构有以下三种：长度可调整的支承锁、长度可调的活塞杆（或推杆）、调整螺钉。

3. 单向离合器

单向离合器的作用是在一定条件下固定行星排的某一基本元件。与制动器不同的是，它依靠其单向锁止原理起作用。与之相连元件的受力方向与锁止方向相同时，该元件被固定；而当受力方向与锁止方向相反时，该元件被放松。在行星轮系统中有若干个单向离合器，其工作性能对变速器的换档质量有很大影响。另外，单向离合器不需要附加的液压或机械操纵装置，结构简单，不易发生故障。单向离合器有滚子式和楔块式两种类型。

滚子式单向离合器如图 2-31 所示，由滚子、弹簧、弹簧保持座和内、外座圈组成。外座圈的内表面制有若干偏心的弧形滚道，因此，由光滑的内座圈和外座圈构成的滚子滚道的宽度不均匀，滚子被弹簧压向小端。在外座圈固定的情况下，内座圈可沿顺时针方向旋转，带动滚子压缩弹簧，使其落入滚道大端。若内座圈沿逆时针方向旋转，滚子被带向滚道小端，内座圈卡住不能转动，单向离合器锁止。

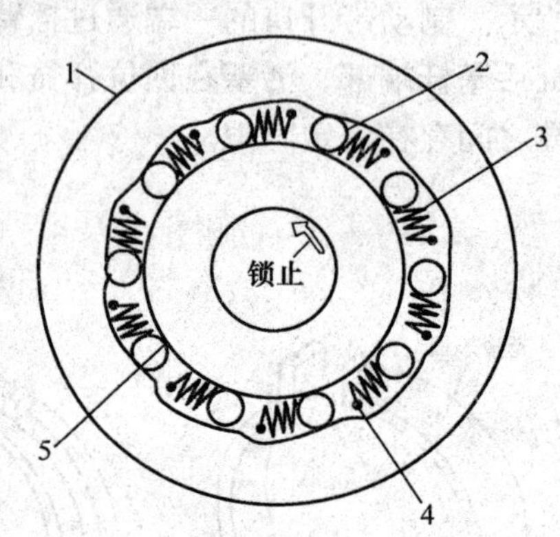

图 2-31　滚子式单向离合器

1—外座圈　2—滚子　3—弹簧

4—弹簧保持座　5—内座圈

楔块式单向离合器如图 2-32 所示，其内、外座圈组成的滚道宽度是均匀的，采用不均匀形状的楔块，楔块大端长度大于滚道宽度，在外座圈固定的情况下，内座圈可沿逆时针方向旋转，带动楔块顺时针方向转动。若楔块沿顺时针方向转动，楔块将被卡在内、外座圈之间，单向离合器内座圈锁止。

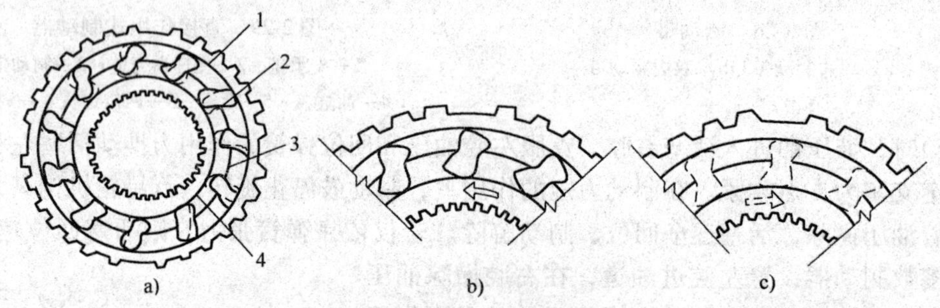

图 2-32　楔块式单向离合器

a）外形　b）自由转动　c）锁止

1—外座圈　2—楔块　3—保持架　4—内座圈

四、组合式行星轮系统

将两个以上的行星排进行组合，选取不同的基本元件作为输入或输出，以及采用执行元件不同的工作方式，可以得到不同类型的行星轮变速器。但考虑到效率的高低、行星轮机构的复杂程度，目前常用的自动变速器行星轮装置有辛普森式和拉维娜式两种。

1. 辛普森式行星轮系统

辛普森式行星轮系统是由辛普森式行星轮机构（图 2-33a）和相应的换档执行元件

（图 2-33b）组成的，目前大部分轿车自动变速器都采用这种行星轮变速器。

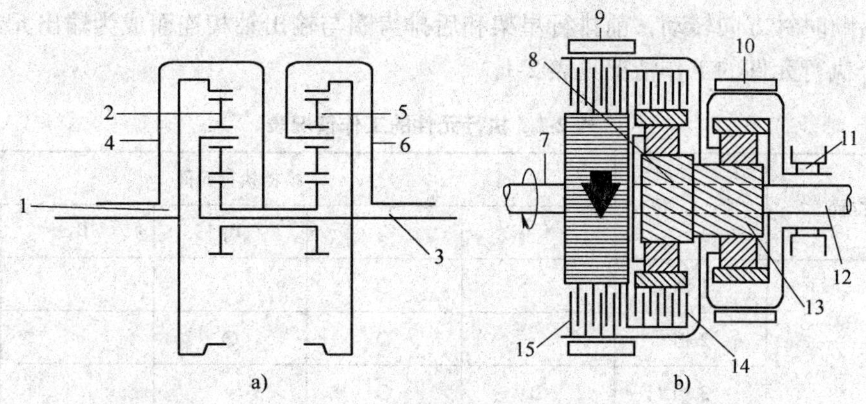

图 2-33 辛普森式行星轮系统

a）辛普森式行星轮机构 b）辛普森式行星轮机构换档执行元件

1—前齿圈 2—前行星轮 3—前行星架和后齿圈组件 4—前、后太阳轮组件 5—后行星轮 6—后行星架 7—第一轴 8—前行星排 9—二档制动器 10—低、倒档制动器 11—单向离合器 12—第二轴 13—后行星排 14—前进离合器 15—直接档离合器

辛普森式行星轮机构是由两个内啮合式单排行星轮机构组合而成的。其结构特点是：前、后两个行星排的太阳轮连接为一个整体，称为太阳轮组件；前一个行星排的行星架和后一个行星排的齿圈连接为另一个整体，称为前行星架和后齿圈组件；输出轴通常与前行星架和后齿圈组件连接。因此，该行星机构成为一种具有四个独立元件的行星轮机构。这四个独立元件是：前排齿圈、太阳轮组件、后排行星架以及前行星架和后齿圈组件。

根据前进档的档数不同，可将辛普森式行星轮传动机构分为三档行星轮传动机构和 4 档行星轮传动机构。下面以三档行星轮机构为例讲述其工作原理，如图 2-34 所示。

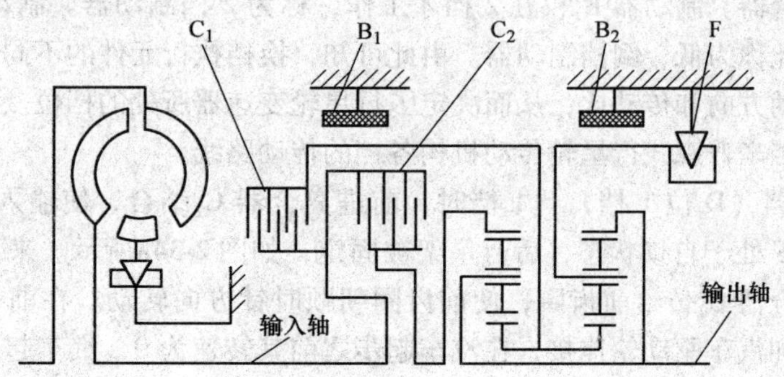

图 2-34 三档行星轮机构

C_1—直接档离合器 C_2—前进档离合器 B_1—二档制动器 B_2—低、倒档制动器 F—单向离合器

在三档辛普森式行星轮机构中设置 5 个换档执行元件（2 个离合器、2 个制动器和 1 个单向离合器），使之成为一个具有 3 个前进档和 1 个倒档的行星轮变速器。各执行元件的作

用是：输入轴通过直接档离合器和前进档离合器分别与太阳轮和前排齿圈相连，2 档制动器可用来固定太阳轮，低、倒档制动器可使后排行星架成为固定元件，单向离合器保证后排行星架只能沿顺时针方向转动，前排行星架和后排齿圈与输出轴相连而成为输出元件。各档位状态下 5 个执行元件的工作情况见表 2-1。

表 2-1　执行元件的工作情况表

变速杆位置	档　位	换档执行元件				
		C_1	C_2	B_1	B_2	F
D	1 档		○			○
	2 档		○	○		
	3 档	○	○			
R	倒档	○			○	
S、L 或 2、1	1 档		○		○	
	2 档		○	○		

注：○表示接合、制动或锁止。

由表 2-1 可知，当行星轮变速器处于停车档和空档之外的任何一个档位时，5 个换档执行元件中都有 2 个处于工作状态（接合、制动或锁止状态），其余 3 个不工作（分离、释放或自由状态）。处于工作状态的两个换档执行元件中至少有一个是离合器 C_1 或 C_2，以便使输入轴与行星排连接。当变速器处于任意前进档时，离合器 C_2 都处于接合状态，此时输入轴与行星轮机构的前齿轮圈结合，使前齿圈成为主动件，因此，离合器 C_2 又称为前进档离合器。倒档时，离合器 C_1 结合、C_2 分离，此时输入轴与行星轮机构的太阳轮组件结合，使太阳轮组件成为主动件；另外，离合器 C_1 在三档（直接档）时也接合，因此，离合器 C_1 也称为倒档及高档离合器。制动器 B_1 仅在 2 档才工作，称为 2 档制动器。制动器 B_2 在 1 档和倒档时都工作，因此称为低、倒档制动器。由此可知，换档执行元件的不同工作组合决定了行星轮变速器的传动方向和传动比，从而决定了行星轮变速器所处的档位。

下面分析三档辛普森式行星轮传动机构各档的传动路线。

（1）前进 1 档（D 位 1 档）　1 档时，前进离合器 C_2 结合，使输入轴和前齿圈连接，同时单向离合器 F 处于自锁状态，后行星架被固定，如图 2-34a所示。来自发动机的动力经输入轴、前进离合器 C_2 传给前齿圈，使前齿圈朝顺时针方向转动。在前行星排中，由于前行星架经输出轴和汽车驱动轮连接，在汽车起步之前其转速为 0，汽车起步后以一档行驶时其转速也很低，因此前行星轮在前齿圈的驱动下一方面朝顺时针方向作公转，带动前行星架朝顺时针方向转动，另一方面作顺时针方向的自转，并带动太阳轮组件朝逆时针方向转动。在后行星排中，由于和输出轴连接的后齿圈转速很低，当后行星轮在后太阳轮的驱动下朝顺时针方向自转时，对后行星架产生一个逆时针方向的力矩，而单向离合器 F 对后行星架在逆时针方向具有锁止作用，因此后行星架固定不动，使后齿圈在后行星轮的驱动下朝顺时针方向转动。汽车起步后，前后行星排各元件的运动状态依然不变，但此时前排行星架以低速作顺时针转动。

由此可知，在1档时，前后两行星排都参加动力传递，与发动机输出转速相比，经变速器以后转速下降、转矩增加，汽车能以较大的牵引力克服行驶阻力低速前进。

（2）前进2档（D位2档） 当前进离合器C_2和2档制动器B_1同时工作时，行星轮变速器处于2档位置。此时输入轴经前进离合器C_2和前齿圈连接，同时太阳轮组件被2档制动器B_1固定。发动机动力经液力变矩器和输入轴传给前排齿圈，使之朝顺时针方向转动。由于前排太阳轮转速为0，因此前行星轮在前排齿圈的驱动下一方面朝顺时针方向作自转，另一方面朝顺时针方向作公转，同时带动前排行星架及输出轴朝顺时针方向转动，如图2-34b所示。此时后行星排处于自由状态，后排行星轮在后排齿圈的驱动下朝顺时针方向一边自转一边公转，带动后排行星架朝顺时针方向空转。由此可知，2档时发动机的动力全部经前排行星排传至输出轴。

在2档状态下，汽车滑行时驱动轮的反向驱动力可经过行星轮变速器传至发动机，即具有发动机制动作用。

（3）前进3档（D位3档） 当行星轮变速器处于3档时，前进离合器C_2和直接档离合器C_1同时接合，把输入轴与前齿圈及太阳轮组件连接为一个整体。由于这时前行星排中有两个基本元件互相连接，从而使前行星排固定地连成一体而旋转，输入轴的动力通过前行星排直接传给输出轴，其传动比等于1，即为直接档，如图2-34c所示。此时后行星排处于自由状态，后行星轮在后齿圈的驱动下向顺时针力向一边自转一边公转，带动后行星架朝顺时针方向空转。

行星轮变速器在3档位具有反向传递动力的能力，在汽车滑行时能实现发动机制动。

（4）手动1档（1位或L位） 为了利用发动机制动，可将变速杆从D位移至1位，即手动1档。自动变速器在手动1档时能产生发动机制动作用，如图2-34d所示。

具有发动机制动作用的1档是由低、倒档制动器B_2实现的。当变速杆位于1位或L位，而行星轮变速器处于1档时，前进离合器C_2和制动器B_2同时工作。当动力从发动机传至驱动齿轮时，行星轮机构各元件的工作状态及传动比与前进1档时相同。

（5）倒档（R位） 倒档时，直接档离合器C_1接合，使输入轴与前、后太阳轮组件连接，同时低、倒档制动器B_2产生制动，将后行星架固定。此时发动机动力经输入轴传给太阳轮组件，使太阳轮朝顺时针方向转动。由于后行星架固定不动，因此在后行星排中，后行星轮在后太阳轮的驱动下朝逆时针方向转动，并带动后齿圈朝逆时针方向转动，如图2-34e所示，与前行星架和后齿圈组件连接的输出轴也随之朝逆时针方向转动，从而改变了传动方向。此时，前行星排中由于前齿圈可以自由转动，因此前行星排处于自由状态，前排齿圈在前行星轮的带动下朝逆时针方向自由转动。倒档时的动力是由后行星排传给输出轴的。

2. 拉维娜式行星轮系统

典型的三档拉维娜是行星轮系统采用双行星排组合，其结构特点是：两行星排共用行星架和齿圈，小太阳轮1、短行星轮4、长行星轮5、行星架3及齿圈6组成一个双行星轮式行星排，大太阳轮2、长行星轮5、行星架3及齿圈6组成一个单行星排，如图2-35a所示。其具有四个独立元件：小太阳轮、大太阳轮、行星架和齿圈。行星架上的两套行星轮相互啮合，其中短行星轮与小太阳轮啮合，长行星轮与大太阳轮啮合的同时与齿圈啮合。

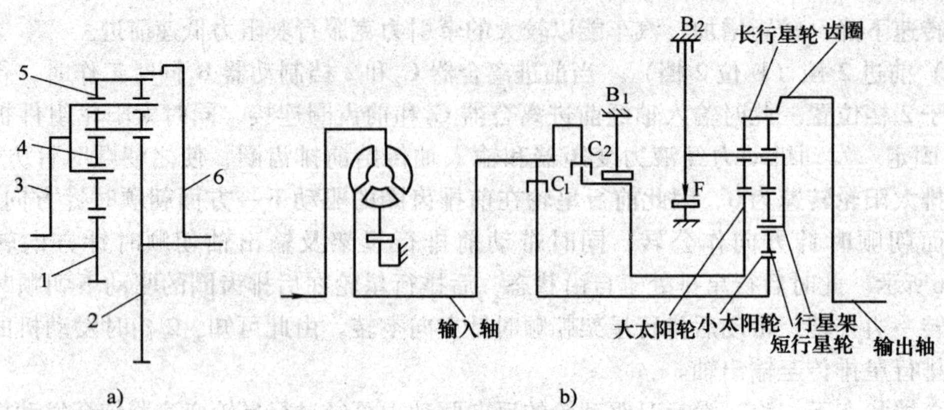

图 2-35　拉维娜式行星轮系统

a）拉维娜式行星轮机构　b）拉维娜式行星轮机构换档执行元件

1—小太阳轮　2—大太阳轮　3—行星架　4—短行星轮　5—长行星轮　6—齿圈

C_1—前进档离合器　C_2—直接档离合器　B_2—低、倒档制动器　B_1—2 档制动器　F—单向离合器

如图 2-35b 所示，在三档拉维娜式行星轮机构中设置有 5 个换档执行元件（2 个离合器、2 个制动器和 1 个单向离合器），使之成为一个具有 3 个前进档和 1 个倒档的行星轮变速器。各执行元件的作用是：前进离合器用于连接输入轴和小太阳轮，直接档离合器用于连接输入轴和大太阳轮，2 档制动器用于固定大太阳轮，低、倒档制动器起固定行星架的作用，单向离合器对行星架逆时针方向旋转有锁止作用。执行元件工作情况见表 2-2。

表 2-2　执行元件工作情况

变速杆位置	档　位	换档执行元件				
		C_1	C_2	B_1	B_2	F
D	1 档	○				○
	2 档	○		○		
	3 档	○	○			
R	倒档		○		○	

注：○表示接合、制动或锁止。

下面分析三档拉维娜式行星轮传动机构各档的传动路线。

（1）前进 1 档（D 位 1 档）　当变速杆处于 D 位起步时，前进档离合器 C_1 接合，液力变矩器的涡轮经过 C_1 驱动小太阳轮顺时针转动，在小太阳轮的驱动下，安装在同一个行星架上的短行星轮和长行星轮分别按逆时针和顺时针转动。由于齿圈与输出轴连接，起步时阻力很大，使得长行星轮在顺时针转动的同时，有带动行星架逆时针转动的趋势。此时，由于单向离合器有阻止行星架逆时针转动的作用，因此，行星架在 D_1 档是被固定的。这样，长行星轮的顺时针转动便驱动齿圈转动，并将动力输出。

由于在 D_1 档使用了单向离合器，车辆滑行时，小太阳轮因为前进档离合器 C_1 与输入轴的连接，其转速仍然是发动机怠速转速，与输出轴连接的齿圈被驱动车轮带动顺时针转动，使行星架产生顺时针方向的转动。此时，单向离合器的内外圈脱开，不能将动力传给小太阳轮，因此，没有发动机制动。

D_1 档动力传递路线为：液力变矩器壳体（泵轮）顺时针转动→涡轮顺时针转动→涡轮轴顺时针转动→离合器 C_1→小太阳轮顺时针转动→短行星轮逆时针转动→长行星轮顺时针转动，行星架单向固定→齿圈顺时针转动，减速输出。

（2）前进 2 档（D 位 2 档）　动力仍然通过前进档强制离合器传给小太阳轮，小太阳轮驱动短行星轮逆时针转动、长行星轮顺时针转动。由于 2 档制动器固定了大太阳轮，长行星轮必须在固定的大太阳轮上顺时针滚动并驱动齿圈顺时针转动输出动力。在 1 档时行星架被固定，而在 2 档时行星架顺时针转动，行星架的顺时针转动加快了齿圈的输出速度，所以 2 档的转速比 1 档快。

由于在 2 档没有使用单向离合器，大太阳轮被双向固定，在车辆滑行时，与输出轴连接的齿圈通过长短行星轮驱动小太阳轮顺时针加速转动，实现发动机制动。

2 档动力传递路线为：液力变矩器壳体（泵轮）顺时针转动→涡轮顺时针转动→涡轮轴顺时针转动→离合器 C_1→小太阳轮顺时针转动→短行星轮逆时针转动→长行星轮与行星架顺时针转动（大太阳轮被 B_1 双向固定）→齿圈输出。

（3）前进 3 档（D 位 3 档）　如果两个离合器同时工作将动力从大、小太阳轮同时输入，由于大、小太阳轮连接成整体，长短行星轮的自转被限制，整个行星轮组一起转动，输出轴的转速与输入轴完全一致，传动比等于 1，此时为直接档。由于没有使用单向离合器，3 档也具有发动机制动效果。

3 档动力传递路线为；液力变矩器壳体（泵轮）顺时针转动→涡轮顺时针转动→涡轮轴顺时针转动→离合器 C_1/离合器 C_2→小太阳轮顺时针转动/大太阳轮顺时针转动→齿圈以与输入轴相同的速度顺时针转动输出。

（4）R 位　各种自动变速器获得倒档的方式基本相同，从太阳轮输入动力，固定行星架，从齿圈输出动力。拉维娜行星轮机构在倒档时，通过直接档离合器 C_2 将动力输入大太阳轮，低、倒档制动器已固定行星架，大太阳轮顺时针转动，驱动长行星轮逆时针转动，齿圈被驱动逆时针转动输出动力，使车辆倒驶。

倒档也没有单向离合器工作，因此，倒档时有发动机制动。

R 位动力传递路线为：液力变矩器壳体（泵轮）顺时针转动→涡轮顺时针转动→涡轮轴顺时针转动→离合器 C_2→大太阳轮顺时针转动→长行星轮逆时针转动，行星架被 B_2 双向固定→齿圈逆时针转动，减速输出。

3. 丰田 A341E 自动变速器动力传递路线分析

（1）A341E 型自动变速器行星轮机构　A341E 型自动变速器行星轮机构如图 2-36 所示。

A341E 变速器的换档执行元件工作表见表 2-3。

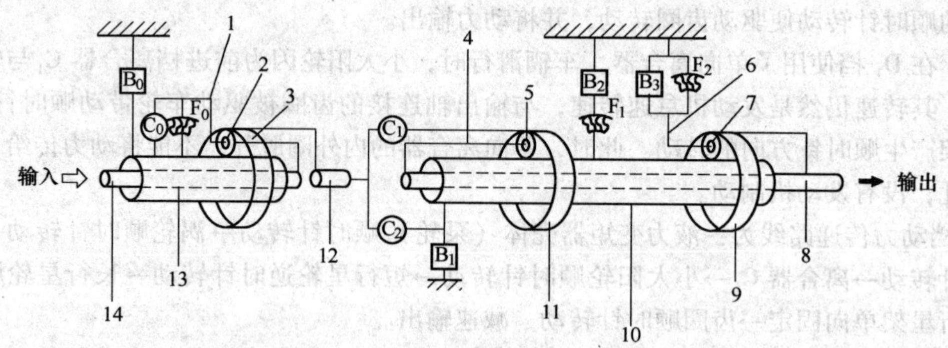

图 2-36　A341E 型自动变速器行星轮机构

1—超速（OD）行星排行星架　2—超速（OD）行星排行星轮　3—超速（OD）行星排齿圈　4—前行星排行星架　5—前行星排行星轮　6—后行星排行星架　7—后行星排行星轮　8—输出轴　9—后行星排齿圈　10—前后行星排太阳轮　11—前行星排齿圈　12—中间轴　13—超速（OD）行星排太阳轮　14—输入轴
C_0—超速档（OD）离合器　C_1—前进档离合器　C_2—直接档、倒档离合器　B_0—超速档（OD）制动器　B_1—2 档滑行制动器　B_2—2 档制动器　B_3—低、倒档离合器　F_0—超速档（OD）单向离合器　F_1—2 档（一号）单向离合器　F_2—低档（二号）单向离合器

表 2-3　A341E 变速器的换档执行元件工作表

	C_0	F_0	B_0	C_1	C_2	B_1	B_2	B_3	F_1	F_2
P	●									
R	●	●			●			●		
N	●									
D_1	●	●		●						●
D_2	●	●		●			●		●	
D_3	●	●		●	●					
D_4	●		●	●	●		●			
2_1	●	●		●						●
2_2	●			●		●	●		●	
1	●	●		●				●		●

（2）动力传递路线

1）D 位 1 档。变速器处于 1 档位置时，以 D_1 行驶，其传动如图 2-37a 所示，传动路线为：

液力变矩器（顺时针）→超速排输入轴（顺时针）→超速行星架（顺时针）→C_0 接合，F_0 锁定，超速太阳轮与行星架转速相同，使超速齿圈也以相同的转速转动（顺时针）→输入轴（顺时针）→C_1 接合，前行星齿圈顺时针转动，此时动力分两路：

① 前行星架与驱动轮，起步前转速为零；前行星轮自转（顺时针）→前后太阳轮（逆时针）→后行星轮（顺时针），F_2 接合后行星架被锁死→后齿圈（顺时针）→输出轴。

② 起步后其转速也很低，但在前齿圈的驱动下，前行星轮公转（顺时针）→前行星架（顺时针）→输出轴。

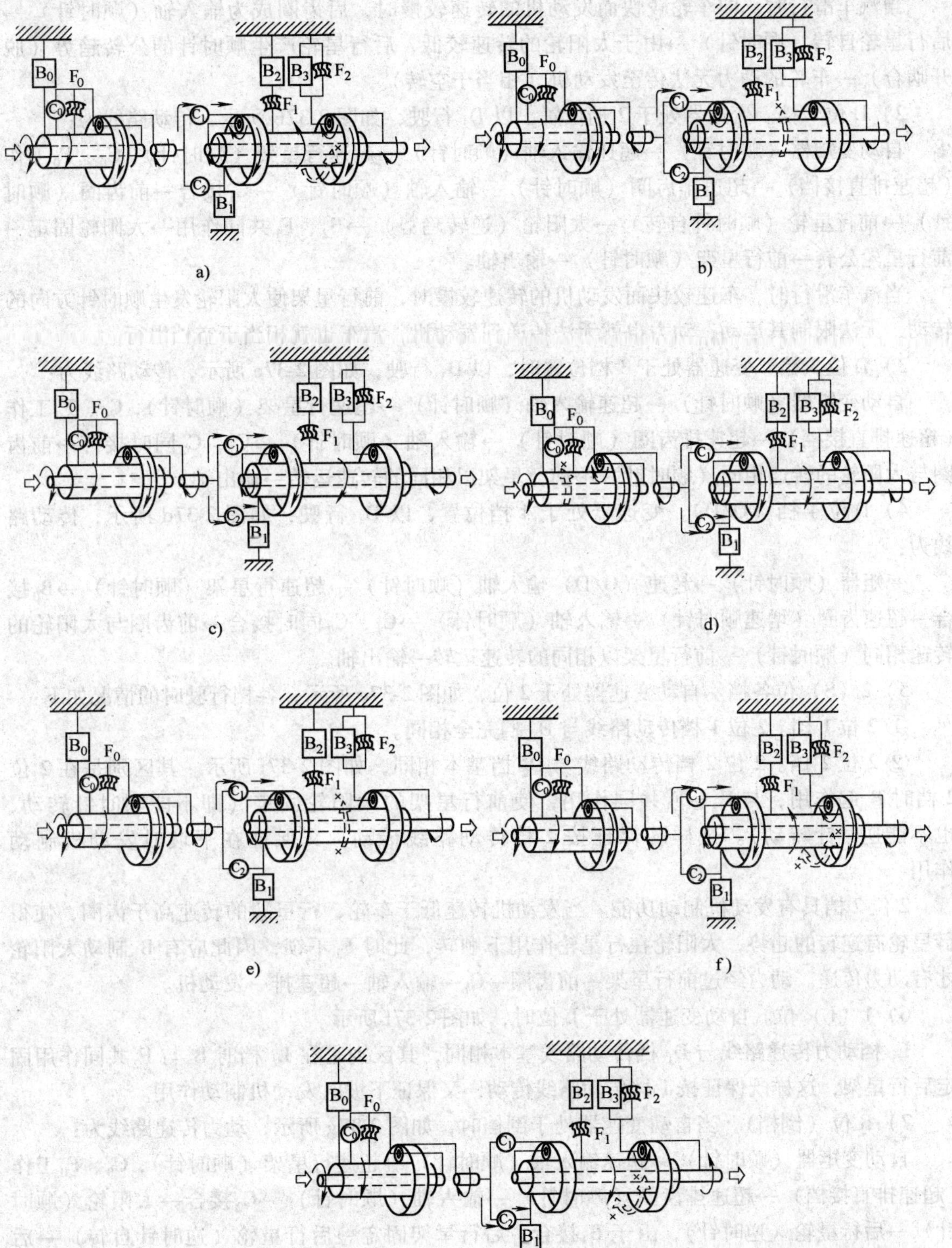

图 2-37 A341E 自动变速器的传动路线

当汽车滑行时，即车轮较快而发动机的转速较慢时，后齿圈成为输入轴（顺时针）→后行星轮自转（顺时针）→由于太阳轮的转速较低，后行星轮产生顺时针的公转趋势（脱开啮合）→车轮的动力无法传至发动机（相当于空转）。

2）D位2档。变速器处于2档位置，以 D_2 行驶，如图2-37b所示，传动路线为：

自动变矩器（顺时针）→超速输入轴（顺时针）→超速行星架（顺时针），C_0、F_0工作（超速排直接档）→超速排齿圈（顺时针）→输入轴（顺时针）→C_1接合→前齿圈（顺时针）→前行星轮（顺时针自转）→太阳轮（逆转趋势）→B_2、F_1共同作用→太阳轮固定→前行星轮公转→前行星架（顺时针）→输出轴。

当汽车滑行时，车速较快而发动机的转速较慢时，前行星架使太阳轮发生顺时针方向的转动，无法限制其运动，动力也就无法传递到发动机，汽车也就相当于空档滑行。

3）D位3档。变速器处于3档位置时，以 D_3 行驶，如图2-37c所示，传动路线为：

自动变矩器（顺时针）→超速输入轴（顺时针）→超速行星架（顺时针），C_0、F_0工作（超速排直接档）→超速排齿圈（顺时针）→输入轴（顺时针）→C_1、C_2同时接合→前齿圈与太阳轮的转速相同（顺时针）→前行星架以相同的转速运转→输出轴。

4）D位4档（O/D）。变速器处于4档位置，以 D_4 行驶，如图2-37d所示，传动路线为：

变矩器（顺时针）→超速（O/D）输入轴（顺时针）→超速行星架（顺时针）→B_0接合→超速齿圈（增速顺时针）→输入轴（顺时针）→C_1、C_2同时接合→前齿圈与太阳轮的转速相同（顺时针）→前行星架以相同的转速运转→输出轴。

5）2（S）位各档。自动变速器处于2位，如图2-37e所示，各档行驶时的情况如下：

①2位1档。2位1档传动路线与 D_1 档完全相同。

②2位2档。2位2档传动路线与 D_2 档基本相同，如图2-37f所示。其区别是在2位2档时 B_1起作用，与 B_2、F_1共同作用，使前行星架的太阳轮固定（即不能顺时针转动，也不能逆时针转动）。这样既保证按2档传动路线传动，又保证在下坡时发动机制动作用。

2位2档具有发动机制动功能。当发动机转速低于车轮，行星架的转速高于齿圈，使得行星轮有逆转的趋势，太阳轮在行星轮作用下顺转，此时 F_1不锁，因此应有 B_1制动太阳轮才有动力传递。动力经过前行星架→前齿圈→C_1→输入轴→超速排→发动机。

6）1（L）位。自动变速器处于L位时，如图2-37f所示。

L_1 档动力传递路线与 D_1 档传动路线基本相同，其区别是在 L_1 档时 B_3与 F_2共同作用固定后行星架，这样既保证按1档传动路线传动，又保证下坡时发动机制动作用。

7）R位（倒档）。当自动变速器处于倒档时，如图2-37g所示，动力传递路线为：

自动变矩器（顺时针）→超速输入轴（顺时针）→超速行星架（顺时针），C_0、F_0工作（超速排直接档）→超速排齿圈（顺时针）→输入轴（顺时针）→C_2接合→太阳轮（顺时针）→后行星轮（逆时针），由于 B_3接合，后行星架固定→后行星轮（逆时针自转）→后齿圈（逆时针）→输出轴。

R位具有发动机制动功能。当发动机速度下降，而由于汽车惯性作用，车速不变，输出轴速度高于后齿圈，输出轴带动后齿圈快速转动。但太阳轮转速慢而形成阻力，使后行星架顺转，F_2失去作用，此时B_3作用，后轮力传入发动机带动发动机活塞快移，使车速减慢。

4. 大众01M型自动变速器动力传递路线分析

大众01M型自动变速器采用拉维娜式行星轮机构，具有4个前进档，用于宝来、捷达等轿车上。01M型自动变速器与大众01P、01V、096、097、098、099型自动变速器的结构基本相同。

（1）基本结构 01M型自动变速器的基本结构主要由液力元件、控制机构、变速机构、主传动机构、变速器壳体及相关部件等五部分组成。

液力元件包括液力变矩器、液压泵等，用于动力传递和提供液压元件的动力源。

控制机构采用电、液混合控制技术，电控部分包括电子控制单元J217及相应的传感器、执行元件，液控部分包括滑阀箱及换档执行元件。

变速机构主要由拉维娜式行星轮机构组成，前排为单级结构，后排为双级结构。两个太阳轮独立运动，共用行星架和齿圈，齿圈为动力输出端。通过对大、小太阳轮及行星架的不同驱动及制动组合，组成4个前进档和1个倒档。

（2）动力传动路线 如图2-38所示，大众01M型自动变速器采用拉维娜式行星轮机构，是一种双排单、双级复合式行星轮机构，其前排为单级结构，后排为双级结构，前、后排共用1个齿圈和1个行星架。在行星架上，外行星轮为长行星轮，与前排大太阳轮啮合；内行星轮为短行星轮，与后排小太阳轮和长行星轮同时啮合。2个太阳轮能独立旋转，齿圈为动力输出端。通过对大、小太阳轮及行星架的不同驱动和制动组合，组成4个前进档和1个倒档。

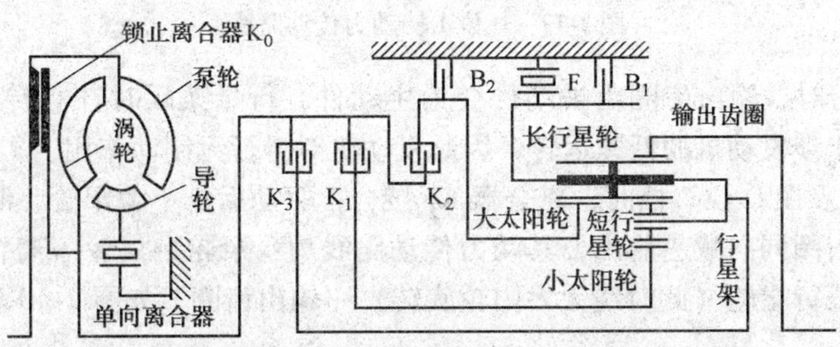

图2-38 01M型自动变速器结构

离合器K_0—单向锁止导轮 离合器K_1—驱动小太阳轮 离合器K_2—驱动大太阳轮 离合器K_3—驱动行星架 制动器B_1—制动行星架 制动器B_2—制动大太阳轮 单向离合器F—单向制动行星架

01M型自动变速器各档位执行元件的作用见表2-4。

表2-4 01M型自动变速器各档位执行元件的作用

	K_1	K_2	K_3	B_1	B_2	F
P						
R		○		○		
N						
D_1	○					○

（续）

	K_1	K_2	K_3	B_1	B_2	F
D_2	○				○	
D_3	○		○			
D_4			○		○	
2_1	○					○
2_2	○				○	
1	○			○		

注："○"表示接合、制动或锁止。

1）D 位 1 档。在 D 位 1 档时，离合器 K_1 接合，驱动后排小太阳轮，单向离合器 F 单向制动行星架，则齿圈同向减速输出，其动力传动路线为：泵轮→涡轮→离合器 K_1→小太阳轮→短行星轮→长行星轮→输出齿圈，如图 2-39 所示。

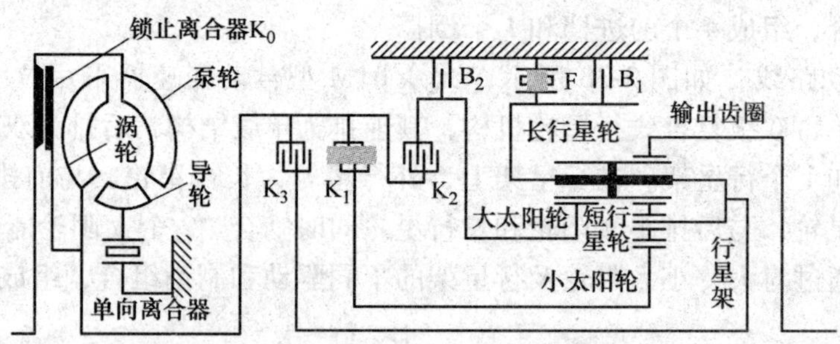

图 2-39　D 位 1 档动力传动路线

D 位 1 档滑行时，输出齿圈由被动件变为主动件，行星架顺时针空转，单向离合器解锁，小太阳轮不干涉发动机的低速运转，因此发动机对滑行无制动作用。

2）D 位 2 档。在 D 位 2 档时，离合器 K_1 接合，驱动后排小太阳轮，制动器 B_2 制动前排大太阳轮，则齿圈同向减速输出，其动力传动路线为：泵轮→涡轮→离合器 K_1→小太阳轮→短行星轮→长行星轮（此时绕大太阳轮旋转）→输出齿圈，如图 2-40 所示。

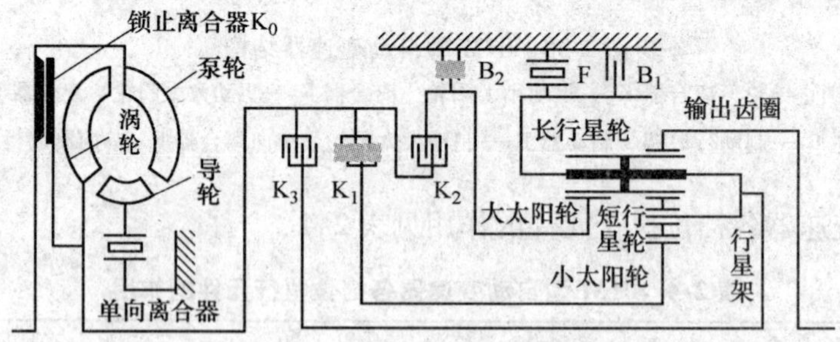

图 2-40　D 位 2 档动力传动路线

D 位 2 档滑行时，输出齿圈由被动件变为主动件，此时大太阳轮仍制动，长行星轮、短行星轮仍按原来的自转与公转转速旋转，这样小太阳轮被迫带动涡轮按原来的转速旋转，因此发动机对滑行产生制动作用。

3）D 位 3 档。在 D 位 3 档时，离合器 K_1 接合，驱动后排小太阳轮，离合器 K_3 接合，驱动行星架，因为小太阳轮和行星架同时被驱动，所以行星轮机构以一个整体旋转，此时为直接档，其动力传动路线为：泵轮→涡轮→离合器 K_1 和 K_3→小太阳轮和行星架→长行星轮→输出齿圈，如图 2-41 所示。

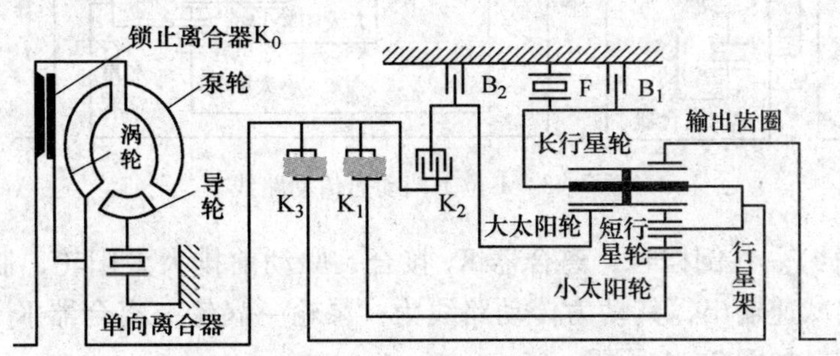

图 2-41 D 位 3 档动力传动路线

D 位 3 档滑行时，输出齿圈由被动件变为主动件，因为离合器 K_1 和 K_3 仍接合，所以在输出齿圈的带动下，整个行星轮机构仍按原来的转速旋转，这样小太阳轮和行星架同时驱动涡轮按原来的转速旋转，因此发动机对滑行产生制动作用。

4）D 位 4 档。在 D 位 4 档时，离合器 K_3 接合，驱动行星架，制动器 B_2 制动大太阳轮，则齿圈同向增速输出，此时为超速档，其动力传动路线为：泵轮→涡轮→离合器 K_3→行星架→长行星轮（此时绕大太阳轮旋转）→输出齿圈，如图 2-42 所示。

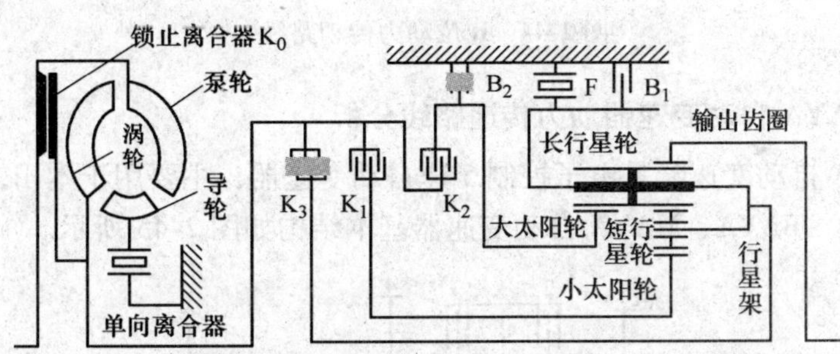

图 2-42 D 位 4 档动力传动路线

D 位 4 档滑行时，输出齿圈由被动件变为主动件，离合器 K_3 仍接合，制动器 B_2 仍制动前排大太阳轮，此时长行星轮由输出齿圈带动仍按原来的转速自传和公转，并带动行星架和涡轮按原来的转速旋转，因此发动机对滑行产生制动作用。

5）2 位 1 档。2 位 1 档的动力传动路线与 D 位 1 档相同。

6）2 位 2 档。2 位 2 档的动力传动路线与 D 位 2 档相同。

7）1 位 1 档。在 1 位 1 档时，离合器 K_1 接合，驱动后排小太阳轮，制动器 B_1 制动行星架，则齿圈同向减速输出，其动力传动路线与 D 位 1 档相同。

D 位 1 档滑行时，输出齿圈由被动件变为主动件，此时制动器 B_1 仍制动行星架，长行星轮在齿圈的驱动下仍按原来的转速旋转，短行星轮在长行星轮的驱动下也按原来的转速旋转，并驱动小太阳轮、涡轮也按原来的转速旋转，因此发动机对滑行产生制动作用，其动力传动路线如图 2-43 所示。

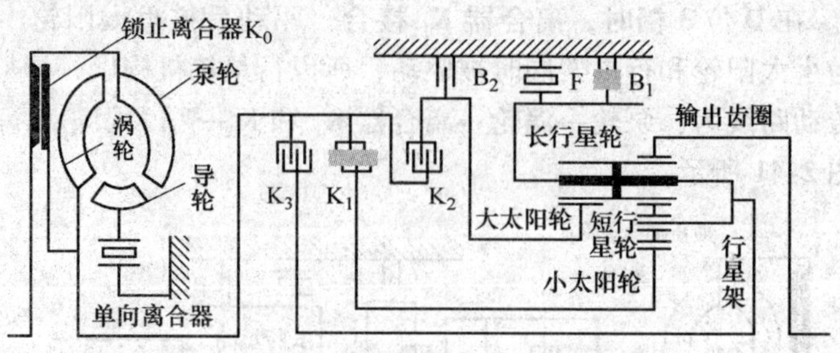

图 2-43　1 位 1 档动力传动路线

8）R 位（倒档）。在倒档时，离合器 K_2 接合，驱动前排大太阳轮，制动器 B_1 制动行星架，则齿圈反向减速输出，其动力传动路线为：泵轮→涡轮→离合器 K_2→大太阳轮→长行星轮→输出齿圈，如图 2-44 所示。

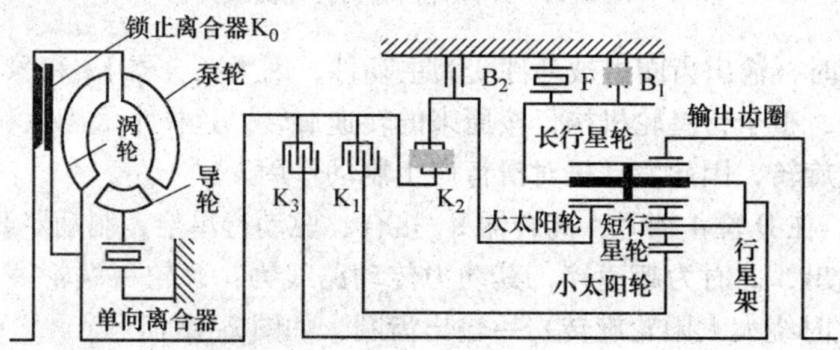

图 2-44　R 位动力传动路线

5. BAYA、MAYA 自动变速器动力传递路线分析

BAYA、MAYA 自动变速器是电子控制 5 速自动变速器，主要用于本田轿车。

（1）基本结构　BAYA、MAYA 自动变速器基本结构如图 2-45 所示。

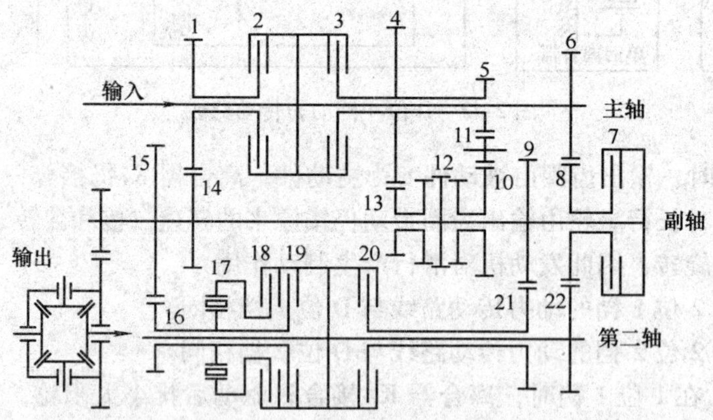

图 2-45　BAYA、MAYA 自动变速器动力传递路线

1—主轴 4 档齿轮　2—4 档离合器　3—5 档离合器　4—主轴 5 档齿轮　5—主轴倒档齿轮　6—主轴 3 档齿轮　7—3 档离合器　8—副轴 3 档齿轮　9—副轴 2 档齿轮　10—副轴倒档齿轮　11—倒档惰轮　12—倒档滑套　13—副轴 5 档齿轮　14—副轴 4 档齿轮　15—副轴 1 档齿轮　16—第二轴 1 档齿轮　17—单向离合器　18—1 档离合器　19—1 档固定离合器　20—2 档离合器　21—第二轴 2 档齿轮　22—第二轴惰轮

变速器主轴由变矩器驱动，在主轴上装有4档和5档离合器以及4档、5档、倒档齿轮（倒档齿轮与4档齿轮制为一体）和惰轮。副轴上装有主减速器驱动齿轮及1档、2档、3档、4档、5档、倒档、驻车档齿轮和3档离合器。第二轴上装有1档、2档离合器和1档、2档齿轮、单向离合器及惰轮。副轴5档齿轮及倒档齿轮可以锁止在副轴中部，工作时是锁止5档齿轮还是倒档齿轮则取决于接合套的移动方式。主轴和第二轴上的齿轮与副轴上的齿轮保持常啮合状态，当通过控制系统使变速器中某一组齿轮实现啮合时，动力将从主轴经过第二轴传递到副轴，并由副轴输出。

1）主轴上的齿轮。4档齿轮通过4档离合器与主轴实现啮合或分离。5档齿轮通过5档离合器与主轴实现啮合或分离。倒档齿轮通过5档离合器与主轴实现啮合或分离。3档齿轮通过花键与主轴连接并随主轴旋转。

2）副轴上的齿轮。主减速器驱动齿轮与副轴集成在一起，随副轴旋转而旋转。1档、2档、4档齿轮和驻车档齿轮通过花键与副轴相连接，并随副轴旋转。3档齿轮在副轴上自由旋转，通过3档离合器与第二轴实现啮合或分离。5档齿轮和倒档齿轮在副轴上自由旋转，倒档接合套轴套通过花键与副轴相连接，以便通过轴套使5档齿轮或倒档齿轮与副轴啮合。

3）第二轴上的齿轮。1档齿轮通过1档离合器与第二轴实现啮合或分离。2档齿轮通过2档离合器与第二轴实现啮合或分离。惰轮与第二轴通过花键相连接，与第二轴一同旋转。主轴3档齿轮通过副轴3档齿轮驱动二轴惰轮，进而驱动第二轴旋转。

4）倒档惰轮。倒档惰轮将动力从主轴倒档齿轮传递到副轴倒档齿轮，并使副轴旋转反向。

（2）动力传递路线分析

1）P位。P位时，各离合器都不结合，没有动力传递到副轴，驻车棘爪锁住驻车齿轮，使副轴锁定。

2）N位。变速杆在N位时，倒档接合套的位置会根据变速杆是从R拨到N位还是从D拨到N位而有所不同。当变速杆从R位拨到N位时，倒档接合套与副轴倒档齿轮啮合，使倒档齿轮与副轴啮合，但此时因为没有离合器接合，没有动力传递到副轴，因此车辆静止不动。当变速杆是从D位拨到N位时，倒档接合套与副轴5档齿轮啮合，使5档齿轮与副轴啮合，同样因为没有离合器结合，车辆静止不动。

3）D位1档动力传递路线。D位1档动力传递路线如图2-46所示（图中各序号含义参考图2-45），图中黑点表示动力传递路线，不表示部件是静止还是旋转。

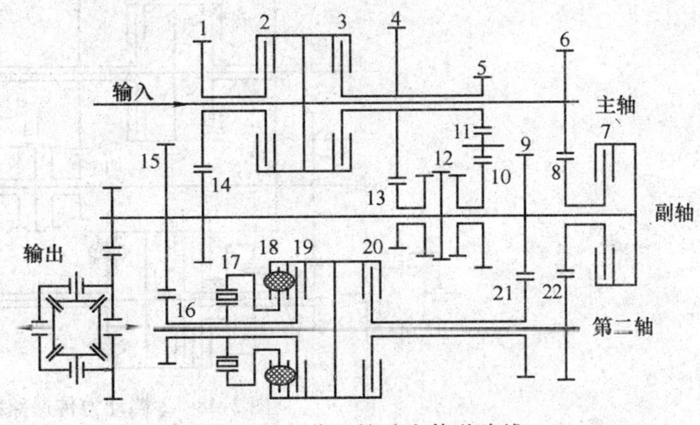

图2-46 D位1档动力传递路线

主轴3档齿轮通过副轴3档齿轮和第二轴惰轮驱动第二轴旋转。液压作用于1档离合器，1档离合器接合，单向离合器锁止，驱动第二轴1档齿轮旋转。旋转的第二轴1档齿轮驱动副轴1档齿轮并驱动副轴旋转。旋转的副轴通过主减速器主动齿轮，驱动主减速器并将动力输出。

因为单向离合器的锁止是动力传递过程中的唯一条件，因此在D位1档没有发动机制动。

4）1位1档动力传递路线。1位1档动力传递路线如图2-47所示（图中各序号含义参考图2-45）。

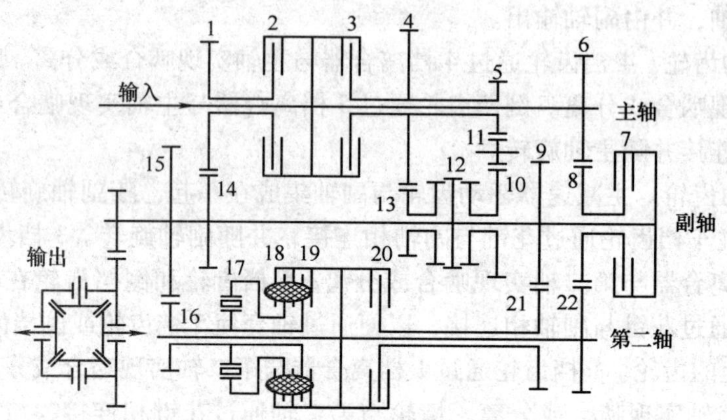

图2-47　1位1档动力传递路线

主轴3档齿轮通过副轴3档齿轮和第二轴惰轮驱动第二轴旋转。液压作用于1档离合器，1档离合器接合，单向离合器锁止，驱动第二轴1档齿轮旋转。液压还作用于1档固定离合器，1档固定离合器接合，使第二轴1档齿轮与第二轴连接而旋转。旋转的第二轴1档齿轮驱动副轴1档齿轮并驱动副轴旋转。旋转的副轴通过主减速器主动齿轮，驱动主减速器并将动力输出。

1档固定离合器的结合使单向离合器的锁止不是动力传递过程中的唯一条件，因此在1位1档有发动机制动。

5）2档动力传递路线。2档动力传递路线如图2-48所示（图中各序号含义参考图2-45）。

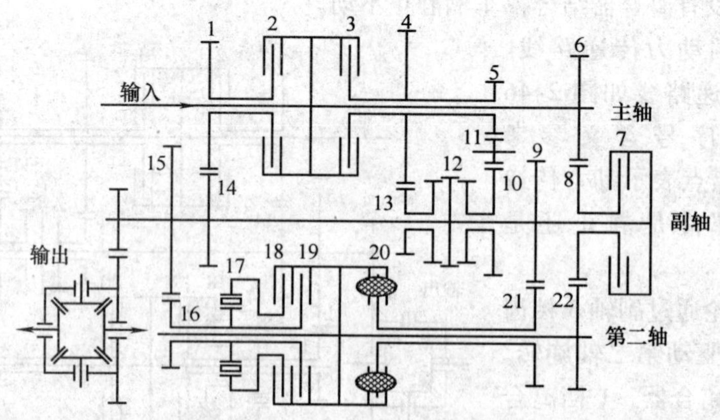

图2-48　2档动力传递路线

主轴3档齿轮通过副轴3档齿轮和第二轴惰轮驱动第二轴旋转。液压作用于2档离合器，2档离合器接合，使第二轴2档齿轮与第二轴连接而旋转。旋转的第二轴2档齿轮驱动副轴2档齿轮并驱动副轴旋转。旋转的副轴通过主减速器主动齿轮，驱动主减速器并将动力输出。液压也作用于1档离合器，但由于2档齿轮的转速超过了1档齿轮的转速，所以，来自1档齿轮的动力在单向离合器处被断开。

6）3档动力传递路线。3档动力传递路线如图2-49所示（图中各序号含义参考图2-45）。

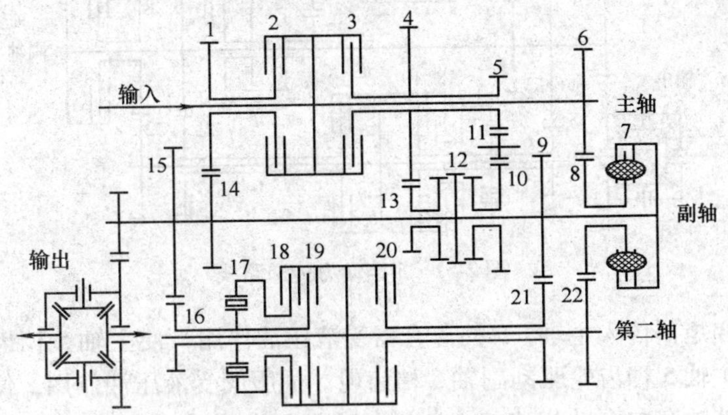

图2-49 3档动力传递路线

主轴3档齿轮驱动副轴3档齿轮，副轴3档齿轮在副轴上自由旋转。液压作用于3档离合器，3档离合器接合，使副轴3档齿轮与副轴连接，从而驱动副轴旋转。旋转的副轴通过主减速器主动齿轮，驱动主减速器并将动力输出。液压同样作用于1档离合器，但由于3档齿轮的转速超过了1档齿轮的转速，所以，来自1档齿轮的动力在单向离合器处被断开。

7）4档动力传递路线。4档动力传递路线如图2-50所示（图中各序号含义参考图2-45）。

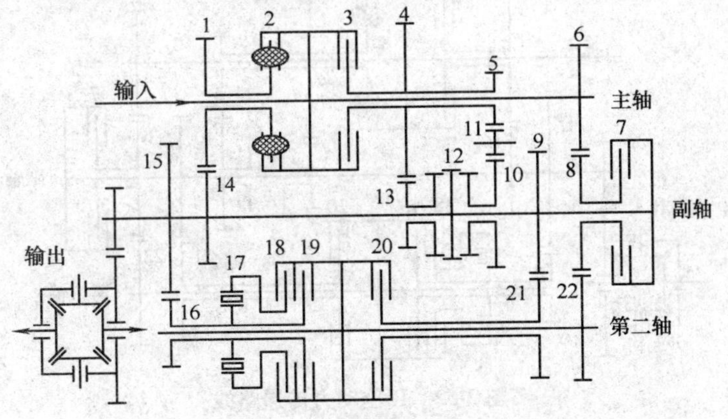

图2-50 4档动力传递路线

动力由液力变矩器传入主轴。4档离合器受液压油作用，使主轴4档齿轮与主轴连接并随主轴而旋转。主轴4档齿轮驱动副轴4档齿轮和副轴。旋转的副轴通过主减速器主动齿轮，驱动主减速器并将动力输出。液压同样作用于1档离合器，但由于4档齿轮的转速超过了1档齿轮的转速，所以，来自1档齿轮的动力在单向离合器处被断开。

8）5 档动力传递路线。5 档动力传递路线如图 2-51 所示（图中各序号含义参考图 2-45）。

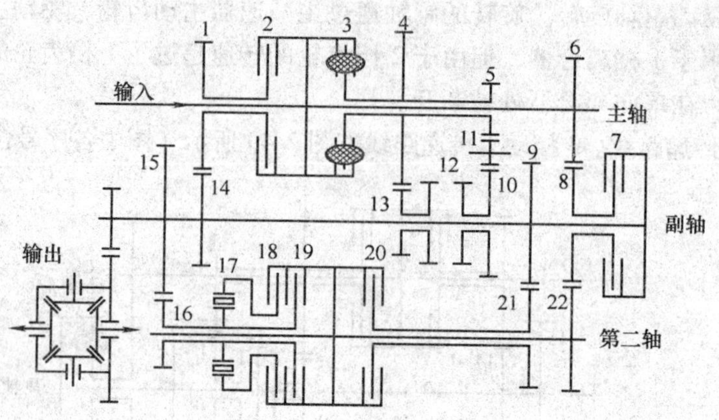

图 2-51　5 档动力传递路线

动力由液力变矩器传入主轴。5 档离合器受液压油作用，使主轴 5 档齿轮与主轴连接并随主轴而旋转。主轴 5 档齿轮驱动副轴 5 档齿轮。伺服阀受液压油作用，使副轴 5 档齿轮通过倒档接合套及其轴套与副轴相连接。这样，动力便由液力变矩器传入主轴、5 档离合器、主轴 5 档齿轮、副轴 5 档齿轮、倒档接合套、倒档接合套轴套而传递给副轴，并使副轴旋转。旋转的副轴通过主减速器主动齿轮，驱动主减速器并将动力输出。液压同样作用于 1 档离合器，但由于 5 档齿轮的转速超过了 1 档齿轮的转速，所以，来自 1 档齿轮的动力在单向离合器处被断开。

9）R 位动力传递路线。R 位动力传递路线如图 2-52 所示（图中各序号含义参考图 2-45）。

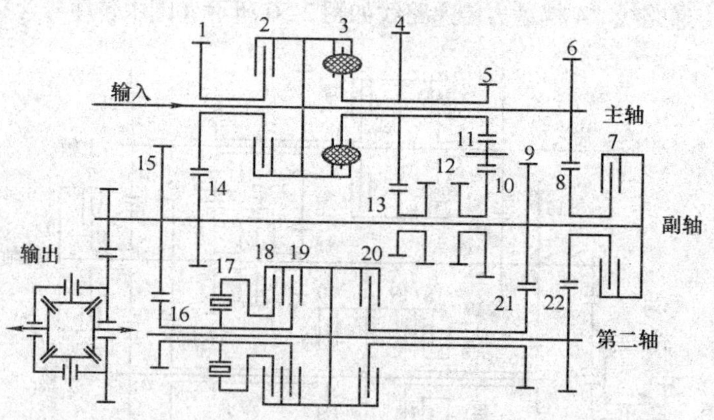

图 2-52　R 位动力传递路线

动力由液力变矩器传入主轴。5 档离合器受液压油作用，使主轴倒档齿轮与主轴连接并随主轴的旋转而旋转。主轴倒档齿轮通过倒档惰轮驱动副轴倒档齿轮。伺服阀受液压油作用，使副轴倒档齿轮通过倒档接合套及其轴套与副轴相连接，于是动力便由主轴倒档齿轮传入倒档惰轮、副轴倒档齿轮、倒档接合套和倒档接合套轴套进而传递给副轴。此时，由于倒档惰轮参加工作，从而改变了动力传递方向。旋转的副轴通过主减速器及主动齿轮，驱动主减速器并将动力输出。

五、液压控制系统

自动变速器的自动控制是靠液压控制系统完成的。液压控制系统由动力源、执行机构和控制机构三部分组成，主要元件如图2-53所示。

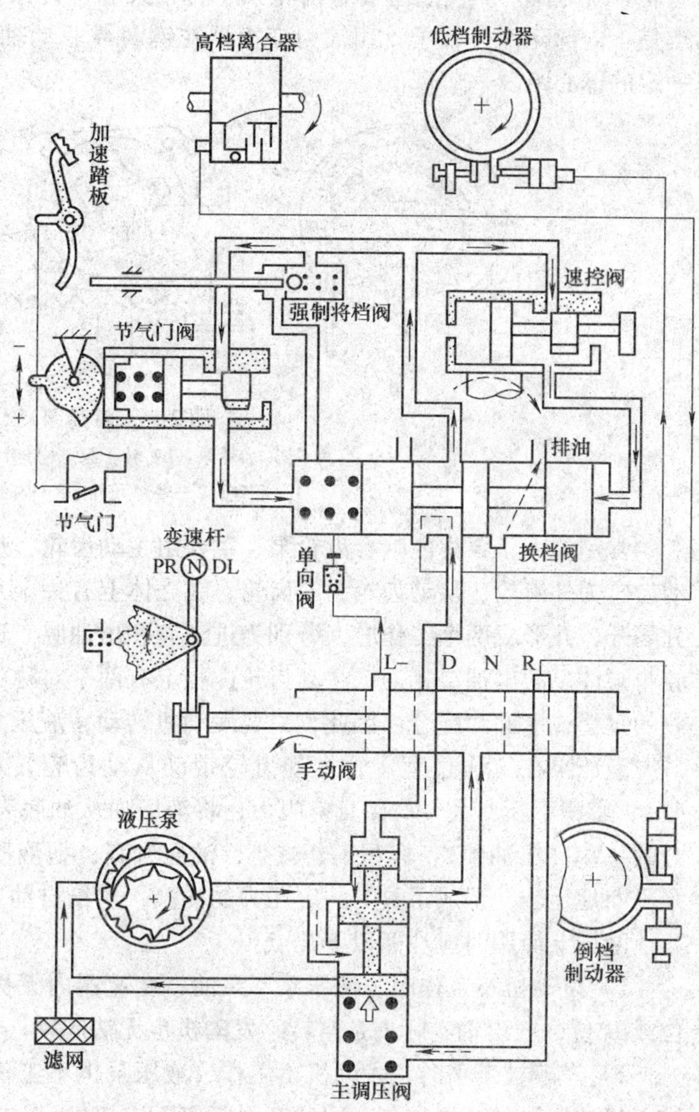

图2-53 液压控制系统的基本组成

动力源是由液力变矩器泵轮驱动的液压泵，除了向控制机构、执行机构供给液压油实现换档外，还向液力变矩器提供冷却液，向行星轮变速器提供机油。

执行机构包括各离合器、制动器的液压缸，其功用是在控制油压的作用下实现离合器的接合和分离、制动器的制动和松开动作，以便得到相应的档位。

控制机构包括阀体和各种阀，主要有主调压阀、副调压阀、手动阀、换档阀、节气门阀、速控阀（调速器）、强制降档阀等。

液压控制系统还包括一些辅助装置，如用于防止换档冲击的蓄能器、单向阀等。

液压系统的工作过程如下：液压泵将自动变速器油从自动变速器油底壳中泵出、加压，并经过主调压阀的调压，形成具有一定压力的自动变速器油，一般称为主油压（或管道压力）。主油压作用在节气门阀和速控阀上，分别产生与节气门开度和车速成正比的节气门油压和速控油压。节气门油压和速控油压作用在换档阀上，以控制换档阀的动作。节气门油压和速控油压还要反馈给主调压阀，以根据节气门的开度和车速调节主油压。主油压经过手动阀后作用在各换档阀上，换档阀的动作切换油道，使经过手动阀的主油压作用到不同的换档执行元件（离合器、制动器）以得到不同的档位。主油压还作用在副调压阀上，并把自动变速器油分别送到油冷却器中进行冷却、送到机械变速器相应元件处进行润滑和送到液力变矩器作为液力变矩器的工作介质。

1. 动力源

动力源是被液力变矩器泵轮驱动的液压泵。液压泵又称油泵，一般位于液力变矩器和行星轮系统之间。其类型主要有齿轮泵、转子泵和叶片泵，如图 2-54 所示。三种泵的共同特点是：内部元件（转子）由液力变矩器花键毂或驱动轴驱动，外部元件与内部元件之间有一定的偏心距。

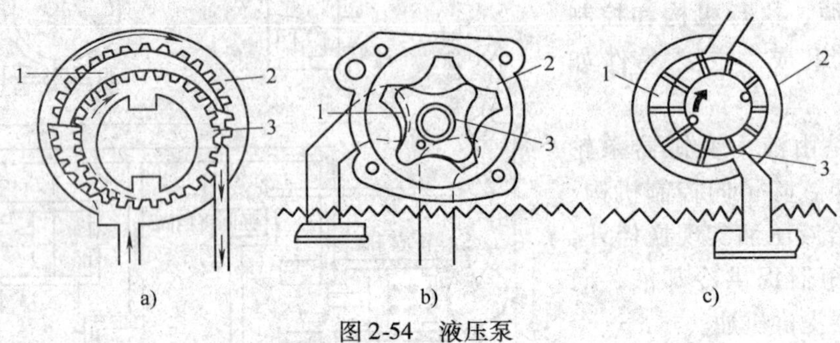

图 2-54 液压泵

a）齿轮泵 b）转子泵 c）叶片泵

1—腔室 2—外部元件 3—内部元件

常用的液压泵为内啮合齿轮泵，主要由主动齿轮、从动齿轮、月牙板、壳体等组成。主动齿轮为外齿轮，从动齿轮为内齿轮，在壳体上有一个月牙板，把主、从动齿轮不啮合的部分隔开，并形成两个工作腔，分别为进油腔和出油腔。进油腔与泵体上的进油口相通，出油腔与泵体上的出油口相通。主动齿轮内径上有两个对称的凸键，与液力变矩器后端油泵驱动毂的键槽或平面相配合。因此，只要发动机转动，液压泵便转动并开始供油。

液压泵在工作过程中，主动齿轮带动从动齿轮转动，在齿轮脱离啮合的一端（进油腔），容积不断变大，产生真空吸力，将液压油从油底壳经滤网吸入液压泵。在齿轮进入啮合的一端（出油腔），容积不断减小，油压升高，把液压油从出油腔挤压出去。这样，液压泵不断地运转，形成了具有一定压力的油液，供给自动变速器工作。

液压泵使用时应注意以下几点：

1）发动机不工作时，液压泵不泵油，变速器内无控制油压。想推车起动时，即使在 D 位或 R 位，输出轴实际上是空转，发动机也无法起动。

2）车辆被牵引时，发动机不工作，液压泵也不工作，无压力油。长距离牵引，齿轮系统无机油润滑，磨损加剧。因此牵引距离不应超过 50km，牵引速度不得高于 30～50km/h。

3）变速器齿轮系统有故障或严重漏油时，牵引车辆应将传动轴脱开。对于前轮驱动的汽车，应将前轮悬空牵引。

2. 控制机构的结构和工作原理

控制机构主要包括主油路系统、换档信号系统、换档阀系统和缓冲安全系统。根据其换档信号系统和换档阀系统采用的控制方式，可将控制机构分为液控式和电控式两种。

（1）主油路系统 液压油从液压泵输出后，即进入主油路系统，液压泵是由发动机直接驱动的，输出流量和压力均受发动机运转状况的影响，变化很大。因此在主油路系统中必须设置主油路调压阀，其作用是将液压泵输出压力精确调节到所需值后再输入主油路。主油路系统在不同工况、不同档位时，具有不同油压的要求：

1）节气门开度较小时，自动变速器所传递的转矩较小，执行机构中的离合器、制动器不易打滑，主油路压力可以降低。当发动机节气门开度较大时，因传递的转矩增大，为防止离合器、制动器打滑，主油路压力要升高。

2）汽车在低速档行驶时，所传递的转矩较大，主油路压力要高。而在高速档行驶时，自动变速器传递的转矩较小，可以降低主油路油压，以减少液压泵运转阻力。

3）倒档的使用时间较少，为减小自动变速器尺寸，倒档执行机构一般做得较小。为避免出现打滑，需提高操纵油压。

① 主调压阀。主调压阀通常采用阶梯型滑阀，如图 2-55 所示。它由上部的阀芯、下部的柱塞套筒及调压弹簧组成。在阀门的上部 A 处，受到来自液压泵的液压力作用；下端则受到柱塞下部 C 处来自调压电磁阀所控制的节气门油压作用，以及调压弹簧的作用力。共同作用的平衡，决定了阀体所处的位置。

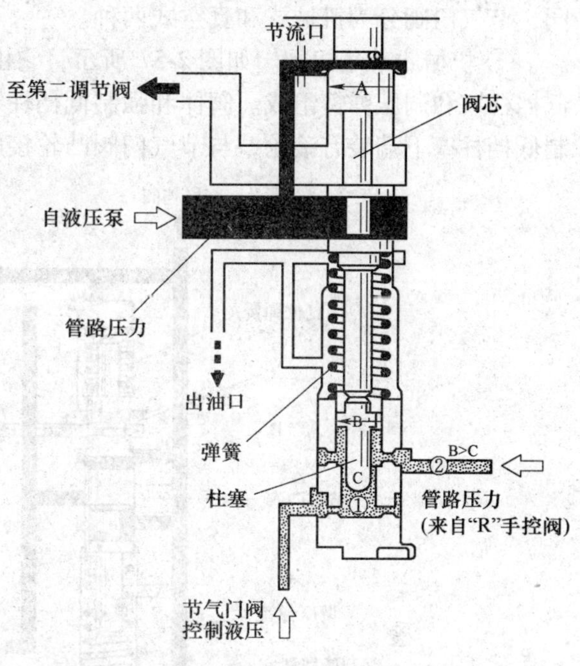

图 2-55 主调压阀

若液压泵压力升高，作用在 A 处向下的液压力大，推动阀体下移，出油口打开，液压泵输出的部分油液经出油口排回到油底壳，使工作油压力被调整到规定值。当踩下加速踏板时，发动机转速增加，液压泵转速随之加快，由液压泵产生的液压力也升高，向下的液压作用力增大。但在此时，节气门控制油压也增强，使得 C 处向上的作用力也增大，于是主调压阀继续保持平衡，满足了发动机功率增加时主油路油压增大的要求。

倒档时，手动阀打开另一条油路，将液压油引入主调压阀柱塞的 B 腔，使向上推动阀体的作用力增加，阀芯上移，出油口被关小，主油路压力增高，从而获得高于 D、2、L 等前进档位的管路压力。

② 次调压阀。次调压阀由阀体 4 和调压弹簧 5 组成，如图 2-56 所示。其作用是调节液力变矩器油压和机油油压。

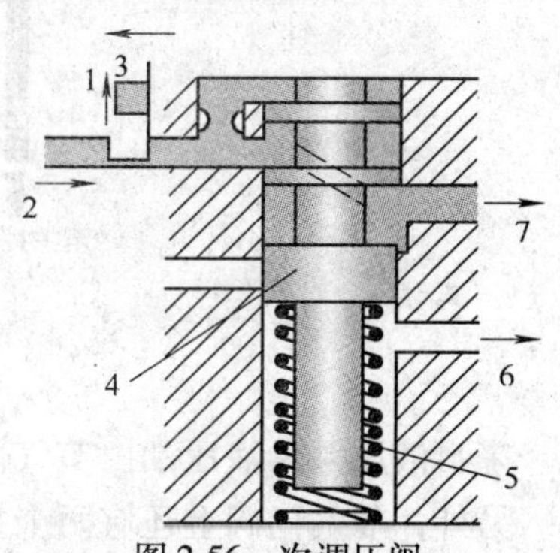

图 2-56 次调压阀

1—流向锁止阀 2—来自主油路 3—回油 4—次调压阀阀体 5—调压弹簧 6—泄油 7—流向各润滑表面

来自油道 2 的主油路的液压油经次调压阀调压后由油道 1 流向锁止阀再流向变矩器，并经次调压阀阀体自身的小孔由油道 7 流向各润滑表面，同时经节流孔作用在次调压阀阀体端部与弹簧力相平衡。当主油路油压升高时，作用在次调压阀阀体上端的压力增大，克服弹簧力，推动阀体下移，连通油道 2 和 7 使机油油压增大，主油路油压越高，阀体下移量越大，机油油压也越大，以满足大负荷对润滑的要求。若主油路油压过高，阀体下移量增大，将油道 2 和 3 连通后泄油，以保证液力变矩器安全工作。

（2）换档信号系统　给自动变速器提供换档操作的有两个换档信号：发动机负荷与车速。在液力自动变速器的液压控制系统中这两个信号分别由节气门阀和离心调速阀提供。

1）节气门阀。节气门阀受发动机加速踏板的控制，随节气门开度大小（即发动机负荷大小）而改变其输出油压力，输出油压的高低是自动换档的一个信号。根据输入方式的不同，节气门阀分为机械式和真空式两种。

① 机械式节气门阀。如图 2-57 所示，它由上部的节气门阀体、复位弹簧、下部的强制低档柱塞和调压弹簧组成。阀体和强制低档柱塞不直接接触，通过调压弹簧联系在一起。强制低档柱塞下端装有滚轮，与节气门阀凸轮接触。节气门阀凸轮经钢索与加速踏板相连。

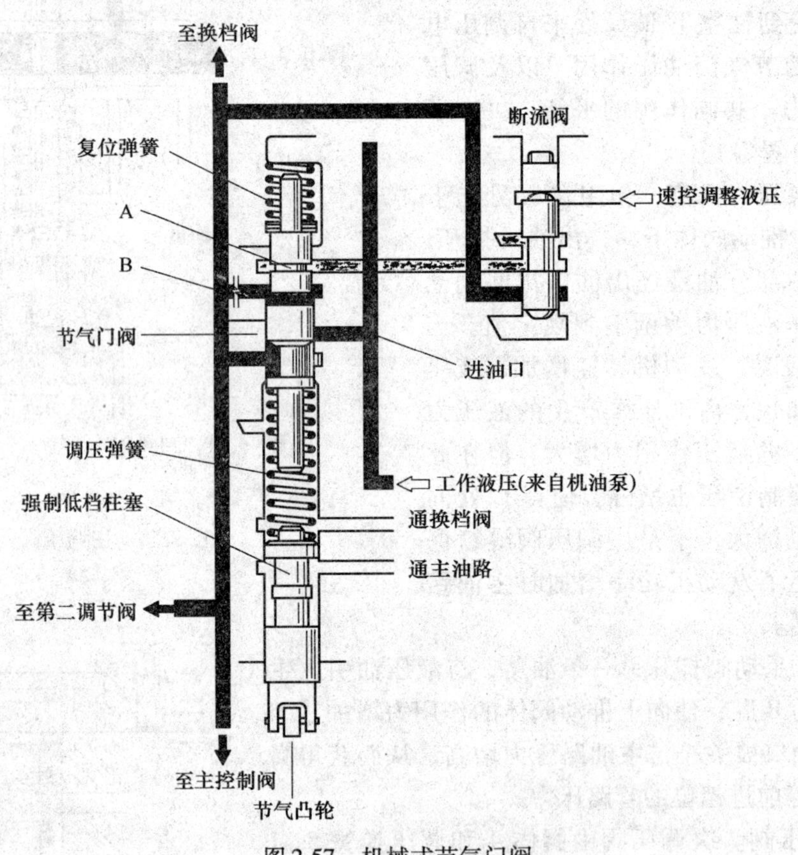

图 2-57　机械式节气门阀

来自液压泵的液压油由节气门阀的进油口进入，经阀口节流后，从出油口接至换档阀。

另外，节气门阀上还有两个控制油口，分别与来自断流阀的油压及出油口油压相通，使阀体在 A、B 处受到向下的液压作用力。当发动机怠速运行时，阀上进油口处的节流口开度很小，输出的油压很低。踩下加速踏板时，节气门拉索被拉动，节气门凸轮作顺时针转动，将强制低档柱塞上推，压缩调压弹簧。调压弹簧则推动节气门阀体向上，使节流口开大，节气门阀输出油压力增高。加速踏板越往下踩，发动机节气门开度越大，节气门阀凸轮转动角度也越大，强制低档柱塞上移越多，节气门阀体向上移动也越多，节流口也越大，使得节气门阀输出的油压力也越高，从而使发动机节气门的开度大小与自动变速器节气门阀输出油压对应。

② 真空节气门阀。如图 2-58 所示，真空式节气门阀由真空气室、推杆和滑阀等组成。

上部被膜片隔开的真空气室通过软管与发动机节气门后的进气管相通，与膜片相连的推杆则在膜片弹簧力的作用下将滑阀的阀芯往下推。从出油道引出控制油通至阀芯底部，其液压作用力使阀芯上移，与膜片弹簧力平衡。油液从进油口到出油口或泄油口，均要经阀口的节流作用。

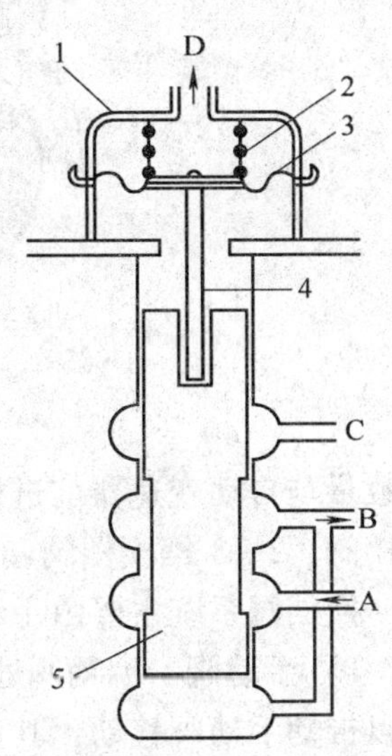

图 2-58　真空式节气门阀
1—真空气室　2—弹簧
3—膜片　4—推杆　5—滑阀
A—主油压　B—节气门油压
C—泄油口　D—真空口

当阀体下端的液压作用力大于膜片作用在推杆上的力时，阀芯上移，关小进油口通至出油口的阀口，节气门阀输出油压降低，并使阀芯下部的液压作用力减小，阀芯在新的工作位置平衡。而当阀体下端的液压作用力小于膜片作用在推杆上的力时，阀芯下移，进油口通出油口的阀口加大，通泄油口的阀口关小，节气门阀输出油压增加，阀芯下部的液压作用力也随之增加，使阀芯在新的工作位置平衡。膜片作用在推杆上的力既与膜片弹簧力大小有关，也与真空气室的真空度（即发动机节气门后进气管的真空度）有关。当节气门开度较小时，进气管真空度较大，真空气室膜片对阀芯的推力减小，节气门阀输出油压较低；当节气门开度较大时，进气管真空度小，真空气室膜片对阀芯的推力变大，节气门阀输出油压较高。也就是说，真空式节气门阀所产生的控制信号油压也是随发动机节气门的开度大小而变化的。

2）离心调速阀。离心调速阀也被称为离心调速器，或称为速控阀，其作用是为自动变速器换档阀提供一个随车速大小而变化的控制油压。因其基本原理是利用轴旋转时重块所产生的离心力来控制滑阀阀芯的位置，故称为离心调速阀。离心调速阀通常都装在变速器的输出轴上，由输出轴直接或间接驱动。常见的离心调速阀有两种：普通复合式双级调速阀和中间传动复合式双级调速阀。下面以普通复合式双级调速阀说明其工作原理。

普通复合式双级调速阀如图 2-59 所示，通常装在变速器的输出轴上，由输出轴直接驱动。调速阀的外壳与盖用螺钉连接，套装并用锁紧螺钉固定在变速器输出轴上，使整个离心调速阀可以随变速器的输出轴转动。在输出轴的一侧有滑阀，另一侧是离心重块。

当自动变速器输出轴不转动时，速控阀无速控油压输出，如图 2-59a 所示。当自动变速器输出轴转动时，速控阀输出油压的高低与车速相对应，如图 2-59b 所示。车速低时，速控阀输出的油压低；车速高时，速控阀输出的油压高。

（3）换档阀系统　换档阀的功用是根据换档控制信号或油压切换档位油路，以实现两个档位的转换。换档阀直接与换档控制元件（离合器、制动器）相通。当换档阀动作后，会切换相应的油道以便给相应档位的离合器和制动器供油，从而得到所需要的档位。换档阀

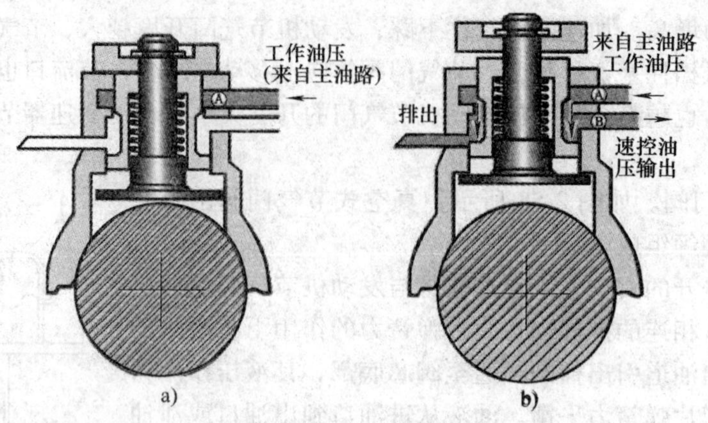

图 2-59　离心调速阀

a）自动变速器输出轴不转动　b）自动变速器输出轴转动

的数量与自动变速器前进档的个数有关。一般四档自动变速器需要三个换档阀，即 1—2 档换档阀、2—3 档换档阀和 3—4 档换档阀。

换档阀系统主要由手动阀、换档阀和强制降档阀组成。

1）手动阀。手动阀通过连杆机构与驾驶室内的变速器变速杆相连，驾驶人操纵变速杆可以带动手动阀移动，其作用是根据变速杆位置的不同依次将管路压力导入相应各档油路。图 2-60 所示为某自动变速器的手动阀。当驾驶人操纵变速杆时，手动阀会移动，使主油压通往不同的油道。变速杆处于 P 位时，主油压会通往 P、R 和 L 位油道；变速杆处于 R 位时，主油压会同时通往 P、R 和 L 位油道与 R 位油道；变速杆处于 N 位时，手动阀会将主油压进油道切断，使不会有主油压通往各换档阀；变速杆处于 D 位时，主油压会通往 D、2 和 L 位油道；变速杆处于 2 位时，主油压会同时通往 D、2 和 L 位油道与 2 和 L 位油道；变速杆处于 L 位时，主油压会同时通往 D、2 和 L 位油道与 2 和 L 位油道及 P、R 和 L 位油道。

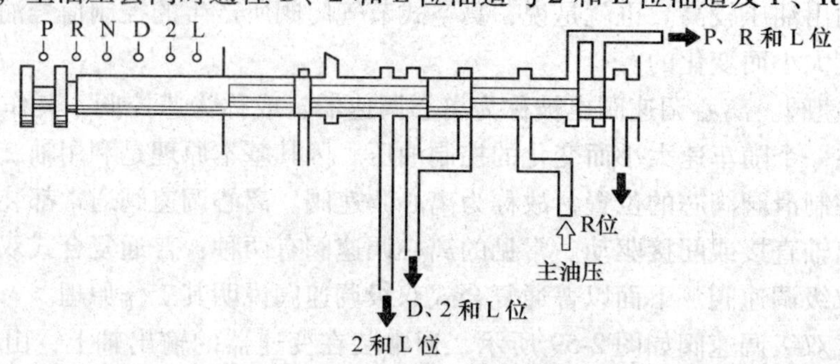

图 2-60　自动变速器手动阀

2）换档阀。在液力自动变速器中，换档阀为液控换档阀；在电控液力自动变速器中，换档阀为电控换档阀。

① 液控换档阀。液控换档阀是弹簧液压作用式的方向控制阀，它有两个工作位置，可以实现升档或降档的自动变换。下面以 2—3 档换档阀为例说明。

图 2-61a 所示为 2 档时的情况，此时在节气门油压、速控油压及弹簧作用下，2—3 档换档阀处于下方位置，主油压不能到达离合器 C_2，所以自动变速器处于 D_2 档；当车速增加到一定程度，速控油压大于节气门油压和弹簧伸张力之和时，2—3 档换档阀上移处于上方位置，如

图 4-61b 所示，此时主油压经过 2—3 档换档阀到达离合器 C_2，自动变速器换至 D_3档。

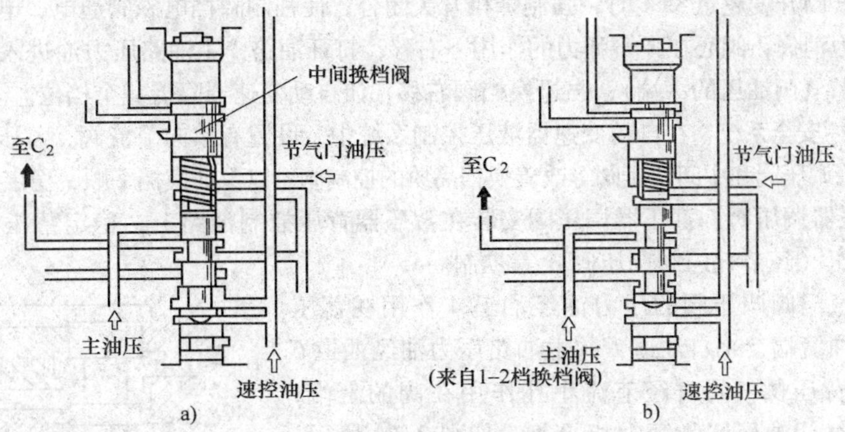

图 2-61 2—3 档换档阀

a) 2 档时 b) 3 档时

② 电控换档阀。电控换档阀两端作用用于控制节气门阀和速控阀油压的电磁阀 A、B，如图 2-62 所示。换档时，电磁阀通断电，使换档阀两端油压发生变化，换档阀产生位移，改变油路，从而实现换档。

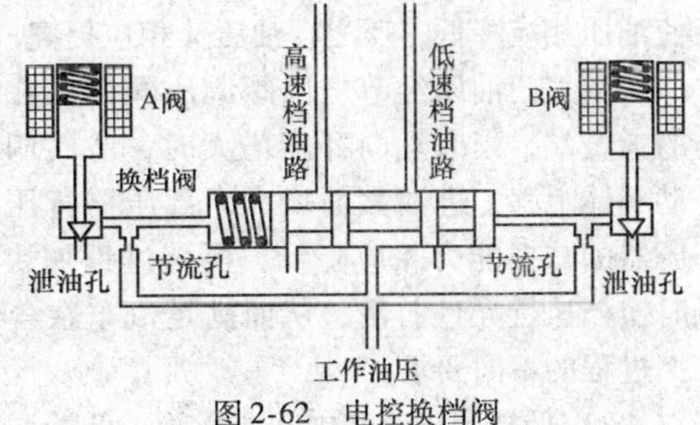

图 2-62 电控换档阀

3）强制降档阀。强制降档阀用于节气门全开或接近全开时，强制性地将自动变速器降低一个档位，以获得良好的加速性能。

强制性降档阀主要有两种类型，一种类似于节气门阀，由控制节气门阀的节气门拉索和节气门阀凸轮控制其工作。当节气门开度超过 85% 时，节气门拉索通过节气门阀凸轮推动强制降档阀，使之打开一个通往各个换档阀的油路。该油路的压力油作用在换档阀上，迫使换档阀移至低档位置，使自动变速器降低一个档位，降档阀的结构如图 2-63a 所示。

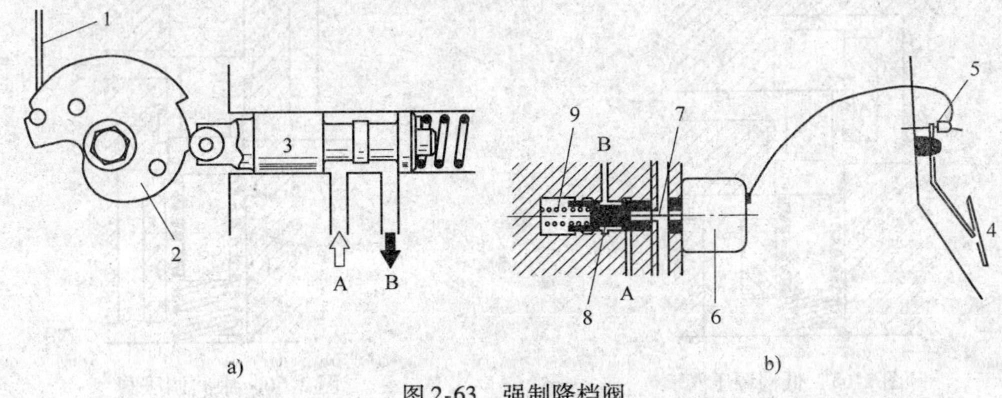

图 2-63 强制降档阀

a）由节气门拉索控制 b）由电磁阀控制

1—节气门拉索 2—节气门阀凸轮 3—强制降档阀 4—加速踏板 5—强制降档开关 6—强制降档电磁阀 7—阀杆 8—阀芯 9—弹簧 A—通主油道 B—通换档阀

另一种强制降档阀是一种电磁阀，由安装在加速踏板上的强制降档开关控制，如图 2-63b 所示。当节气门开度超过 85% 时，强制降档开关闭合，使强制降档电磁阀通电，电磁阀作用在阀杆上的推力消失，阀心在弹簧弹力的作用下右移，打开油路，主油路压力油进入换档阀的左端（作用着节气门油压的一端），强迫换档阀右移，让自动变速器降低一个档位。

（4）缓冲安全系统　在自动变速器液压控制系统中，设置有单向节流阀、蓄压器、蓄压器调压阀、低档调压阀和中间调压阀等改善换档品质的控制阀，以保证换档平顺、稳定可靠。

1）蓄压器调压阀。蓄压器调压阀安装在蓄压器背压控制油路上，稳定蓄压器背压，并受节气门油压（经节气门阀调压阀）等控制。

来自节气门阀调压阀的压力油经油道 4 作用在蓄压器调压阀的弹簧端，来自油道 1 的主油路压力油经油道 6 流向蓄压器背压侧，同时经节流小孔作用在阀的上端，与下端的节气门油压和弹簧力相平衡，如图 2-64 所示。若蓄压器背压有波动，如增大，作用在阀体上端的压力增大，推动阀体下移，流通截面减小，节流作用增强，使油压相应降低；反之，油压又相应提高。

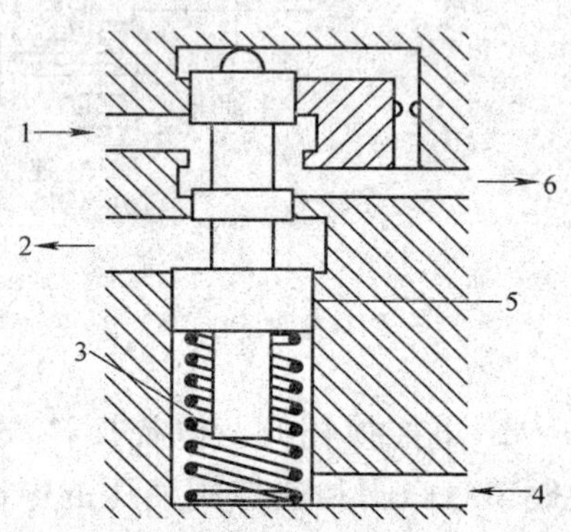

图 2-64　蓄压器调压阀

1—来自主油路　2—泄油　3—调压弹簧
4—来自节气门阀调压阀（节气门油压）
5—蓄压器调压阀阀体
6—流向蓄压器（背压侧）

节气门油压经节气门阀调压阀作用在蓄压器调压阀的弹簧端，当节气门开度增大时，节气门油压增大，推动阀体上移，进油截面增大，蓄压器背压相应增大，蓄压器的减振能力相应降低，换档过程加快，防止大负荷时换档执行元件打滑，从而满足汽车在各种条件下对换档过程的不同要求。

2）低档调压阀和中间调压阀。低档调压阀调节低、倒档制动器的油压，中间调压阀调节高档强制制动器的油压，以减缓制动器所受的液压冲击，使其接合平稳，如图 2-65 和图 2-66所示。低档调压阀和中间调压阀均由阀体和弹簧组成，两者结构相似，调压原理相同，只是阀体尺寸和弹簧参数不同、调节后的油压不同。

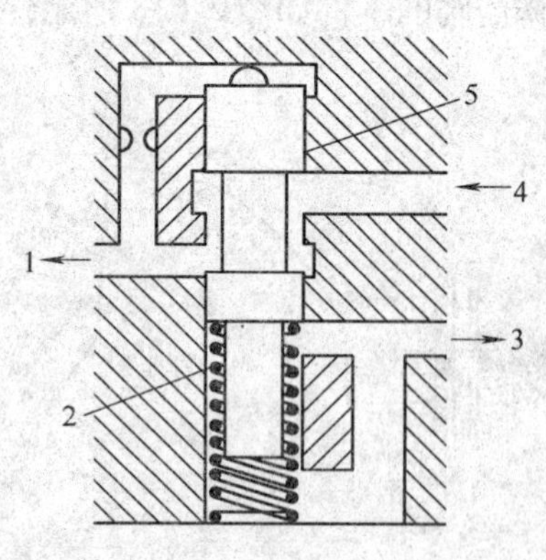

图 2-65　低档调压阀

1—流向 1－2 档换档阀（去 B_3）　2—调压弹簧
3—泄油　4—来自 2－3 档换档阀（手控阀第五道）
5—低档调压阀阀体

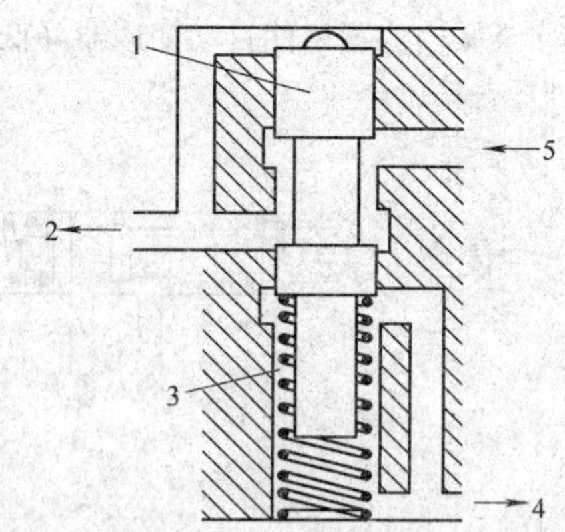

图 2-66　中间调压阀

1—中间调压阀阀体　2—流向 2 档强制制动器 B_1
3—调压弹簧　4—泄油
5—来自 1-2 档换档阀（手控阀第四道）

3. 锁止离合器控制部分的组成与工作原理

锁止离合器控制部分由锁止阀和锁止信号阀组成，当 ECU 控制锁止电磁阀动作时，锁止信号阀和锁止阀相应移动，从而改变流向液力变矩器的压力油的流动方向，控制锁止离合器的接合与分离。

（1）锁止信号阀 如图 2-67 所示，锁止信号阀由阀体 6 和弹簧 4 组成。锁止电磁阀未通电时，主油路压力油经油道 1 作用在锁止信号阀上端，克服弹簧力，将阀体 6 推移到下位。自动变速器在 1 档工作时，油道 3 无液压油；当自动变速器升入 2 档后，1—2 档换档阀接通手控阀第三道至 2 档制动器 B_2 的油路，同时液压油经油道 3 流入锁止信号阀，但由于锁止信号阀工作在下位，油道 3 和油道 7 不能连通，因而此液压油不能流向锁止阀。当升高到一定车速后，ECU 控制锁止电磁阀通电，锁止信号阀上端泄油，在弹簧力作用下阀体上移，使油道 3 和油道 7 连通，这样，来自 1—2 档换档阀的液压油经油道 3 和油道 7 作用在锁止阀下端，推动锁止阀移动，改变液压油流通方向，使锁止离合器接合。

（2）锁止阀 锁止阀结构如图 2-68 所示。当锁止电磁阀未通电时，主油路液压油经油道 1 作用在锁止阀上端，且锁止阀下端没有来自锁止信号阀的液压油，因而锁止阀工作在下位，来自次调压阀的压力油经油道 9 和油道 4 流向液力变矩器的活塞端，变矩器叶轮端液压油经油道 5 和油道 6 流向散热器，即变矩器活塞端进油，叶轮端回油，锁止离合器处于分离状态。当自动变速器升入 2 档，且车速升高到规定值以后，ECU 控制锁止电磁阀通电，锁止阀上端泄油，且锁止信号阀动作，液压油经油道 7 作用在锁止阀下端，推动锁止阀上移，油道 9 与油道 5 连通，来自次调压阀的液压油经油道 5 流向变矩器叶轮端（同时有部分压力油经节流小孔流向散热器冷却），活塞端液压油经油道 4 和油道 10 回油，即变矩器叶轮端进油，活塞端回油，锁止离合器接合，自动变速器处于闭锁状态。

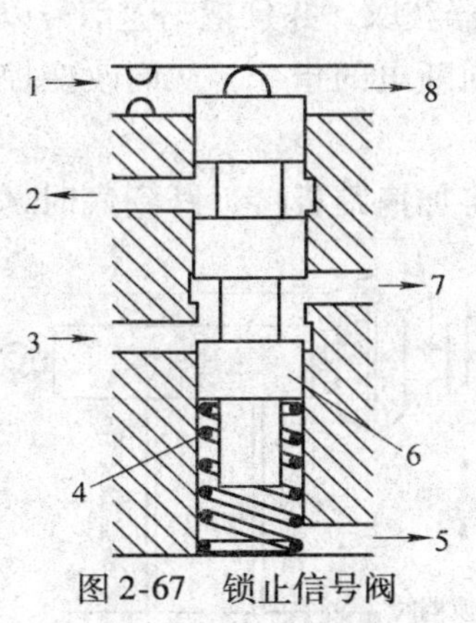

图 2-67 锁止信号阀

1—来自主油路 2、5—泄油
3—来自 1-2 档换档阀（升入二档后）
4—弹簧 6—锁止信号阀阀体
7—流向锁止阀（下端） 8—通锁止电磁阀

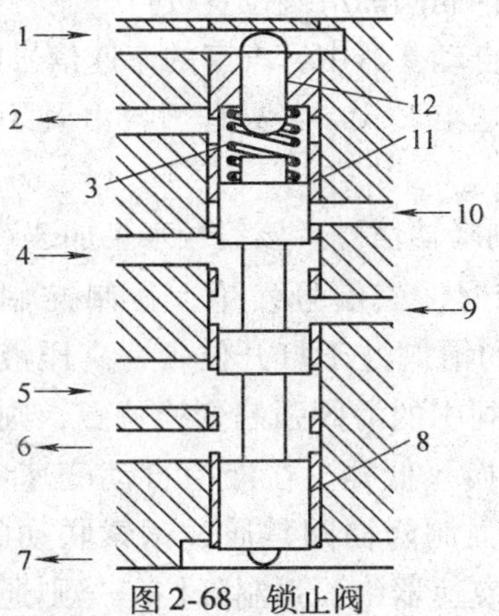

图 2-68 锁止阀

1—来自主油路（通锁止电磁阀） 2—泄油 3—弹簧
4—通往变矩器活塞端 5—通往变矩器叶轮端 6—通散热器
7—来自锁止信号阀 8—锁止阀阀体 9—来自次调压阀
10—回油 11—套筒 12—柱塞

4. 液力自动变速器的控制原理

（1）换档信号的采集和处理 无论是液控或电控自动变速器，在执行档位变化之前，都要获得一些重要的信号，如图 2-69 所示。

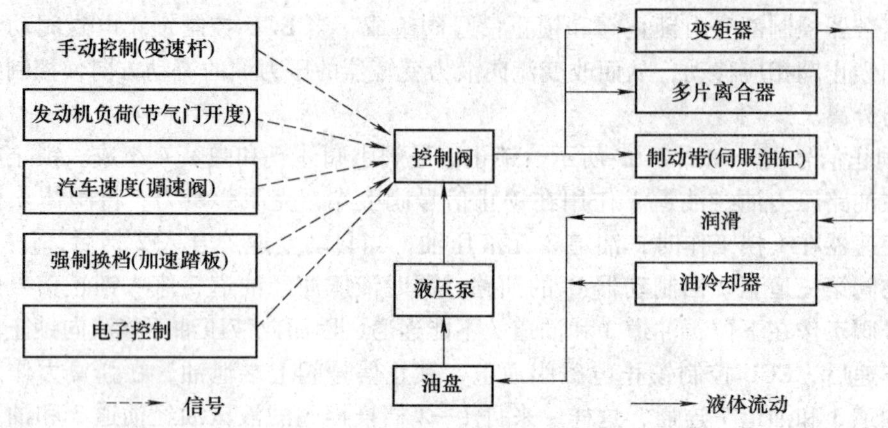

图 2-69　自动变速器液压控制系统

1）变速杆的位置信号。变速杆的位置信号也就是 P、R、N、OD、D、2、1 的位置信号。该信号是由驾驶人根据自己意愿选择的。驾驶人操纵变速杆，实际上是选择手动阀和档位开关的位置，对于具有七个位置的变速杆，手动阀就有七个位置与其对应。

2）发动机负荷信号。该信号是变速器执行换档的重要信号之一。在液控自动变速中，该信号来自节气门阀。通过这些装置，使发动机的节气门开度或进气管内的真空度转换成相应的油压大小，直接对控制阀的滑阀位置进行控制。

3）汽车车速信号。该信号是变速器执行换档的另一个重要信号。在液控自动变速中，车速信号来自与变速器输出轴连接的调速阀，使输出轴转速通过调速阀转换成相应的油压大小，直接对控制阀的滑阀位置进行控制。

在电控自动变器中，汽车的车速信号则通过车速传感器获取，并且把车速信号以电压大小的方式传送给 ECU，经处理后再由 ECU 给电磁阀发出通断电的指令，从而改变控制阀滑阀的位置。

4）强制降档信号。该信号来自加速踏板。当驾驶人将加速踏板接近踩到底时，即节气门全开状态时，该信号发生，强制控制阀（换档阀）的滑阀处于打开位置，高压液体使液控换档阀中的滑阀强制变换位置，则变速器由高档换入低档。在液控自动变速中，加速踏板和强制降档阀是通过钢索联动的。在电控自动变速器中，强制降档信号则通过加速踏板上的强制降档（电）开关触点的闭合或断开，把该信号传给 ECU，然后由 ECU 经处理之后给换档阀发出通断电的指令，实现强制降档的动作。

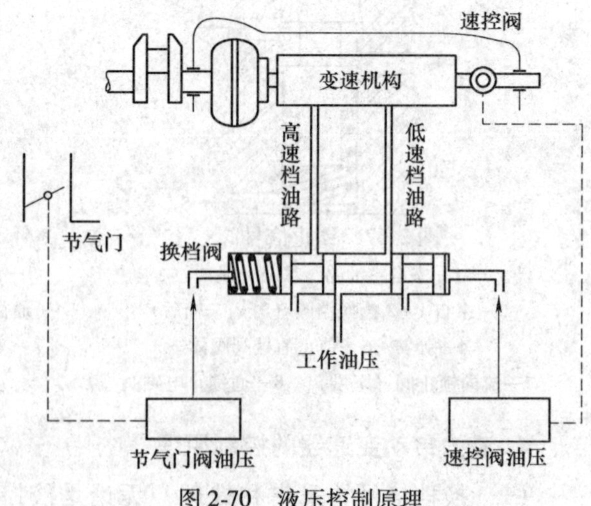

图 2-70　液压控制原理

（2）换档控制原理　换档阀两端作用节气门阀和速控阀油压，如图 2-70 所示。换档时，两端油压发生变化，使换档阀产生位移，改变油路，从而实现换档。

液控自动变速器低速工作状态时，换档阀关闭高速档油路，但工作油压为低速档提供动力；液控自动变速器高速工作状态时，换档阀阀芯左移，高速档油路打开，低速档油路断开。

在加速踏板接近踩到底时，强制降档阀把来自主回路的油压和换档阀左侧控制口油路接通，使换档阀左侧出现高压，迫使换档阀滑阀右移，实施强制降档。

六、电子控制系统

自动变速器的电子控制系统包括传感器、电子控制单元（ECU）和执行器三部分，其组成框图如图2-71所示。

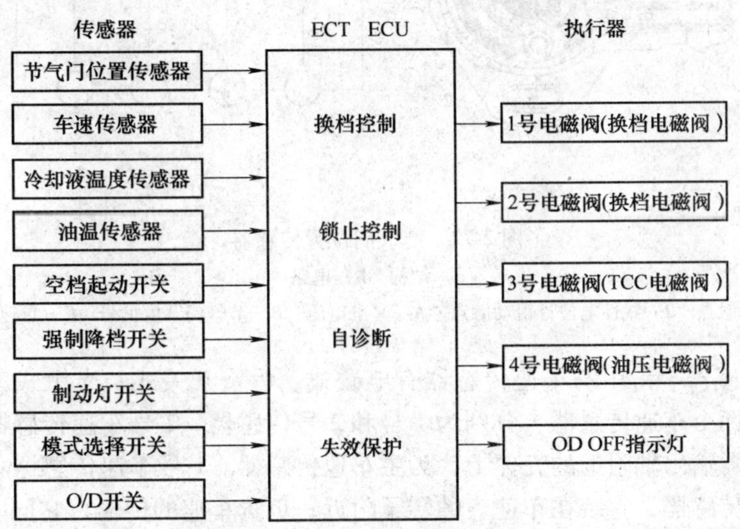

图2-71 电子控制系统组成框图

传感器部分主要包括节气门位置传感器、车速传感器、发动机转速传感器、输入轴转速传感器、冷却液温度传感器、变速器油温传感器、空档起动开关、强制降档开关、制动灯开关、模式选择开关、O/D开关等。

执行器部分主要包括各种电磁阀和故障指示灯等。

ECU主要完成换档控制、锁止离合器控制、油压控制、失效保护和故障诊断等功能。

1. 输入信号

（1）节气门位置传感器　汽油发动机的节气门是由驾驶人通过加速踏板操纵的，以便根据不同的行驶条件控制发动机运转。例如，上坡或加速时节气门开度大，而下坡或等速行驶时节气门开度小。这些不同条件对汽车自动变速器的换档规律的要求有很大不同。电子控制自动变速器是利用安装在发动机节气门体上的节气门位置传感器来测得节气门的开度，作为ECU控制自动变速器档位变换的依据，从而使自动变速器的换档规律在任何行驶条件下都能满足汽车的实际使用要求。

节气门位置传感器有多种类型，装用自动变速器的汽车通常采用线性可变电阻型的节气门位置传感器。这种节气门位置传感器由一个线性电位计和一个怠速开关组成，如图 2-72 所示。节气门轴带动线性电位计及怠速开关的滑动触点。节气门关闭时，怠速开关接通；节气门开启时，怠速开关断开。当节气门处于不同位置时，电位计的电阻也不同，这样，节气门开度的变化被转变为电阻或电压信号输送给 ECU。ECU 通过节气门传感器可以获得表示节气门所有开启角度的连续变化的模拟信号以及节气门开度的变化速率，以作为其控制不同行驶条件档位变换的主要依据。

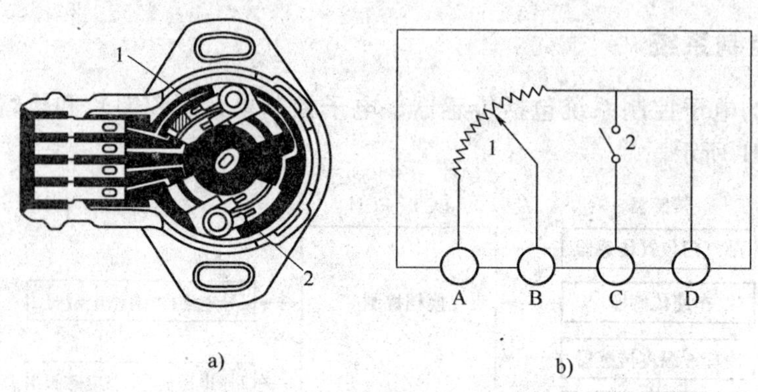

图 2-72　节气门位置传感器

a）结构　b）电路

1—怠速开关滑动触点　2—线性电位计滑动触点　A—基准电压　B—节气门开度信号　C—怠速信号　D—搭铁

（2）车速传感器　常用的车速传感器有电磁式、舌簧开关式、光敏式三种形式。一般自动变速器装有两个车速传感器，分别为 1 号和 2 号传感器。2 号车速传感器一般为电磁式的，它装在变速器输出轴附近的壳体上，为主车速传感器。1 号车速传感器一般为舌簧开关式的，为副车速传感器，它装在车速表的转子附近，负责车速的传输，它同时也是 2 号车速传感器的备用件，当 2 号车速传感器失效后，由 1 号车速传感器代替工作。

1）类型

① 电磁感应式车速传感器：主要由永久磁铁和电磁感应线圈组成。该车速传感器一般安装在变速器输出轴附近，变速器输出轴上的停车锁止齿轮充当感应转子。当输出轴转动时，感应转子的凸齿不断靠近或离开车速传感器，使感应线圈内的磁通量发生变化，从而产生交流感应电压。车速越高，输出轴的转速越高，感应电压的脉冲频率也就越大。电控单元根据感应电压脉冲频率的大小计算车速，作为换档控制的另一个主要依据。

② 笛簧开关式车速传感器：笛（舌）簧开关由小玻璃管内安装的两个细长触头构成，触头由铁、镍等磁性材料制成。受玻璃管外磁极控制，触头可因互相吸引而闭合，也可因互相排斥而断开，具有开关作用。笛簧开关置于车速表的转子附近，当车速表软轴旋转时，产生脉冲信号。

③ 光敏式车速传感器：由发光二极管、光敏元件及速度表软轴驱动的遮光板组成，ECU 根据脉冲数计算车速。

2）工作原理。下面以常用的电磁式车速传感器为例介绍其工作原理。如图 2-73 所示，电磁式车速传感器主要由永久磁铁、电磁感应线圈、转子等组成。转子一般安装在变速器输出轴上，永久磁铁和电磁感应线圈安装在变速器壳体上，如图 2-73c 所示。当输出轴转动，转子也转动，转子与传感器之间的空气间隙发生周期性变化，使电磁感应线圈中磁通量也发生变化，从而产生交流感应电压，如图 2-73b 所示，并输送给 ECU。交流感应电压随着车速（输出轴转速）具有两个响应特性：一是随着车速的增加，交流感应电压增高；二是随着车速的增加，交流感应电压脉冲频率也增加。ECU 是根据交流感应电压脉冲频率大小计算车速，并以此控制自动变速器的换档。车速传感器信号相当于液控自动变速器中的速控油压，电控自动变速器没有速控阀。

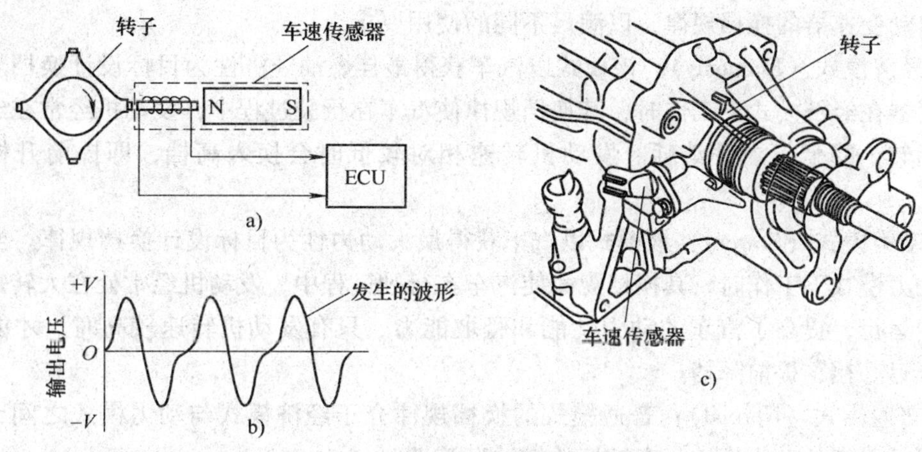

图 2-73 电磁式车速传感器工作原理

（3）输入轴转速传感器 输入轴转速传感器安装在行星轮变速器的输入轴（液力变矩器涡轮输出轴）附近，或与输入轴连接的离合器鼓附近的壳体上，用于检测输入轴转速，并将信号送入 ECU，以更精确地控制换档过程。它还作为变矩器涡轮的转速信号，与发动机转速即变矩器泵轮转速进行比较，计算变矩器的转速比，以优化锁止离合器的控制过程，减小换档冲击，改善汽车的行驶平顺性。

（4）变速器油温传感器 油温传感器安装在自动变速器油底壳内的阀板上，用于检测自动变速器的液压油的温度，以作为 ECU 进行换档控制、油压控制和锁止离合器控制的依据。油温传感器内部是一个半导体热敏电阻，它具有负温度电阻系数，温度越高，电阻越低。ECU 根据其电阻的变化测出自动变速器的液压油的温度。

除了上述各种传感器之外，自动变速器的控制系统还将发动机控制系统中的一些信号，如发动机转速信号、发动机冷却液温度信号、大气压力信号、进气温度信号等，作为控制自动变速器的参考信号。

（5）冷却液温度传感器 冷却液温度传感器的信号不仅用于发动机的控制，还用于自动变速器的控制。当发动机冷却液温度低于设定温度（如 60℃）时，发动机 ECU 会发送一个信号给自动变速器 ECU，以防止自动变速器换入超速档，同时锁止离合器也不能工作。当发动机冷却液温度过高时，自动变速器 ECU 会使锁止离合器工作以帮助发动机降低冷却液的温度，防止变速器过热。

如果冷却液温度传感器故障，发动机 ECU 会自动将冷却液温度设定为 80℃，以便发动机和自动变速器工作。

(6) 超速档开关　超速档开关安装在自动变速器变速杆上，用于控制自动变速器的超速档。如果超速档开关打开，变速器变速杆又处于 D 位，则自动变速器随着车速的提高而升档时，可升到最高档（即超速档）；而开关关闭时，无论车速怎样高，自动变速器最多只能升至次高档。

在驾驶室仪表板上，有“O/D OFF”指示灯显示超速档开关的状态。当超速档开关打开时，“O/D OFF”指示灯熄灭，而当超速档开关关闭时，“O/D OFF”，指示灯随之亮起。

(7) 模式选择开关　模式选择开关又称程序开关，用于选择自动变速器的控制模式，即选择自动变速器的换档规律，以满足不同的使用要求。

1）经济模式（Economy）：该模式以汽车获得最佳燃油经济性为目标设计换档规律。当自动变速器在经济模式下工作时，其换档规律使汽车在行驶过程中，发动机经常在经济转速范围内运转，降低了燃油消耗。发动机转速相对较低时会换入高档，即提前升档，延迟降档。

2）动力模式（Power）：该模式以汽车获得最大动力性为目标设计换档规律。当自动变速器在动力模式下工作时，其换档规律使汽车在行驶过程中，发动机经常处在大转矩、大功率范围内运行，提高了汽车的动力性能和爬坡能力。只有发动机转速较高时，才能换入高档，即延迟升档，提前降档。

3）普通模式（Normal）：普通模式的换档规律介于经济模式与动力模式之间，它使汽车即保证了一定的动力性，又有较好的燃油经济性。

4）手动模式（Manual）：该模式让驾驶人可在 1 档至 4 档之间以手动方式选择合适的档位，使汽车像手动变速器一样行驶，而又不必像手动变速器那样换档时必须踩离合器踏板。

(8) 空档起动开关　空档起动开关有两个功用：一是给自动变速器 ECU 提供档位信息，二是保证只有变速杆置于 P 或 N 位才能起动发动机。

如图 2-74 所示，当变速杆置于不同的档位时，仪表盘上相应的档位指示灯会点亮。当 ECU 的端子 N、2 或 L 与端子 E 接通时，ECU 便分别确定变速器位于 N、2 或 L 位；否则，ECU 便确定变速杆位于 D 位。只有当变速杆置于 P 或 N 位时，端子 B 与 NB 接通，才能给起动机通电，使发动机起动。

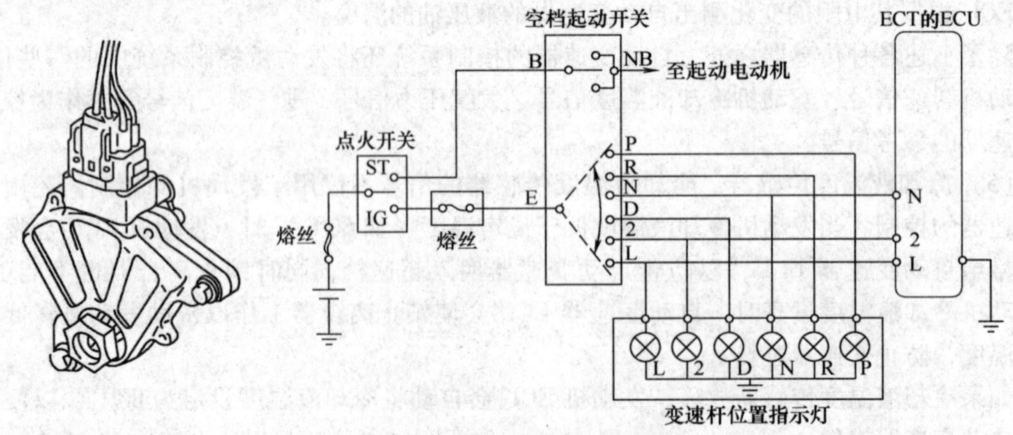

图 2-74　空档起动开关线路图

（9）制动灯开关 如图2-75所示，制动灯开关安装在制动踏板支架上，踩下制动踏板时开关接通，通知ECU已经制动，松开变矩器锁止离合器，同时点亮制动灯。还可以防止当驱动轮制动抱死时，发动机突然熄火。

2. 输出装置

电控自动变速器中典型的输出装置是电磁阀。

（1）电磁阀的分类 电磁阀是电子控制系统的执行元件，按其作用可以分为换档电磁阀、锁止电磁阀和调压电磁阀。

1）换档电磁阀。如图2-76，电磁阀采用球阀结构。当螺旋线圈通电时，电流产生磁力场，强制中央的柱塞克服弹簧力向右移动，迫使钢球位于阀座上，使阀门关闭，这样控制口油压和回油隔离。当电磁阀断电时，弹簧力强制中央的柱塞回到左侧的位置，钢球脱离阀座，控制口油压和回油口相通，控制口处于卸压状态。通过二位二通电磁阀的通/断电的变化，就能实现换档阀位置变化，从而实现档位的升降。目前大部分的电控变速器的换档电磁阀都采用这种结构。

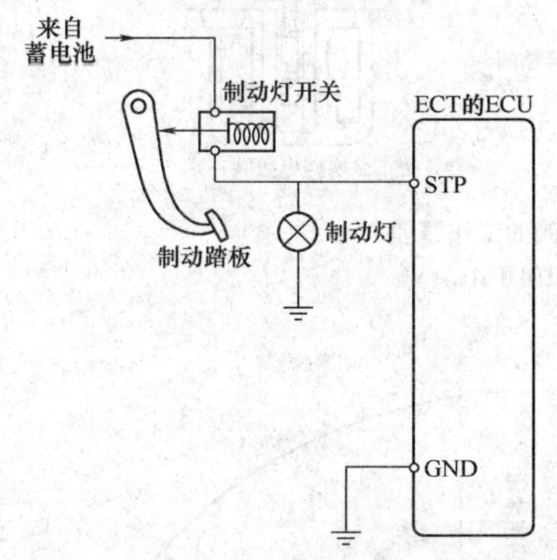

图2-75 制动灯开关线路图

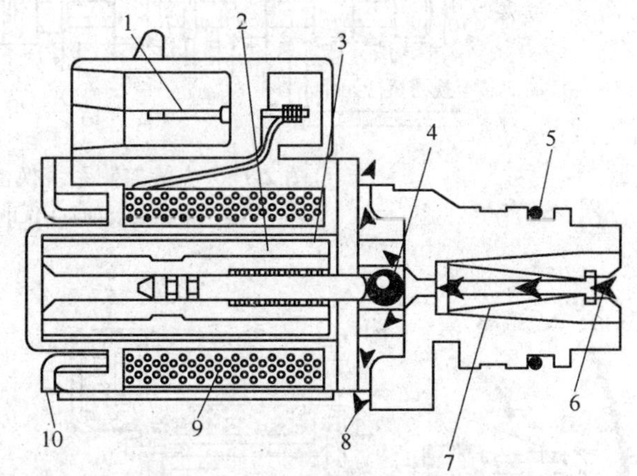

图2-76 换档电磁阀的结构

1—接插件 2—可动铁心 3—弹簧 4—钢球 5—O形圈 6—控制油压 7—过滤器 8—泄油口 9—螺旋线圈 10—骨架

电液式控制系统换档阀的工作完全由换档电磁阀控制，其控制方式有两种：一种是加压控制，即通过开启或关闭换档阀控制油路进油孔控制换档阀的工作；另一种是泄压控制，即通过开启或关闭换档阀控制油路泄油孔控制换档阀的工作。加压控制方式的工作原理如图2-77所示，压力油经电磁阀后通至换档阀的左端。当电磁阀关闭时，没有油压作用在换档阀左端，换档阀在右端弹簧力的作用下移向左端（图2-77a）；当电磁阀开启时，压力油作用在换档阀左端，使换档阀克服弹簧力右移（图2-77b），从而改变油路，实现档位变换。目前，自动变速器通常有三个换档阀，分别由三个换档电磁阀控制，并通过三个换档阀之间油路的互锁作用实现四个档位的变换。

2）压力控制电磁阀。压力控制电磁阀是一种精确的电子压力调节器，如图2-78所示。它根据流经螺旋线圈的电流大小控制变速器的主回路油压。当电流增大时，由线圈产生的磁力场推动柱塞克服弹簧力进一步离开泄油口。通过增大电流，增大泄油口的开度，减小调节后的输出油压。

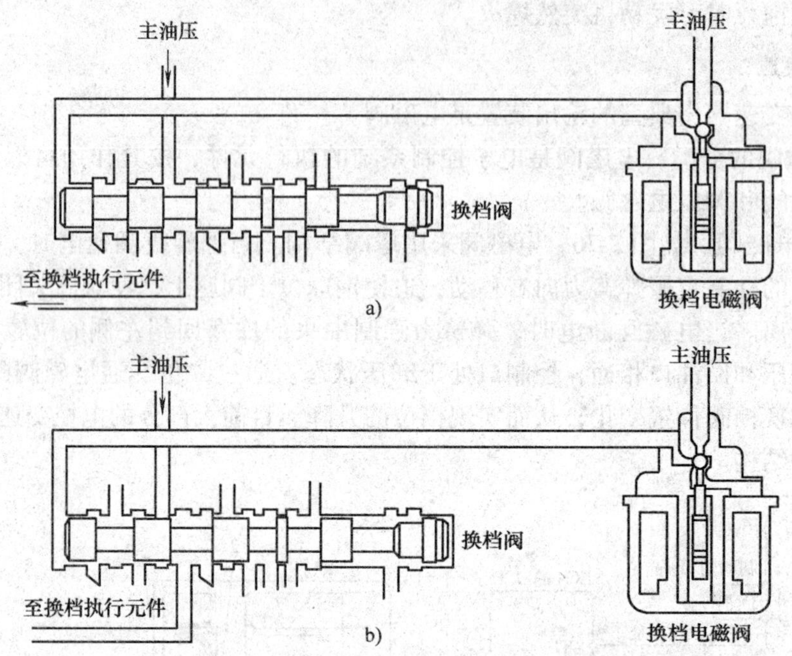

图 2-77　电液控制系统换档阀的工作原理

a）电磁阀关闭　b）电磁阀开启

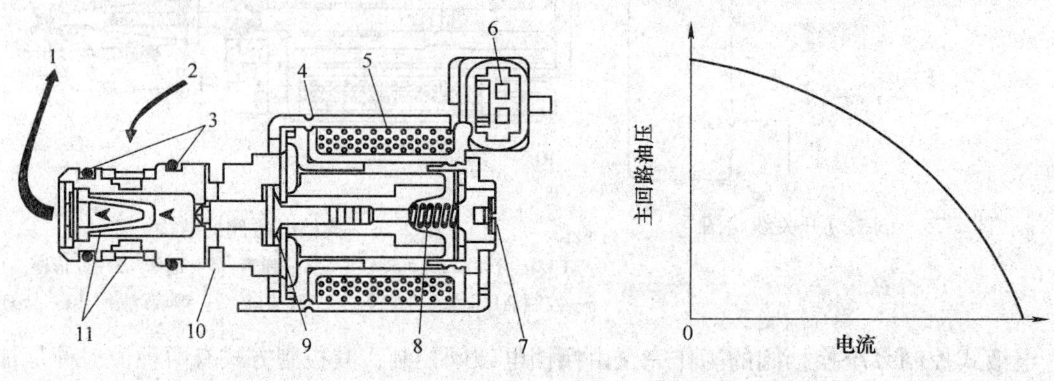

图 2-78　压力控制电磁阀

1—控制油压输出　2—来自限压后的油压　3—O 形圈　4—壳体　5—螺旋线圈　6—接插件　7—调节螺塞　8—弹簧　9—膜片　10—泄油口　11—过滤网

ECU 根据各种输入信号控制压力控制电磁阀，这些信号包括节气门开度、油液温度、进气歧管绝对压力传感器和档位状态。压力控制电磁阀调节主回路实际是通过改变线圈的电流使得电磁力发生变化，当电流大时，电磁力增大，泄油口打开大，结果被调制的油压减低；调制油压和电流成反比。

3）变速器锁止离合器（TCC）占空比电磁阀。图 2-79 所示为变矩器锁止离合器占空比电磁阀的结构，其结构和工作原理和换档电磁阀类似，都属于二位二通电磁阀。但它们之间还存在区别：换档电磁阀是常开的二位二通阀，而该电磁阀是常闭的二位二通阀，即电磁阀通电时，控制口油压和泄油口相通，处于卸压状态。另外，换档电磁阀的通/断电的作用时间较长，只要汽车档位没有变化，换档电磁阀的通/断电状态同样没有变化。但是变矩器锁止离合器的占空比电磁阀工作状态却不同，它接收的是一种周期变化的信号。断电时，和泄油口隔离，控制油压比较高；通电时，和泄油口相通，控制油压又迅速下降。由于电磁阀的通/断电都是在瞬间完成的，因此通过改变负占空比的不同比率，实现控制口不同油压的调节。

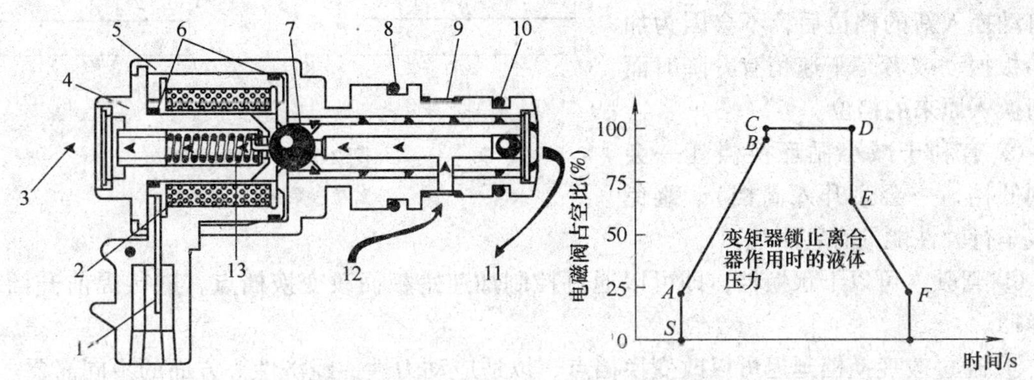

图 2-79 变矩器锁止离合器占空比电磁阀

1—接插件 2—螺旋线圈 3—泄油口 4—中间支承套筒 5—壳体 6、8、10—O 形圈 7—钢球 9—过滤网 11—控制压力输出 12—压力源 13—弹簧

当汽车的工作条件满足一定的要求时，变矩器的锁止离合器进入作用状态，ECU 立即增加占空比，大约增加到22%（图中的 A 点）。ECU 使占空比呈斜直线上升，直到占空比达到大约 98%，完成全部的锁止离合器的作用油压。ECU 通过改变占空比率来控制锁止离合器的作用。同样，当锁止离合器释放时，占空比率也呈斜直线下降。

（2）电控自动变速器的换档规律　自动变速是根据汽车的行驶参数来控制的，这些参数主要有车速、发动机节气门开度、发动机转速、液力变矩器涡轮转速和汽车加速度等，目前应用最多的是车速和发动机节气门开度两个参数信号。自动换档点随控制参数的变化规律，称为换档规律，目前主要有单参数和双参数两种类型。

1）单参数换档规律。单参数换档规律是通过一个控制参数进行换档控制的。当控制参数达到预定值时，电子控制单元（ECU）自动发出换档控制指令，接合合适的档位。作为控制参数，可选择节气门开度、发动机转速或车速等。这种单参数控制方法，系统结构最为简单，但动力性和经济性的要求难以兼顾。为保证良好的动力性能，升档点一般设计在发动机最高转速点。

2）双参数换档规律。双参数换档规律是目前应用最多的形式。采用这种换档控制，当两个控制参数（有一定的比例关系）达到一定值时就会自动发出换档指令，接合合适的档位。控制参数最常用的是车速（v）和发动机节气门开度（α）。实际操作中，驾驶人可以通过控制节气门开度干预换档，例如快速松开加速踏板时可以提前换入高档，而猛踩加速踏板时则可以强制换入低档。这种控制方法相对复杂，但可以选择最优的动力性或经济性进行换档，或两者兼顾。

在图 2-80 所示的换档规律中，自动变速的降档点（图中的虚线）比升档点（图中的实线）晚，称为换档延迟（也称降档速差），其主要作用如下。

① 保证换档控制的相对稳定性。当自动换入新的档位后，不会因为加速踏板振动或者是车速稍有升降时而重新换入原来的档位。

② 有利于减小循环换档（一会降到低档，一会又升入高档），避免对汽车行驶性能的有害影响。

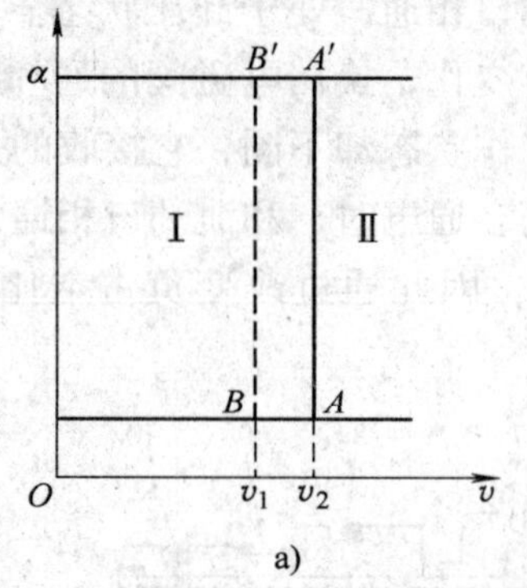

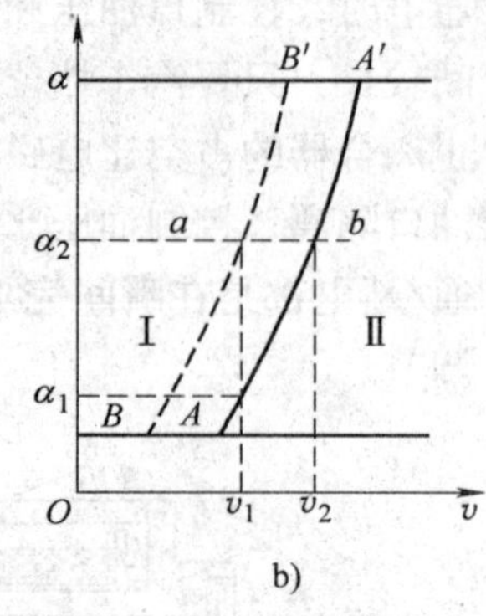

图 2-80　换档规律
a）单参数　b）双参数

③ 驾驶人可以干预换档，即可以通过控制加速踏板而改变换档点，进行提前升档或提前降档。

④ 通过改变换档延迟可以改变换档点，以适应动力性、经济性等方面的不同需要。

3. ECU

电子控制自动变速器可以与发动机电子燃油喷射系统共用 1 个 ECU，也可以使用独立的 ECU。ECU 是电子控制系统的核心，由接收器、控制器和输出装置 3 部分组成。接收器接收各输入装置的输出信号，并对其放大或调制；控制器将这些信号与内存中的数据进行对比，根据对比结果做出是否换档等决定，再由输出装置将控制信号输送给电磁阀。

ECU 具有以下控制功能：

（1）控制换档时刻。通常，ECU 将汽车在不同使用要求下的最佳换档规律以自动换档图的形式储存在存储器中。带有模式选择开关的电控式自动变速器在模式开关处于不同位置时，对汽车的使用要求不同，其换档规律也不同，一般有普通、经济、动力等几种型式的换档规律。

汽车的最佳换档车速主要取决于汽车行驶时的节气门开度。不同节气门开度下的最佳换档车速可以用自动换档图表示，如图 2-81 所示。由图可知，节气门开度越小，汽车的升档车速和降档车速越低；反之，节气门开度越大，汽车的升档车速和降档车速越高，这种换档规律十分符合汽车的实际使用要求。例如，当汽车在良好的路面上缓慢加速时，行驶阻力较小，节气门开度也小，升档车速可相应降低，即可以较早地升入高档，从而让发动机在较低的转速范围内工作，减少汽车油耗；反之，当汽车急加速或上坡时，行驶阻力较大，为保证汽车有足够的动力，节气门开度应较大，换档

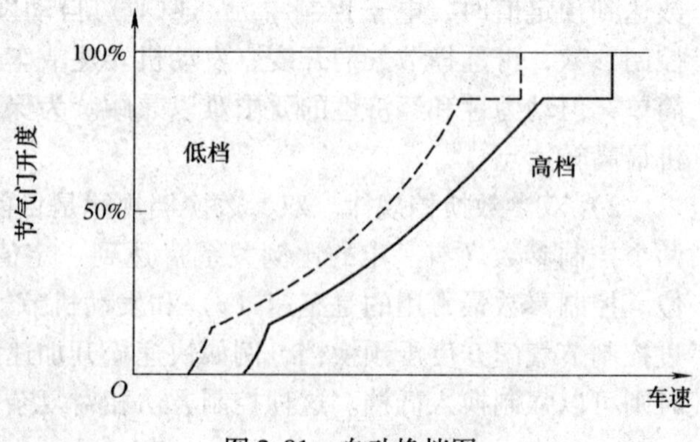

图 2-81　自动换档图

时刻相应延迟，也就是升档车速相应提高，从而让发动机工作在较高的转速范围内，以发出较大的功率，提高汽车的加速和爬坡能力。

在实际的换档操作过程中，一般可以采用“收油门”的方法快速升档。并且，升档车速高于降档车速，以免自动变速器在某一车速附近频繁升档、降档而加速自动变速器的磨损。

(2) 控制主油路油压 电控式自动变速器的电液式控制系统以一个油压电磁阀产生节气门油压。油压电磁阀是脉冲式电磁阀，ECU 根据节气门位置传感器测定的节气门开度，控制发往油压电磁阀的脉冲信号的占空比，使主油路油压随节气门开度而变化。节气门开度越大，脉冲电信号的占空比越小，油压电磁阀排油孔开度越小，节气门油压也就越大。节气门控制油压被作为控制油压反馈到主油路调压阀，使主油路调压阀随着节气门开度的变化调节主油路油压的高低，以获得不同发动机负荷下主油路压力的最佳值，并将驱动液压泵的动力减小到最小。

(3) 控制锁止离合器 自动变速器在各种工作条件下的最佳锁止离合器控制程序被事先储存在 ECU 的存储器内，ECU 根据自动变速器的档位、选取的控制模式等工作条件从存储器内选择出相应的锁止控制程序，再将车速、节气门开度与锁止控制程序进行比较。当满足锁止条件时，ECU 即向锁止电磁阀发出电信号，使锁止离合器接合，液力变矩器按机械传动工况工作。在以下几种情况下可强制解除锁止：当汽车采取制动或节气门全闭时，为防止发动机失速，ECU 切断通向锁止电磁阀的电路强行解除锁止；在自动变速器升降档过程中，ECU 暂时解除锁止，以减小换档冲击；如果发动机冷却液的温度低于 60℃，锁止离合器应处于分离状态，加速预热，提高总体驾驶性能。

(4) 控制换档品质 为改善换档质量，提高汽车的乘坐舒适性，目前常见的特殊控制功能有以下几种：

1) 换档油压控制：在升档成降档的瞬间，ECU 通过油压电磁阀适当降低主油路油压，以减小换档冲击，达到改善换档质量的目的。

2) 减小转矩控制：在换档的瞬间，通过延迟发动机的点火时间或减少喷油量，暂时减少发动机的输出转矩，以减小换档冲击和汽车加速度出现的波动。

3) N—D 换档控制：在变速杆由停车位或空位（P 或 N）位置换至前进档或倒档（D 或 R）位置，或相反地进行换档时，ECU 通过调整发动机的喷油量，将发动机的转速变化减至最小程度，以改善换档质量。

(5) 自动模式选择控制

ECU 通过各个传感器测得汽车行驶状况和驾驶人的操作方式，经过运算分析，自动选择采用经济模式、动力模式或普通模式进行换档控制，以满足不同的行驶要求。

ECU 在进行自动模式选择控制时，主要参考变速杆的位置及加速踏板被踩下的速率高低，以判断驾驶人的操作目的，自动选择控制模式。

(6) 发动机制动作用控制 ECU 按照设定的控制程序，在变速杆位置、车速、节气门开度等满足一定条件（如：变速杆位于前进低档位置，且车速大于 10km/h，节气门开度小于 1/8）时，向强制离合器电磁阀或强制制动器电磁阀发出电信号，打开强制离合器成强制制动器的控制油路，使之接合或制动，让自动变速器具有反向传递动力的能力，从而在汽车滑行时可以实现发动机制动。

（7）失效保护　电控自动变速器的失效保护就是当变速器电子控制系统出现故障时，变速器仍然能够维持其基本工作。例如，在 ECU 完全失电的状态下，自动变速器至少还能提供一个前进档位，让汽车能继续维持行驶。通常在自动变速器电子控制系统失效或部分失效的情况下，ECU 将发送下列工作指令。

1）提供最大的主回路油压。在电控自动变速器中主回路的设定油压由两部分组成：一是通过调压阀设置的额定油压，二是通过压力控制电磁阀根据发动机负荷信号附加的偏置油压。如果 ECU 处于失电状态，则压力控制电磁阀无法接受 ECU 的输出信号。在这种情况下，压力控制电磁阀的输入电流为零，而要求压力控制电磁阀有最大的调节油压输出。如果液压系统能够提供最大的主回路油压，则可以防止变速执行元件多片离合器和制动带在大负荷情况下打滑。此时 ECU 无法接受发动机的负荷信号。

2）传感器出现故障

① 节气门位置传感器出现故障时，ECU 根据怠速开关的状态进行控制。

当怠速开关断开时（加速踏板被踩下），按节气门开度为 1/2 进行控制，同时节气门油压为最大值；当怠速开关接通时（加速踏板完全放松），按节气门处于全闭状态进行控制，同时节气门油压为最小值。

② 车速传感器出现故障时，ECU 不能进行自动换档控制，此时自动变速器的档位由变速杆的位置决定。

在 D 位和 S（或 2）位固定为超速档或 3 档，在 L（或 1）位固定为 2 档或 1 档；或不论变速杆在任何前进档位，都固定为 1 档，以保持汽车最基本的行驶能力。许多车型的自动变速器有两个车速传感器，其中一个用于自动变速器的换档控制，另一个为车速表的传感器，这两个传感器都与 ECU 相连。当用于换档控制的车速传感器损坏时，ECU 可利用车速表传感器的信号控制换档。

③ 输入轴转速传感器出现故障时，ECU 停止减转矩控制，换档冲击有所增大。

④ 油温传感器出现故障时，ECU 按液压油温度为 80℃ 的设定进行控制。

3）执行器出现故障

① 换档电磁阀出现故障时，不同的 ECU 有两种不同的失效保护功能。一是不论有几个换档电磁阀出现故障，ECU 都将停止所有换档电磁阀的工作，此时自动变速器的档位将完全由变速杆的位置决定；在 D 位和 S（或 2）位时被固定为 3 档，在 L（或 1）位时被固定为 2 档。另一种是几个换档电磁阀中有一个出现故障时，ECU 控制其他无故障的电磁阀工作，以保证自动变速器仍能自动升档或降档，但会失去某些档位，而且升档或降档规律有所变化，例如，可以直接由 1 档升到 3 档或超速档。

② 变矩器锁止离合器（TCC）处于关闭状态：一旦电控自动变速器处于失效保护状态，汽车只能在 2 档或 3 档起步，如果在这种情况下锁止离合器仍处于作用状态，则可能引起起步颤抖，甚至无法起步。为了保证锁止离合器在该工况下是释放的，则要求变矩器锁止离合器的控制电磁阀处于断电时，锁止离合器释放，而通电时锁止离合器可以作用。

③ 强制离合器或强制制动器电磁阀出现故障时，ECU 停止电磁阀的工作，让强制离合器或强制制动器始终处于接合状态，这样汽车减速时总有发动机制动作用。

④ 油压电磁阀出现故障时，ECU 停止锁止离合器控制，使油路压力保持最大。

（8）故障的自诊断　电控自动变速器中的 ECU 能够连续地采集汽车工作状态下的全部信息，中央处理器每隔一定时间收集一次输入和输出信号。ECU 从中能够判断发动机和变速器是否能够提供期望的性能。如果出现性能已经严重变坏的情况，则故障码被 ECU 存储，同时，汽车仪表板上的警告灯会被点亮。但有些故障码不会引起警告灯的显示，而是将它存储在故障码存储器中。

第三节　电控自动变速器的检修

1. 检查注意事项

① 在检测之前，应先检查自动变速器控制系统及其他电气系统各熔断器、熔丝及有关的线束插头是否正常。

② 必须使用高阻抗的电压表数字表，若用低阻抗的电压表可能会损坏 ECU。

③ 必须在 ECU 和线束插头处于连接的状态下测量 ECU 各接脚的电压。

④ 应从线束插头的电线一侧插入测笔，测量各接脚的电压。

⑤ 不可在拔下 ECU 线束插头的状态下，直接测量 ECU 的各接脚电阻，否则可能损坏 ECU。

⑥ 若要拔下 ECU 的线束插头测量各控制电路，应先拆下蓄电池搭铁线。不可在蓄电池连接完好的状态拔下 ECU 的线束插头，否则可能损坏 ECU。

⑦ 应可靠地连接 ECU 的线束插头，否则可能损坏 ECU 内的集成电路等电子元件。

2. 电控液力自动变速器的故障自诊断

下面以桑塔纳 2000GSi 轿车的 01N 自动变速器为例介绍电子控制系统的自诊断。

01N 自动变速器电子控制系统的核心是电子控制单元（J217）。J217 中装有故障存储器，如果被监测的传感器或部件发生了故障，传感器或部件以及故障类型将存储在故障存储器内。仅发生一次的故障被称为偶然（临时）故障，偶然故障是作为补充信号加以识别的。可以利用故障诊断仪 V. A. G1551 或 V. A. G1552 对故障进行查找，具体步骤如图 2-82 所示。

（1）查询故障检测条件

1）变速杆置于 P 位，并且拉上驻车制动器操纵杆。

2）蓄电池电压正常。

3）相关的熔丝完好。

4）变速器的搭铁点无腐蚀、接触良好。

5）蓄电池搭铁线以及蓄电池和变速器之间的搭铁线完好。

（2）连接仪器　关闭点火开关，打开诊断插头接口盖板（位于变速杆前端的防尘罩下）。将诊断线 V. A. G1551/3 的 5 针插头与 V. A. G1551 或 V. A. G1552 连接，另一端的 16 针插头与诊断插头接口连接。

1）显示屏上显示（以 V. A. G1551 为例）：

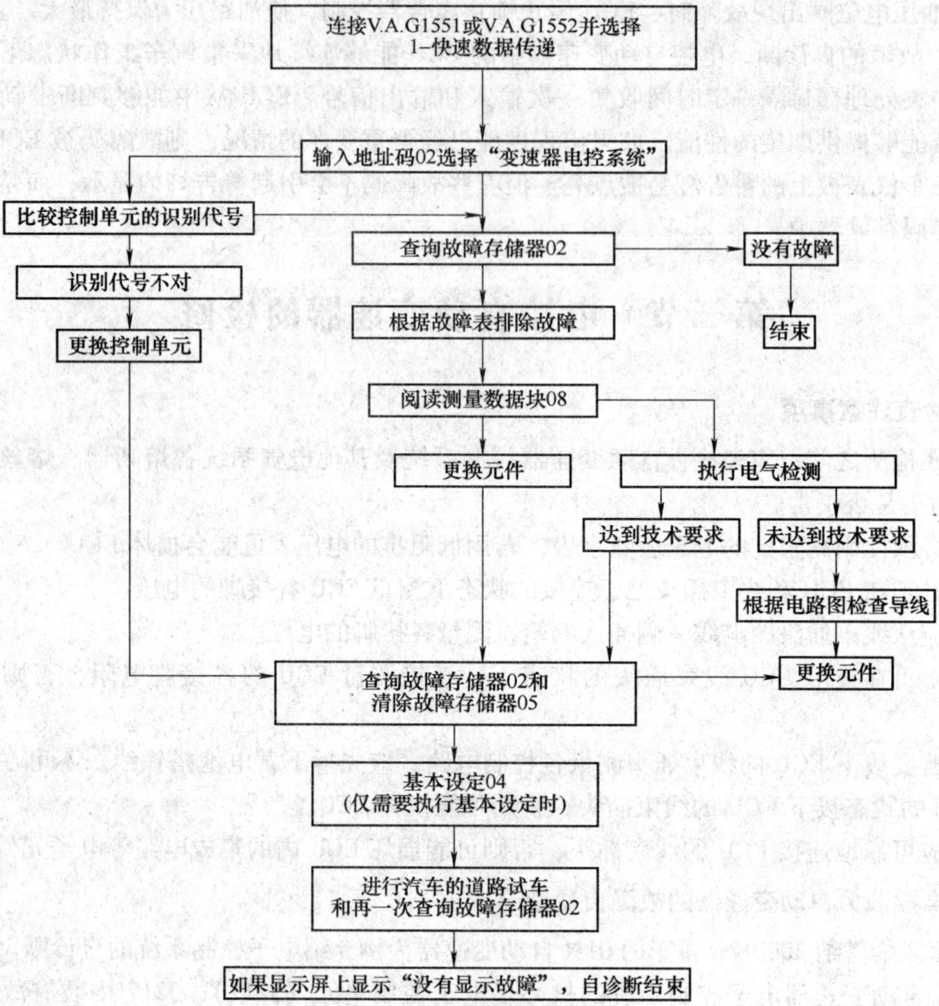

连接V.A.G1551或V.A.G1552并选择
1-快速数据传递
输入地址码02选择“变速器电控系统”
比较控制单元的识别代号
查询故障存储器02
没有故障
识别代号不对
根据故障表排除故障
结束
更换控制单元
阅读测量数据块08
更换元件
执行电气检测
达到技术要求
未达到技术要求
根据电路图检查导线
查询故障存储器02和
清除故障存储器05
更换元件
基本设定04
(仅需要执行基本设定时)
进行汽车的道路试车
和再一次查询故障存储器02
如果显示屏上显示“没有显示故障”，自诊断结束

图2-82　自诊断框图

V. A. G-SELF-DLAGNOSIS	HELP
1-Raid data transfer	
2-Flash code output	

V. A. G-自诊断	帮助
1-快速数据传递	
2-闪光码输出	

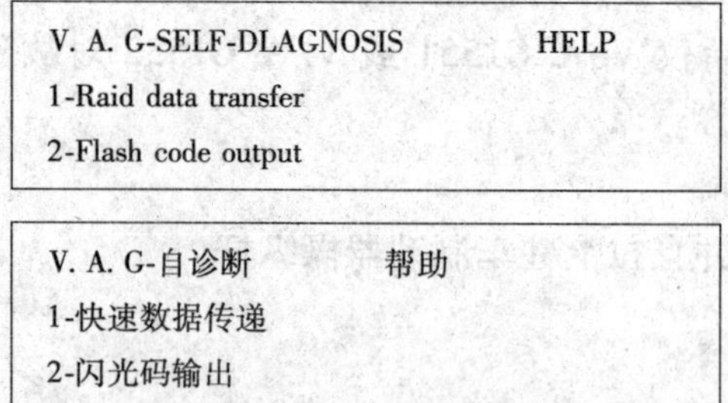

可以按“HELP”键，调出附加的操作说明；可以按“→”键，执行后续步骤。

2）接通点火开关，按“Print”键接通打印机（键内的指示灯亮）。

3）按“1”键选择“快速数据传递”，显示屏显示：

Read data transfer	HELP
Enter address word	× ×

快速数据传递　　　帮助
输入地址码　　　× ×

4）按“0”和“2”键选择“变速器电控系统”，显示屏显示：

Read data transfer　　　Q
02-Gearbox electronics

快速数据传递
02-变速器电控系统

5）按“Q”键确认，显示屏显示控制单元的识别代码：

01N 927 733BA AG4 Gearbox 01N 2754
Coding 00000　　　WSC 00000

01N 927 733BA：控制单元配件号；
AG4 Gearbox 01N：4 档自动变速器 01N 型；
2754：　　　控制单元（EPROM）程序版本；
Coding 00000：目前不需要；
WSC 00000：V. A. G1551 经销商代号。
6）按“→”键，显示屏显示：

Read data transfer　　　HELP
Select function　　　× ×

快速数据传递　　　帮助
选择功能　　　× ×

（3）查询故障存储器

1）在上面第6）步的基础上，按“0”和“2”键选择“查询故障存储器”，显示屏显示：

Read data transfer　　　Q
02-Interrogate fault memory

快速数据传递
02-查询故障存储器

2）按“Q”键确认，显示屏显示所存储故障的数量或“No fault recognizes!”（没有识别到故障!）：

× Faults recognised!

× 故障被识别!

存储的故障依次显示并打印出来。显示和打印之后，根据故障表的描述排除故障。

3）按“→”键，显示屏的显示与“2 连接 V. A. G1551 或 V. A. G1552”中的第6）步相同。

（4）电子控制自动变速器故障码举例　自动变速器的故障码见表2-5。

表2-5　自动变速器的故障码

V. A. G1551 上打印机的打印输出	可能的故障原因	故障排除
没有识别到故障	如果进行了修理之后，显示出“没有识别到故障”，自诊断结束。如果已经执行了自诊断，但是自动变速器仍然工作不佳，应根据故障查找程序进行修理	
00258 电磁阀 1-N88： 断路 对地短路	断路或对地短路 N88 有故障	根据电路图检查导线和连接（先检查连接触点是否被腐蚀或有水渗入，如有必要，应当更换。如果显示电磁阀有故障，应当仔细检查变速器上阀体扁状导线和导线束之间的10插脚插头） 阅读测量数据块（显示组编号004） 执行电气检测
00260 电磁阀 2-N89： 断路 对地短路	断路或对地短路 N89 有故障	根据电路图检查导线和连接 阅读测量数据块（显示组编号004） 执行电气检测
00262 电磁阀 3-N90： 断路 对地短路	断路或对地短路 N90 有故障	根据电路图检查导线和连接 阅读测量数据块（显示组编号004） 执行电气检测
00264 电磁阀 4-N91： 断路 对地短路	断路或对地短路 N91 有故障	根据电路图检查导线和连接 阅读测量数据块（显示组编号004） 执行电气检测
00266 电磁阀 5-N92： 断路 对地短路	断路或对地短路 N92 有故障	根据电路图检查导线和连接 阅读测量数据块（显示组编号004） 执行电气检测
00268 电磁阀 6-N93： 断路 对地短路	断路或对地短路 N93 有故障	根据电路图检查导线和连接 阅读测量数据块（显示组编号004） 执行电气检测
00270 电磁阀 7-N941： 断路 对地短路	断路或对地短路 N94 有故障	根据电路图检查导线和连接 阅读测量数据块（显示组编号004） 执行电气检测
00281 车速传感器 G68： 无信号	导线断路 G68 有故障	根据电路图检查导线和连接 阅读测量数据块（显示组编号002） 执行电气检测 更换车速传感器 G68
00293 多功能开关 F125： 不明确的开关状态	断路或对地短路 F125 有故障	根据电路图检查导线和连接 阅读测量数据块（显示组编号001） 执行电气检测 更换 F125

（续）

V. A. G1551 上打印机的打印输出	可能的故障原因	故障排除
00297 车速器转速传感器 G38： 无信号	导线断路 G38 有故障	根据电路图检查导线和连接 执行电气检测 更换 G38
00300 变速器油温度传感器 G93： 故障类型不能识别	导线断路 变速器油温度传感器 G93 有故障	根据电路图检查导线和连接 阅读测量数据块（显示组编号 005） 执行电气检测
00518 节气门电位计 G69： 信号超出允许的范围	导线断路 发动机控制单元或 G69（在节气门总成内）有故障 来自 G69 的信号通过发动机控制单元直接送入变速器控制单元，并且只能在读测量数据块中进行检测 如果自诊断显示 G69 有故障，也应当执行发动机控制单元的自诊断	如果还显示出故障码 00638，应当先排除本故障 根据电路图检查导线和连接 阅读测量数据块（显示组编号 001 和 003） 检查发动机控制单元 更换 G69 或发动机控制单元 对系统进行基础设定
00529 转速信号出错	导线断路	根据电路图检查导线和连接 阅读测量数据块（显示组编号 003） 检查发动机控制单元 执行电气检测
00532 供电电压	蓄电池有故障 供给液压阀的电压太低	测试蓄电池电压 阅读测量数据块（显示组编号 002） 检测至发动机控制单元的电压 执行电气检测
00545 发动机/变速器电气连接： 断路 对地短路	断路或对地短路发动机/变速器控制单元未连接 发动机和变速器控制单元之间影响点火正时的信号未被传送或传送不正常	根据电路图检查导线和连接 阅读测量数据块（显示组编号 005） 检查发动机控制单元 对系统进行基本设定
00596 液压阀之间的导线短路	阀体扁状导线和导线束之间的 10 针插头 至阀体的扁状导线有故障	根据电路图检查导线和连接 执行电气检测 更换扁状导线
00638 发动机/变速器电气连接 2： 无信号	断路或对地短路 发动机/变速器控制单元未连接 节气门信号未被传送至变速器控制单元	根据电路图检查导线和连接 阅读测量数据块（显示组编号 005） 检查发动机控制单元，如有必要，进行更换 对系统进行基础设定
00641 ATF 温度： 信号太大	变速器温度太高，最高温度应不超过 148℃。如果 ATF 的温度太高，变速器自动切换至下一个较低的档位 汽车后面拖车的负荷太大 ATF 液位不正确 变速器油温度传感器 G93 有故障	检查 ATF 液位 阅读测量数据块（显示组编号 005，读取 ATF 的温度） 根据电路图检查导线和连接 更换扁状导线

（续）

V. A. G1551 上打印机的打印输出	可能的故障原因	故障排除
00652 档位监控： 不可信的信号	电气/液压系统有故障 离合器或阀体有故障	阅读测量数据块（显示组编号 004），并且通过汽车的道路试车确定故障发生在哪个档位
00660 换低档开关/节气门电位计（只有在行驶中才能识别 00660 故障）： 不可信的信号	导线断路	根据电路图检查导线和连接
	换低档开关 F 有故障	阅读测量数据块（显示组编号 001） 执行电气检测 调整或更换加速踏板拉索
	节气门电位计 G69 有故障	按照故障码 00518 中描述的方法进行修理
65535 自动变速器控制单元有故障	控制单元 J217 有故障	更换 J217 对系统进行基本设定

（5）清除故障存储器　查询故障存储器并排除故障后，应清除故障存储器。

1）在“查询故障存储器”第 3）步的基础上，按“0”和“5”键选择“清除故障存储器”，显示屏显示：

2）按“Q”键确认，显示屏显示：

```
Rapid data transfer                    →
Fault memory is erased!
```

```
快速数据传递
故障存储器被清除!
```

3. 自动变速器的试验

（1）道路试验　道路试验是诊断、分析自动变速器故障最有效的手段之一。此外，自动变速器在修复之后，也应进行道路试验，以检查其工作性能，检验检修质量。自动变速器的道路试验内容主要有：检查换档车速、换档质量以及检查换档执行元件有无打滑等。

在道路试验之前，应先让汽车以中低速行驶 5 ~ 10min，让发动机和自动变速器都达到正常工作温度。在试验中，通常应将 O/D 开关置于 ON 的位置（即 OD/OFF 熄灭），并将模式选择开关置于常规模式或经济模式。

道路试验的方法如下：

1）升档检查。将变速杆置于 D 位，踩下加速踏板，使节气门保持在 50% 开度左右，让汽车起步加速，检查自动变速器的升档情况。自动变速器在升档时发动机会有瞬时的转速下降，同时车身有轻微的闯动感。正常情况下，汽车起步后随着车速的升高，试车者应能感觉到自动变速器能顺利地由 1 档升入 2 档，随后再由 2 档升入 3 档，最后升入超速档。若自动变速器不能升入高档（3 档或超速档），说明控制系统或换档执行元件有故障。

2）升档车速的检查。在上述升档检查的过程中，当察觉到自动变速器升档时，记下升档车速。一般4档自动变速器在节气门开度50%时由1档升至2档的车速为25~35km/h，由2档升至3档的车速为55~70km/h，由3档升至4档（超速档）的车速为90~120km/h。由于升档车速和节气门开度有很大的关系，即节气门开度不同时，升档车速也不同，而且不同车型的自动变速器各档位传动比的大小都不相同，其升档车速也不完全一样。因此，只要升档车速基本保持在上述范围内，而且汽车行驶中加速良好，无明显的换档冲击，都可以认为其升档车速基本正常。若汽车行驶中加速无力，升档车速明显低于上述范围，说明升档车速过低（即升档提前）；若汽车行驶中有明显的换档冲击，升档车速明显示高于上述范围，说明升档车速过高（即升档滞后）。

升档车速太低一般是控制系统的故障所致；升档车速太高则可能是控制系统的故障所致，也可能是换档执行元件的故障所致。

3）换档质量的检查。换档质量的检查内容主要是检查有无换档冲击。正常的自动变速器只能有不太明显的换档冲击，特别是电控自动变速器的换档冲击应十分微弱。若换档冲击太大，说明自动变速器的控制系统或换档执行元件有故障，其原因可能是主油压高或换档执行元件打滑，应作进一步的检查。

4）锁止离合器工作状况的检查。自动变速器液力变矩器中锁止离合器的工作是否正常也可以采用道路试验的方法进行检查。试验中，让汽车加速至超速档，以高于80km/h的车速行驶，并让节气门开度保持在低于50%的位置，使变矩器进入锁止状态。此时，快速将加速踏板踩下使节气门开度超过85%，同时检查发动机转速的变化情况。若发动机转速没有太大的变化，说明锁止离合器处于接合状态；反之，若发动机转速升高很多，则表明锁止离合器没有接合，其原因通常是锁止控制系统有故障。

5）发动机制动作用的检查。检查自动变速器有无发动机制动作用时，应将变速杆置于2或L位。在汽车以2档或1档行驶时，突然松开加速踏板，检查是否有发动机制动作用。若松开加速踏板后车速立即下降，说明有发动机制动作用；否则说明控制系统或换档执行元件有故障。

6）强制降档功能的检查。检查自动变速器强制降档功能时，应将变速杆置于D位，保持节气门开度为30%左右，在以2档、3档或超速档行驶时突然将加速踏板完全踩到底，检查自动变速器是否被强制降低一个档位。在强制降档时，发动机转速会突然升至4000r/min左右，并随着加速升档，转速逐渐下降。若踩下加速踏板后没有出现强制降档，说明强制降档功能失效。若在强制降档时发动机转速升高反常，达到5000r/min，并在升档时出现了换档冲击，则说明换档执行元件打滑，应拆修自动变速器。

（2）失速试验

1）失速试验的作用

① 检查液力变矩器各部件性能是否良好。例如：泵轮与涡轮之间的液流传动性能，导轮的液流传导性能，导轮单向离合器能否良好可靠地锁止导轮及准确释放导轮等。

② 检查自动变速器内部行星轮机构、换档执行传动机构是否工作正常。例如：齿轮传动机构是否完好，检测离合器和制动器摩擦元件间承受大转矩而不打滑的能力。

③ 发动机的输出功率是否正常。

④ 辅助其他试验或结合其他试验进行故障诊断。

2）失速试验的操作。因为失速试验时，变速器内部受到极大的转矩负荷，因此要首先做好以下工作：

① 根据原生产厂家的设计说明及现在变矩器的技术状态分析是否适合进行失速试验。

② 确认发动机加速性能良好，否则会造成测得的失速转速对自动变速器的技术性能反应失真。

③ 变速器内的油面与油温都必须正常，保证测试结果准确，防止对自动变速器的损害。

④ 制动踏板与驻车制动器的性能良好，以保证试验时能充分地将车轮制动住，满足测试操作的要求并保证安全。

⑤ 汽车须有良好的安全条件。用三角木等将车轮塞住，汽车周围不应有影响安全的人或障碍物。

试验操作步骤如下：实施驻车制动后，左脚踩住制动踏板，右脚迅速踏下加速踏板到最大加速位置，使发动机转速上升，当发动机转速上升到最大值（还可通过发动机声音变化判断是否达到最大值）时，发动机的转速即为失速转速。

由于在试验时发动机功率全部在变矩器内损耗，会产生大量的热，所以失速时间不能过长，一般都在5s之内，即读完数据后立即放松加速踏板。在做完试验后须让发动机怠速运转几分钟，以便使油及时冷却，然后再关闭发动机或再进行一次试验。

另外，在试验时，注意听发动机及自动变速器内声音的变化。在试验时随着加速踏板的踏下，发动机和变矩器应有很大的轰鸣声，但决不可以听到任何金属撞击声和尖锐的杂音。

影响失速转速的因素较多，不同发动机、不同的液力变矩器的失速转速不同，但大部分汽车自动变速器的失速转速都在1500～3000r/min范围。

3）利用失速转速值分析故障

① 失速转速的非正常情况有两种：高于规定值与低于规定值。生产厂家给出的失速转速值都是一个范围，而并非某一确定的值。通常在失速转速超出一定范围后才判断为失常。当转速过低（低于500r/min以上）或转速过高（超出200r/min以上）时，则认为异常。

② 失速转速过低故障分析。失速转速过低主要有液力变矩器与发动机工作不良两方面的原因，可以利用动力断开法进行检查。将变速杆置于P、N两位中任一位置，让变矩器涡轮不带负荷，对发动机进行急加速。如果发动机转速能在急加速时很顺畅地上升，则说明发动机是正常的。如果汽车在行驶中出现加速不良，而高速时却很正常，则可判断为变矩器故障。

③失速转速过高故障分析。从测试原理可知，出现失速转速过高时，发动机与液力变矩器的故障可能性较小，故障一般都发生在变速器部分，主要是因换档执行元件打滑引起。如果在所有行驶档位失速转速均高，则原因可能为液压系统主油路压力过低，或内部换档执行元件损坏较严重，如超速档机构直接制动器B_4及单离合器损坏；如果在前进档D位，失速转速正常，而R位的失速转速较高，则说明直接档离合器、低倒档制动器液压活塞损坏；如果R位失速转速正常，前进档位（D、2、L）失速转速过高，则说明前进档离合器及摩擦元件有故障，超速档机构单向离合器及1档单向离合器有故障。

（3）时滞试验

1）试验操作方法。在变速器油温正常后，将汽车停在平地上，拉好驻车制动器操纵杆，在N位时起动发动机。踩住制动踏板，将变速杆推入R位或D位的瞬间按下秒表开始计时，直至感觉有振动感的瞬间按下秒表终止计时。然后再将变速杆置于N位，放松制动踏板。由于在操作时会因秒表按下的快慢而影响计时的准确性，因此在操作时需多次测试，最后取平均值。

各种自动变速器的时滞时间有所不同，但一般都在1~2s这个范围内，新型电控液动变速器的时滞时间可能性会稍短些。一般R位较D位的时滞时间长0.3~0.5s，因为在液压操作系统中倒档油压较高，为了避免较大振动，蓄压器等缓冲装置要求油压上升更缓慢些；另外，低倒档制动器的摩擦片较多，制动器间隙也较大，因此活塞的行程也较长，液压缸容积变化较大，致使时滞时间较D位长。

2）时滞试验分析

① 如果进R位和D位时滞时间都过长，则原因可能为控制油液的压力过低；超速档机构直接档离合间隙过大。

② 如果进R位正常，而进D位时滞时间都过长，则原因可能为前进档控制阀阻滞；前进档位油路或换档执行元件活塞有泄漏，使压力降低；前进档离合器等元件间隙过大；D位或相应执行元件的液压蓄压器背压泄漏或弹簧变软及折断。

③ 如果进D位正常，而进R位时滞时间过长，则原因可能为倒档控制阀有阻滞；倒档油路或倒档执行元件活塞及蓄压器等有泄漏，使压力降低；倒档离合器、制动器、直接档离合器等摩擦元件间隙过大；倒档蓄压器背压泄漏或弹簧软与折断。

必须注意的是：经过时滞试验得到的结果只能作为一种参考，必须结合其他试验结果及故障现象才能进行全面的故障诊断。

4. 电子控制系统的检修

自动变速器电子控制的传感器、执行器、开关等任何零部件产生故障，都会对自动变速器工作产生影响。利用检测仪读取故障码，可以找出控制系统大部分故障的大致范围，但要确定故障所在的具体部位，还必须进一步检测。

（1）节气门位置传感器的检修　检测节气门位置传感器的方法是：

① 拔去节气门位置传感器的线束插头。

② 用万用表在节气门位置传感器接线插座上测量怠速开关的导通情况。当节气门全闭时，怠速开关应导通；当节气门开启时，怠速开关应不导通。否则，应调整或更换节气门位置传感器。

③ 用万用表测量节气门位置传感器传感器中线性电位计的电阻。该电阻应能随节气门开度的增大而呈线性增大。

④ 将测量结果与标准值进行比较。如有不符，应调整或更换节气门位置传感器。

（2）车速传感器和输入轴转速传感器的检修　车速传感器与输入轴转速传感器的结构和工作原理相同，其检修方法也一样，即各种测量方法判断其工作性能是否正常。

1）车速传感器或输入轴转速传感器的感应线圈电阻的测量。

① 拔下车速传感器或输入轴转速传感器线束插头。

② 用万用表测量车速传感器或输入轴转速传感器两接线端之间的电阻。不同车型自动变速器的这种传感器感线圈的电阻不完全相同，通常为几百欧到几千欧。

如果感应线圈短路、断路或电阻值不符合标准，应更换传感器。

2）车速传感器或输入轴转速传感器的输出脉冲的测量。

① 测量车速传感器输出脉冲时，可将汽车一侧的驱动轮顶起，将变速杆置于空档位置，用手转动悬空的驱动轮，同时用万用表测量车速传感器两接线柱之间有无脉冲感应电压。测量时，应将万用表选择开关转至1V以下的直流电压档位置或电阻档位置。若在转动车轮时万用表指针有摆动，说明传感器有输出脉冲，其工作正常；否则，应更换传感器。

② 测量输入轴转速传感器输出脉冲时，应将传感器拆下，用一根铁棒或一块磁铁迅速靠近或离开传感器。同时用万用表测量传感器两接线柱之间有无脉冲感应电压。如果没有感应电压或感应电压很微弱，说明传感器有故障，应更换。

（3）冷却液温度传感器和液压油温度传感器的检修　冷却液温度传感器和液压油温度传感器的内部都是一个半导体热敏电阻，其检修方法相同。

① 拆下冷却液温度传感器或液压油温度传感器。

② 将传感器置于盛有水的烧杯中，加热杯中的水，同时测量在不同温度下传感器两接线端之间的电阻。

③ 将测量的电阻值与标准相比较。如果不符合标准，应更换传感器。

（4）档位开关的检修　档位开关的检测方法为：

① 用举升器将汽车升起。

② 拆下连接在自动变速器手动阀摇臂和变速杆之间的连杆。

③ 拔下档位开关的线速插头。

④ 将手动阀摇臂拨至各个档位，同时用万用表测量档位开关线束插座内各插孔之间的导通情况。

⑤ 将测量结果与标准进行比较。如果有不符，应重新调整档位开关。

（5）开关式电磁阀的检修

1）开关式电磁阀的就车检查

① 用举升器将汽车升起。

② 拆下自动变速器的油底壳。

③ 拔下电磁阀的线束插头。

④ 用万用表测量电磁阀线圈的电阻。自动变速器的开关式电磁阀线圈的电阻一般为10～30Ω。若电磁阀线圈短路、断路或电阻值不符标准，应更换。

⑤ 将12V电源施加在电磁阀线圈上，此时应能听到电磁阀工作的“咔嗒”声；否则，说明阀芯卡住，应更换电磁阀。

2）开关式电磁阀的性能检验

① 拆下电磁阀。

② 将压缩空气吹入电磁阀进油口。

③ 当电磁阀线圈不接电源时，进油孔和泄油孔之间应不通气；否则，说明电磁阀损坏，应更换电磁阀。

④ 接上电源后，进油孔和泄油孔之间应相通；否则，说明电磁阀损坏，应更换电磁阀。

（6）脉冲线性式电磁阀的检修

1）脉冲线性式电磁阀的就车检查

① 用举升器将汽车升起。

② 拆下自动变速器的油底壳。

③ 拔下电磁阀的线束插头。

④ 用万用表测量电磁阀线圈的电阻值。脉冲线性式电磁阀的线圈电阻值较小，一般为2~6Ω。若电磁阀线圈短路、断路或电阻值不符合标准，应更换电磁阀。

2）脉冲线性式电磁阀的性能检验

① 拆下脉冲线性式电磁阀。

② 将蓄电池电源串联一个8~10W的灯泡，然后与电磁阀线圈连接（脉冲线性式电磁阀线圈电阻较小，不可直接与12V电源连接，否则会烧毁电磁阀线圈）。

③ 在通电时，电磁阀阀心应向外伸出；断电时，电磁阀阀心应向内缩入。如果异常，说明电磁阀损坏，应更换。

（7）ECU及其控制电路的检修　ECU及其控制电路的故障可以用该车型的检测仪或通用于各种车型的解码器检测。如果不具备检测仪或解码器，可以采用另一种检测方法，即通过测量ECU插接器各接线端子的工作电压，判断ECU及其控制电路工作是否正常。

上述检测方法只是对ECU及控制电路的一种辅助方法。因为ECU在工作中所接收或输出的信号有多种形式，如脉冲信号、模拟信号等，而一般的指针电压表只能测出电路的平均电压值，即使检测到ECU插接器各端子的工作电压都正常，也不能说明ECU绝对没有故障。

当自动变速器控制系统工作不正常时，如果用上述方法检测未发现异常，可以采用互换法判断ECU是否有故障。

5. 锁止离合器的故障诊断

变矩器锁止离合器的控制系统容易出现的故障有：没有锁止作用、锁止时品质不佳（振动冲击过大）、锁止时间不正确、制动或进档时熄火等。

（1）无锁止作用　汽车的行驶状态已经达到锁止条件，但自动变速器却没有发生锁止动作。这需要确认故障是由电控部分、液压部分，还是机械部分所致。

1）电控部分导致不能锁止故障。该故障主要是与锁止工作和解除锁止相关的信号不正确所致，可以先通过故障自诊断系统提取故障码，看是否有故障码存在。如果有故障码，则根据故障码提供的信息进行检测；如果没有故障码，则要根据实际情况进一步对输入信号及其传感器进行数值分析及检测。

2）液压控制部分导致不能锁止故障。液压控制部分故障主要有：滑阀卡滞、油路泄漏及堵塞。如果在自动变速器上设有锁止离合器的接合与分离油压测试孔，则接上油压表对其进行油压测试。如果在锁止离合器的分离测压口进行测试，在锁止离合器完全锁止时油压应相当小，在完全分离时油压应比较大。如果自动变速器上没有锁止离合器工作油压测试孔，则在检测电控系统发出的控制信号后，再进一步检查电磁阀是否有正常动作。如果电磁阀能正确完成动作，则要进一步检查阀体相应的控制阀是否发卡，油道是否泄漏及堵塞等。

（2）锁止品质不佳　锁止品质不佳主要指在锁止离合器工作时，出现较大的冲击振动与颤抖现象。这种故障对汽车的乘坐舒适性影响较大，故障原因是锁止率控制不良。

1）单开关型电磁阀锁止控制系统故障诊断。锁止系统出现锁止率控制不良故障，不同的控制系统情况有所不同。单开关型电磁阀如果能完成锁止工作，并且电磁阀的密封状况良好，则故障在液压控制系统与机械部分。对液压系统主要检查控制阀及油路有无泄漏及堵塞等故障。机械故障主要是指锁止离合器变形不平等引起的锁止时颤抖故障。

2）双开关式电磁阀锁止控制系统故障诊断。对于本田双开关式电磁阀锁止控制系统，电控系统发生故障的情况较多。对电控部分进行检查时，先通过故障自诊断系统检查是否有故障码存在，如果有故障码，则参考故障码提供的信息进行诊断；如果没有故障码，则要对系统进行数值分析与检测，检查两锁止电磁阀的信号从部分锁止到全部锁止时情况是否正常。另外，应检查节气门拉索是否调整正确，如果拉索失调而过紧，也会导致锁止率控制不良。

3）脉冲式电磁阀锁止控制系统故障诊断。系统中如果没有故障码及明显的故障情况，则可接上专用检测仪或示波器，对 ECU 发出的控制信号进行分析。对控制过程的波形进行放大分析，脉冲信号占空比的变化应是逐渐变化的，而不是突变的。若控制信号分析时没有发现问题，则应检查电磁阀的运动灵活程度是否正常。如果经上述检查仍没有发现故障原因，则要对液压系统和机械部分进行检查。

4）线性电磁阀锁止控制系统故障诊断。线性电磁阀有两种，一种是脉冲式的，另一种是电流式的。脉冲式的检查同上面所述方法一样，电流式的则可对其电流的变化情况进行检查，主要是检查滑阀有无卡滞、弹簧的预紧力是否调整正确等。

（3）锁止时间不正确　锁止时间不正确是指锁止离合器发生锁止的工况与设计及实际需要不符合。一般主要有两种故障现象，即锁止过早与锁止过晚。锁止过早容易出现加速性能不良、乘坐舒适性变差以及汽车机械寿命缩短等现象。锁止过晚则容易出现发动机噪声过大、燃油经济性下降、发动机冷却液温度及变速器油温过热等现象。

电控系统出现锁止时间不正确的因素有：

1）发动机负荷信号与车速信号。同自动换档时刻一样，这两个信号也是决定锁止时间的主要参数。由于这两个信号还用来控制自动变速器的换档及发动机的工作，所以当其出现故障后一般都会有其他故障现象伴随发生。

2）油温信号与发动机冷却液温度信号。这两个信号不正确也会出现锁止离合器锁止时间不正确。

（4）发动机在进档、制动等情况时容易熄火　自动变速器的锁止控制系统出现锁止不能正确解除的故障有以下几方面原因：

1）液压系统中控制滑阀卡滞、油道堵塞与泄漏。锁止控制系统液压部分出现控制滑阀卡滞、油道堵塞与泄漏等故障时，就会使锁止离合器的分离腔没有油压压力，锁止离合器不能与变矩器壳体分离，一直处于机械连接状态。

2）电控单元发出了错误的控制信号。可以对锁止控制电磁阀的信号进行检测，如果在故障出现时还有锁止离合器的锁止信号，则说明故障在电控系统中。下列因素也会导致锁止不能正确解除：

① 怠速开关信号。发动机的怠速开关信号用来控制锁止离合器的解除，只要 ECU 收到此信号就能控制锁止离合器解除锁止。如果节气门位置传感器被误调过或电路等部分出现故

障，则会导致发动机错误地处于怠速工况，并且没有相应的信号送给 ECU。

② 制动开关信号。当汽车处于锁止离合器锁止状态下工作时，只要 ECU 接收到制动开关的信号，就会发出一个信号将锁止解除，以防止发动机在制动时阻力过大，引起发动机熄火。

3）锁止电磁阀卡滞。电磁阀若出现卡滞故障，则 ECU 将无法检测。

6. 自动变速器典型故障的诊断与排除

（1）汽车不能行驶故障的诊断

1）故障现象

① 无论变速杆位于倒档、前进档或前进低档，汽车都不能行驶。

② 冷车起动后汽车能行驶一小段路程，但热车状态下汽车不能行驶。

2）故障原因

① 自动变速器油底渗漏，液压油全部漏光。

② 变速杆和手动阀摇臂之间的连杆或拉索松脱，手动阀保持在空档或停车档位置。

③ 液压泵进油滤网堵塞。

④ 主油路严重泄漏。

⑤ 液压泵损坏。

3）故障诊断流程。汽车不能行驶的故障诊断与排除程序如图 2-83 所示。

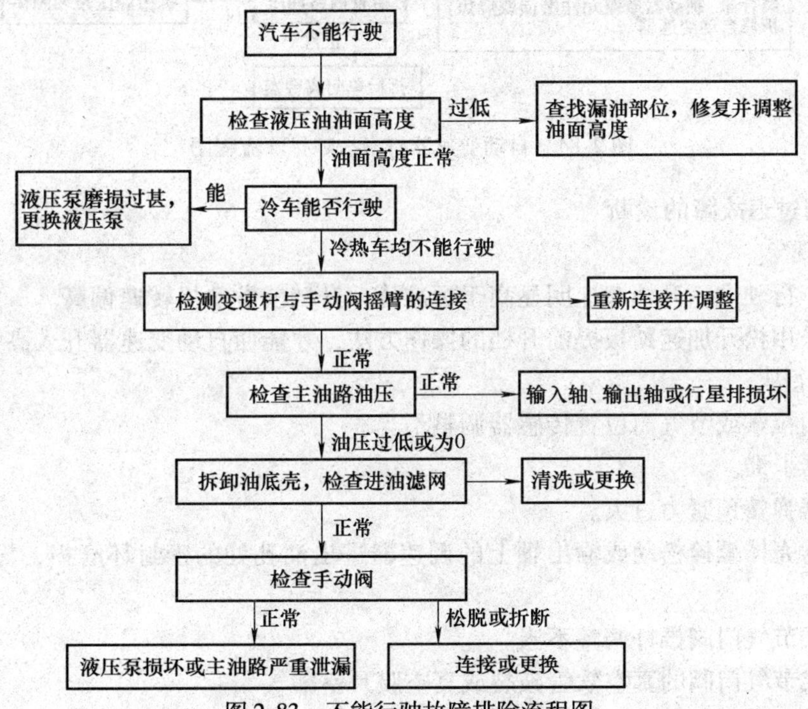

图 2-83 不能行驶故障排除流程图

（2）自动变速器打滑故障的诊断

1）故障现象

① 起步时踩下加速踏板，发动机转速很快升高但车速升高缓慢。

② 行驶中踩下加速踏板加速时，发动机转速升高但车速没有很快提高。

③ 平路行驶基本正常，但上坡无力，且发动机转速很高。

2）故障原因

① 液压油油面太低。

② 液压油油面太高，运转中被行星排剧烈搅动后产生大量气泡。

③ 离合器或制动器摩擦片、制动带磨损过甚或烧焦。

④ 液压泵磨损过甚或主油路泄漏，造成油路油压过低。

⑤ 单向离合器打滑。

⑥ 离合器或制动器活塞密封圈损坏，导致漏油。

⑦ 减振器活塞密封圈损坏，导致漏油。

3）故障诊断流程。自动变速器打滑故障诊断与排除程序如图 2-84 所示。

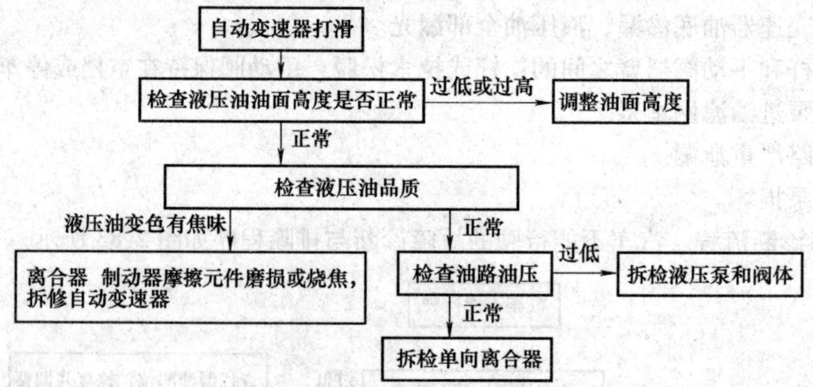

图 2-84 自动变速器打滑故障排除流程图

（3）升档过迟故障的诊断

1）故障现象

① 在汽车行驶中，升档车速明显高于标准值，升档前发动机转速偏高。

② 必须采用松开加速踏板提前升档的操作方法，才能使自动变速器升入高档或超速档。

2）故障原因

① 节气门拉索或节气门位置传感器调整不当。

② 调速器卡滞。

③ 调速器弹簧预紧力过大。

④ 调速器壳体螺栓松动或输出轴上的调速器进出油孔处的密封环磨损，导致调速器油路泄漏。

⑤ 真空式节气门阀推杆调整不当。

⑥ 真空式节气门阀的真空软管破裂或真空膜片室漏气。

⑦ 主油路油压或节气门油压太高。

⑧ 强制降档开关短路。

⑨ ECU 或传感器有故障。

3）故障诊断流程。自动变速器升档过迟的故障诊断与排除程序如图 2-85 所示。

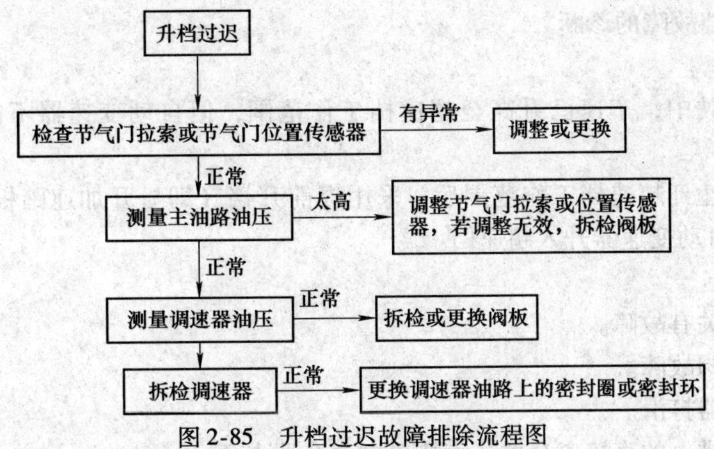

图 2-85 升档过迟故障排除流程图

(4) 不能升档故障的诊断

1) 故障现象

① 汽车行驶中自动变速器始终保持在 1 档，不能升入 2 档和高速档。

② 行驶中自动变速器可以升入 2 档，但不能升入 3 档和超速档。

2) 故障原因

① 节气门拉索或节气门位置传感器调整不当。

② 调速器有故障。

③ 调速器油路严重泄漏。

④ 车速传感器有故障。

⑤ 2 档制动器或高档离合器有故障。

⑥ 换档阀卡滞。

⑦ 档位开关有故障。

3) 故障诊断流程。自动变速器不能升档的故障诊断与排除程序如图 2-86 所示。

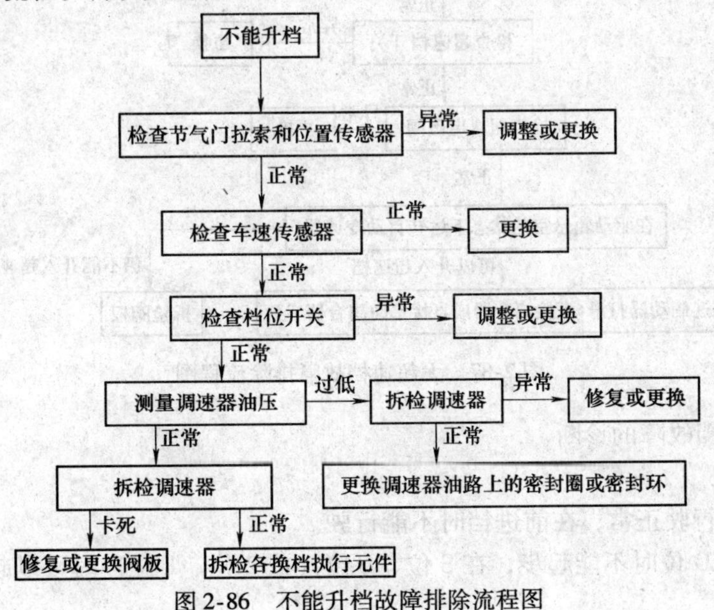

图 2-86 不能升档故障排除流程图

（5）无超速档故障的诊断

1）故障现象

① 在汽车行驶中，车速已升高至超速档工作范围，但自动变速器不能从 3 档换入超速档。

② 在车速已达到超速档工作范围后，采用提前升档（即松开加速踏板几秒后再踩下）的方法也不能使自动变速器升入超速档。

2）故障原因

① 超速档开关有故障。

② 超速电磁阀故障。

③ 超速制动器打滑。

④ 超速行星排上的直接离合器或直接单向离合器卡死。

⑤ 档位开关有故障。

⑥ 液压油温度传感器有故障。

⑦ 节气门位置传感器有故障。

⑧ 3-4 档换档阀卡滞。

3）故障诊断流程。自动变速器无超速档的故障诊断与排除程序如图 2-87 所示。

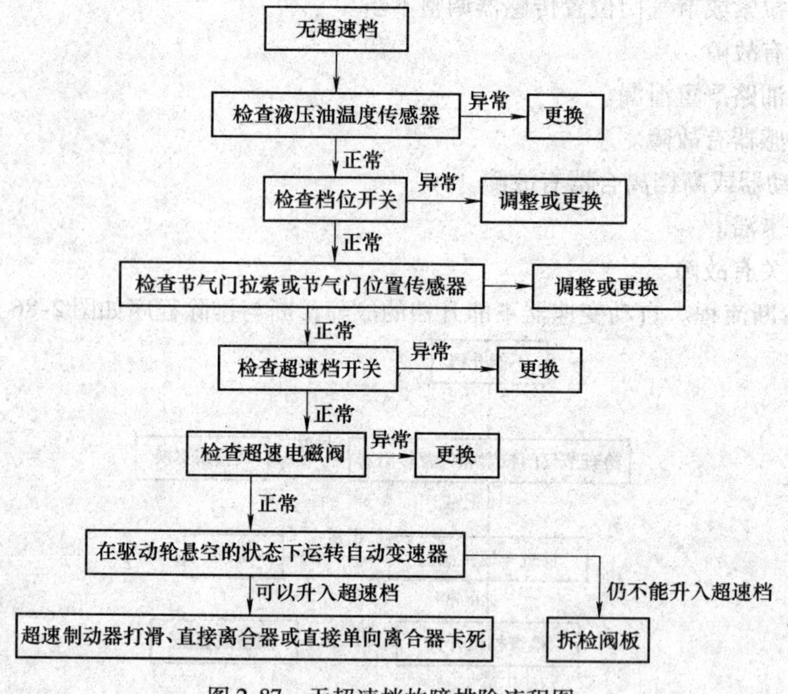

图 2-87　无超速档故障排除流程图

（6）无前进档故障的诊断

1）故障现象

① 汽车倒档行驶正常，在前进档时不能行驶。

② 变速杆在 D 位时不能起步，在 S 位、L 位（或 2 位、1 位）时可以起步。

2）故障原因

① 前进离合器严重打滑。

② 前进单向离合器打滑或装反。

③ 前进离合器油路严重泄漏。

④ 变速杆调整不当。

3）故障诊断流程。自动变速器无前进档的故障诊断与排除程序如图 2-88 所示。

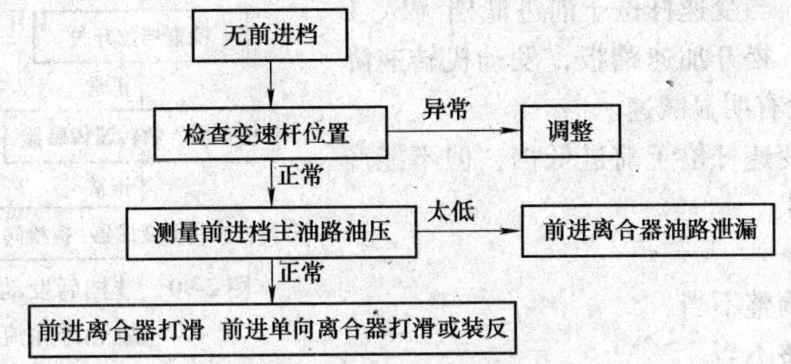

图 2-88 无前进档故障排除流程图

（7）跳档故障的诊断

1）故障现象：汽车以前进档行驶时，即使加速踏板保持不动，自动变速器仍会经常出现突然降档现象；降档后发动机转速异常升高，并产生换档冲击。

2）故障原因

① 节气门位置传感器有故障。

② 车速传感器有故障。

③ 控制系统电路搭铁不良。

④ 换档电磁阀接触不良。

⑤ ECU 有故障。

3）故障诊断与排除。自动变速器频繁跳档的故障诊断与排除程序如图 2-89 所示。

（8）挂档后发动机怠速易熄火故障的诊断

1）故障现象

① 发动机怠速运转时将变速杆由 P 位或 N 位换入 R 位、D 位、S 位、L 位（或 2 位、1 位）时发动机熄火。

② 在前进档或倒档行驶中，踩下制动踏板停车时发动机熄火。

2）故障原因

① 发动机怠速过低。

② 阀板中的锁止控制阀卡滞。

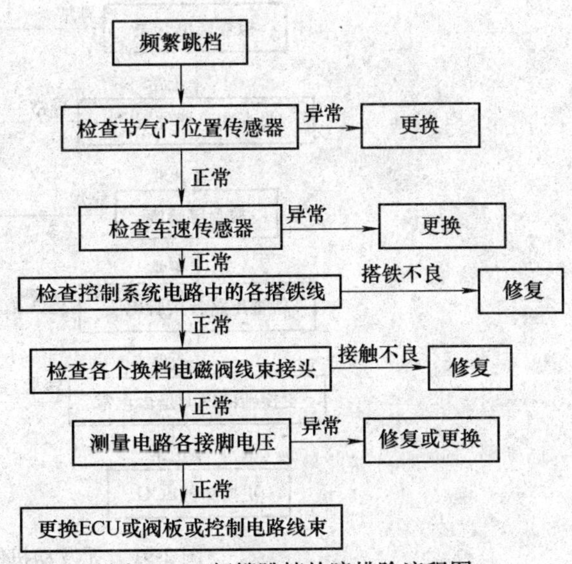

图 2-89 频繁跳档故障排除流程图

③ 档位开关有故障。

④ 输入轴转速传感器有故障。

3）故障诊断流程。自动变速器挂档后发动机怠速易熄火的故障诊断与排除程序如图 2-90 所示。

挂档后发动机怠速易熄火
检查发动机怠速
过低
调整怠速
正常
检查档位开关
异常
调整或更换
正常
检查输入轴转速传感器
异常
调整或更换
正常
分解检修自动变速器、拆检阀板

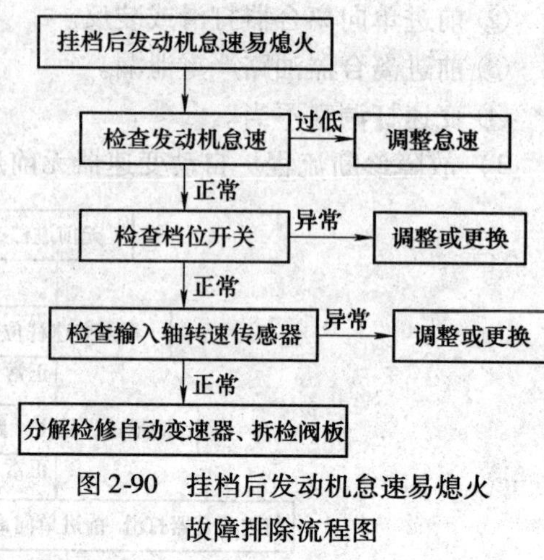

图 2-90 挂档后发动机怠速易熄火故障排除流程图

（9）无发动机制动故障的诊断

1）故障现象

① 在行驶中，当变速杆位于前进低档（S、L 或 2、1）位置时，松开加速踏板，发动机转速降至怠速，但汽车没有明显减速。

② 下坡时，变速杆位于前进低档，但不能产生发动机制动作用。

2）故障原因

① 档位开关调整不当。

② 变速杆调整不当。

③ 2 档强制制动器打滑或低档及倒档制动器打滑。

④ 控制发动机制动的电磁阀有故障。

⑤ 阀板有故障。

⑥ 自动变速器打滑。

⑦ ECU 有故障。

3）故障诊断与排除。自动变速器无发动机制动的故障诊断与排除程序如图 2-91 所示。

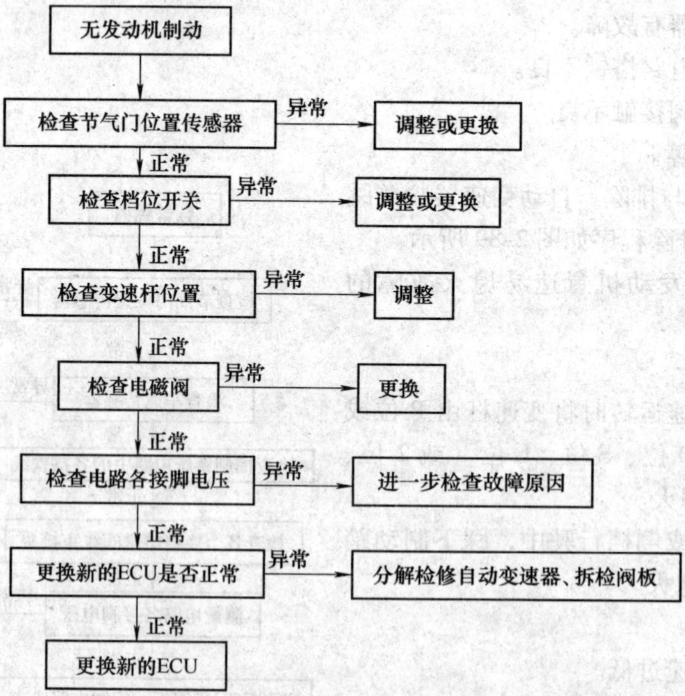

无发动机制动
检查节气门位置传感器
异常
调整或更换
正常
检查档位开关
异常
调整或更换
正常
检查变速杆位置
异常
调整
正常
检查电磁阀
异常
更换
正常
检查电路各接脚电压
异常
进一步检查故障原因
正常
更换新的ECU是否正常
异常
分解检修自动变速器、拆检阀板
正常
更换新的ECU

图 2-91 无发动机制动故障排除流程图

(10) 不能强制降档故障的诊断

1) 故障现象。当汽车以3档或超速档行驶时，突然将加速踏板踩到底，自动变速器不能立即降低一个档位，致使汽车加速无力。

2) 故障原因

① 节气门拉索或节气门位置传感器调整不当。

② 强制降档开关损坏或安装不当。

③ 强制降档电磁阀损坏或电路短路、断路。

④ 阀板中的强制降档控制阀卡滞。

3) 故障诊断流程。自动变速器不能强制降档的故障诊断与排除程序如图2-92所示。

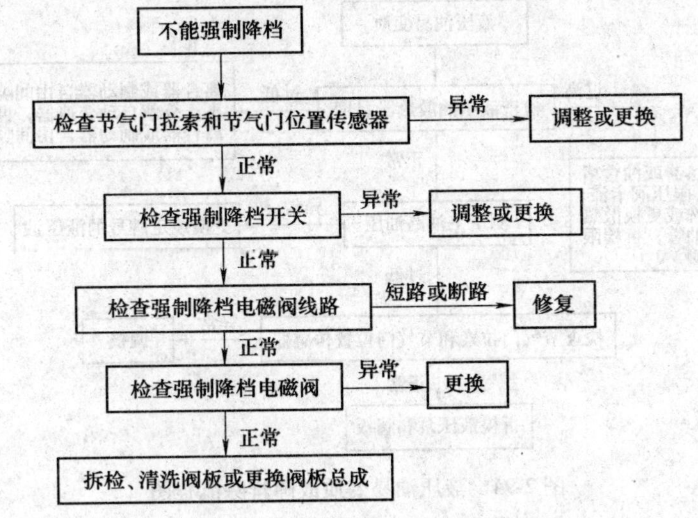

图2-92 不能强制降档故障排除流程图

(11) 无锁止故障的诊断

1) 故障现象

① 汽车行驶中，车速、档位已满足锁止离合器起作用的条件，但锁止离合器仍没有产生锁止作用。

② 汽车油耗较大。

2) 故障原因

① 液压油温度传感器有故障。

② 节气门位置传感器有故障。

③ 锁止电磁阀有故障或电路短路、断路。

④ 锁止控制阀有故障。

⑤ 变矩器中的锁止离合器损坏。

3) 故障诊断流程。自动变速器无锁止的故障诊断与排除程序如图2-93所示。

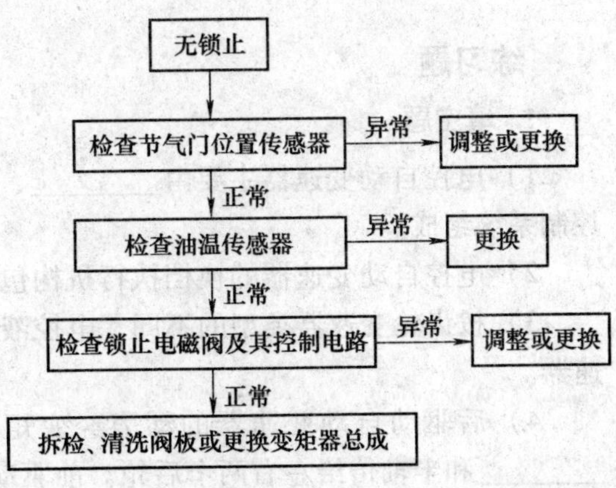

图2-93 无锁止故障诊断排除流程图

(12) 液压油易变质故障的诊断

1) 故障现象

① 更换后的新液压油使用不久即变质。

② 自动变速器温度太高，从加油口处向外冒烟。

2）故障原因

① 汽车使用不当，经常超负荷行驶，如经常用于拖车，或经常急速、超速行驶等。

② 液压油散热器管路堵塞。

③ 通往液压油散热器的限压阀卡滞。

④ 离合器或制动器自由间隙太小。

⑤ 主油路油压太低，离合器或制动器在工作中打滑。

3）故障诊断流程。自动变速器液压油易变质的故障诊断与排除程序如图 2-94 所示。

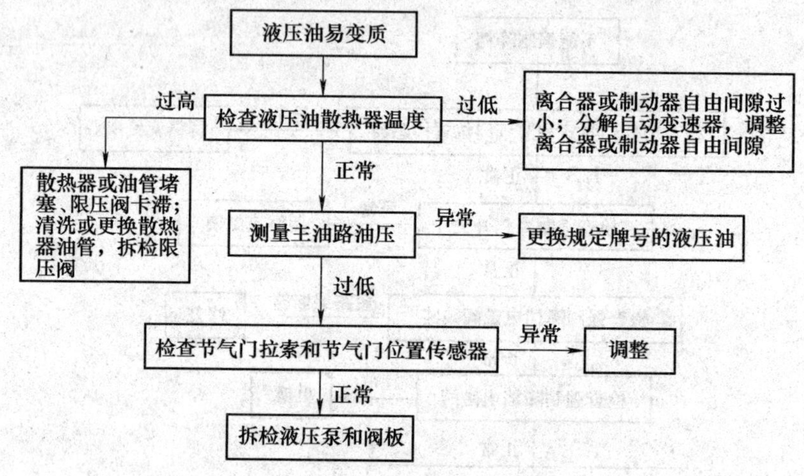

图 2-94　液压油易变质故障排除流程图

思考题

1）安装有自动变速器的汽车能够依靠推车起动吗？为什么？

2. 若是自动变速器的油压系统压力低，自动变速器还能正常工作吗？为什么？

练习题

1. 填空题

1）电控自动变速器主要由________、齿轮变速机构、________、液压控制系统和电子控制系统组成。

2）电控自动变速器的换档执行机构包括________、制动器、________三种。

3）按齿轮变速器类型的不同，电控液力自动变速器可分为________和平行轴式自动变速器。

4）后驱动自动变速器的动力经变矩器、________、传动轴、后驱动桥的主减速器、________和半轴传给左右两个后轮。前驱动自动变速器在自动变速器的壳体内装有主减速器和________。

5）液力控制自动变速器将汽车行驶时的________和________这两个参数变为液压控制信号，按照设定的换档规律，通过控制换档执行元件的动作，实现自动换档。

6）电子控制自动变速器通过各种传感器，将发动机转速、________、车速、发动机冷却液温度、________等参数转变为电信号并输入 ECU，ECU 根据这些信号，按照设定的换档规律，向________、________等发出电子控制信号，实现自动换档。

7）液力变矩器安装在发动机和变速器之间，起传递转矩、________、________及离合的作用。

8）典型的液力变矩器是由________、涡轮和________组成。

9）液力变矩器失速状态是指________因负荷过大而停止转动，但________仍保持旋转的现象。

10）锁止式变矩器主要类型有由________锁止的液力变矩器、由________锁止的液力变矩器和由行星轮机构锁止的液力变矩器。

11）根据能量守恒定律，单排行星轮机构运动规律的特性方程式：________。

12）离合器和制动器是以________控制行星轮机构元件的旋转，而单向离合器则是以________对行星轮机构的元件进行锁止。

13）拉维娜行星轮系统结构特点是：________。

14）大众 01M 型自动变速器采用________行星轮机构，是一种双排单、双级复合式行星轮机构。

15）自动变速器液压控制系统的控制机构包括________、手动阀________、及锁止离合器控制阀等。

16）电控自动变速器信号输入装置中常用的开关装置________、模式选择开关、多功能开关、________等。

17）电控自动变速器信号输入装置中常用的传感器包括________、发动机转速传感器、________、输入轴转速传感器和________。

18）电磁阀是电控变速器控制系统的执行元件，按其作用可分为________、锁止电磁阀和________。

19）发动机只有在变速杆位于________或________位时，汽车才能起动，此功能靠空档起动开关来实现。

20）自动变速器液压控制装置根据________和车速信号自动接通相应的前进档油路。

21）自动变速器中片式离合器、制动器所能传递的动力的大小与________、________及钢片与摩擦片间的压紧力有关。

22）电控自动变速器的换档执行机构，其功用与普通变速器的________有相似之处。

23）自动变速器中片式制动器由制动器活塞、________、钢片、________及制动器毂等组成。

24）目前常用的自动变速器的行星轮装置有________和________。

25）液压控制机构包括________、手动阀、________及锁止离合器控制阀等。

26）液压控制机构包括________、换档信号系统、换档阀系统和________。

2. 问答题

1）电控液力自动变速器的控制原理是什么？
2）电控液力自动变速器的分类是什么？
3）液力变矩器的工作原理是什么？
4）液力变矩器中单向离合器的工作特性是什么？
5）电控自动变速器锁止离合器进入锁止工况的条件是什么？
6）简述自动变速器中多片式离合器的工作过程。
7）简述带式制动器的工作过程。
8）典型辛普森式行星轮机构结构特点是什么？
9）典型的拉维娜行星轮系统结构特征是什么？
10）换档电磁阀的分类及工作原理是什么？
11）强制降档阀的工作原理是什么？
12）电磁阀的分类及工作原理是什么？
13）主油路系统对不同工况、不同档位时油压的要求有哪些。
14）电控式自动变速器的电液式控制系统如何调节节气门油压？
15）自动变速器的换档控制过程是什么？

3. 论述题

1）简述单排行星轮机构传动原理。
2）简述典型的辛普森行星轮系统结构特征及各档动力传递路线。
3）简述典型的拉维娜行星轮系统结构特征及各档动力传递路线。
4）电控自动变速器如何控制换档质量。
5）电控自动变速器有哪些失效保护功能？
6）电控自动变速器如何控制换档时刻？
7）简述A341E型自动变速器行星轮机构的结构及各档动力传递路线。
8）大众01M型自动变速器及各档动力传递路线。

4. 故障诊断

1）自动变速器控制系统故障码如何读取？
2）车速传感器和输入轴转速传感器的检修方法是什么？
3）节气门位置传感器的检修方法是什么？
4）开关式电磁阀的性能检验方法是什么？
5）脉冲线性电磁阀的检修方法是什么？
6）简述自动变速器升档过迟的故障诊断与排除程序。
7）简述自动变速器不能升档的故障诊断与排除程序。
8）简述自动变速器频繁跳档的故障诊断与排除程序。
9）简述自动变速器无锁止的故障诊断与排除程序。

第三章 新型自动变速器

◎**掌握技能**

➢ CVT 系统的故障检测方法

➢ CVT 系统的失速试验方法

➢ DCT 系统的故障诊断方法

◎**基本概念**

➢ CVT 系统的主要结构及工作原理

➢ DCT 系统的主要组成及工作原理

➢ CVT 系统的动力传动路线分析

➢ ECVT 电控系统的组成及工作原理

★ 案例导入

故障现象：一辆本田飞度（CVT）轿车冷车起动发动机后，挂前进档（D、S、L）均不能前行，此时 D 位灯闪烁；若挂倒档，可以倒车；若热车熄火后再起动挂档，行驶正常。

故障诊断：车辆为热车时，此时路试无明显异常感觉。检查 CVT 变速器油面高度在正常范围内。使用本田专用检测仪 HDS 对其进行检测，故障码为 DTC34－1，即主动带轮转速传感器故障。其故障原因包括：传感器电路短路、断路、搭铁不良、传感器本身故障等。根据故障码对其检修，该传感器的供电、搭铁线正常，信号线也正常。于是更换主动带轮转速传感器，清除故障码。运转发动机，将档位分别置于 R、D、S、L 位几秒钟，工作正常，故障排除。

根据上述案例，请思考下列问题：

1）CVT 变速器组成及工作原理是什么？

2）主动带轮转速传感器有何作用？

第一节 无级自动变速器（CVT）

一、无级自动变速器概述

在汽车上广泛使用的自动变速器是将液力变矩器和行星轮系相组合的自动变速器。但是它只能实现分段范围内的无级变速，而且液力变矩器的效率较低，从而影响了整车的动力性能与燃料经济性，因此新型的变速技术——无级变速（CVT）技术迅速发展。

CVT（Continuously Variable Transmission）技术即无级变速技术，它主要采用传动带和工作直径可变的主、从带轮相配合传递动力。由于CVT可以实现传动比的连续改变，从而得到传动系与发动机工况的最佳匹配，提高了整车的燃油经济性和动力性。目前德国大众汽车以及本田轿车已经采用了钢带式无级自动变速器。

1. CVT的特点

（1）无级变速器的优点

1）提高燃油经济性和排放性能。无级变速器在相当宽的范围内实现无级变速，可以获得传动系统与发动机工况的最佳匹配，提高整车的燃油经济性，降低排放。

2）提高动力性能。无级变速器能够获得较大的传动比，其动力性能明显优于机械变速器和自动变速器。

3）改善驾驶舒适性能。因速比连续变化，可使换档更平滑，实现了手动变速器的快速反应和自动变速器舒适的双优点；采用金属链条传递动力，解决了老式无级变速器“橡胶效应”和“离合器打滑”等问题。

（2）无级变速器的缺点

1）金属带结构形状和参数还要不断改进和完善，传递转矩的能力仍需要进一步提高。

2）变速过程中，带的轴向偏移会造成主、从动带轮的中间平面不在同一平面上，会使金属带在运转过程中发生扭曲，在带轮的输入端和输出端造成冲击，使噪声增大、传动不平稳，带的寿命急剧下降。

3）使用过程中还有不够理想的地方，例如起步和低速行驶时会有种无级变速器独特的滞涩、不圆滑的感觉，在紧急停车后再起步时，偶尔会发生低速无法起步的现象。

4）控制系统存在问题的包括变速控制、传动带夹紧力控制和起步控制等。

2. CVT的工作原理

CVT的主要结构和工作原理如图3-1所示。该系统主要包括主动轮组、从动轮组、金属带和液压泵等基本部件。金属带由两束金属环和几百个金属片构成。主动轮组和从动轮组包括可动盘和固定盘，与油缸靠近的一侧带轮可以在轴上滑动，另一侧则固定。可动盘与固定盘都是锥面结构，它们的锥面形成V形槽与V形金属传动带啮合。发动机输出轴输出的动力首先传递到CVT的主动轮，然后通过V形传动带传递到从动轮，最后经减速器、差速器传递给车轮驱动汽车。工作时通过主动轮与从动轮的可动盘做轴向移动来改变主动轮、从动轮锥面与V形传动带啮合的工作半径，从而改变传动比。可动盘的轴向移动是由驾驶人根据需要通过控制系统调节主动轮、从动轮液压泵油缸压力实现的。由于主动轮和从动轮的工作半径可以实现连续调节，从而实现了无级变速。

3. CVT的结构

01J自动变速器的结构如图3-2所示，它是由传动链轮实现的无级变速器。它可以使变速比在最小和最大变速比之间无级调节，并且可以提供一个合适的传动比，使发动机总是工作在最佳转速范围内，进而使汽车动力性或燃油经济性最优化。

该传动机构由两个锥面盘体的主链轮装置（链轮装置1）和副链轮装置（链轮装置2）

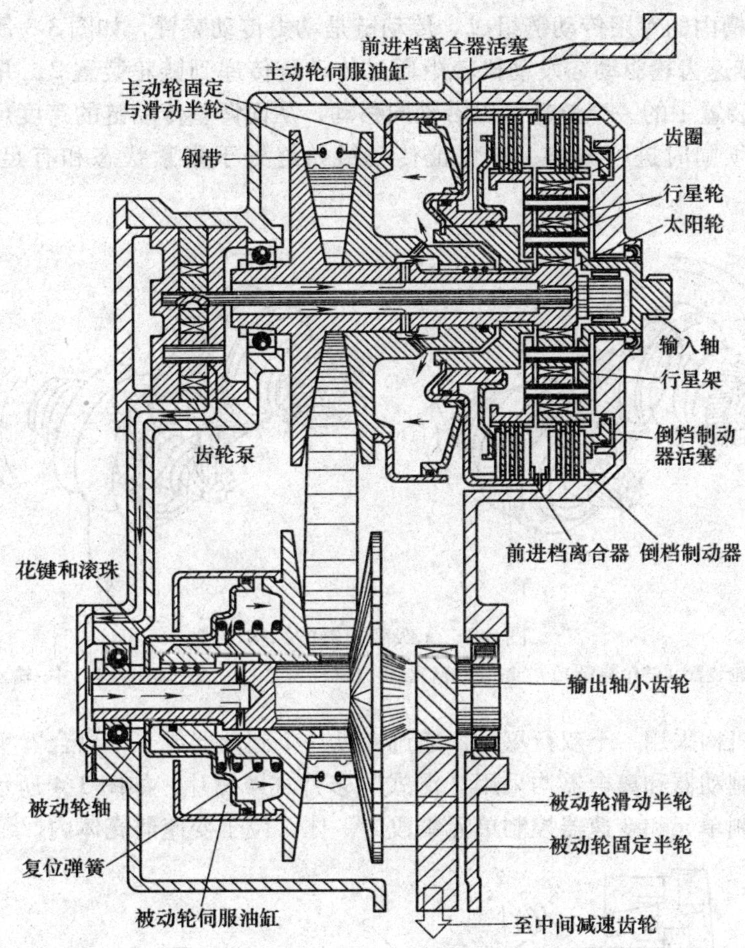

图 3-1 CVT 的主要结构和工作原理

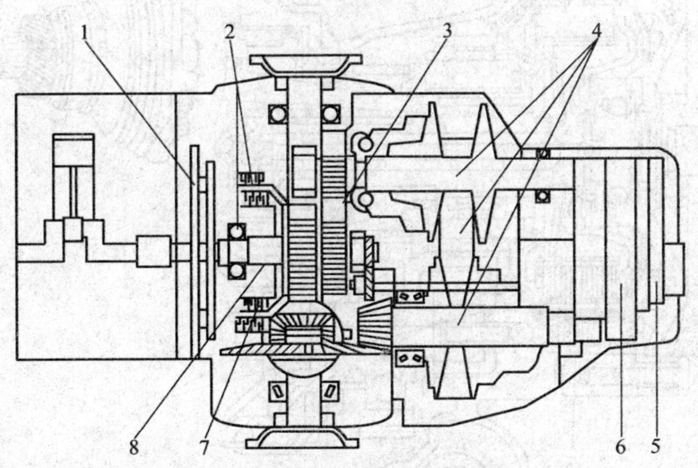

图 3-2 01J 自动变速器的结构

1—飞轮减振装置 2—倒档制动器 3—辅助减速齿轮副 4—带传动链的变速器 5—变速器控制单元 6—液压控制单元 7—前进档离合器 8—行星轮系

以及工作于V形槽内的专用传动链组成。传动链是动力传动装置，如图3-3所示。链轮装置1由发动机通过减速齿轮驱动，发动机转矩通过传动链传递到链轮装置2，并由此传给主减速器。每个链轮装置中的一个链轮可以沿轴向移动，从而调整传动链的跨度尺寸和改变传动比。两组链轮必须同时进行调整，以保证传动链始终处于张紧状态和有足够的接触传动压力。

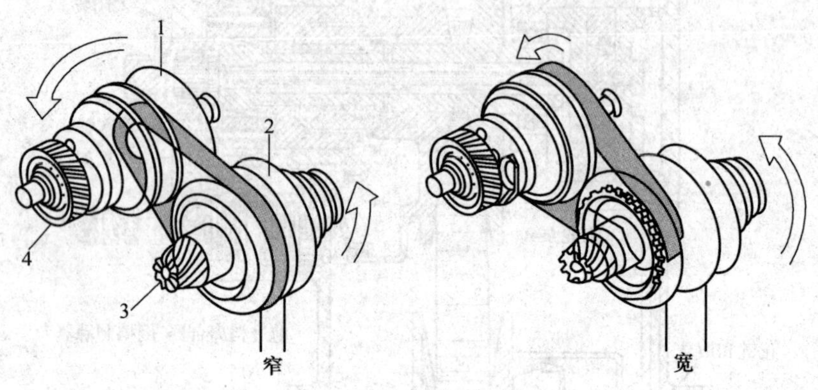

图3-3 无级变速器的结构

1—主链轮装置（链轮装置1） 2—副链轮装置（链轮装置2） 3—输出齿轮 4—输入齿轮

行星轮传动机构采用一个双行星排，通过操纵一个制动器或一个离合器实现前进档和倒档的转换。其中制动器和离合器均采用“湿式”多片式摩擦片，如图3-4所示。

电子液压控制单元和变速器控制单元集成为一体，位于变速器壳体内。

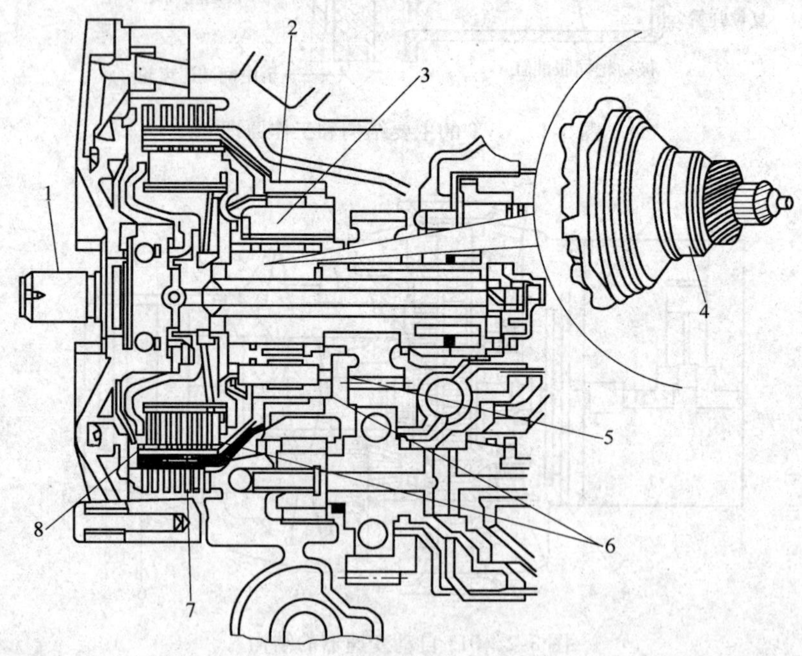

图3-4 离合器、制动器和行星轮传动机构结构

1—变速器输入轴 2—齿圈 3—行星轮 4—行星轮系 5—辅助减速齿轮副

6—行星轮支架 7—倒档制动器 8—前进档离合器

4. CVT 的控制原理

CVT 控制系统主要由机械传动、液压控制、电子控制、换档控制机构 4 个部分组成。

（1）机械传动的动力传递路线

1）P 位。没有液压作用于起步离合器、前进档离合器和倒档制动器。无动力传递至中间主动齿轮；中间主动齿轮被与驻车齿轮联锁的驻车棘爪锁定，如图 3-5a 所示 。

2）N 位。来自飞轮的发动机动力驱动输入轴，但无液压作用于前进档离合器和倒档制动器。动力没有传递给主动带轮轴，也没有液压作用于起步离合器，如图 3-5a 所示。

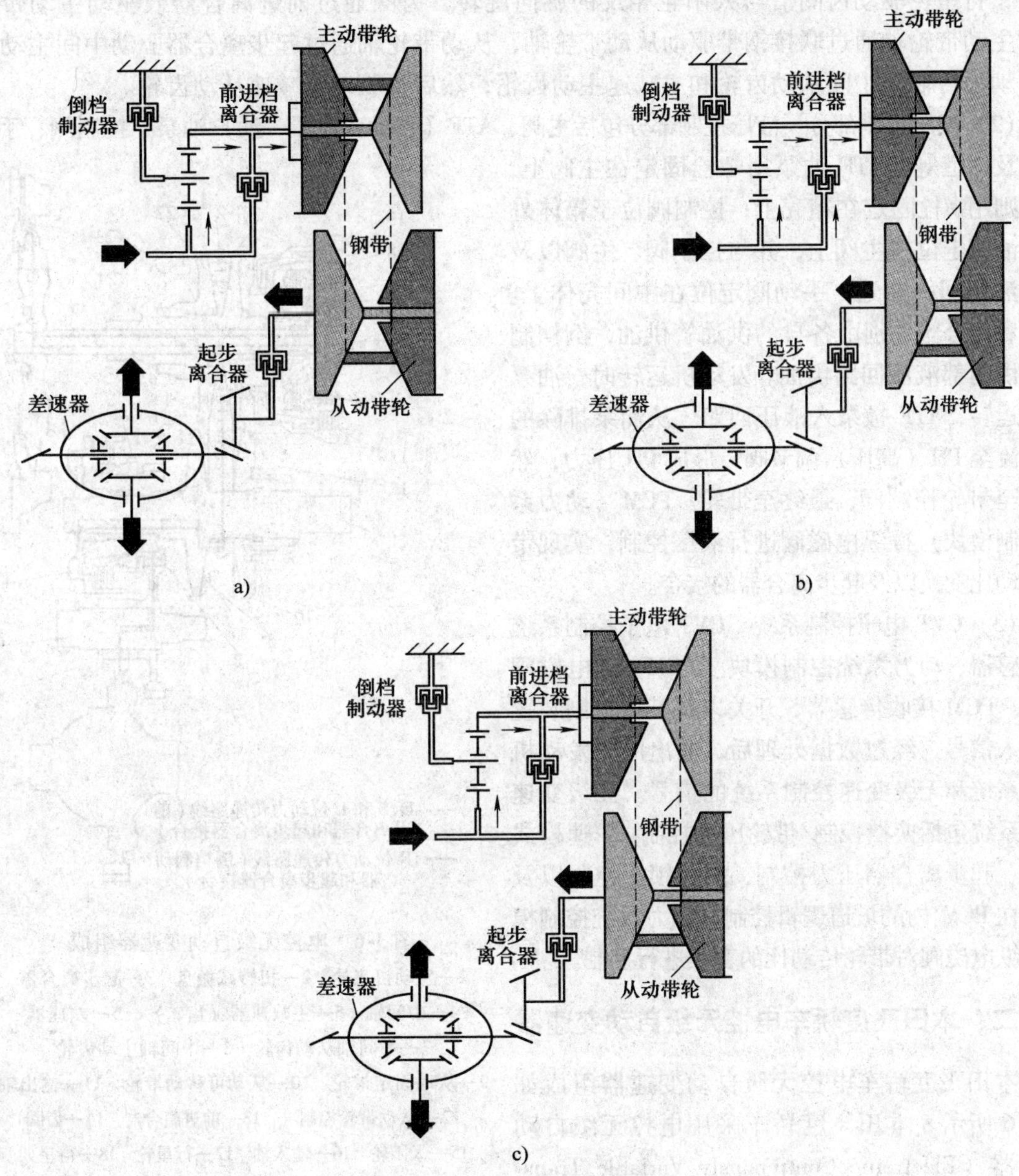

图 3-5 动力传递路线

a）P/N 位动力传递路线简图 b）前进档动力传递路线简图 c）倒档动力传递路线简图

3）D、S 和 L 位。动力传递路线如图 3-5b 所示 。前进档离合器啮合，倒档制动器分离，起步离合器啮合，前进档离合器和起步离合器上均有液压作用，并且太阳轮驱动前进离合器，前进档离合器驱动主动带轮轴，主动带轮轴又通过钢带驱动从动带轮轴，从动带轮轴通过起步离合器驱动中间主动齿轮，动力传递至中间从动齿轮和主减速主动齿轮，而主减速主动齿轮又驱动主减速从动齿轮。

4）倒档。动力传递路线如图 3-5c 所示。前进离合器分离，倒档制动啮合，起步离合器啮合，倒档制动器和起步离合器由液压作用，行星架由倒档制动器锁定，太阳轮驱动行星轮自转，行星轮驱动齿圈沿与太阳轮相反的旋向旋转，齿圈通过前进离合器鼓驱动主动带轮轴，主动带轮轴通过联接钢带驱动从动带轮轴，从动带轮轴通过起步离合器驱动中间主动齿轮，动力传输至中间从动齿轮和主减速主动齿轮，然后再驱动主减速从动齿轮。

（2）液压控制部分　液压控制部分包括主阀、ATF（自动变速器　油）油泵、控制阀、手动阀以及油道等。ATF 油泵用螺栓固定在主阀上，主阀则用螺栓固定在箱壳上；控制阀位于箱体外部，油道定位在主阀上，并与控制阀、主阀以及内部液压回路相连；手动阀定位在中间壳体上。带轮和离合器分别由各自的供油管供油，倒档制动器由内部液压回路供油。发动机运转时，油泵开始运转，ATF 被泵入液压回路。从油泵排除的油液流至 PH（高压）调节阀，形成 PH 压力，然后传至带轮控制阀，最终至带轮。PCM（动力系统控制模块）操纵电磁阀进行液压控制，实现带轮传动比变换以及起步离合器的接合。

（3）CVT 电子控制系统　CVT 电子控制系统由传感器、动力系统控制模块（PCM）和电磁阀组成。PCM 接收传感器、开关以及其他控制装置的输入信号，经过数据处理后，输出用于发动机控制系统和无级变速控制系统的信号。无级变速控制系统包括换档控制/带轮压力控制、7 速模式控制、起步离合器压力控制、倒档锁止控制以及储存在 PCM 内的坡道逻辑控制。动力系统控制模块操纵电磁阀对带轮传动比的变换进行控制。

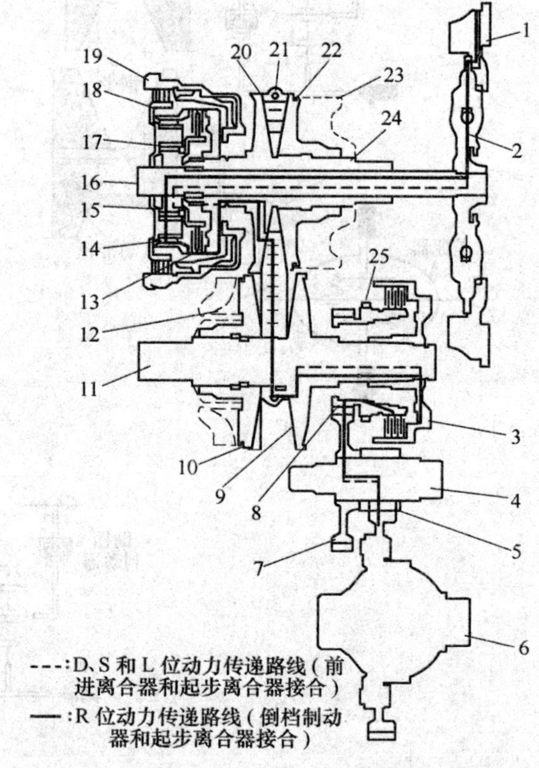

图 3-6　电控无级自动变速器组成

1—发动机飞轮　2—扭转减振盘　3—起步离合器　4—中间轴　5—主减速器（齿轮）　6—差速器　7—中间轴从动齿轮　8—中间轴主动齿轮　9—从动固定带轮　10—从动可移动带轮　11—输出轴　12—从动带轮控制缸　13—前进离合器　14—齿圈　15—太阳轮　16—输入轴　17—行星轮　18—行星架　19—倒档制动器　20—主动固定带轮　21—三角钢带　22—主动可移动带轮　23—主动带轮控制缸　24—主动带轮轴　25—P 位齿轮

二、本田飞度轿车电控无级自动变速器

本田飞度轿车电控无级自动变速器组成如图 3-6 所示。本田飞度轿车采用电控无级自动变速器（Electronic Continuously Variable Transmission，即 ECVT）)，如图 3-6 所示，其优点是传动比连续无级变化（实际上是将自动变速

器的档数增加到7档)；不采用液力变矩器，传动效率高、体积小、反应快；汽车的动力性和经济性都有所提高。

1. 电控无级自动变速器的结构特点

1）电控系统通过液压元件控制自动变速器的变速。

2）用三角钢带式无级变速器（钢带传动装置）代替传统自动变速器中的液力变矩器和齿轮变速器，它包括三角钢带（图3-7)，主、从动带轮（由固定带轮和可移动带轮组成）和单排行星轮机构组成。

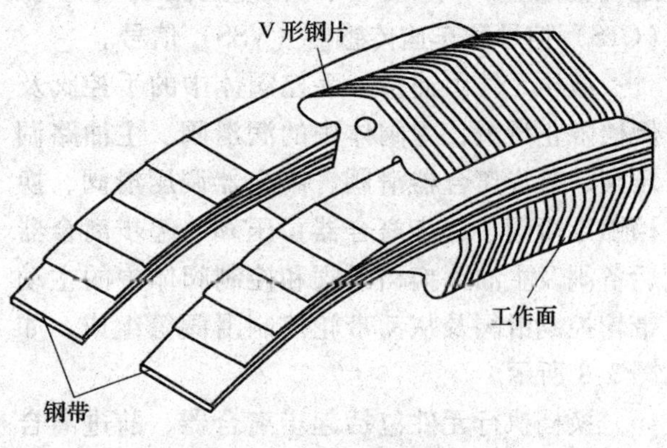

图3-7 三角钢带的结构

3）可移动带轮与控制缸连接，通过改变控制缸内的控制油压能移动可移动带轮的位置（与固定带轮靠拢或离开），改变带轮的工作半径，从而改变自动变速器的传动比。

4）增设了中间齿轮传动（由中间轴主动齿轮和中间轴从动齿轮组成)，用于增大自动变速器传动比的变化幅度。

5）在输出轴上装有起步离合器和P位齿轮。

6）前进档和倒档的变换由倒档制动器和行星轮机构完成。

7）发动机飞轮通过扭转减振盘与自动变速器的输入轴连接。

8）各轴上都有油道。输入轴驱动油泵，提供换档控制油压和压力润滑。

2. 动力传递路线

(1) P位和N位　当变速器变速杆位于P或N位时，控制缸油路被手控阀断开，前进离合器、起步离合器和倒档制动器都分离，输入轴和行星轮机构空转，中间轴主动齿轮被P位齿轮锁止，输出轴无动力输出。

(2) D、S和L位　当变速器变速杆位于D、S或L位时，前进离合器和起步离合器都接合，倒档制动器分离，此时动力传递路线如下：发动机飞轮→扭转减振盘→输入轴→太阳轮→前进离合器→主动带轮→三角钢带→从动带轮→输出轴→起步离合器→中间轴主动齿轮→中间轴从动齿轮→中间轴→主减速器（齿轮)。

(3) R位　当变速器变速杆位于R位时，前进离合器分离，起步离合器和倒档制动器接合，倒档制动器对行星架进行制动，此时动力传递路线如下：发动机飞轮→扭转减振盘→输入轴→太阳轮→行星轮→齿圈（反转）→前进离合器外壳→主动带轮→三角钢带→从动带轮→输出轴→起步离合器→中间轴主动齿轮→中间轴从动齿轮→中间轴→主减速器（齿轮)。

3. 电控系统的组成和工作原理

(1) 电控系统的组成　电控系统由PCM、开关（A/T档位开关及手动模式开关、霍尔效应式主动带轮转速传感器及从动带轮转速传感器、电磁阀（主动带轮调压电磁阀、从动带轮调压电磁阀、起步离合器调压电磁阀及倒档限止电磁阀）等组成，并与其他电控系统共享节气门位置传感器（TPS）信号、发动机转速传感器（SP）信号、冷却液温度传感器（CTS）信号和车速传感器（VSS）信号。

液压元件由油泵、手控阀体中的手控阀及倒档限止滑阀，主阀体中的润滑阀、主油路调压阀、起步离合器滑阀、离合器调压滑阀、换档锁定滑阀、起步离合器蓄压阀、起步离合器后备阀及主油路换档滑阀和控制阀体中的主动带轮控制滑阀及从动带轮控制滑阀等组成，如图 3-8 所示。

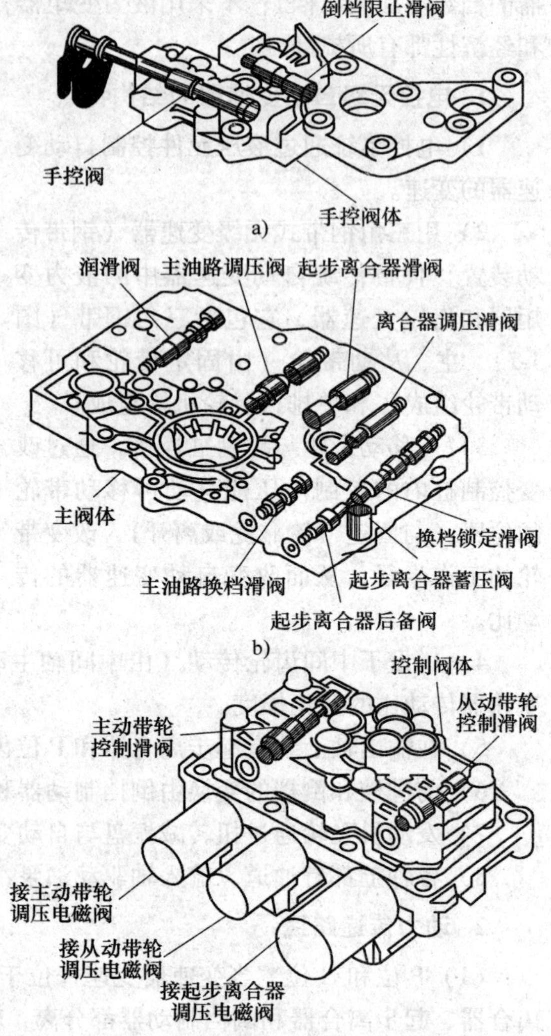

图 3-8 无级变速器液压元件
a）手控阀体 b）主阀体 c）控制阀体

换档执行元件包括起步离合器、前进离合器和倒档制动器。

（2）电控系统的工作原理 PCM 根据各传感器信号确定自动变速器（钢带传动装置）的传动比，以占空比方式控制带轮调压电磁阀，然后通过液压元件改变控制油压，移动可移动带轮，进行换档（变速）。电控系统控制原理如图 3-9 所示，液压元件油路如图 3-10 所示。当控制电路产生故障时，主油路换档滑阀、换档锁定滑阀和离合器调压滑阀将电子控制转变为液压控制，此时控制油压由起步离合器后备阀提供，手控阀使汽车能在低档下继续行驶（电控系统失效保护功能）。

1）起步加速控制。起步加速时，起步离合器滑阀左端主动带轮控制缸油路中的油压低（低速档），起步离合器滑阀柱塞在弹簧的作用下处于左端位置图，如图 3-11 所示，起步离合器滑阀接通起步离合器调压电磁阀通往起步离合器的油路；此时 PCM 以占空比的方式控制起步离合器调压电磁阀工作，不断接通和断开离合器调压滑阀与起步离合器滑阀间的油路，使液压油逐渐进入起步离合器的控制油腔，从而使起步离合器平稳接合，汽车起步。

在汽车进入正常行驶状态后，起步离合器调压电磁阀停止工作，此时起步离合器滑阀左端主动带轮控制缸油路中的油压较高（车速较高），起步离合器滑阀柱塞向右移动，切断起步离合器调压电磁阀与起步离合器之间的油路，接通手控阀与起步离合器之间的油路，汽车正常行驶。

2）钢带传动装置传动比控制。低速时，PCM 增大控制主动带轮调压电磁阀的占空比，主油路换档滑阀油路的泄油量增大，如图 3-12 所示，进入主动带轮控制滑阀的油压降低，

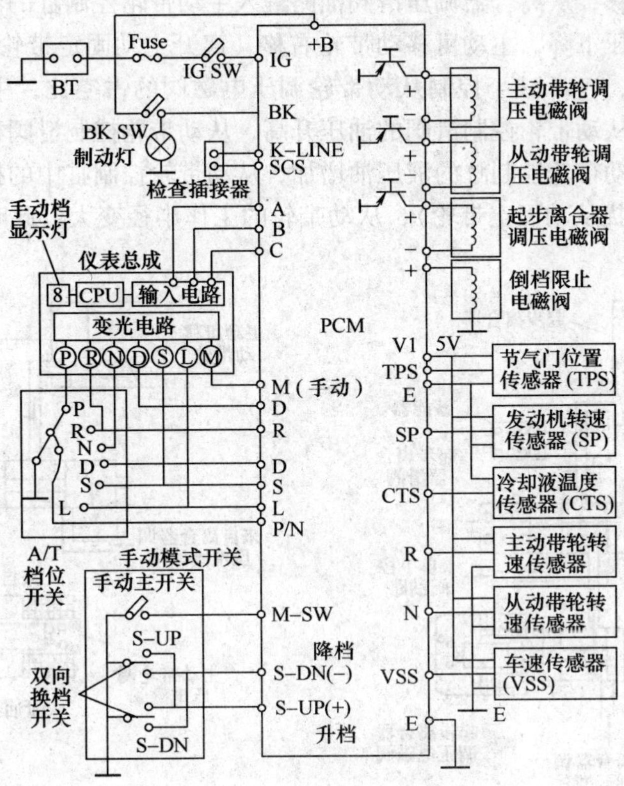

图 3-9 无级变速器电控系统控制原理

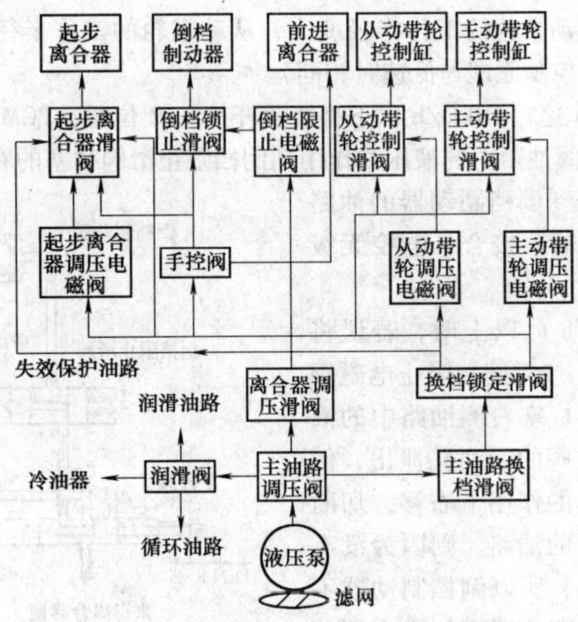

图 3-10 无级变速器液压元件油路简图

主动带轮控制滑阀右移，从离合器调压滑阀油路进入主动带轮控制缸的液压油减少，主动带轮控制缸中的控制油压下降，主动可移动带轮右移（离开主动固定带轮），主动带轮的工作半径变小。与此同时，PCM 减小控制从动带轮调压电磁阀的占空比，主油路换档滑阀油路的泄油量减小，进入从动带轮控制滑阀的油压升高，从动带轮控制滑阀柱塞左移，从离合器调压滑阀油路进入从动带轮控制缸的液压油增加，从动带轮控制缸中的控制油压上升，从动可移动带轮右移（靠拢从动固定带轮），从动带轮的工作半径变大。此时，钢带传动装置的传动比增大。

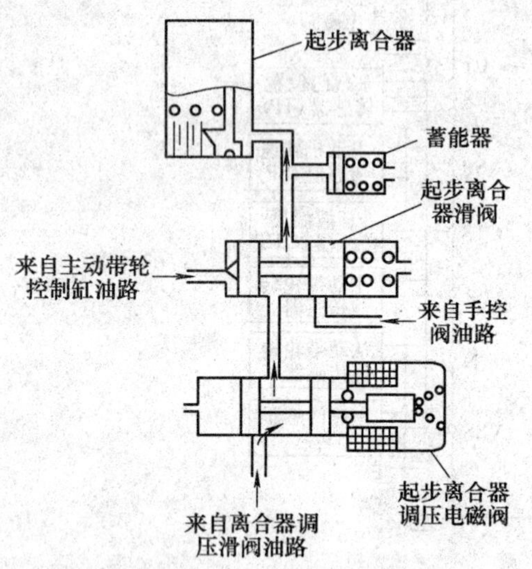

图 3-11　起步加速控制

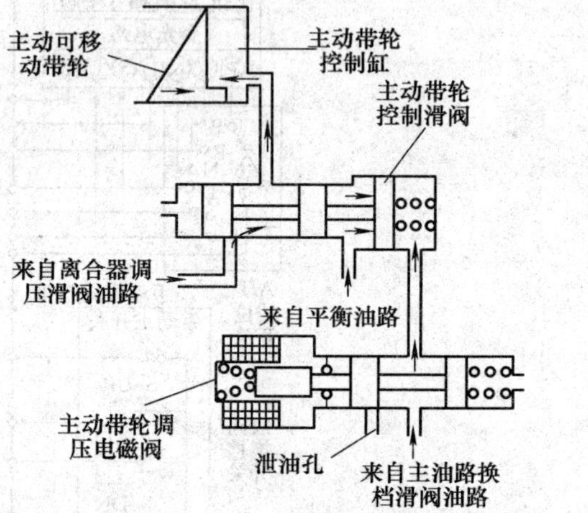

图 3-12　钢带传动装置传动比控制

高速时，PCM 使主动带轮的工作半径变大，从动带轮的工作半径变小，从而使钢带传动装置的传动比减小（控制原理与低速时相同）。

3）倒档控制。当车速在 10km/h 以下将变速杆挂入 R 位时，PCM 断开倒档限止电磁阀的电路，离合器调压滑阀油路中的液压油作用到倒档限止滑阀柱塞的右端。倒档限止滑阀柱塞左移，接通从手控阀到倒档制动器的油路图（图 3-13），倒档制动器接合，电控无级自动变速器进入倒档。

当车速大于 10km/h 此以上时，若误将变速杆挂入 R 位，PCM 接通倒档限止电磁阀的电路，倒档限止滑阀柱塞右侧油路中的液压油通过倒档限止电磁阀的泄油孔泄出，倒档限止滑阀柱塞在弹簧的作用下右移，切断从手控阀到倒档制动器的油路，则因为没有液压油进入倒档制动器，所以倒档制动器不能接合，电控无级自动变速器不能进入倒档电控系统的倒档保护功能。

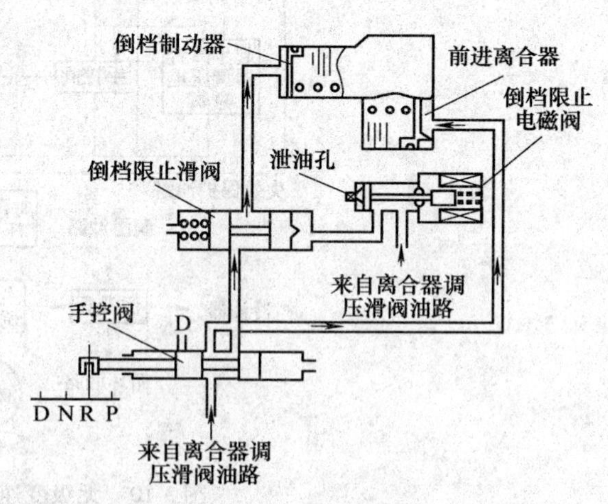

图 3-13　倒档控制

第二节 电控机械自动变速器（AMT）

1. 电控机械自动变速器（AMT）的类型

根据选换档和离合器操纵方式的不同，电控机械自动变速系统分为电动机驱动式、液压驱动式和气压驱动式。

电动机驱动式电控机械自动变速器采用直流电动机驱动选换档机构和离合器，属于电驱动方式。图3-14所示为电动机驱动式电控机械自动变速器。

液压驱动式电控机械自动变速系统中，选换档和离合器的操纵靠油压实现。因为节气门的自动操纵可以独立于自动变速系统，所以对节气门的操纵可以采用液压、电动机或者线形电磁铁等多种驱动方式。图3-15所示为液压驱动式电控机械自动变速器的组成。

图3-14 电动机驱动式电控机械自动变速器

图3-15 液压驱动式电控机械自动变速器的组成

气压驱动式电控机械自动变速器中，选换档和离合器的操纵靠气压实现，因此需要有一个气压系统。由于气压系统压力波动较大，不利于离合器的精确控制，所以这种方式很少使用。

2. 电控机械自动变速器（AMT）的组成

（1）液压驱动式电控机械自动变速器的组成 液压驱动AMT系统主要由四部分组成：被控制系统、电子控制单元（ECU）、传感器、执行机构，系统的组成如图3-16所示。

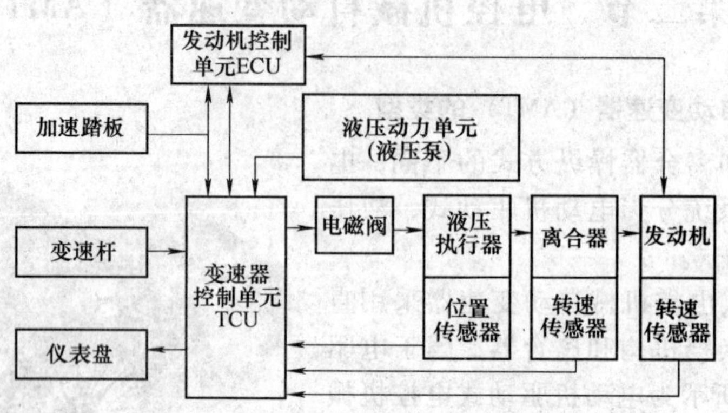

图 3-16　AMT 控制系统的组成

1）被控制系统：包括变速器、离合器、发动机。换档时，变速器的选换档机构、离合器的分离和接合、发动机节气门开度的调节都需要进行自动控制。

2）液压操纵系统（如图 3-11 所示）：包括高速电磁阀、液压作动器、油泵等。

3）传感器：包括速度传感器、温度传感器、压力传感器、位移传感器、档位传感器、加速度传感器等。

4）电子控制器：包括各信号处理单元、微处理器、程序及数据存储器、驱动电路、显示单元、故障自诊断单元及工作电源等。

（2）液压控制单元　图 3-17 所示为 AMT 液压操纵系统的组成，其液压操纵部分如图 3-18 所示。

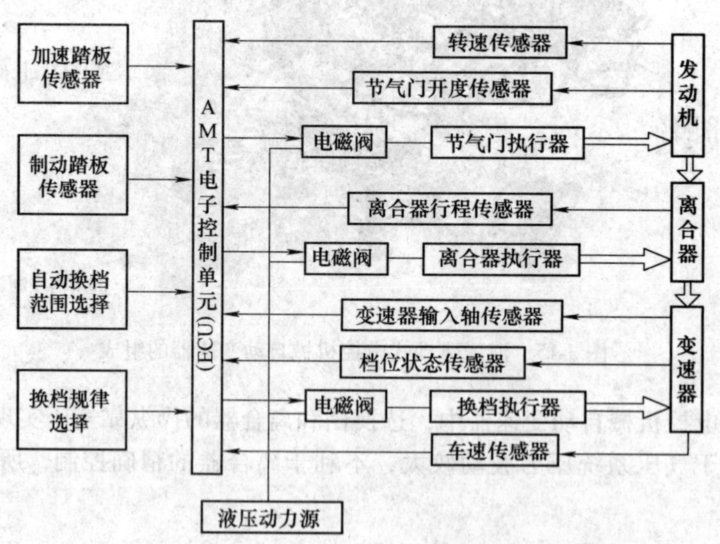

图 3-17　AMT 液压操纵系统的组成

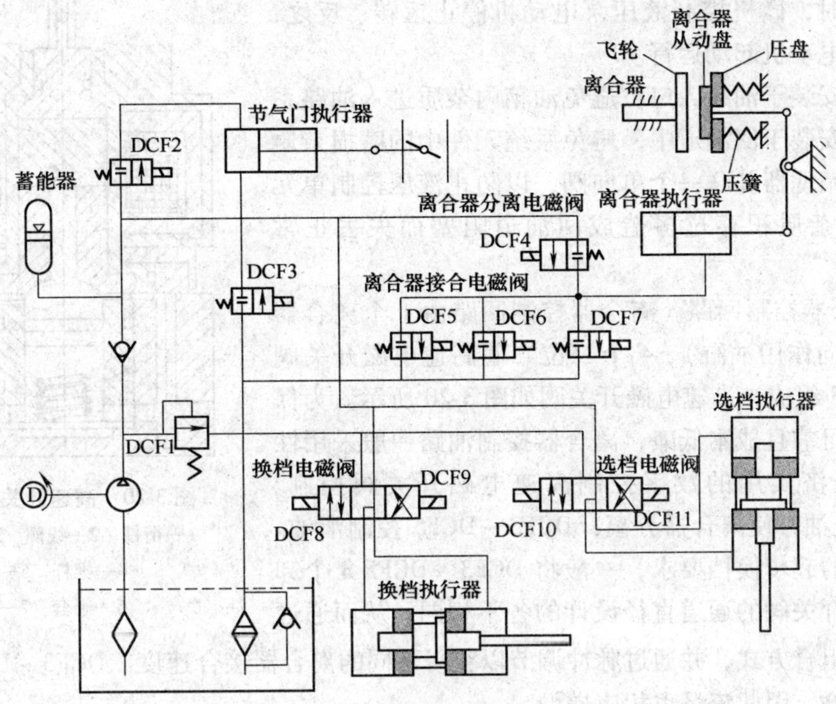

图 3-18 AMT 液压操纵系统图

液压控制单元由液压动力源、离合器控制回路、变速器选换档控制回路和节气门控制回路 4 个部分组成，如图 3-19 所示。

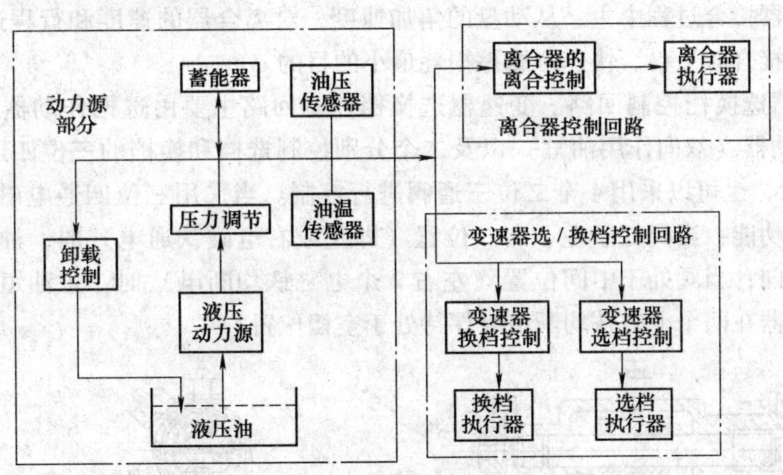

图 3-19 AMT 液压控制单元原理

1）液压动力源部分。动力源主要由直流电动机、液压泵、溢流阀（DCF1）、蓄能器、粗滤油器和精滤油器、单向阀、油温和油压传感器及油箱等组成。驱动油泵的 12V 直流电动机由微机控制，可以按需要自动启停。该部分设置蓄能器用于稳定系统油压和储存足够的压力油量。系统工作时，安装在油路中的压力传感器将感受到的压力信息传送给微机，微机根据实际油压和设定油压决定是否向液压泵电动机发出启动运转或停止指令。当压力升至设定的上限值时，微机控制液压泵电动机停止运转；反之，控制液压泵电动机起动运行。

粗滤器安装于油泵入口，避免油箱内杂质进入油路系统。精滤器安装于回油道中，避免系统元件中的磨损杂质进入油箱。精滤器并联一个单向阀，以防止液压控制单元因精滤器中杂质积存过多造成回油道阻塞而失去正常工作。

2）离合器控制回路。离合器控制回路由1个离合器作动器（单向作用油缸）、4个二位二通高速电磁开关阀DCF2～DCF5组成，高速电磁开关阀如图3-20所示。为保证系统工作可靠且成本低廉，离合器控制油路一般采用性能可靠且经济实用的数字控制高速电磁开关阀控制。DCF2控制进油，使离合器分离；DCF3～DCF5控制泄油。为满足不同的起步换档要求，一般将DCF3～DCF5 3个卸载高速电磁开关阀的通道直径设计的各不相同，从而通过不同的开启组合方式，并通过脉冲调节以获得不同的离合器接合速度。DCF3～DCF5的开口面积依次递增，因此流量也相应递增。

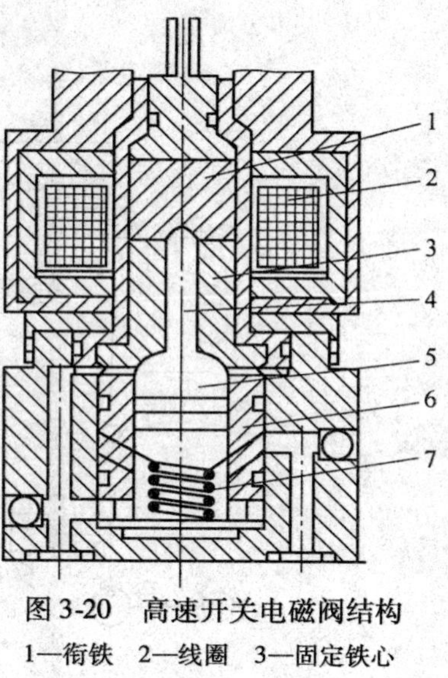

图3-20 高速开关电磁阀结构
1—衔铁 2—线圈 3—固定铁心 4—推杆 5—阀芯 6—阀套 7—弹簧

离合器起步或换档过程中的接合速度取决于离合器的主、从动盘间的转速差以及汽车负荷等因素。一般以发动机转速（即离合器主动盘转速）、变速器输入轴转速（即离合器从动盘转速）、离合器从动盘接合时的行程这3个信号作为微机控制单元的输入信号。通过这些信号计算离合器接合过程中主、从动盘的角加速度，对离合器的速度和行程进行精确控制，以达到离合器接合时平稳、快速、摩擦损耗最小的目的。

3）变速器选换档控制回路。变速器选换档控制回路主要由选档作动器（双向作用油缸）、换档作动器（双向作用油缸）以及二个分别控制选档和换档的三位四通电磁阀组成，如图3-21所示，也可以采用4个二位三通阀进行控制。当采用三位四通电磁阀时，其滑阀机构具有如下功能：当阀处于左、右二位置（即左或右电磁铁通电）时，油缸活塞的左右腔油液流动换向；当阀处于中间位置（左右2个电磁铁均断电）时，主油道与油缸两腔接通，确保变速器在两个电磁铁均断电时保持处于空档位置。

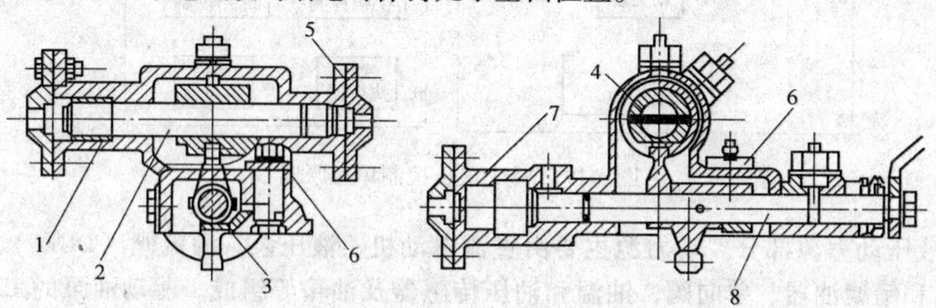

图3-21 AMT的选档和换档作动器
1—选档油缸 2—选档缸柱塞杆 3—换档柱塞杆与换档拨头的连接剖面 4—选档柱塞杆与选档拨叉连接剖面 5—选档油缸端盖 6—档位传感器 7—差动式换档油缸 8—换档柱塞杆

选档和换档作动器具有相同的结构和工作原理，其结构特点如图 3-22 所示。油缸分左、右两腔，每腔均有二个活塞套，两套的内孔中装有两个制成一体、同轴且有效压力作用面积相等的柱塞，活塞杆从一端向外伸出，与变速拨杆相连接。

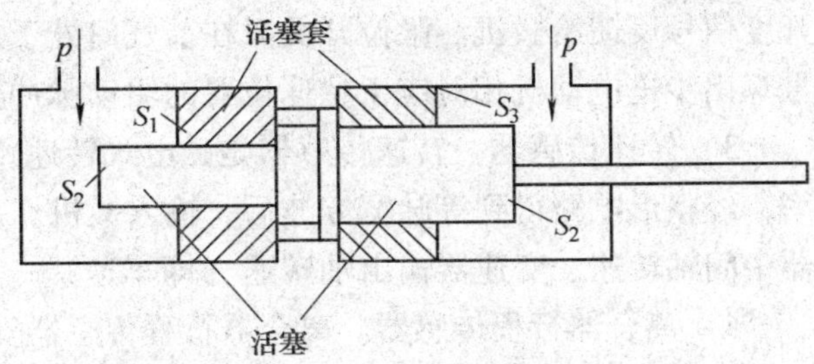

图 3-22 选、换档作动器结构及工作原理

当油缸在电磁换向阀作用下，左腔进油、右腔回油时，左右两腔形成压力差，从而推动柱塞右移，活塞杆外伸。反之，右腔进油，左腔回油则使柱塞左移，活塞杆向内缩。当左、右两腔均处进油状态时，在缸壁内和柱塞上的定位凸台及两腔油压作用下按差动原理自动定位于中心位置。

两油缸的轴线互相垂直。在选档油缸完成选档动作后，换档油缸开始工作。当变速杆被推到相应的换档齿轮拔叉位置后，变速杆移动拔叉换上新档，同时离合器接合，发动机节气门自动加油。当离合器主、从动片的转速达到一致时完成换档。

每个作动器的活塞杆上，还设计有 3 个位置信号编码开关，这 6 个编码信号可与通过由发动机转速感器和车速信号传感器测得的当前发动机转速信号和车速信号共同确定换档操作是否正确完成，是否有故障等。

4）节气门控制回路。节气门控制有 2 种方式：电液驱动式和电动机驱动式。电液驱动式节气门执行器的组成如图 3-23 所示。

电液式节气门执行器为一单向作用数字控制式液压缸。油缸活塞的进程运动靠液压力驱动，而回程运动是以节气门回位弹簧及执行器回位弹簧作为动力，通过两个高速开关电磁阀调节进出油的流量实现活塞运动速度的控制。

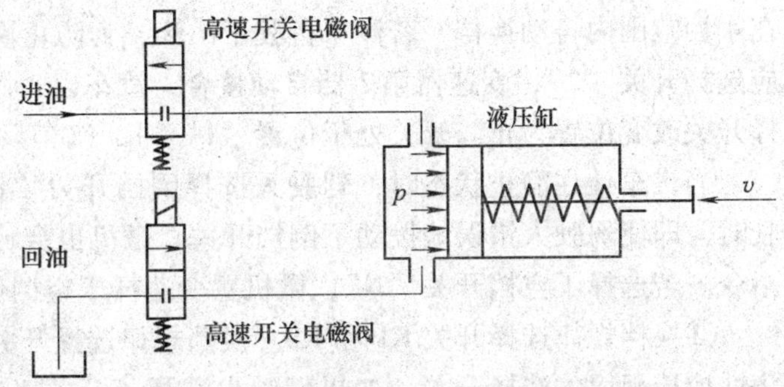

图 3-23 电液式节气门执行器结构原理

高速开关电磁阀采用二位二通电磁阀，其启闭响应时间为：开启时间小于 3. 5ms，关闭时间小于 2. 5ms。

3. 电控机械式自动变速器控制系统的组成

（1）传感器

1）加速踏板传感器与限位开关。加速踏板传感器与加速踏板轴相连，是电阻式角位移传感器。它有 2 个限位开关，分别反映加速踏板的极限位置：怠速状态和全开状态。加速踏板传感器能够反映驾驶人对加速踏板的控制意图，使车辆加速、减速、起步、换档。

加速踏板与发动机节气门的连接是间接的，传感器将加速踏板位置信号输入微机，再由微机根据信号操纵节气门作动器——步进电动机。

2）节气门传感器与限位开关。节气门传感器与限位开关的关系和加速踏板传感器与限位开关的关系相同，并相互对应。节气门传感器反映了发动机的负荷状况，并将节气门实际开度信号反馈给微机。限位开关只在节气门处于怠速和全开时起作用，微机根据加速踏板信号算出步进电动机相对应于怠速位置的驱动脉冲数，依此确定节气门的相对开度。

3）转速传感器。转速传感器是磁电式转速传感器，相应轴的转速由检测头测得脉冲频率，经整形电路得到等脉宽方波后，输入微机。系统检测3个转速参数：发动机转速、变速器中间轴转速、变速器输出轴转速（即车速）。

4）离合器行程传感器。离合器行程传感器安装在发动机飞轮壳上，与分离杠杆比反映离合器的行程。

5）档位传感器。选档和换档作动器油缸分别装有微动行程开关，将2个作动器的工作位置信号送给微机，反映变速器选档与换档动作的完成情况和工作状态。

6）液压油压力传感器。液压油压力传感器安装在液压油路的主油道上，以反映液压源的压力情况。当油压低于所要求值时，微机发出警报，要求驾驶人停车检查，排除故障，以保证作动器正常工作，从而使汽车安全起步、换档、行驶。

7）换档功能选择开关。换档功能选择开关由自动换档方式选择开关和换档规律选择开关组成。驾驶人可以根据汽车的载荷情况、交通状况和汽车的行驶条件等客观因素，选择合适的换档规律和自动换档范围。

①自动换档方式选择开关。一般五档AMT的自动换档方式选择开关有7个选择位，分别标有“D5”、“D4”、“2”、“1”、“P”、“R”、“N”等字母和数字符号。

汽车在起步时，若驾驶人把开关选在“D5”位置，则变速器1档自动换入，汽车以1档起步，并在行驶过程中，可在5档范围内自动换档变速。若开关选在“D4”位置，则可在4档范围内自动换档。若汽车行驶于山区，为防止换档循环和提高控制系统寿命，驾驶人应选择开关“2”，变速器第2档自动接合，汽车以2档起步，并且只能以2档行驶，直到选择开关改变位置为止。开关处于位置“1”时，汽车只能以1档行驶。

当汽车处在静止状态时，驾驶人选择倒档开关“R”，则自动换入倒档；当汽车向前行驶时，即使驾驶人错误地拨动了倒档开关，微机也会将其判断为错误信息，而拒绝发出倒车指令。若选择了空档开关“N”，微机置变速杆于空档位置；“P”为停车指令位。

②换档规律选择开关K1和K2。换档规律选择开关K1、K2分别是最佳动力性和最佳经济性换档规律的选择开关。如果驾驶人选择了开关K1，汽车按最佳动力性换档规律换档，保证汽车的超车动力、爬坡能力或实现最高车速。同理，若选择了开关K2，则按最佳经济性换档规律换档，保证汽车始终以最低的燃料消耗运行。

（2）各控制子系统

1）节气门控制子系统。由于发动机转速和节气门开度在一定程度上反映了发动机的运转状态，因此发动机运行状态可以通过控制节气门开度实现。从图3-24可以看出，由控制

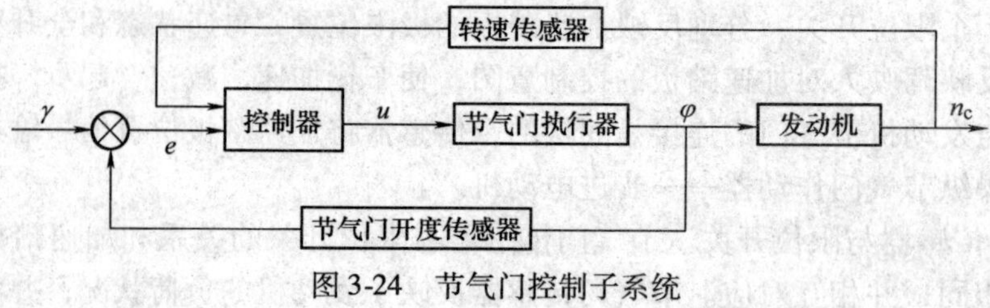

图3-24 节气门控制子系统

器、节气门执行器、发动机、节气门开度传感器、发动机转速传感器构成了一个双层反馈的闭环控制子系统。

2）离合器控制子系统。由离合器、离合器作动器、离合器行程传感器和控制器构成了离合器的闭环控制子系统，如图3-25所示。

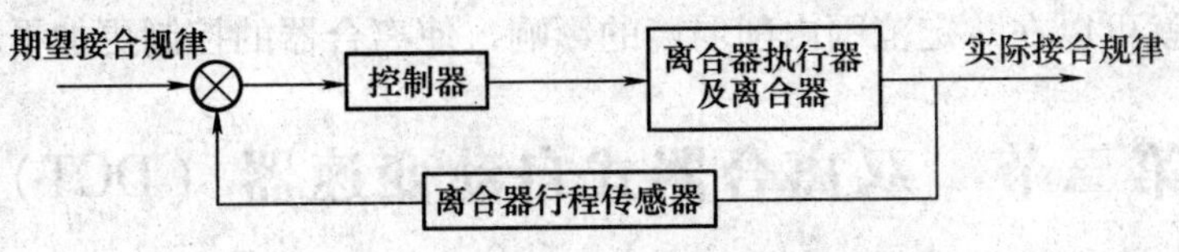

图3-25　离合器控制子系统

3）选换档控制子系统。由变速器、选换档作动器、档位状态传感器和控制器一起构成了变速器换档控制子系统，如图3-26所示。

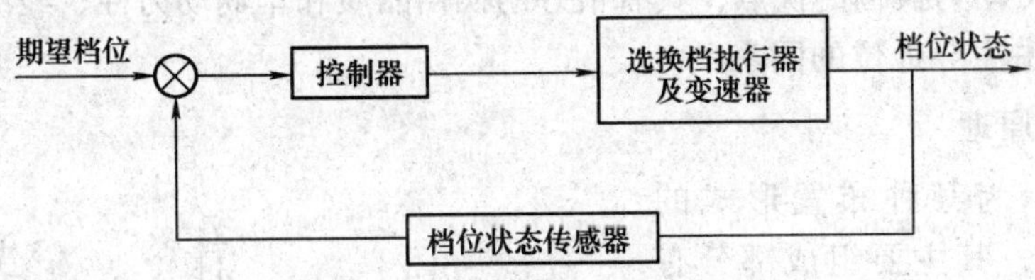

图3-26　变速器闭环控制子系统

4. 电控机械式自动变速器的工作原理

AMT系统的功能包含车辆所有的工作情况，其工作过程与非自动变速车辆相同，程序控制过程包括：

(1) 起步控制　驾驶人接通电源后，微机首先置变速杆于空档，并分离离合器，然后再起动发动机。当发动机转速达到某一值时，离合器接合。当达到变速器输入轴刚转动时，微机把相应此时离合器的位置作为初始接合点，并以此为基准对离合器进行控制。

当驾驶人选择某一选档开关起步后，离合器分离、变速器挂上相应档位，在驾驶人未踏下加速踏板时，离合器一直处于分离状态的接合点之前。

当驾驶人进一步踏下加速踏板时，微机根据加速踏板位置，确定处理机按离合器最佳接合规律控制离合器作动器的接合速度，与此同时，发动机节气门进行自适应调节加油。节气门加到一定程度牵引力大于外界阻力，汽车起步。

(2) 换档控制　换档动作与起步时类同，其次序是：抬加速踏板，分离离合器，摘入空档，挂上新档，接合离合器，踩加速踏板至离合器到主、从动片转速一致时完成。

(3) 离合器控制　为了提高对离合器的控制精度，单独采用一个CPU通过液压系统进行闭环控制。离合器液压系统使用的电磁阀均为高速开关阀，有两个状态：全开、全关。为了对离合器接合控制，需要控制泄油阀时开时关。对于高速开关阀的控制主要有两种方式，即脉宽调制和脉频调制。脉宽调制是使电磁阀开的频率不变，但开阀时间变化，脉频调制正好相反。

传统离合器的接合控制采用开环控制，即给电磁通以一定频率的脉冲，这种控制易受温度、压力等条件的影响。为了更好地控制离合器，采用闭环控制。闭环控制仍采用脉宽调制方法，把整个控制过程分为若干周期，每一周都要检查上一周期的误差和误差的变化，根据上一周期的误差和误差的变化决定本周期开阀时间的长短。例如，上一周期的误差为负，即未到预定值，误差变化为正，即误差变大，则周期开阀时间适当延长。这样每周期都有开、关、修正误差，就可以在一定范围内削弱境的影响，使离合器的控制更加平顺。

第三节　双离合器式自动变速器（DCT）

一、双离合器式自动变速器概述

目前正在发展的一种双离合器式自动变速器（Dual Clutch Transmission，DCT）综合了AMT的优势和AT动力换档的优点，具有很好的换档品质和车辆动力性、经济性，非常适合于以手动变速器占主导地位的国家。

1. DCT 工作原理

图 3-27 所示为某种布置形式的DCT工作原理图，其主要组成部分有C1、C2两个湿式离合器，以及按奇、偶数档位分别与两个离合器布置连接的变速器齿轮组。图 3-28 所示为该种布置形式的 DCT 的双离合器部分结构图。

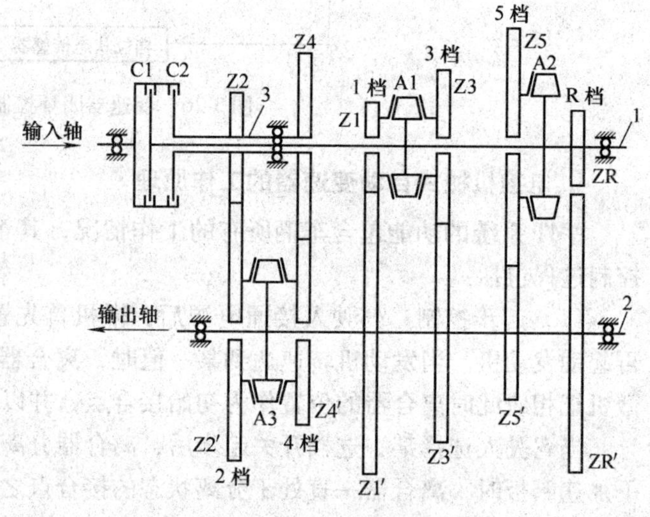

图 3-27　DCT 工作原理

在图 3-27 中，1、3、5 档与离合器C1连接在一起，2、4 档连接在离合器C2上。当车辆以某一个档位运行时，下一个即将进入运行的档位可以始终处于啮合状态；当达到下一个档位的换档点时，只需将正处于接合状态的离合器分离，将处于分离状态的离合器接合，即切换两个离合器的工作状态，就可以完成换档动作。由于在两个离合器的切换过程中只会使发动机动力传递出现一个减弱的过程，而不需要完全切断动力传递，因此，DCT实现的是动力换档，其换档过程与AT换档过程基本类似。

2. DCT 的工作系统

DCT主要包括带扭转减振器的湿式离合器系统、按DCT工作原理配置的变速器及换档系统和相应的控制系统。

（1）扭转减振系统　由于在DCT中没有使用液力变矩器等可以吸收系统振动的元件，因此需要采用扭转减振器吸收系统的扭转振动。

在DCT系统中，可以采用普通的单级或多级扭转减振器，其安装位置在发动机飞轮与

DCT动力输入部件之间，因此需要将飞轮的转动惯量与DCT动力输入件的惯量综合匹配，并确定系统的扭转刚度。

（2）离合器系统 在DCT中，既可以采用干式离合器，也可以采用湿式离合器，但两者的工作特性存在较大的差别。

干式离合器可以通过压板和飞轮吸收较大热量，对滑磨产生热量的速度不敏感，但因为空气散热较慢，热量不易在短时间内散发出去，因此受滑磨产生的总热量限制，干式离合器适于在短时间内结合，滑磨时间短、产生热量少。

湿式离合器用油冷却摩擦片，受限于产生热量的速度，但不受总热量的限制，适用于离合器结合过程中压力逐步增加、发热速度较慢的场合。在设计中可以选用较小的离合器储备系数，并控制加压油缸的油压增长速度，使摩擦转矩逐步增加。

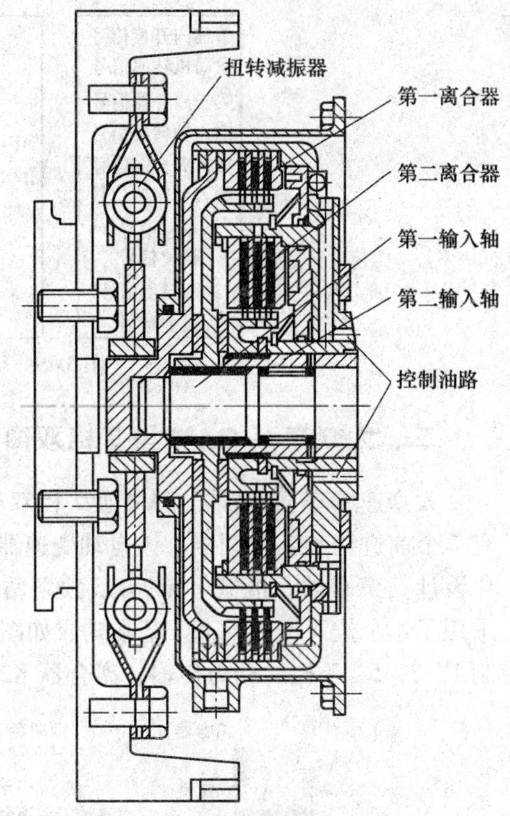

图3-28 DCT的双离合器部分结构图

相对而言，在DCT中使用湿式离合器更具有优势：其传递转矩大，可以通过增加摩擦片数提高摩擦转矩；结构布置方便，摩擦片磨损均匀，使用中不需要专门调整摩擦片间隙；可以较容易地通过控制湿式离合器的工作压力控制其传递转矩的大小，实现动力传动系统的转矩控制。

（3）液压控制系统 DCT的液压控制系统主要负责接受电控系统的控制指令，对离合器和变速器的换档机构进行操纵。液压控制系统主要包括：双离合器控制部分、换档机构控制部分和冷却部分。

双离合器控制部分通过对离合器油缸充入和释放高压油实现离合器的分离和接合。离合器油缸通过直接使用电磁阀或采用电磁阀做先导阀进行动作控制，并且也可以使用线性电磁阀对离合器接合实现压力控制，这对实现动力传动系统的转矩控制有利。

在DCT中，必须实现换档过程的自动化，这就要增加自动换档机构来完成换档任务。通常使用多个换档油缸直接控制每一个同步器，其控制过程与AMT类同。

在DCT中，对离合器进行滑差控制将必然产生滑磨热量，使油液温度升高。如果热量不能及时排出去，将使离合器的性能受到影响，因此要对其冷却油路提供散热。

（4）电子控制系统 DCT的电子控制系统负责采集车辆运行信息、驾驶人的操作指令，实时在线的对车辆的运行状态进行综合处理和判断，并控制DCT的运行。同时，电控系统还要负责与发动机电控单元以及其他系统的电控单元协调工作。图3-29所示为电子控制系统框图。

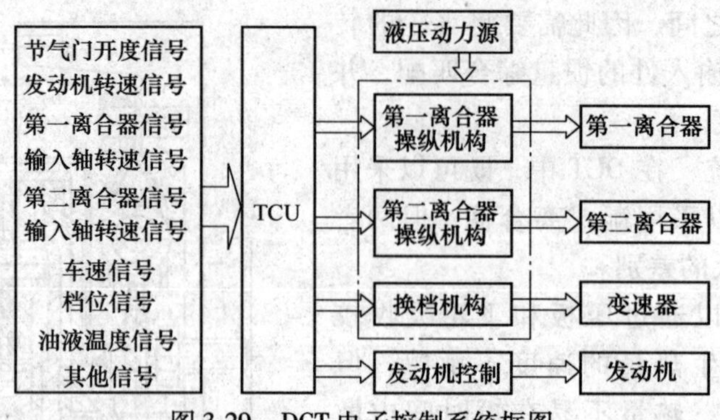

图 3-29　DCT 电子控制系统框图

二、大众车系 OAM 型 7 档双离合器自动变速器

大众速腾车型配置了 OAM 型 7 档双离合器自动变速器（简称 7-DSG），该自动变速器具有 7 个前进档和 1 个倒档。该自动变速器首次采用了干式双离合器。另外，7-DSG 采用模块化设计（离合器、机械单元等）、独立循环双油路、电子驱动油泵，并且没有热交换器，只采用了 4 个拨叉杆。7-DSG 基本构成如图 3-30 所示，工作原理如图 3-31 所示，离合器 K1 控制 1、3、5、7 档的动力传输，离合器 K2 控制 2、4、6 和倒档的动力传输。

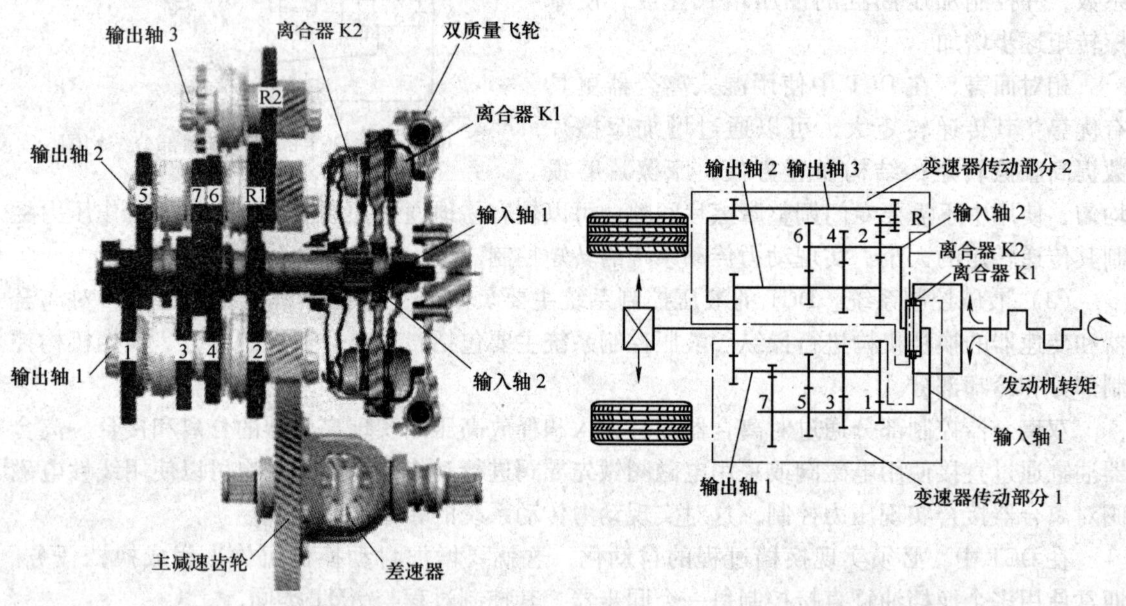

图 3-30　7-DSG 基本构成

1～7—1 档至 7 档齿轮　R1—倒档中间齿轮　R2—倒档齿轮

图 3-31　7-DSG 工作原理

1. 干式双离合器

发动机转矩通过发动机曲轴、双质量飞轮和干式双离合器进行传递。为完成动力传递，双质量飞轮装配有内齿，与双离合器外壳上装配的外齿相啮合，实现发动机转矩到双离合器的传递，如图 3-32 所示。离合器外壳上的外齿通过连接环与离合器驱动盘相连接，如图 3-33所示。干式双离合器的工作原理如图 3-34 所示。

图 3-32 双质量飞轮和双离合器动力传递方式

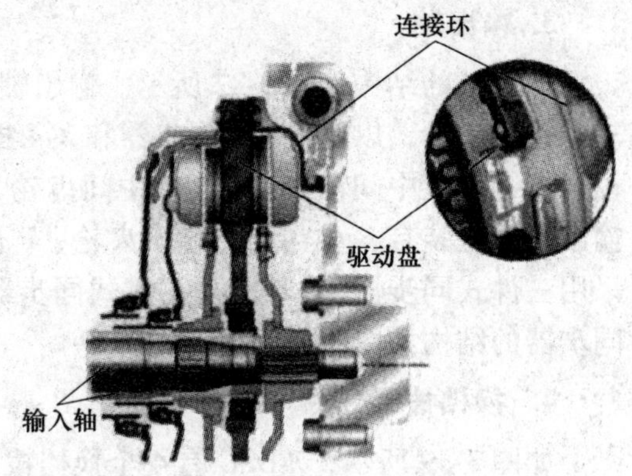

图 3-33 连接环与双离合器驱动盘的连接

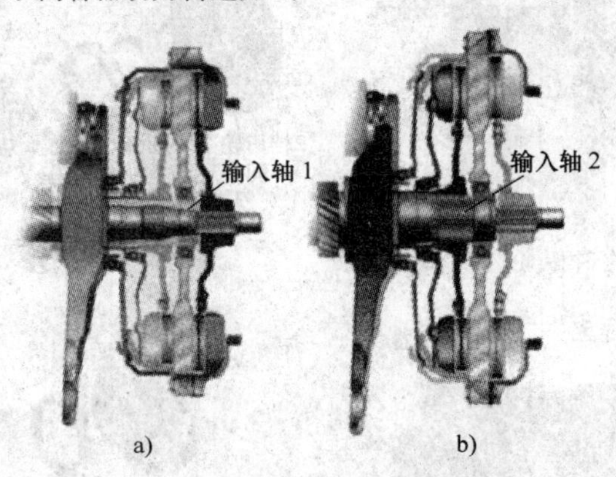

图 3-34 干式双离合器的工作原理
a）离合器 K1 b）离合器 K2

2. 输入轴

输入轴 1 的结构如图 3-35 所示，为实心轴，通过花键与离合器 K1 相连，用于驱动 1 档、3 档、5 档和 7 档齿轮。为了监测自动变速器的输入转速，输入轴 1 上有自动变速器输入转速传感器 1（G632）的磁性脉冲靶轮。

输入轴 2 的结构如图 3-36 所示，为空心轴，安装在输入轴 1 的外侧，通过花键与离合器 K2 相连，用于驱动 2 档、4 档、6 档和倒档齿轮。轴上有自动变速器输入转速传感器 2（G612）的齿形靶轮。

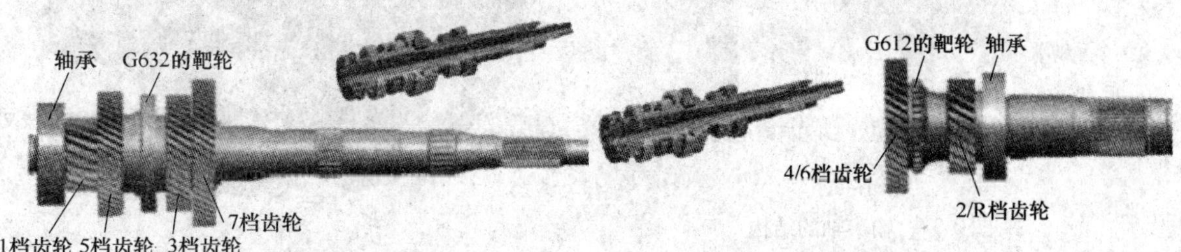

图 3-35 输入轴 1 的结构

图 3-36 输入轴 2 的结构

3. 输出轴

输出轴的结构如图 3-37 所示。输出轴 1 上装有 1 档齿轮、2 档齿轮、3 档齿轮、4 档齿轮和输出齿轮，以及 1-3 档同步器和 2-4 档同步器。输出轴 2 上装有 5 档齿轮、6 档齿轮、7 档齿轮，R 位中间齿轮 1、R 位中间齿轮 2 和输出齿轮，以及 6-R 档同步器和 5 档同步器。输出轴 3 上装有 R 位齿轮、输出齿轮、P 位锁止机构齿轮和同步器齿套。1 档、2 档和 3 档采用三件式同步器，4 档采用两件式同步器，5 档、6 档、7 档和 R 位则采用单件式同步器。同步器的结构如图 3-38 所示。

4. 换档拨叉

如图 3-39 所示，7-DSG 有 4 个换档拨叉，分别为 1-3 档换档拨叉、2-4 档换档拨叉、5-7

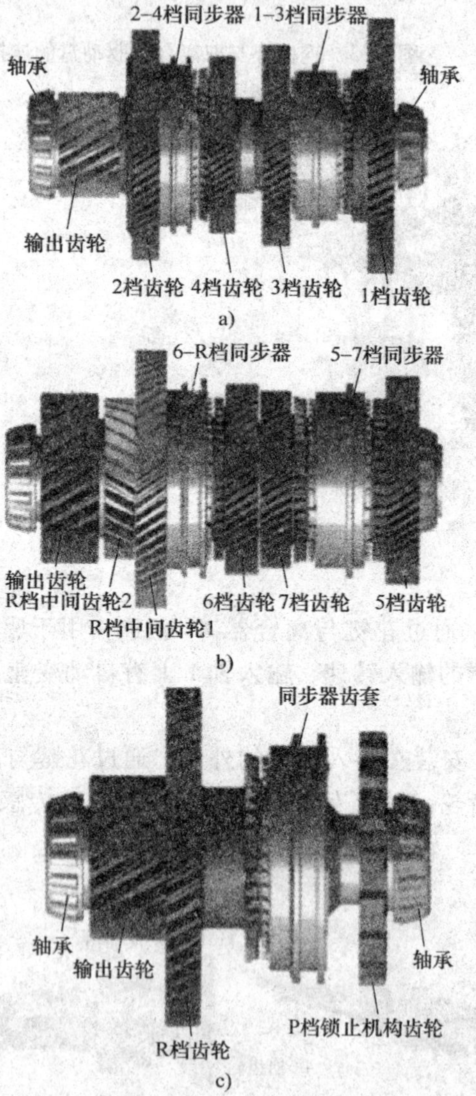

图 3-37　输出轴的结构

a）输出轴 1 的结构　b）输出轴 2 的结构

c）输出轴 3 的结构

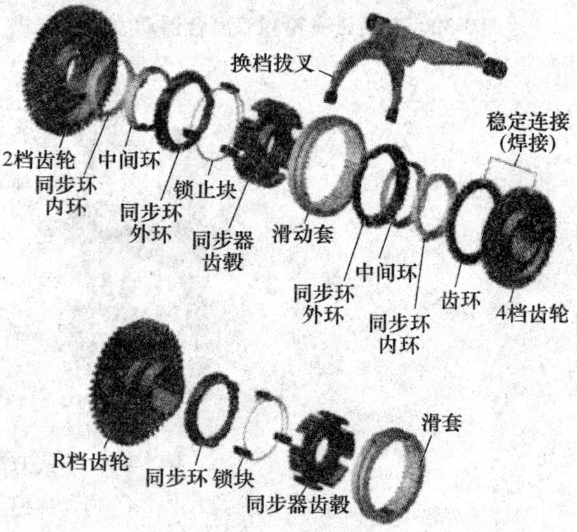

图 3-38　同步器的结构

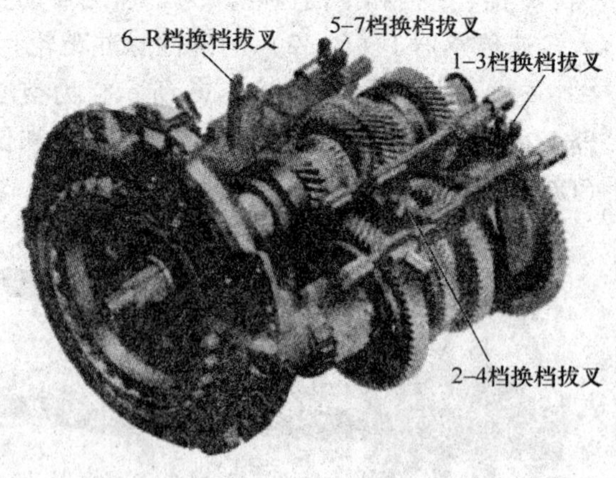

图 3-39　换档拨叉

档换档拨叉和6-R档换档拨叉。换档机构的活塞和换档拨叉相连，为实现档位的变换，油压被供应到换档机构的活塞上，推动活塞移动；当活塞移动时，换档拨叉和滑动齿套也随之移动，滑动齿套使同步器齿毂接合形成档位。通过换档机构位移传感器，滑阀箱单元便能精确地获得换档机构的新位置信息。

5. 电-液控制单元

液压泵单元安装在电-液控制单元上，由1个液压泵和1个液压泵电动机组成。液压泵电动机是直流电动机，由电-液控制单元的电子控制单元根据压力要求按需驱动。液压泵电动机通过连接器驱动齿轮式液压泵，向系统提供约7 MPa的液压油。如果液压泵电动机不能工作，则油液压力下降，离合器在压力盘弹簧的作用下断开，中断发动机转矩的传递。

蓄压器用于在液压泵不工作时保证液压系统有油压，能存储能量，减弱冲击和波动的影响。

压力控制阀用于控制齿轮传输组的油压。如果一个压力控制阀失效，则相应齿轮传输组被关闭，只有其他齿轮传输组的指定档位能够工作。

离合器控制阀控制通往离合器液压油的流量。在电子控制单元不向离合器控制阀提供电流时，离合器控制阀和离合器都处于断开状态。如果一个离合器控制阀失效，则相应的齿轮传输组被关闭。

档位变换液压控制阀用于控制通往换档机构液压油的流量，每个控制阀可以使换档机构形成2个档位。当变速杆处于P位、点火开关断开时，1档和倒档齿轮啮合。

6. 电子控制系统

电子控制单元采集变速器输入转速传感器、输入轴1转速传感器、输入轴2转速传感器、离合器K1位置传感器、离合器K2位置传感器、2-4档档位选择传感器、1-3档档位选择传感器、5-7档档位选择传感器、6-R档档位选择传感器、变速器系统压力传感器、电子控制单元温度传感器等的信息，控制液压泵电动机、离合器K1阀、离合器K2阀、压力控制阀、1-3档换档阀、2-4档换档阀、5-7档换档阀、6-R档换档实现7个前进档和1个倒档。

变速器输入转速传感器安装在变速器壳体内，是唯一在电-液控制单元外的传感器，以电子方式监测起动齿圈，记录变速器的输入转速，电子控制单元利用该传感器的信息控制离合器和计算滑移率。如果该传感器的信号失效，电子控制单元则利用发动机转速传感器的信号进行替代。

输入轴1转速传感器和输入轴2转速传感器都集成在电-液控制单元上，为霍尔式传感器。电子控制单元利用这2个传感器的信息控制离合器的工作，并计算离合器的打滑量。

电子控制单元温度传感器用于检查电-液控制单元的温度，当温度达到139℃时，发动机转矩将被减小。如果该传感器失效，则电子控制单元使用替代值进行工作。

变速器系统压力传感器集成在电-液控制单元的液压油路中，采用膜片式压力传感器，该传感器的信息用于控制液压泵电动机的工作。如果该传感器失效，则液压泵电动机将持续运转，变速器系统压力由压力控制阀决定。

7. 变速杆总成

变速杆位置传感系统和变速杆锁止电磁阀控制系统集成在变速杆总成上。变速杆位置通过霍尔传感器进行监测。电子控制单元基于此信号获知变速杆位置，使用此信号去执行驾驶人的指令，同时控制起动机的释放。如果电子控制单元监测不到变速杆的位置，则所有的离合器将断开。

第四节　新型变速器的使用与检修

一、电控无级自动变速器检测

下面以本田飞度轿车电控无级自动变速器为例说明检测过程。

1. 自动变速器油检查

（1）自动变速器油油位检查

1）使发动机运转到正常温度（以散热器电风扇转动为标准）。

2）将汽车停在水平道路上，并使发动机熄火。

3）拔出油尺，将它擦净后装回油尺管。

4）在发动机熄火 60 ~ 90s 后拔出油尺，查看油位，油位应在热态标记“HOT”线处。如高于该标记线，应放油；如低于标记线，应添加油（专用的 ATF ~ Z1 自动变速器油）。

（2）自动变速器油的更换　自动变速器油的更换周期，在正常情况下为 6 万公里或 36 个月，以先达到者为准。更换方法如下：

1）将汽车停在水平道路上，然后拧下自动变速器油底壳的放油螺塞，将油放净。

2）更换螺塞的密封垫圈，并装回放油螺塞。

3）从油尺管口注入自动变速器油（3.2 L），油位应在油尺的冷态标记“COLD”线处。

4）使发动机运转到正常温度，再次检查油位，应在热态标记“HOT”线处。

2. 失速试验

失速试验的目的是检查油路和换档执行元件的工作，失速试验的方法如下。

1）使发动机温度正常（以散热器电风扇转动为标准）。

2）使驻车制动器处于制动状态，用三角木塞住前轮，并断开空调。

3）连接专用的转速表（插接器在发动机室内左减振器盖附近）。

4）将变速杆置于 D 位，然后将制动踏板踩死，再将加速踏板踩到底（持续 6 ~ 8s，但不超过 10s），同时观察发动机转速（D 位下发动机的失速转速；待发动机冷却 2 min 后，用相同方法测试在 S、L 和 R 位下发动机的失速转速。在 D、R 位和 S、L 位下发动机的失速转速应分别为 2500 r/min 和 3000 r/min，发动机失速转速不符合要求的原因见表 3-1。

表 3-1　发动机失速转速不符合要求的原因

状　况	原　因
在 D、S、L 和 R 位下的失速转速都过高	1. 自动变速器油油位低，液压泵输出的油压低，液压泵滤网脏堵 2. 主油路调压阀卡滞 3. 前进离合器打滑 4. 起步离合器有故障
在 R 位下的失速转速过高	1. 倒档制动器打滑 2. 起步离合器有故障
在 D、S、L 和 R 位下的失速转速都过低	1. 发动机的输出功率低 2. 起步离合器有故障 3. 带轮控制滑阀卡滞

3. 故障码的调取

故障码可用解码器或人工方法调取。用人工方法调取时，先短接仪表盘下的 16 孔 OBD II 检查插接器的端子 9 和 4，然后接通点火开关，读取 ECVT 故障灯用闪烁方式表示的故障码。故障码及故障部位见表 3-2。

表 3-2 故障码及故障部位

故障码		故障部位
OBD Ⅱ	本田	
P1705	5-1	A/T 档位开关（短路）
P1706	6-1	A/T 档位开关（断路）
P1879	32-1	起步离合器调压电磁阀
P1882	33-1	倒档限止电磁阀
P1885	34-1	主动带轮转速传感器
P1886	35-1	从动带轮转速传感器
P1887	53-1	ABS 控制系统（某些车种）
P1888	36-1	车速传感器（VSS）
P1890	42-1	电控系统（液压元件的可能性较大）
P1891	43-1	起步离合器控制部分
P1894	38-1	主动带轮调压电磁阀
P1895	39-1	从动带轮调压电磁阀

4. 电控系统的检修

（1）空档起动开关（P/N 开关）的检查与更换　空档起动开关由变速杆通过拉索控制，对空档起动开关的检查主要是测量其各端子在变速杆处于不同位置时是否导通。空档起动开关的电气插头端子如图 3-40 所示。变速杆处于不同档位时，各端子的导通状态见表 3-3。

表 3-3 空档起动开关的导通状态

档位	端子									
	1	2	3	4	5	6	7	8	9	10
P				○		○				○
R							○			○
N		○		○						○
D								○		○
S			○							○
L									○	○

拆装空档起动开关时，必须首先将变速杆置于 N 位。安装空档起动开关时，先用一个 2mm 的塞尺将切口“A”和“B”对准，如图 3-41 所示，然后安装并紧固空档起动开关，最后连接电气插头。

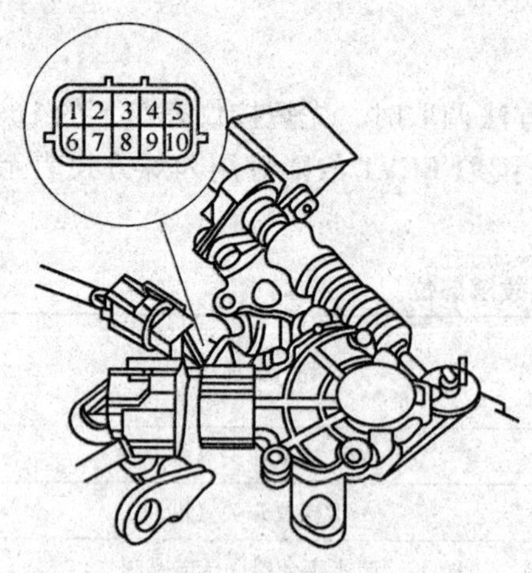

图 3-40 空档起动开关的电气插头端子

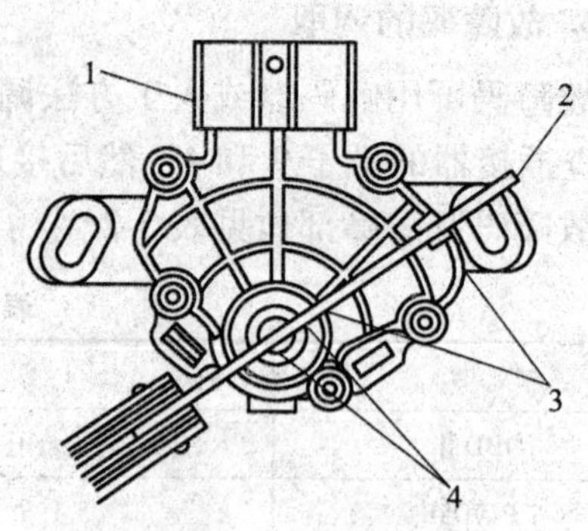

图 3-41 空档起动开关的安装

1—P/N 开关 2—塞尺 3—切口“B” 4—切口“A”

安装后应进行试车，确认仪表显示和变速杆位置正确，变速杆在 P 位和 N 位时能够起动发动机，变速杆位于 R 位时能接通倒车灯。

（2）起步离合器压力控制阀的测试 拆卸空气滤清器壳体和进气导管，如图 3-42 所示。断开起步离合器压力控制阀电气插头，用万用表电阻档测量电磁阀的电阻值，规定值为 3.8 ~6.8Ω。也可以将蓄电池正极接电磁阀的端子 1，当将端子 2 短暂接通时，应能听到电磁阀发出的“咔哒”声。

（3）主动带轮压力控制阀的测试 拆卸空气滤清器壳体和进气导管，如图 3-43 所示。断开主动带轮压力控制阀电气插头，用万用表电阻档测量电磁阀的电阻值，规定值为 3.8 ~6.8Ω。也可以将蓄电池正极接电磁阀的端子 1，当将端子 2 短暂接通时，应能听到电磁阀发出的“咔哒”声。

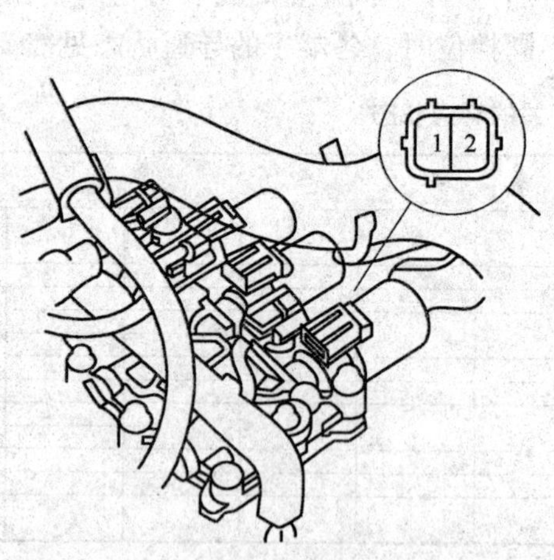

图 3-42 起步离合器压力控制阀的测试

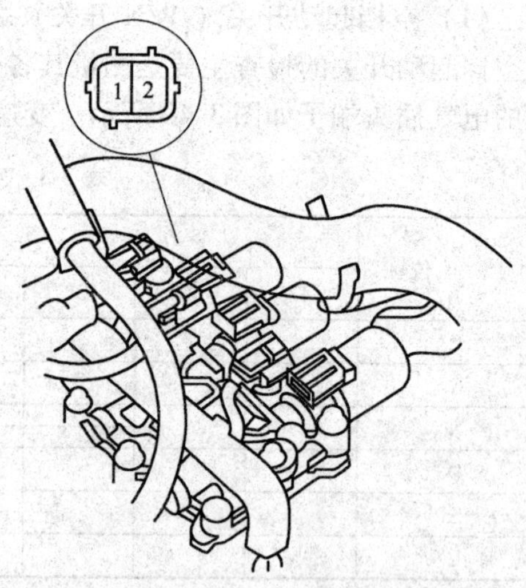

图 3-43 主动带轮压力控制阀的测试

（4）从动带轮压力控制阀的测试 拆卸空气滤清器壳体和进气导管，如图 3-44 所示，断开从动带轮压力控制阀电气插头，用万用表电阻档测量电磁阀的电阻值，规定值为 3.8 ~

6.8Ω。也可以将蓄电池正极接电磁阀的端子1，当将端子2短暂接通时，应能听到电磁阀发出的“咔哒”声。

（5）锁止电磁阀的测试　如图3-45所示，断开锁止电磁阀的电气插头。用万用表电阻档测量电磁阀的电阻值，规定值为11.7～21.0Ω。也可以将蓄电池正极接电磁阀的端子2，当将端子1短暂接通时，应能听到电磁阀发出的“咔哒”声。如果不符合上述要求，应更换锁止电磁阀。

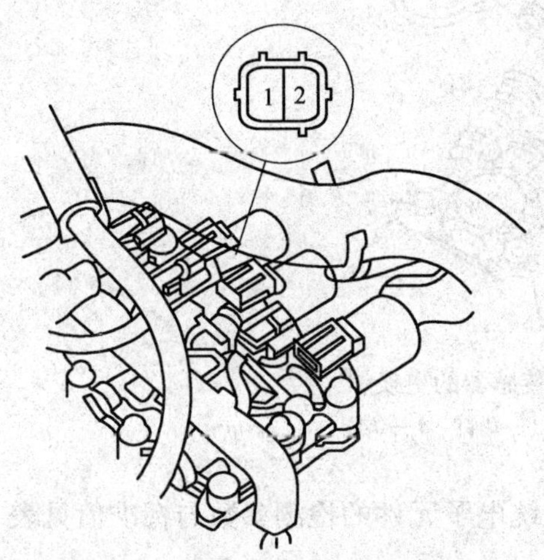

图3-44　从动带轮压力控制阀的测试

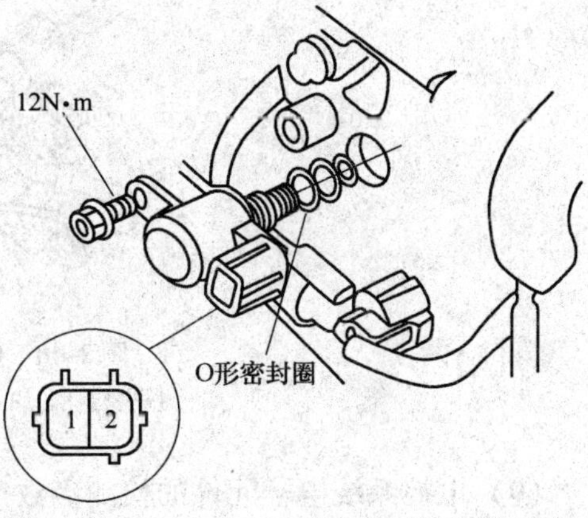

图3-45　锁止电磁阀的测试

（6）主动带轮转速传感器的更换　主动带轮转速传感器的位置如图3-46所示。更换时要安装新的O形密封圈，固定螺栓的紧固力矩为12N·m。

（7）从动带轮转速传感器的更换　从动带轮转速传感器的位置如图3-47所示。更换时要安装新的O形密封圈，固定螺栓的紧固力矩为12N·m。

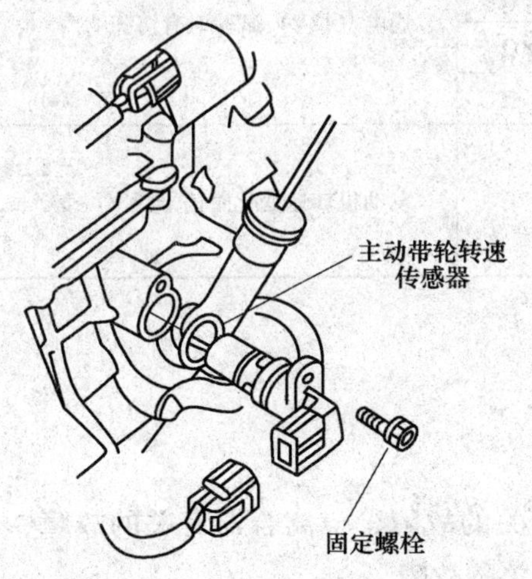

图3-46　主动带轮转速传感器的更换

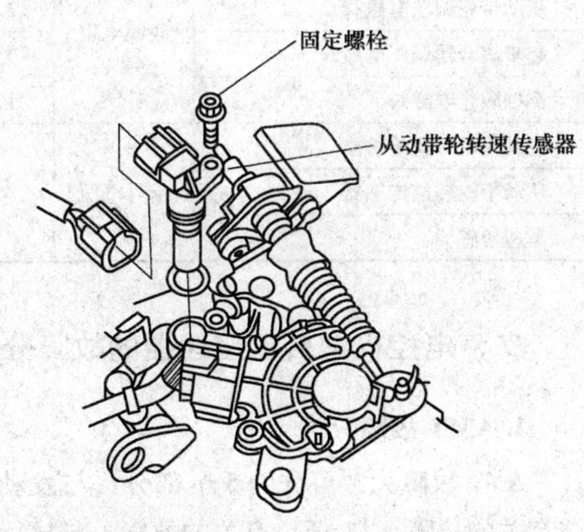

图3-47　从动带轮转速传感器的更换

（8）CVT转速传感器的更换　CVT转速传感器的更换如图3-48所示。发动机为L12A3的车型有CVT转速传感器垫圈，发动机为L15A2和A13A3的车型没有垫圈。更换CVT转速传感器时，要更换新的密封圈，传感器固定螺钉的紧固力矩为 12N·m。

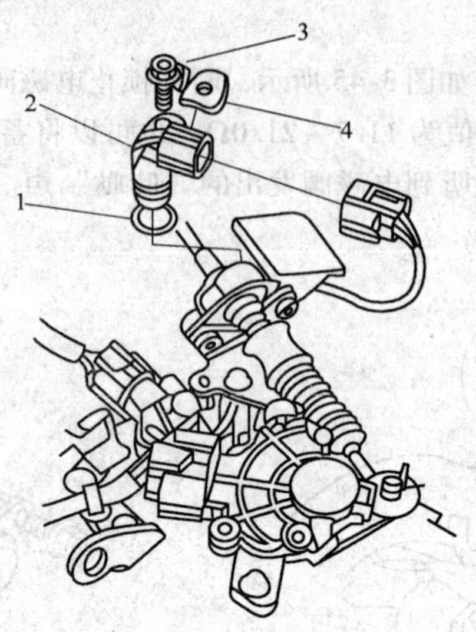

图 3-48　CVT 转速传感器的更换

1—密封圈　2—传感器　3—螺钉　4—垫圈

（9）电控系统电子元件的检测参数　电控系统电子元件的检测参数与标准值见表 3-4。

表 3-4　电控系统电子元件的检测参数与标准值

<table>
<tr><th>电子元件</th><th>检测参数</th><th>标准值</th><th>说明</th></tr>
<tr><td>A/T 档位开关</td><td rowspan="2">信号电压</td><td>12V</td><td>点火开关 ON（至少持续 2s）</td></tr>
<tr><td>手动模式开关</td><td>5V</td><td>点火开关 ON</td></tr>
<tr><td>主动带轮调压电磁阀</td><td rowspan="4">线圈电阻</td><td>3.8～6.8Ω</td><td rowspan="4">通电（12V）试验时有清脆响声</td></tr>
<tr><td>从动带轮调压电磁阀</td><td>3.8～6.8Ω</td></tr>
<tr><td>起步离合器调压电磁阀</td><td>3.8～6.8Ω</td></tr>
<tr><td>倒档限止电磁阀</td><td>17.1～21Ω</td></tr>
<tr><td>主动带轮转速传感器</td><td rowspan="3">信号电压</td><td rowspan="3">5V</td><td rowspan="3">发动机转速变化时信号频率可变</td></tr>
<tr><td>从动带轮转速传感器</td></tr>
<tr><td>车速传感器</td></tr>
</table>

二、电控机械自动变速器的故障分析

1. AMT 故障分类

AMT 故障大致可分为 5 个部分：与发动机有关的故障、与离合器有关的故障、与变速器有关的故障、与 ECU 有关的故障、与执行器有关的故障。

（1）与发动机有关的故障

1）节气门位置传感器故障。汽车的档位和车速与节气门开度有相对应的关系，当汽车在某一车速和档位下，若节气门位置超出所对应的范围，即可知节气门位置传感器故障。

2）发动机转速传感器故障。若变速器输入轴转速与发动机转速不同且输入轴转速与车速比符合档位关系，可知发动机转速传感器故障。

3）节气门调节机构故障。若 ECU 发出命令对节气门位置进行调节，而节气门位置传感器显示其位置不变或位置调整的大小与 ECU 的指令不相符，可知节气门调节机构故障。

（2）与变速器有关的故障

1）档位有前进档，无倒档；或有倒档，无前进档。如果档位开关显示为倒档而档位传感器显示不为倒档，则是执行机构故障，具体故障情况如下：

①气缸活塞位置不正确，则是气缸故障。

②如果气缸活塞位置正确，则为连接传动部分故障。档位开关显示为倒档，档位传感器也显示为倒档，则是齿轮或变速器轴或分动器故障。

2）汽车在行驶过程中，变速杆突然回到空档位置。

①齿轮或齿套磨损成锥形，锥形的牙齿相互传递转矩会产生轴向力，轴向增大到足以克服自锁装置中弹簧弹力时，便使滑动齿轮（或接合套）脱离啮合而导致脱档。

②变速器轴承松旷，壳体变形，使变速器壳上的轴承孔轴线不平行度增大，导致齿轮轴产生倾斜，破坏齿轮的正常啮合，产生了轴向力。轴承止推弹形环或齿轮背面的止推垫松动或严重磨损，引起轴或齿轮轴向窜动。

③换档叉弯曲变形或过度磨损，导致换档叉和接合套上槽的间隙过大。

（3）与离合器有关的故障　离合器分离不清的原因主要有：

①气压或机械操纵系统故障。

②机械系统磨损过多。

③分离行程不足。

④从动盘总成的摩擦片变形。在安装时变速器与发动机的转速不一致，变速器的异常扭曲（摇动）导致摩擦片变形。

⑤半离合使用过度产生热变形。

⑥安装前施加了异常的外力导致摩擦片变形或压盘壳变形。压盘总成传动片因跌、甩而变形。

⑦压盘总成与飞轮之间的紧固螺钉松动。

⑧从动盘正反面装错，造成从动盘仍与飞轮有摩擦。

（4）与 ECU 有关的故障　因为系统中干扰源较多，易导致程序错误，例如选档、换档控制中，程序进入死等待。其是当微机发出选档、换档控制命令后，会查询选档、换档是否到位，并用光敏发射接收器检测。有时因机械行程偏差或选换档不到位，微机检测不到选、换档到位的信号代码而进入死等待，使系统对其他信号不响应，系统失控。

2. AMT 的故障处理方法

（1）故障运行和故障保险　汽车正常运行时，ECU 输入、输出信号的电压值都有一定的变化范围。当某一信号的电压值超出这一范围，并且这一现象在一段时间内不会消失时，ECU 便判断出现故障。当某电路产生故障后，其信号就不能作为控制参数使用。为了维持汽车的运转，ECU 便从其程序存储器（ROM）中调出某一固定值作为应急参数，保证汽车可以继续运行。ECU 中的微机系统出现故障时，ECU 会自动启用后备控制回路对汽车进行简单控制，使汽车可以维持行驶，这样的功能就是故障运行，又称“跛行”模式。另一方面，当ECU检测到某一执行器出现故障时，为了安全起见，采取一些安全措施，这种功能称为故障保险。当传感器和微机发生故障时，往往采取故障运行方式。而当执行器发生故障时，往往采取故障保险措施。

（2）执行器的故障处理　汽车电子控制系统中，执行器是决定发动机运行和汽车行驶安全的主要器件。当执行器发生故障时，一般会对汽车行驶造成一定的影响，因此，对于执行器故障的处理方法通常是：当确认为执行器故障时，由ECU根据故障的严重程度采取相应的安全措施。在控制系统中，有故障保险系统，由于ECU对执行器进行的是控制操作，控制信号是输出信号，因此，要想对各执行器的工作情况进行诊断，一般要由ECU向执行器发出一个控制信号，执行器通过一条专用回路向ECU反馈其执行情况。

思考题

1）CVT系统与传统的自动变速器相比有哪些优点？

2）DCT系统与传统的离合器相比有哪些优点？

练习题

1. 填空题

1）CVT技术即无级变速技术，采用________和________可变的主、从带轮相配合传递动力。

2）CVT系统主要包括________、从动轮组、金属带和________等基本部件。

3）CVT系统中发动机输出轴输出的动力首先传递到CVT的________，然后通过V形传动带传递到________，最后经________、差速器传递给车轮驱动汽车。

4）由于主动轮和从动轮的________可以实现连续调节，CVT系统实现了________变速。

5）CVT系统中行星轮传动机构采用一个双行星排，通过操纵一个________或一个________实现前进档和倒档的转换。

6）DCT系统主要包括带扭转减振器的________、按DCT工作原理配置的________及换档系统和相应的控制系统。

7）由于在DCT中没有使用液力变矩器等可以吸收系统振动的元件，所以需要采用________来吸收系统的扭转振动。

8）DCT的液压控制系统主要负责接受电控系统的控制指令，对________和________的换档机构进行操纵。

9）DCT的液压控制系统主要包括：________控制部分、________控制部分和冷却部分。

10）DCT的双离合器控制部分是通过对离合器油缸充入和释放________来实现离合器的分离和接合的。

2. 问答题

1）CVT系统的主要结构和工作原理？

2）干式离合器、湿式离合器的工作特性区别？

3）CVT 系统的动力传动路线分析？

4）DCT 的工作系统组成及工作原理？

3. 论述题

1）简述本田飞度轿车自动变速器的结构组成及动力传递路线分析。

2）简述大众 OAM 型 7 档双离合器自动变速器的结构组成及工作过程分析。

4. 故障诊断

1）CVT 系统自动变速器油油位检查方法？

2）空档起动开关（P/N 开关）的检查与更换方法？

3）CVT 系统主动带轮压力控制阀的测试方法？

4）CVT 系统锁止电磁阀的测试方法？

5）失速试验的方法？

第四章

车轮防滑转电控系统

◎**掌握技能**

➢ 各类传感器的检测方法

➢ 各类执行器的故障诊断方法

◎**基本概念**

➢ 电控 ABS 的工作原理

➢ ABS 系统循环式制动压力调节器的工作过程

➢ ASR 的工作原理

➢ 单独方式的 ASR 制动压力调节器工作过程

➢ 组合方式的 ASR 制动压力调节器工作过程

➢ EBD 系统的制动压力调节过程

➢ EBD 系统执行器的工作过程

★ 案例导入

一辆奔驰 300SEL 轿车 ABS 故障指示灯亮。

该车起动后仪表板上的 ABS 故障指示灯亮，车辆行驶却正常，这说明该车电控防抱死制动系统（ABS）工作正常。由于此时驻车制动器也不工作，所以着重检查其制动开关是否短路以及该系统 ABS 故障指示灯部分的电路有无短路现象。通常这种故障多发生在该系统的电路中，尤其是多发生在制动开关处。经检查，发现驻车制动器的制动开关短路。修复驻车制动器的制动开关后，ABS 故障指示灯恢复正常，故障排除。

根据上述案例，请思考下列问题：

1）ABS 系统有何功能？

2）制动开关安装在何部位？有什么作用？

第一节 电控防抱死制动系统（ABS）

汽车电控防抱死制动系统（Anti-Lock Brake System，ABS）是汽车上的一种主动安全装置，其作用是在汽车制动时，防止车轮抱死而在路面上拖滑，以提高汽车制动过程中的方向稳定性、转向控制能力和缩短制动距离，使汽车制动更为安全有效。

一、ABS的理论基础

1. 汽车制动性能

制动性能是汽车的主要性能之一。评价制动性能的指标主要有制动效能和制动稳定性。

（1）制动效能　制动效能是指制动距离、制动时间和制动减速度。制动效能主要取决于制动力的大小，而制动力不仅与制动器的摩擦力矩有关，而且还受车轮与地面附着系数的制约，即制动力 F_t 的最大值等于附着力。

$$F_t \leqslant F_\mu = G\varphi_B$$

式中，F_μ 是车轮与路面间的附着力；G 是车轮对路面的垂直载荷；φ_B 是轮胎与路面间的纵向附着系数。

车轮对路面的垂直载荷 G 一定时，制动力的最大值取决于车轮与地面的纵向附着系数 φ_B，而 φ_B 又与车轮相对地面的滑移率 S 有关。滑移率 S 的定义如下：

$$S = (v - v_C)/v \times 100\% = (v - r\omega)/v \times 100\%$$

式中，v 是车身瞬时速度；v_C 是车轮圆周速度；r 是车轮半径；ω 是车轮速度。

纵向附着系数 φ_B 与滑移率 S 的关系如图 4-1 所示。

由曲线可知，纵向附着系数在滑移率为 20% 左右时最大，此时制动力最大。当车轮抱死滑移率为 100% 时，纵向附着系数反而有所下降，因而制动力亦有所下降，即制动效能将下降。

（2）汽车制动稳定性　制动时汽车的方向稳定性是指汽车在制动时仍能按指定方向的轨迹行驶，即不发生跑偏、侧滑以及失去转向能力。

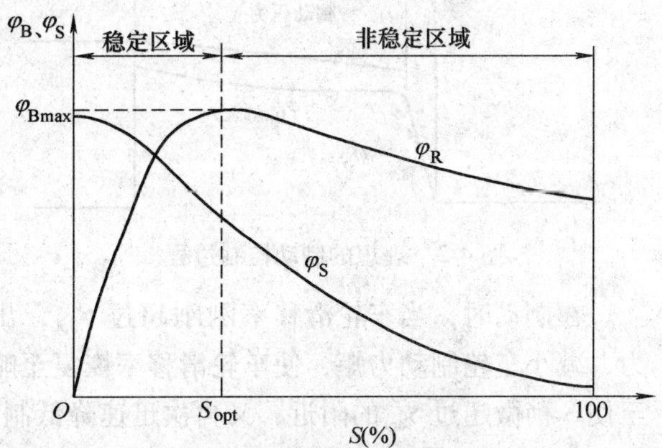

图 4-1　附着系数与滑移率关系

汽车制动时产生侧滑及失去转向能力与车轮和地面间的横向附着力有关，即与横向附着系数 φ_S 有关，而横向附着系数 φ_S 和车轮与路面的滑移率 S 有关。由图 4-1 可知，当滑移率增大时，横向附着系数减小，当 $S = 100\%$，即车轮抱死时，横向附着系数下降至零。此时，车轮在极小的侧向外力的作用下即产生侧滑。转向轮抱死后将失去转向操纵能力，因此，车轮抱死后将导致制动时汽车的方向稳定性变坏。

从以上分析可知，制动时车轮抱死，制动效能和制动时的方向稳定性均将变差。而如果制动时将车轮滑移率 S 控制在 15% ~20%，即图 4-1 中的 S_{opt} 处，此时纵向附着系数最大，可以得到最大的制动力，同时横向附着系数也保持较大值，使汽车具有良好的抗侧滑能力及制动时的转向操纵能力，因而得到最佳的制动效果。

2. 理想的制动控制过程

图 4-2 所示为汽车理想的制动过程。制动开始时制动压力骤升，滑移率达到 S_{opt} 的时间，即 φ_B 达到最大值 φ_{Bmax} 的时间最短。当达到 S_{opt} 后，随即适当降低制动压力，并使滑移率 S 保

持在 S_{opt} 附近，纵向附着系数 φ_B 保持在最大值 φ_{Bmax}，同时横向附着系数 φ_S 也保持较大值。这样既可获得最短的制动距离，又具有良好的抗侧滑能力和转向操纵能力，这种制动控制称为最佳控制。

通常，ABS 只有在汽车速度达到一定程度（如 5km/h 或 8km/h）时，才会对制动过程中趋于抱死的车轮的制动压力进行调节。当汽车速度降低到一定程度时，因为车速很低，车轮制动抱死对汽车制动性能的不利影响很小，为了快速制动停车，ABS 会自动终止防抱死制动压力调节，其车轮仍可能被制动抱死。

ABS 的功用就是使实际制动过程控制接近于理想制动过程，如图 4-3 所示。

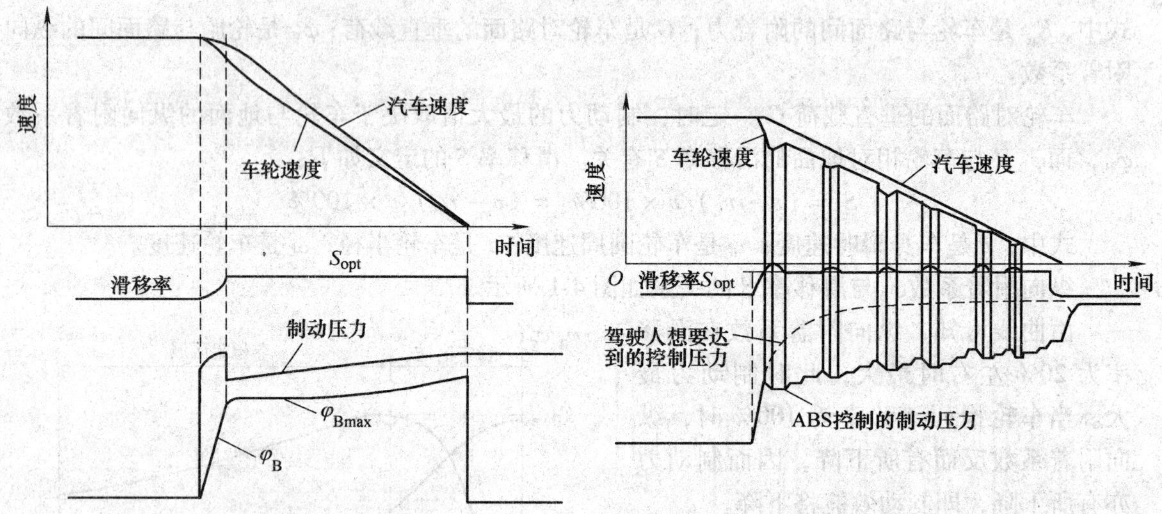

图 4-2　理想的制动控制过程

图 4-3　ABS 理想的制动控制过程

在制动时，当车轮滑移率刚刚超过 S_{opt}，出现抱死趋势时，ABS 迅速适当降低制动压力，减小车轮制动力矩，使车轮滑移率恢复至略小于 S_{opt} 的附近。随后再次将制动压力提高至使 S 稍微超过 S_{opt} 的附近，又再次迅速降低制动压力，使 S 又恢复至略小于 S_{opt} 的附近。如此反复将车轮滑移率 S 控制在 S_{opt} 附近狭小范围内，以获得最佳的制动效能和制动时的方向稳定性和转向操纵能力。

3. ABS 的分类

ABS 的分类方法一般有两种：一是按控制通道分类；二是按控制参数分类。

（1）按控制通道分类　在 ABS 中，对能够独立进行制动压力调节的制动管路称为控制通道。ABS 装置的控制通道分为四通道式、三通道式、两通道式和单通道式，如图 4-4 所示。

1）四通道式。四通道 ABS 有四个轮速传感器，在通往四个车轮制动分泵的管路中，各设一个制动压力调节器装置，进行独立控制，构成四通道控制形式。广州本田就是四通道 ABS 装置。

由于四通道 ABS 是根据各车轮轮速传感器输入的信号，分别对各个车轮进行独立控制的，因此附着系数利用率高，制动时可以最大程度的利用每个车轮的最大附着力。四通道控制方式特别适用于汽车左右两侧车轮附着系数接近的路面，这样不仅可以获得良好的方向稳

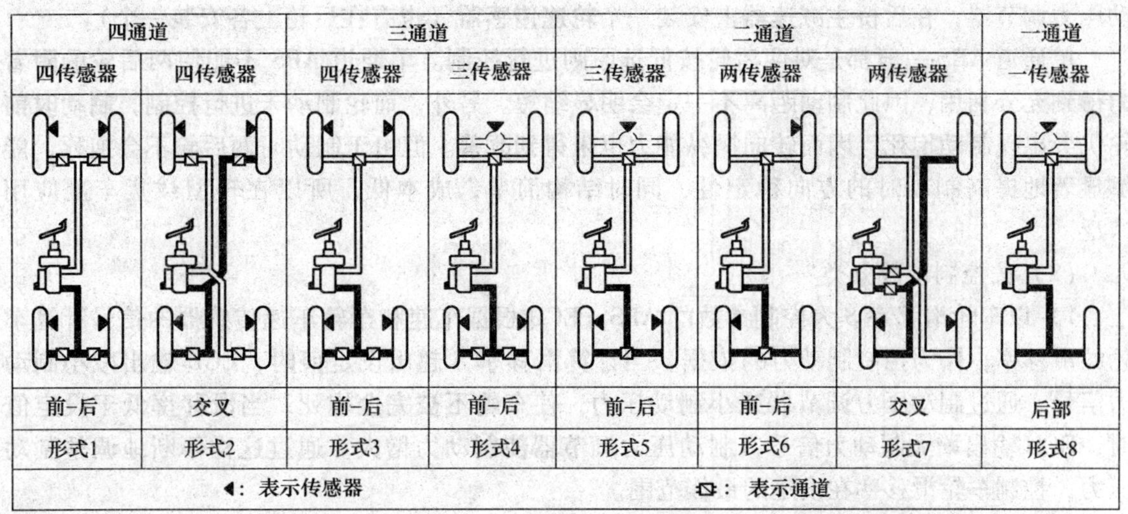

图 4-4 按控制通道分类方式

定性和方向控制能力，而且可以得到最短的制动距离。但是如果汽车左右两个车轮的附着系数相差较大（如路面部分积水或结冰），制动时两个车轮的地面制动力就相差较大，因此会产生横摆力矩，使车身向制动力较大的一侧跑偏，不能保持汽车按预定方向行驶，从而影响汽车的制动方向稳定性。

2）三通道式。三通道 ABS 是对两前轮进行独立控制，两后轮按低选原则进行一同控制（即两个车轮由一个通道控制，以保证附着力较小的车轮不抱死为原则），因此也称混合控制。桑塔纳 2000GSi 使用这种 ABS 装置。

两后轮按低选原则进行一同控制时，可以保证汽车在各种条件下左右两后轮的制动力相等。即使两侧车轮的附着系数相差较大，两个车轮的制动力也都限制在附着力较小的水平，使两个后轮的制动力始终保持平衡，保证汽车在各种条件下制动时都具有良好的方向稳定性。当然，在两后轮按低选原则进行控制时，可能出现附着系数较大的一侧后轮附着力不能充分利用的情况，使汽车的总制动力减小。但在紧急制动时，由于发生轴荷前移，在汽车的总制动力中，后轮制动力所占的比例减小，尤其是前轮驱动的小轿车，前轮的附着力比后轮的附着力大得多，通常后轮制动力只占总制动力的 30% 左右，因此后轮附着力未能充分利用的损失对汽车的总制动力影响较小。

对于两前轮独立控制，特别是前轮驱动的汽车，前轮的制动力在汽车总制动中所占的比例较大（可达 70% 左右），可以充分利用两前轮的附着力。一方面使汽车获得尽可能大的总制动力，利于缩短制动距离；另一方面可以使制动中两前轮始终保持较大的横向附着力，使汽车保持良好转向能力。尽管两前轮独立控制可能导致两前轮制动力不平衡，但由于两前轮制动力不平衡对汽车行驶方向稳定性影响相对较小，而且可以通过驾驶人的转向操纵对由此产生的影响进行修正。因此，三通道 ABS 在小轿车上被普遍采用。

3）二通道式。二通道式 ABS 难以在方向稳定性、转向控制性和制动效能各方面得到兼顾，因此目前已经很少采用。

4）一通道式。一通道式 ABS 常称为单通道 ABS，它是在后轮制动器总管中设置一个制动压力调节器，在后桥主减速器上安装一个轮速传感器（也有在后轮上各安装一个）。

单通道 ABS 一般都是对两后轮按低选原则进行控制。单通道 ABS 不能使两后轮的附着力得到充分利用，因此制动距离不一定会明显缩短。另外，前轮制动未进行控制，制动时前轮仍会出现制动抱死，因而转向操纵能力也未得到改善。但由于制动时两后轮不会抱死，能够显著地提高制动时的方向稳定性，同时结构简单，成本低，所以在轻型载货车上应用广泛。

（2）按控制参数分类

1）以车轮滑移率 S 为控制参数的 ABS。ECU 根据车速和车轮车速传感器的信号计算车轮的滑移率，作为控制制动力的依据。当计算滑移率 S 超出设定值时，ECU 输出减小制动力信号，通过制动压力调节器减小制动压力，使车轮不被完全抱死；当滑移率低于设定值时，ECU 输出增大制动力信号，制动压力调节器使制动力增大。通过这样不断地调整制动压力，控制车轮滑移率在设定的最佳范围。

这种直接以滑移率为控制参数的 ABS，需要得到准确的车身相对于地面的移动速度信号和车轮车速信号。

2）以车轮角加速度为控制参数的 ABS。ECU 根据车轮的车速传感器信号计算车轮角加速度，作为控制制动力的依据。一个是角减速度的门限值，作为被抱死的标志；一个是角加速度的门限值，作为制动力过小、车速过高的标志。制动时，当车轮角减速度达到门限值时，ECU 输出减小制动力信号；当车轮转速升高至角加速度门限值时，ECU 输出增加制动力信号。如此不断地调整制动压力，使车轮不被抱死，而处于边滚边滑的状态。

目前汽车上使用的 ABS 基本上都是此种形式。

二、ABS 的结构与工作原理

电控制动防抱死系统（ABS）由传感器、电子控制单元（ECU）和执行器三部分组成。典型的 ABS 组成如图 4-5 所示。

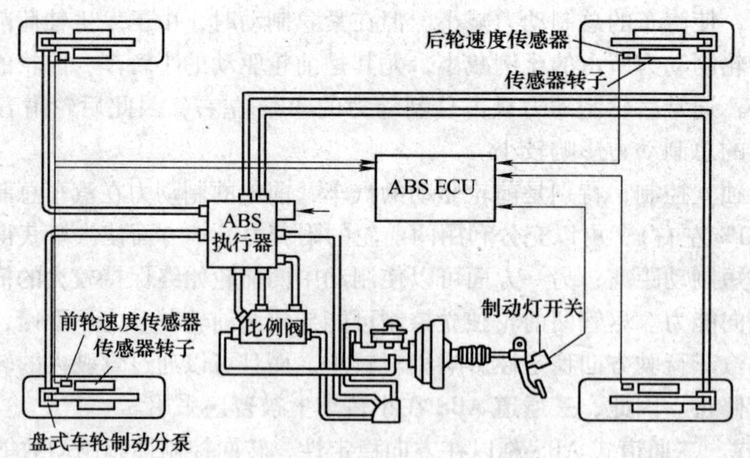

图 4-5　典型的 ABS 组成

电控ABS的核心是电子控制单元（ECU），它通过传感器监视汽车制动时车轮是否抱死。在一般制动情况下，驾驶人踩在制动踏板上的力较小，车轮不会被抱死，ECU无控制信号输出，这时，制动力完全由驾驶人踩在制动踏板上的力控制。在紧急制动或是在松滑路面行驶时制动，车轮将要被抱死的情况下，ECU会输出控制信号，通过执行机构（即制动压力调节器）控制制动器的制动力，使车轮不被抱死。

1. 轮速传感器

目前用于ABS的轮速传感器主要有电磁式轮速传感器和霍尔式轮速传感器两种类型。

（1）电磁式轮速传感器　电磁式轮速传感器由传感头和齿圈（转子）组成（图4-6）。

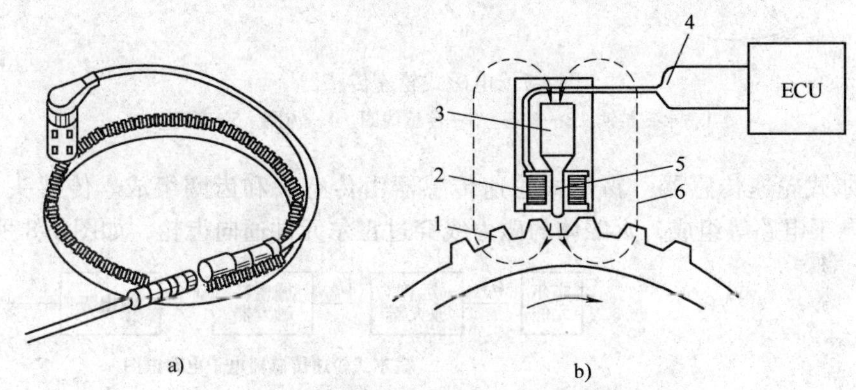

图4-6　磁脉冲轮速传感器的外形与基本结构

a）轮速传感器外形　b）轮速传感器的基本结构

1—齿圈（转子）　2—感应线圈　3—永久磁铁　4—信号电压　5—极轴　6—磁力线

传感头是一个静止部件，一般都安装在车轮附近不随车轮转动的部件上，如万向节、半轴套管、悬架构件等。传感头由永久磁铁、感应线圈、极轴等组成。齿圈（转子）多为一带齿的圆环，一般安装在随车轮一同转动的部件上，如轮毂、制动盘、半轴等。传感头与齿圈之间的空气间隙很小，通常只有0.5～1mm。

电磁式轮速传感器的工作原理与发动机点火系中电磁脉冲信号发生器工作原理相同。交变信号的频率与齿圈的齿数和转速成正比。由于齿圈的齿数一定，因而轮速传感器输出的交变电压信号的频率只与相应的车轮转速成正比，所以通过轮速传感器输出的频率信号可以确定车轮的转速。另外，在传感头与齿圈的间隙一定时，交变电压的幅值也决定于磁通变化率，在一定范围内，交变电压的幅值也随车轮转速成正比变化。在规定范围内（一般车速载15～160km/h），交变电压的幅值一般在1～15V（有的在0.1～0.9V）内变化。当车轮不转时，感应电压幅值为零。

一般汽车前轮上的传感器被固定在车轮转向架上，转子安装在车轮轮毂上，与车轮同步转动。而汽车后轮上的车速传感器则被固定在后车轴支架上，转子安装在驱动轴上，与车轮同步转动。

当转子随车轮转动时，带齿的转子与传感器之间的空气隙发生变化，使电磁式传感器中磁路的磁通发生变化，从而切割传感线圈产生交流电，交流电频率随转子的转速快慢而变化。根据磁电传感器所感应出的交流电频率，电子控制单元（ECU）能计算出该转子或车轮的转速。图 4-7 所示为电磁式轮速传感器输出的电压信号波形。

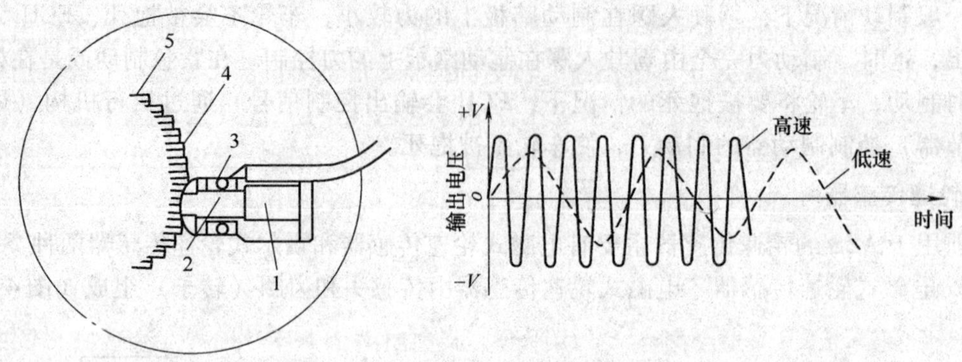

图 4-7 电磁式轮速传感器

1—永磁磁铁 2—铁心 3—传感线圈 4—齿圈 5—转子

（2）霍尔式轮速传感器 霍尔式轮速传感器由传感头和齿圈组成。传感头由永磁体、霍尔元件和电子电路等组成，永磁体的磁力线穿过霍尔元件通向齿轮，如图 4-8 所示。

霍尔元件 —U_1→ 运算放大器 —U_2→ 施密特触发器 —U_3→ 输出级 —U_4→

霍尔式轮速传感器电子电路框图

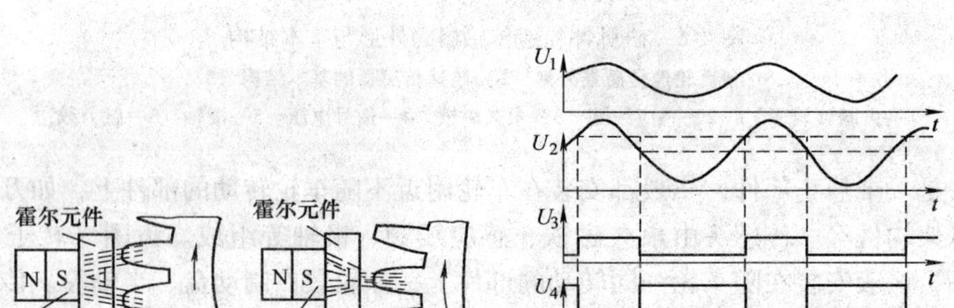

图 4-8 霍尔式轮速传感器

当齿轮位于图 4-8a 所示位置时，穿过霍尔元件的磁力线分散，磁场相对较弱；而当齿轮位于图 4-8b 所示位置时，穿过霍尔元件的磁力线集中，磁场相对较强。齿轮转动时，使得穿过霍尔元件的磁力线密度发生变化，因而引起霍尔电压的变化，霍尔元件将输出一个毫伏（mV）级的准正弦波电压。此信号还需由电子电路转换成标准的脉冲电压。

霍尔轮速传感器具有以下优点：

1）输出信号电压幅值不受转速的影响。当汽车电源电压维持在 12V 时，传感器输出信号电压可以保持在 11.5～12V，即使车轮转速接近于零。

2）频率响应高。其最高响应频率高达 20kHz，相当于车速为 1000km/h 时所检测的信号频率。

3）抗电磁波干扰能力强。

因此，霍尔传感器不仅广泛应用于 ABS 轮速检测，也广泛应用于其控制系统的转速检测。

2. 加速度传感器

ABS 控制系统最重要的控制参数是车速，一般 ABS 都是根据汽车车轮的最大转速估算车速的。随着对制动时车速计算精确要求的提高，一些新设计的 ABS 控制系统采用了 G（加速度）传感器。通过此传感器可以对由车轮转速计算出来的车速进行补偿，使汽车制动时滑移率的计算更加精确。G 传感器有水银型、摆型和应变仪型，图 4-9 所示为这三种类型传感器的结构。

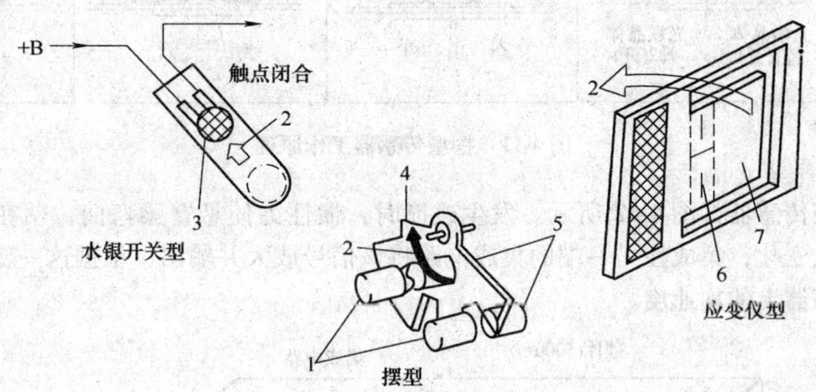

图 4-9 三种型式的加速度传感器结构示意图

1—光敏管 2—减速度力的方向 3—水银 4—摆动板 5—发光二极管 6—应变片 7—悬臂梁

水银式传感器利用具有导电能力的水银作为工作介质。在传感器内通有导线两极柱的玻璃管中装有水银体，由于水银的导电作用，传感器的电路处于导通状态，当汽车制动强度达到一定值后，在减速惯性力的作用下，水银体脱离导线极柱，传感器电路断电，如图 4-10 所示。这种开关信号可用于指示汽车制动的减速度界限。

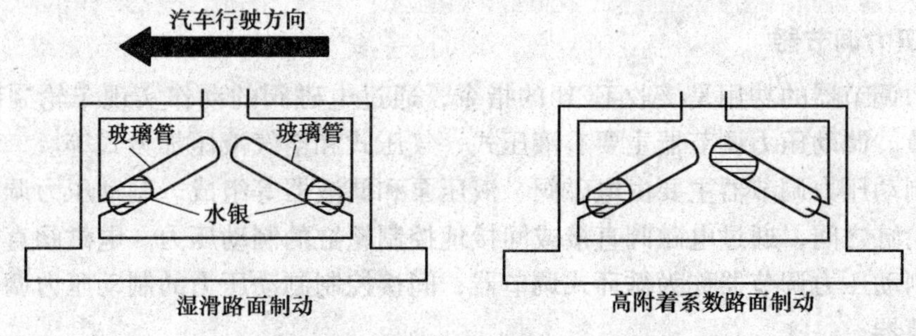

图 4-10 水银式传感器工作原理

摆型传感器利用发光二极管和光敏晶体管构成的光偶合器所具有的光敏转换效应，以沿径向开有若干条透光窄槽的偏心圆盘作为遮光板，制成能够随减速度大小而改变电量的传感器。遮光板设置在发光二极管和光敏晶体管之间，由发光二极管发出的光束可以通过板上窄槽到达光敏晶体管，光敏晶体管上便会出现感应电流。当汽车制动时，质量偏心的遮光板在减速惯性力的作用下绕其转动轴偏转，偏转量与制动强度成正比。如果在光敏式传感器中设置两对光耦合器，根据两个晶体管上出现电量的不同组合就可以区分出如图 4-11 所示的四种减速度界限，因此，它具有感应多级减速度的能力。

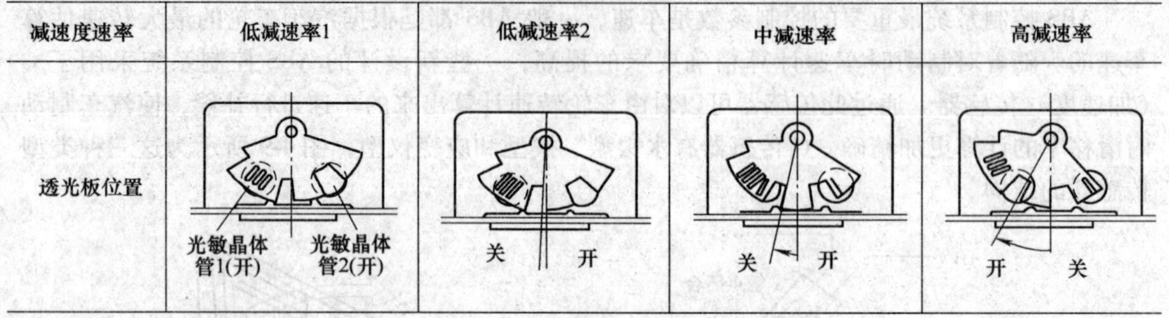

图 4-11　摆型传感器工作原理

应变仪型传感器如图 4-12 所示。发生碰撞时，惯性力使悬臂梁弯曲，贴在板簧的应变片的电阻发生变化，集成在另一端的集成电路将该信号放大并输出，根据这一变化量就能测量作用在传感器上的加速度。

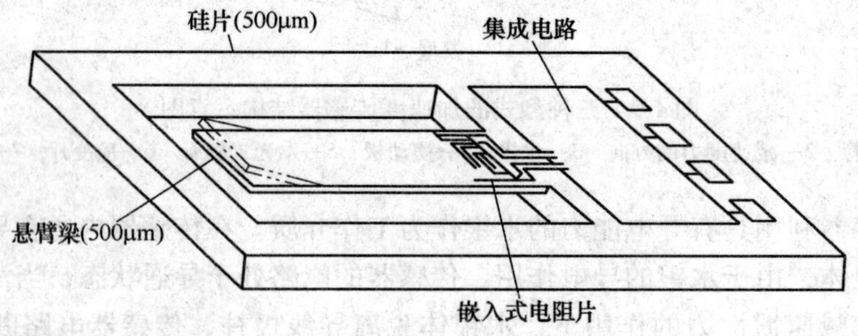

图 4-12　应变仪型传感器

3. 制动压力调节器

制动压力调节器的功用是接收 ECU 的指令，通过电磁阀的动作实现车轮制动器制动压力的自动调节。制动压力调节器主要有液压式、气压式和空气液压加力式等。

液压式制动压力调节器主要由电磁阀、液压泵和储液器等组成。制动压力调节器串联在制动主缸和轮缸之间，通过电磁阀直接或间接地控制轮缸的制动压力。电磁阀直接控制轮缸制动压力的制动压力调节器称为循环式调节器，间接控制制动压力的制动压力调节器称为可变容积式调节器。

（1）循环式制动压力调节器

1）循环式制动压力调节器的结构（图 4-13）。此种形式的制动压力调节器是在制动总缸与轮缸之间串联一个电磁阀，直接控制轮缸的制动压力。回油泵的作用是当电磁阀在“减压”过程中，从制动轮缸流出的制动液经蓄能器由回油泵泵回制动主缸。蓄能器也叫储液器，其作用是当电磁阀在“减压”过程中，从轮缸流出的制动液由蓄能器暂时储存，然后由回油泵泵回主缸。

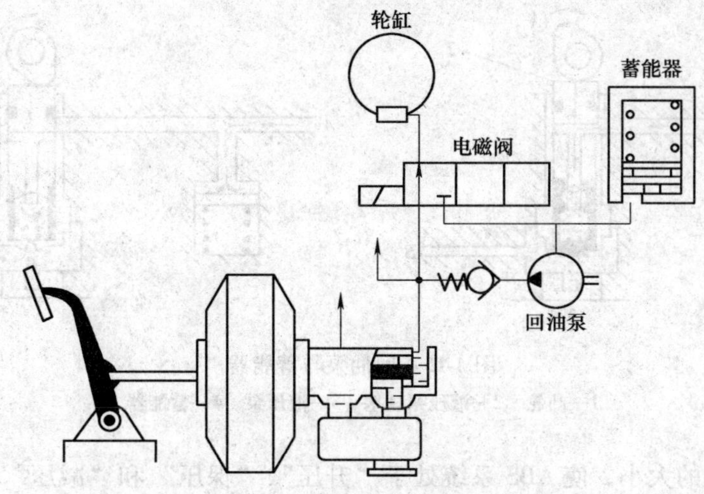

图 4-13　循环式制动压力调节器的基本结构

①电磁阀。循环式制动压力调节器的电磁阀多采用三位三通电磁阀（3/3 电磁阀）。在四通道制动控制系统中每个轮缸有一个 3/3 电磁阀；在三通道制动控制系统中，每个前轮有一个 3/3 电磁阀，两后轮共享一个 3/3 电磁阀。

电磁阀线圈受 ECU 的控制。阀上有三个孔分别通制动主缸、车轮轮缸和蓄能器。电磁线圈流过的电流受 ECU 控制，能使阀处于“升压”、“保持”、“减压”三种位置，即“三位”，如图 4-14 所示。

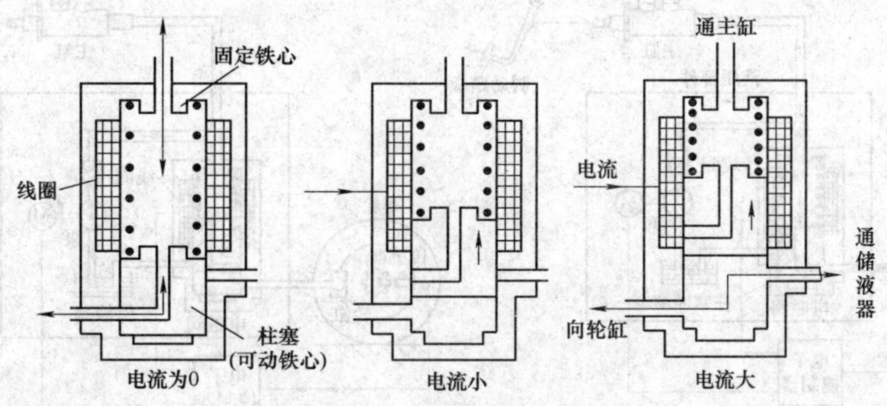

图 4-14　3/3 电磁阀基本结构与工作原理

②回油泵与蓄能器。回油泵及蓄能器的结构如图 4-15 所示。回油泵由电动机带动凸轮驱动，泵内有两个单向阀，上阀为进油阀，下阀为出油阀。柱塞上行时，轮缸及蓄能器的压力油推开上进油阀进入泵体内。柱塞下行时，封闭进油孔，使泵腔内压力升高，推开出油阀，将制动液压回制动主缸。

蓄能器为一个内装活塞和弹簧的油缸，位于电磁阀与回油泵之间。由轮缸流入的液压油进入蓄能器作用于活塞，进而压缩弹簧使蓄能器容积变大，以暂时储存制动液。

2）循环式制动压力调节器的工作过程。汽车制动过程中，ECU 控制流经制动压力调节

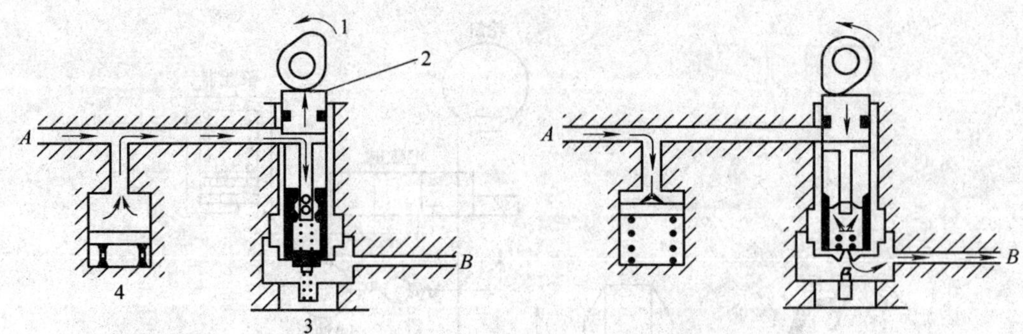

图 4-15 回油泵与蓄能器

1—凸轮 2—液压泵柱塞 3—液压泵 4—蓄能器

器电磁线圈的电流的大小，使 ABS 系统处于“升压”、“保压”和“减压”三种状态。

①升压（常规制动）。如图 4-16 所示，电磁线圈中无电流通过，电磁阀处于“升压”位置。此时制动主缸与轮缸相通，由制动主缸来的制动液直接进入轮缸，轮缸压力随主缸压力增减，ABS 不工作，回油泵也不工作。

②保压。当 ECU 向电磁线圈通入一个较小的保持电流（约为最大电流的 1/2）时，电磁阀处于“保压”位置，如图 4-17 所示。此时主缸、轮缸和回油孔相互隔离密封，轮缸中保持一定制动压力。

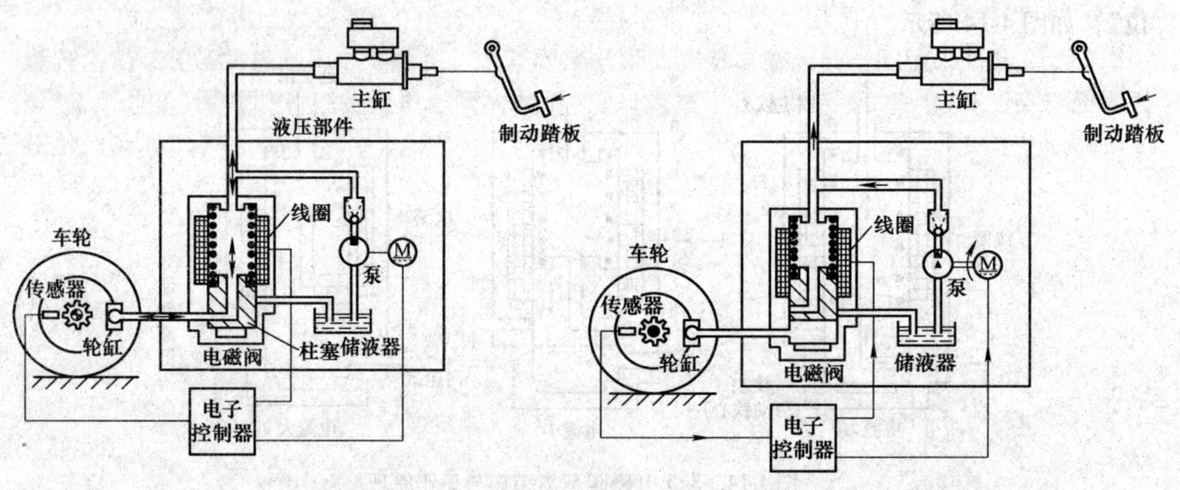

图 4-16 常规制动（升压）过程

图 4-17 保压过程

③减压。当 ECU 向电磁线圈通入一个最大电流时，电磁阀处于“减压”位置。此时电磁阀将轮缸与回油通道或蓄能器接通，轮缸中的制动液流经电磁阀进入蓄能器，轮缸压力下降，如图 4-18 所示。

（2）可变容积式压力调节器　可变容积制动压力调节器是在汽车原有制动系统管路上增加一套液压控制装置，用它控制制动管路中容积的增减，从而控制制动压力的变化。此种压力调节系统的特点是制动压力油路和 ABS 控制压力油路是相互隔开的。

可变容积式制动压力调节器主要由电磁阀、控制活塞、液压泵、蓄能器等组成。其基本工作原理如下：

1）常规制动。如图4-19所示，常规制动时，电磁线圈无电流流过，电磁阀将控制活塞工作腔与回油管路接通，控制活塞在强力弹簧的作用下推至最左端。活塞顶端推杆将单向阀打开，使制动主缸与轮缸的制动管路接通，制动主缸的制动液直接进入轮缸，轮缸压力随主缸压力变化而变化。此种工作状态是ABS工作之前或工作之后的常规制动工况。

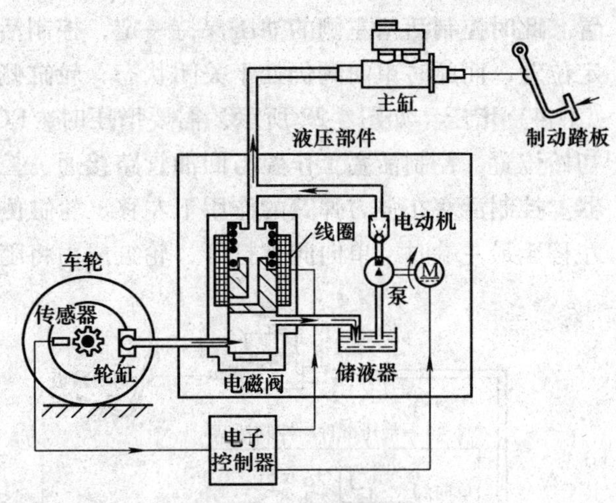

图4-18 减压过程

2）减压。如图4-20所示，减压时ECU向电磁线圈通入一个大电流，电磁阀内的柱塞在电磁力作用下克服弹簧弹力移到右边，将蓄能器与控制活塞工作腔管路接通。蓄能器（液压泵）的液压油进入控制活塞工作腔推动活塞右移，单向阀关闭，主缸与轮缸之间的通路被切断。同时由于控制活塞的右移，使轮缸侧容积增大，制动压力减小。

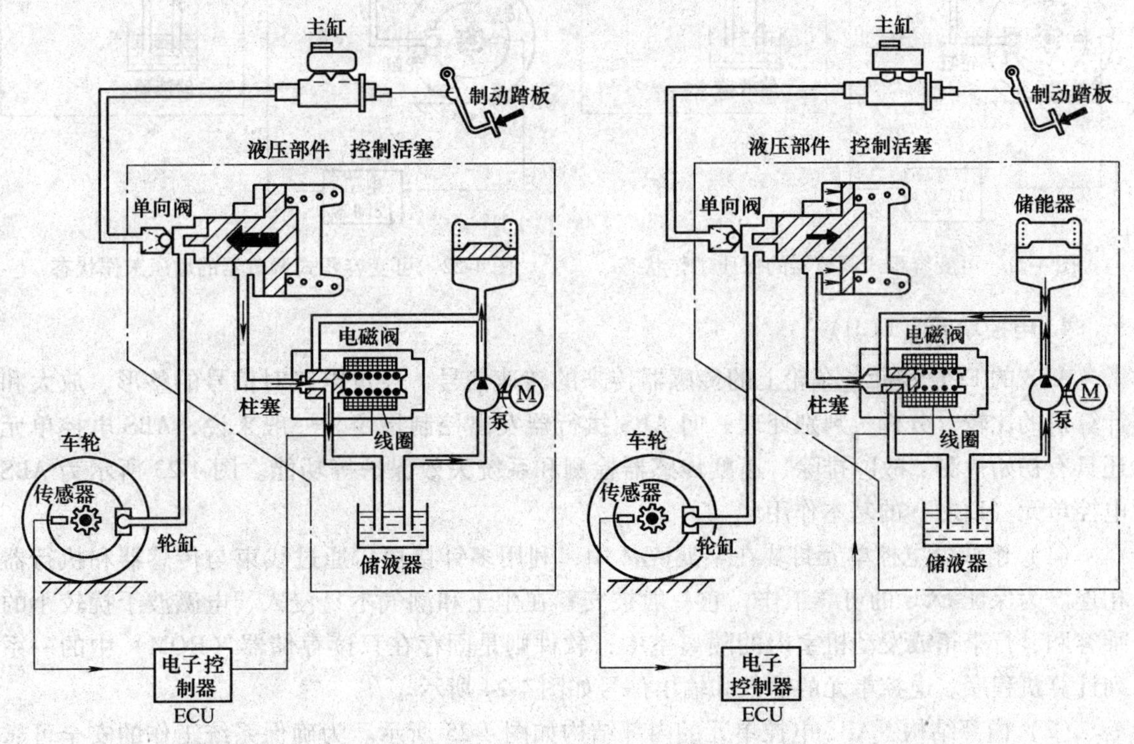

图4-19 常规制动工作状态　　　　图4-20 减压工作状态

3）保压。如图4-21所示，ECU向电磁线圈通入较小电流，由于电磁线圈的电磁力减小，柱塞在弹簧力的作用下左移至将蓄能器、回油管及控制活塞工作腔管路相互关闭的位置。此时控制活塞左侧的油压保持一定，控制活塞在油压和强力弹簧的共同作用下保持在一定位置，而此时单向阀仍处于关闭状态，轮缸侧的容积也不发生变化，制动压力保持一定。

4）增压。如图4-22所示，需要增压时，ECU切断电磁线圈中的电流，柱塞回到左端的初始位置，控制活塞工作腔与回油管路接通，控制活塞左侧控制油压解除，控制液流回蓄液器。控制活塞在强力弹簧的作用下左移、轮缸侧容积变小，压力升高至初始值。当控制活塞左移至最左端时，单向阀被打开，轮缸压力将随主缸的压力增大而增大。

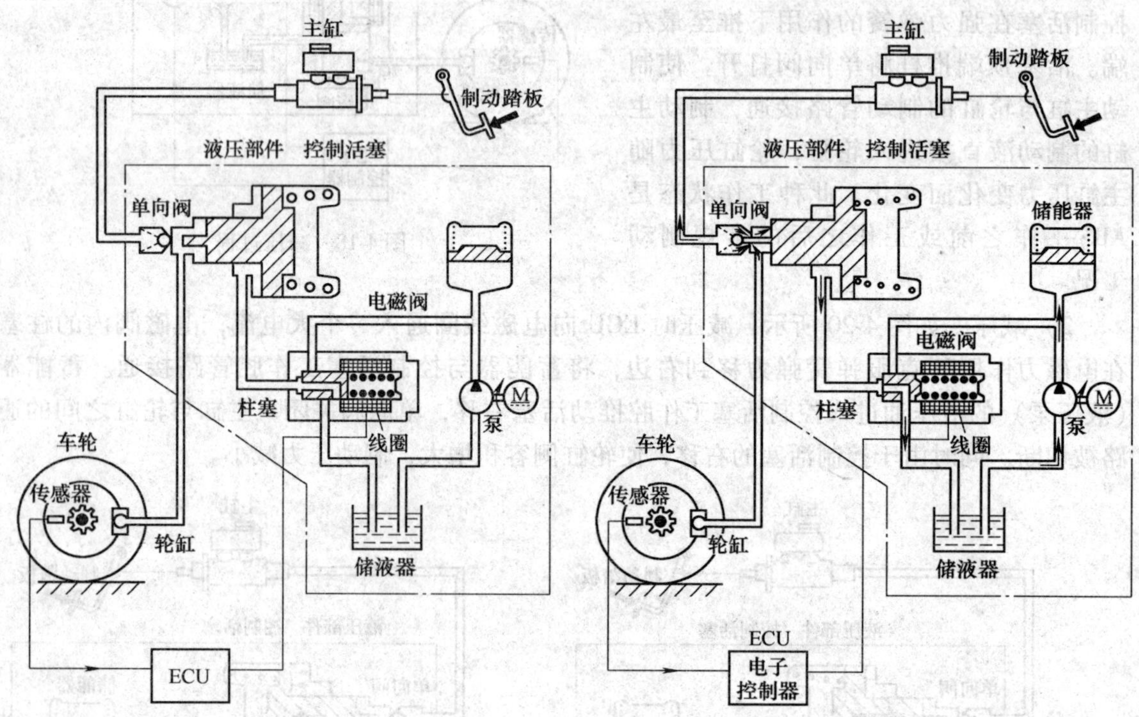

图4-21　可变容积式调节器的保压工作状态　　图4-22　可变容积式调节器的增压工作状态

4. 电控单元（ECU）

ABS的ECU接受各车轮上的传感器传来的转速信号，经过电路对信号的整形、放大和计算机的比较、分析、判别处理，向ABS执行器发出控制指令。一般来说，ABS电控单元还具有初始检测、故障排除、速度传感器检测和系统失效保护等功能。图4-23所示为ABS电控单元（ECU）的基本作用。

（1）组成　电控单元封装在金属壳体中，利用多针接口，通过线束与传感器和执行器相连。为保证ECU的可靠工作，它一般被安置在尘土和潮气不易侵入、电磁波干扰较小的乘客厢、行李箱或发动机室内的隔离室中；软件则是固存在只读存储器（ROM）中的一系列计算机程序。电控单元的输入和输出信号如图4-24所示。

（2）内部结构　ABS电控单元的内部结构如图4-25所示。为确保系统工作的安全可靠性，在许多ABS的ECU中采用了两套完全相同的微处理器，一套用于系统控制，另一套则起监测作用。它们以相同的程序执行运算，一旦监测用ECU发现其计算结果与控制用ECU所算结果不相符，则ECU立即让制动系统退出ABS控制，只维持常规制动。这种“冗余”

的方法可以保证系统更加安全。

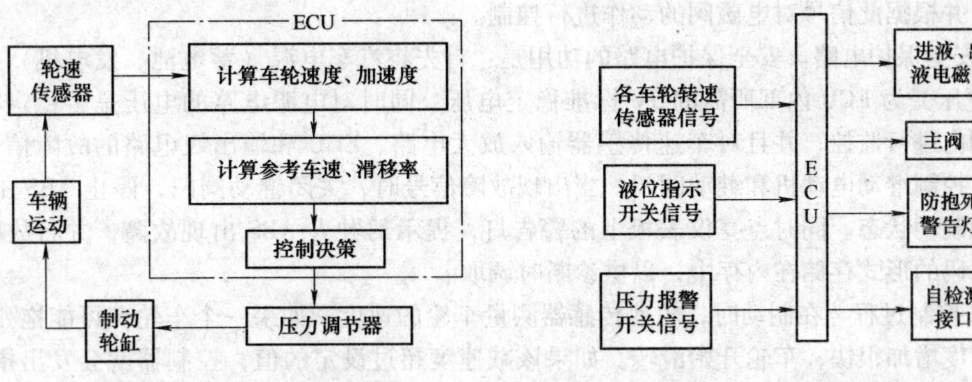

图 4-23 ABS ECU 的基本作用　　图 4-24 ECU 的输入和输出信号

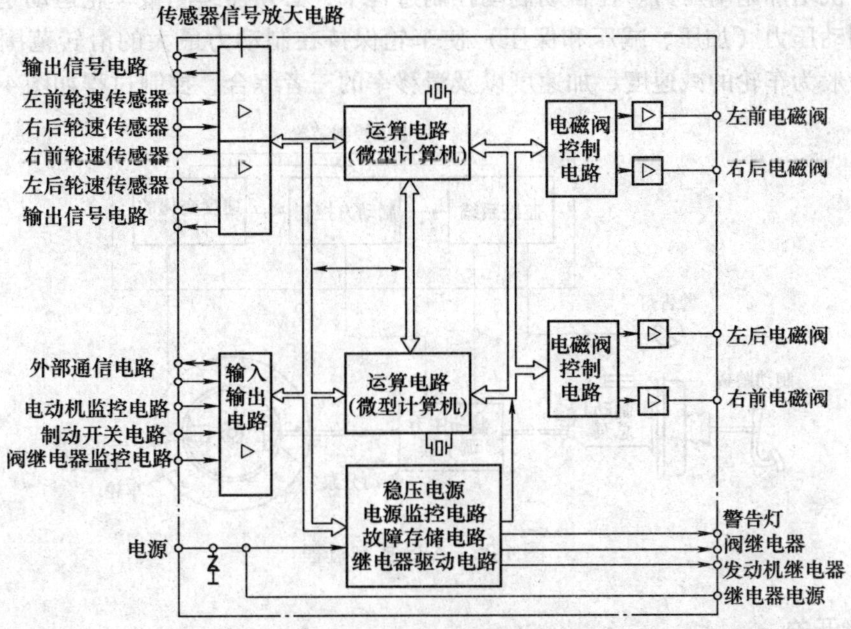

图 4-25 ABS 电控单元的内部结构

ABS ECU 一般由如下几个基本电路组成：

1）输入级电路。输入级电路主要由一个低通滤波器和用以抑制干扰并放大轮速信号的输入放大器组成，其功用是将车速传感器输入的正弦交流信号转换成脉冲方波，整形放大后输入运算电路。放大单元的个数与车速传感器的数量是一致的。

2）运算电路。运算电器的作用主要是进行车轮转速、车轮加减速度、滑移率等控制参数的计算，以及电磁阀的开启控制运算和监控运算。运算过程是，接收由输入放大单元传来的车速传感器脉冲方波信号，并计算出车轮的瞬时线速度，然后对瞬时线速度积分，即计算出初始速度，把初速度与瞬时线速度进行比较运算，即可得到车轮加、减速度和滑移率。最后根据设定的控制方式计算并产生相应的车轮加、减速度门限控制信号及滑移率门限控制信号，对电磁阀控制单元输出减压、保压或增压控制信号。

3）输出级电路（电磁阀控制电路）。输出级信号的作用是接收来自运算电路单元的减压信号，并根据此信号对电磁阀的动作进行控制。

4）安全保护电路。安全保护电路的功用是：首先将汽车电源（蓄电池、发电机）提供的12V电压变为ECU内部所需的5V标准稳定电压，同时对电源电路的电压是否稳定在规定的范围内进行监控，并且对车速传感器输入放大电路、ECU和输出级电路的故障信号进行监控，控制继动电动机和继动阀门。当出现故障信号时，关闭继动阀门，停止ABS工作，转入常规制动状态。同时点亮仪表板上的警告灯，提示驾驶人ABS出现故障，并将故障信息以故障码的形式存储在内存中，以供诊断时调取。

（3）控制过程　在制动时，轮速传感器测量车轮的速度。如果一个车轮有可能抱死时，车轮减速度增加很快，车轮开始滑转。如果该减速度超过设定的值，控制器就会发出指令，使电磁阀停止或减少车轮的制动压力，直到抱死的可能性消失为止。为防止车轮制动力不足，必须再次增加制动压力。在自动制动控制过程中，必须连续测量车轮运动是否稳定，应通过调节制动压力（加压、减压和保压）使车轮保持在制动力最大的滑转范围内。制动控制的参数一般为车轮的减速度、加速度以及滑移率的三者综合，控制过程如图4-26所示。

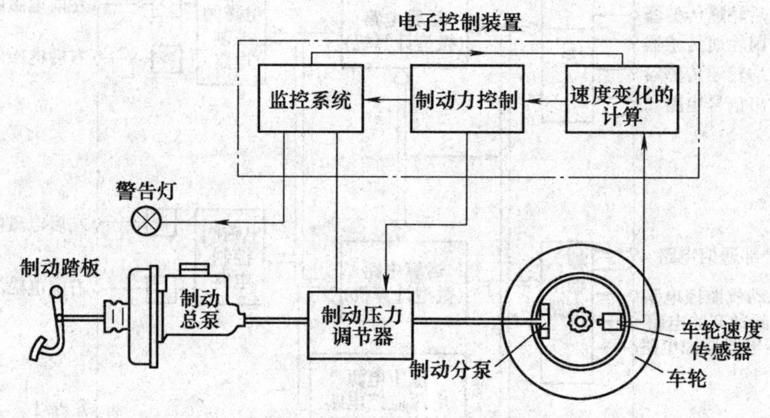

图4-26　ABS控制过程

5. 警告开关

ABS有两种警告开关：压力控制开关（Pressure Control Switch，PCS）和压力警告开关（Pressure Warning Switch，PWS），其安装位置如图4-27所示。

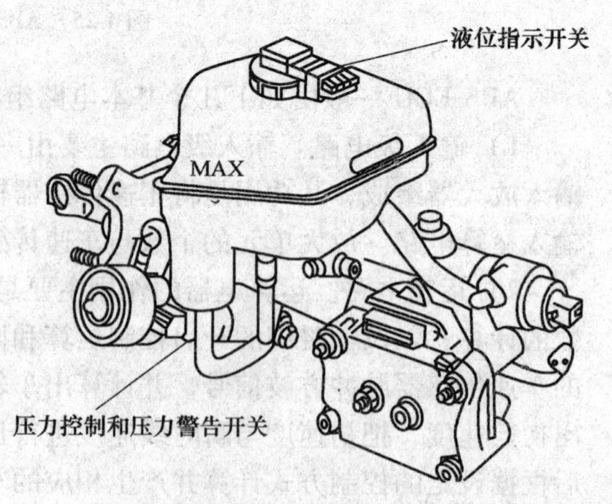

图4-27　压力控制和压力警告开关

压力控制开关（PCS）是由一组触点组成，它独立于ECU工作，一般位于蓄能器下面，监视蓄能器下腔的液压压力。当液压压力下降到一定的数值（一般是14MPa）时，压力开关闭合，使电动泵继电器通电，触点闭合，电源通过此电路让电动泵运转。

压力警告开关（PWS）有两个功能。当压

力下降到 14MPa 以下时，先点亮红色制动系统故障指示灯，然后点亮琥珀色 ABS 故障指示灯，同时让 ECU 停止防抱死制动的工作。

三、电子制动力分配系统（EBD）

1. 概述

EBD 是 Electronic Brake Distribution 的缩写，其含义是“电子控制的制动力分配”。电子制动力分配（EBD）是基于 ABS 控制模式上的一种附加逻辑控制。这种逻辑控制程序取代了传统的制动比例阀。如果在制动过程中后轮比前轮提前抱死，车辆的稳定性就会受到影响，并容易造成车辆侧滑。而具有 EBD 功能的 ABS 会精确监视前后轮打滑的情况，如果后轮出现打滑现象，EBD 装置就会将后轮制动管路关闭，以保持或减小后轮制动管路中的制动液压力，防止车轮侧滑。

电子制动力分配系统的调节过程和防抱死制动系统的调节过程是相似的，即通过对车轮制动压力实行不断降压、保压、升压的循环控制实现车辆的制动。因此，在装备有 ABS 的汽车上只要通过修改控制软件程序就可同时实现电子制动力分配和制动防抱死。汽车制动过程中，EBD 先起作用，当车轮接近抱死时 ABS 才起作用，而 EBD 作用消失。

2. EBD 系统的控制程序

EBD 系统的程序控制是基于制动的滑移率，但它又是在传统 ABS 系统基础上发展起来的一项控制技术，所以 EBD 系统既有与 ABS 相差之处，也有相同之处。具体来说，就是软件的程序控制不同，而对车轮制动压力的控制仍然是通过执行器电磁阀实现的。EBD 系统可以适应诸如制动系的制动盘、制动鼓的磨损，以及轮缸与温度的变化状况等制约制动性能的因素，充分利用分配至各个车轮的附着力，发挥较好的制动效能。

（1）EBD 系统的控制程序　EBD 系统的传感信号依然是四个车轮轮速传感器，这种传感器利用非接触式的电磁感应原理，感应铁磁材料齿圈的磁通量，产生周期性交变的准正弦波信号电压。由于齿圈是固定安装在车轮上的，通过信号电压可随动地反映制动时车轮转速的变化，因此车轮转速越高则信号电压越大。

EBD 系统的控制程序包括有以下几个步骤：轮速检测→参考车速的计算→车轮滑移率的计算→执行器电磁阀的控制→制动压力的跟踪调节。

（2）系统的制动压力调节　系统的执行器为制动压力调节器，其功能是根据系统 ECU 的信号控制执行器的电磁阀动作，调节制动总泵向各个车轮分泵输送的制动压力，从而控制车辆达到最佳的制动效果。通常，执行器按电磁阀工作方式可以分为 3 位置电磁阀和由两个电磁阀控制两种方式。它能使制动液体在制动主缸、轮缸与回油管之间实现有序的连通，使车轮制动压力在升高、保持及降低三态间进行调节。EBD 系统的制动压力调节器即为铝合金阀体，其上包括有电磁阀、电动回油泵及继电器、储液器及单向阀等装置，其中电磁阀还包括有四组升压电磁阀、减压电磁阀共 8 个电磁阀。

3. EBD 系统

丰田威驰车 EBD 系统如图 4-28 所示，对每个车轮制动液压力的控制是采用两个电磁阀的压力控制。EBD 电控单元共管理 8 个电磁阀的独立工作，控制每个制动轮缸各自的制动液压力，完成系统制动液压力的调节：增压、保压、减压的全过程。

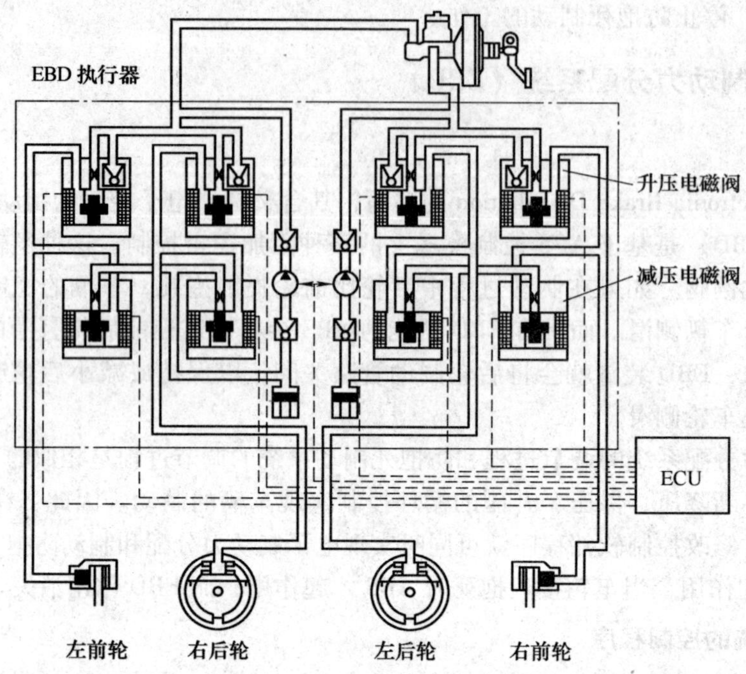

图 4-28　丰田威驰车 EBD 系统

（1）EBD 执行器的构造

1）升压电磁阀。常规下该电磁阀不通电时处于开启状态，故可以称之为常开阀或压力保持阀。当车辆处于制动时，由主缸流出的油液直接通过该阀输出至各轮缸，建立起制动油压，使轮速下降。该阀的进油管道内设置有节流孔，其作用是限制轮缸制动油压建立速度的梯度，车辆制动时需要一定的液压建压梯度，它对车轮制动力的快速形成显然十分有利；但如果建压梯度过大，会造成油液的过渡脉动，系统的振动和噪声将过大，所以对节流孔选择适当的孔径是必需的。

在阀体内与移动滑块相并联的还有一个单向阀，它位于阀体上部与节流孔相并联，作用是保证分泵油压不至高于总泵输入油压。它的工作不与 EBD 系统对油压的调节相关，只起安全保护作用，故这个单向阀亦称为安全阀。

2）减压电磁阀。常规状态即该电磁阀不通电时此阀门是呈关闭态，亦称为常闭阀。当此阀通电而开通时，分泵的制动油压将处于减压状态，故此阀又称减压阀。在该阀内的油管上也有节流孔，与升压电磁阀内的节流孔相对应，这个节流孔是起限制分泵油压的降压梯度的，即直接控制了车轮制动力的下降速度。

3）储液器和液压泵。在制动力的减压阶段，分泵的油液经减压电磁阀流向储液器，储液器起暂存油液的作用，回油再经单向阀和液压泵的作用，被泵回至主缸。显然，在升压电磁阀处于不通电即开启态，踩下制动踏板时，分泵油压呈升压状态，该回油泵是不工作的，而在其他调压阶段，回油泵则自动通电运作。

（2）执行器的工作过程分析　执行器的工作即是由 EBD 的 ECU 对升、减压电磁阀及液压泵进行控制，调节车轮分泵制动油压的增加、保持和减少，具体的调压工作过程见表4-1。

表4-1　执行器调压过程

轮缸制动油压		增　加	保　持	减　少
升压	通电流	断电	通电	通电
电磁阀	阀状态	开启	截止	截止
减压	通电流	断电	断电	通电
电磁阀	阀状态	截止	截止	开启

四、ABS的检修

1. ABS维修注意事项

1）ABS系统与普通制动系统是不可分的，只要普通制动系统出现问题，ABS系统就不能正常工作。因此，要将二者视为整体进行维修。

2）ABS的ECU对过电压、静电非常敏感，维修时稍有不慎就会很容易损坏ECU中的芯片，造成整个ABS失效。因此，点火开关接通时不要插或拔ECU上的插接器；在车上进行电焊之前，要戴好防静电器（也可用导线一头缠在手腕上，一头缠在车体上），拔下ECU上的插接器后再进行电焊；给蓄电池进行专门充电时，要将电池从车上拆卸下或摘下蓄电池电缆后再进行充电。

3）维修车轮速度传感器时一定要十分小心。拆卸时注意不要碰伤传感器头，不要用传感器齿圈当做撬面，以免损坏。安装时应先涂覆防锈油，安装过程中不可敲击或用蛮力。一般情况下，传感器气隙是可调的（也有不可调的），调整时应使用非磁性塞卡，如塑料或铜塞卡，当然也可使用纸片。

4）维修ABS液压控制装置时，切记要首先进行泄压，然后再按规定进行修理。例如制动主缸和液压调节器设计在一起的整体ABS，其蓄能器存储了高达18MPa的压力，维修前要彻底泄去压力，以免高压油喷出伤人。

5）制动液要至少每隔两年更换一次，最好是每年更换一次。注意不要使用DOTS硅酮型制动液，更换和存储的制动液以及器皿要清洁，不要让污物、灰尘进入液压控制装置，制动液不要沾到ABS ECU和导线上。最后要按规定的方式进行放气（与普通动系统的放气有所不同）。

6）在进行ABS诊断与检查时，要掌握扫描仪等专业工具的使用方法，按照维修手册中给出的故障诊断图表进行故障诊断。

2. ABS系统的故障自诊断测试

现代汽车电子控制防抱死制动系统（ABS）都具有故障自诊断功能，当ECU检测到ABS系统故障信息时，便立即将仪表板上的ABS故障指示灯点亮，告知驾驶人ABS系统中已出现故障。同时，ECU将故障信息以故障码的形式储存到存储器中。在诊断ABS系统的故障时，可按照设定的程序和方法读取故障码和清除故障码。现代汽车ABS系统除具有故障码读取检测功能外，还具有初始检测功能和传感器检测功能。

现代汽车 ABS 系统除具有故障码读取检测功能外，还具有以下检测功能（以丰田汽车 ABS 系统为例）：

1）初始检测功能。ABS 系统的初始检测功能主要是检测 ABS 执行器的工作噪声，其具体步骤如下：

①起动发动机，汽车以超过 6km/h 的速度行驶。

②检查能否听到 ABS 执行器的工作噪声。

注意：一旦发动机开始起动且初始车速超过 6km/h，ABS 系统就开始进行初始检测。主要是检测 ABS 执行器的 3 位电磁阀和泵电动机的功能是否正常。但是，如果此时踩下制动踏板，初始检测功能将无法进行。只有放松制动踏板，初始检测功能才能开始进行。

2）传感器检测功能。当在检查传感器检测功能时，ABS 不能运行，制动系统应处在常规制动状态。速度传感器的检测步骤如下：

①检查蓄电池电压是否为 12V 左右。

②检查仪表板上的 ABS 故障指示灯是否闪亮。

a）将点火开关转至“ON”位置。

b）检查仪表板上的 ABS 故障指示灯，应持续亮 3s 后熄灭。如果不亮，则检查、维修或更换仪表板熔断器、ABS 故障指示灯灯泡或导线。

c）将点火开关转回“OFF”位置。

d）用诊断跨接线短接故障检测插座中的 TC、E1 和 TS 插孔。

e）固定驻车制动操纵杆，起动发动机（注意：不要踩下制动踏板），检查仪表板上的 ABS 故障指示灯是否每秒闪烁 4 次。

③检查速度传感器的电信号。汽车以 4～6km/h 的速度直线行驶，检查 ABS 故障指示灯是否熄灭 1s 后又变亮。如果车速不在以上指定的速度范围内，则 ABS 故障指示灯变亮但不闪烁，此时应停下汽车读取故障码并维修故障部件。

若车速在 4～6km/h 范围内 ABS 故障指示灯变亮，则检测结束。当车速超过 6km/h 时，ABS 故障指示灯又开始闪烁，说明速度传感器没有问题。当 ABS 故障指示灯熄灭时，不要让汽车受到任何冲击，诸如加速、减速、制动、换档、转向或在坎坷不平的路面上行驶。

④检查低速时速度传感器信号的变化。用与步骤③相同的方法，检查在 45～55km/h 时速度传感器信号的变化情况。

⑤检查高速时速度传感器信号的变化。对于两轮驱动（2WD）的汽车，用第③步的方法检查车速在 110～130km/h 时速度传感器信号的变化情况；对于四轮驱动（4WD）的汽车，用第③步的方法检查车速在 80～90km/h 时速度传感器信号的变化情况。

⑥读取速度传感器故障码。停下汽车，ABS 故障指示灯将开始闪烁，根据 ABS 故障指示灯闪烁的次数即可得到故障码。应当注意，故障自诊断系统开始工作后，踩下制动踏板的次数不要超过 16 次，否则储存在 ECU 的故障码就会被清除。

⑦使系统恢复正常状态：

a）将点火开关转至“OFF”位置。

b）从故障检测插座上的 TC、E1、TS 插孔上取下诊断跨接线。

3. ABS 系统故障诊断表

在进行 ABS 系统故障检测与诊断时，应根据 ABS 系统工作特性分析故障现象和特征，在故障征兆确认后，根据维修资料的说明有目的地进行检测与诊断。

（1）ABS 系统的故障现象　由 ABS 系统的工作原理可知，在 ABS 系统工作过程中，会出现一些与传统经验相背离的情况，有些是 ABS 系统的正常反应，而不是故障现象，应加以区别，例如：

1）发动机起动后，踩下制动踏板，制动踏板会有可能弹起，这表示 ABS 系统已发挥作用；反之，发动机熄火，踩下制动踏板，踏板会有轻微下沉现象，这表示 ABS 系统停止工作，这些都是正常现象。

2）当踩下制动踏板后，同时转动转向盘，即可感到轻微的振动，这并非故障。因为在车辆转向行驶时，ABS 系统工作循环开始，会给车轮带来轻微的振动，继而传递到转向盘上形成振感。

3）汽车行驶制动时，制动踏板不时地有轻微下沉现象，这是因为道路表面附着系数变化而引起的正常现象，并非故障。

4）高速行驶时，如果急转弯，或是在冰雪路面上行驶时，有时会出现 ABS 故障指示灯点亮的情况，这说明在上述工况中出现了车轮打滑现象，而 ABS 系统产生保护动作，这同样也不是故障现象。ABS 系统可能出现的故障有：紧急制动时，车轮被抱死；在驾驶过程中或者放开驻车制动器操纵杆时，ABS 故障指示灯点亮；制动效果不佳或 ABS 操作不正常等。

（2）ABS 系统故障诊断表　ABS 系统各类常见故障的检查内容、检查部位和检查方法见表 4-2。另外，通过观察仪表板上 ABS 故障指示灯的闪烁规律，也可以对 ABS 系统发生的故障进行粗略的诊断。

ABS 系统可能出现的故障有：紧急制动时，车轮被抱死；在驾驶过程中或者放开驻车制动器操纵杆时，ABS 故障指示灯点亮；制动效果不佳或 ABS 操作不正常等。

表 4-2　ABS 系统常见故障表

故障类型	检查内容及顺序	故障位置及检查调整
紧急制动时，车轮被抱死	ABS 故障指示灯点亮	按故障码处理
	拉起手制动杆，ABS 故障指示灯不亮	检查：驻车制动开关、制动开关、ABS 故障指示灯灯泡
	查看故障代码显示器，有代码显示	ECU 的 PL 端子和 ABS 故障指示灯之间断路
	打开点火开关，3s 后检查电磁控制阀是否有响声（检查时不可踩下制动踏板）	检查 ECU 的 + B 端子和车身之间是否有电压，没有电压则为电路故障，否则查看 ECU 的 E_1，端子是否搭铁
	正、负极之间电压低于 12V	蓄电池故障，更换或充电
	踩下制动踏板后，在 ECU 的 STR 和 E 端子之间没有 8 ~ 14V 电压	检查：ABS 故障指示灯开关，ABS 故障指示灯开关电路
	检查速度传感器和电磁控制阀	如有不正常搭铁，查清修理
	检查电磁控制阀是否正常	不正常拆下修理

（续）

故障类型	检查内容及顺序	故障位置及检查调整
行驶过程或放开驻车制动器操纵杆，ABS 故障指示灯亮	停车时 ABS 故障指示灯不亮	电磁阀故障，检查电磁阀
	检查制动液量	制动液不足时，重新加足
	检查停车灯	工作不正常时，检查线路，更换灯泡
	放开驻车制动器操纵杆，踩下制动踏板，ABS 故障指示灯不灭	查看故障码，如果没有则是 ECU 故障
	将 ECU 同系统断开，ABS 故障指示灯仍不熄灭	检查：驻车制动开关、制动液量开关，ABS 故障指示灯电路、传感器是否失效
	ECU 的 B 和 E 端子之间的电压不足 10V	检查电路和蓄电池
	点火开关置于“ON”时，ABS 故障指示灯 0.3s 内点亮	检查：ABS 故障指示灯开关、ABS 故障指示灯电路、电磁控制阀
制动效果不佳，防抱死操作不正常	检查轮胎尺寸，胎压及磨损状况	不正常则应修理或更换
	检查蓄电池的电压	电压如果不足 12V，则应充电
	检查制动管路	不正常时，修理或更换
	未踩下制动踏板时，检查 ECU 的 STR 端子和车身之间是否有电压	如果有电压，则查看 ABS 故障指示灯开关及其电路是否正常
	检查车速传感器和传动齿轮	不正常时，修理或更换
	检查车速传感器和制动轮毂的齿面	不正常时，修理或更换

第二节　电控驱动防滑/控制系统（ASR）

随着对汽车性能要求的提高，不仅要求在制动过程中防止车轮抱死，而且也要求防止在驱动过程中（起步、加速），特别是在非对称路面或转弯时驱动轮滑转，以提高汽车在驱动过程中的方向稳定性、转向控制能力和加速性能。因此，现代汽车采用了电控驱动防滑转（Anti Slip Regulation，ASR）系统。

一、概述

1. ASR 系统的理论基础

汽车驱动防滑控制系统简称 ASR，是继制动防抱死系统（ABS）之后应用于车轮防滑的电子控制系统。对于车轮和路面的滑移率控制，ASR 和 ABS 系统是采用了相同的技术，但两者所控制的车轮滑移率是相反的。由于 ASR 系统和 ABS 系统密切相关，常将它们结合在一起使用，构成行驶安全系统。这样，它们可以共享许多电子组件和可用共同的系统部件控制车轮的运动。

所谓汽车打“滑”有两种情况：一是汽车制动时车轮的滑移；二是汽车驱动时车轮的滑转。ABS 系统是防止制动时车轮因抱死而滑移，而 ASR 则是防止驱动车轮原地不动时不停地滑转。用 S_d 表示驱动时的滑转，可用下式表达：

$$S_d = \frac{v_C - v}{v_C} \times 100\% = (r\omega - v)/r\omega \times 100\%$$

式中，v 是车身瞬时速度；v_C 是车轮圆周速度；r 是车轮半径；ω 是车轮转动角速度。

可以看出，当 v 为0（汽车原地不动），v_C 不为0时，汽车处于完全滑转状态。图4-29所示为滑转率与纵向附着系数之间的关系，由图可以看出：

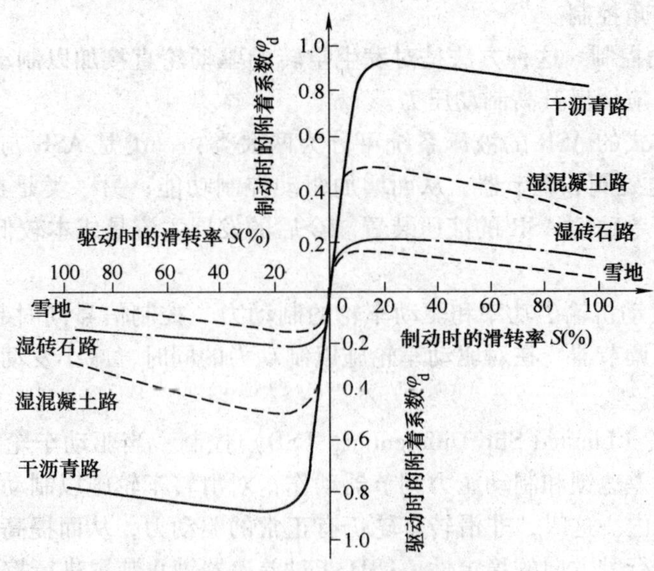

图4-29 滑转率与纵向附着系数之间的关系

1）附着系数随路面的不同而呈大幅度的变化。

2）在各种路面上，当滑转率为20%左右时，附着系数达到峰值。

3）上述趋势，无论制动还是驱动时都几乎一样。

2. ASR与ABS的比较

1）ABS和ASR都是用来控制车轮相对地面的滑动，以使车轮与地面的附着力不下降，但ABS控制的是汽车制动时车轮的“拖滑”，主要用来提高制动效果和确保制动安全，而ASR是控制车轮的“滑转”，用于提高汽车起步、加速及在滑溜路面行驶时的牵引力和确保行驶稳定性。

2）虽然ASR也和ABS一样，通过控制车轮的制动力大小抑制车轮与地面的滑动，但是ASR只对驱动车轮实施制动控制。

3）ABS是在汽车制动时工作，在车轮出现抱死时起作用，当车速很低（小于8km/h）时不起作用；而ASR则是在汽车行驶过程中都工作，在车轮出现滑转时起作用，当车速很高（80～120k m/h）时一般不起作用。

3. 防滑转控制的方式

防滑转电子控制系统的控制参数是滑转率 S_d，控制器根据各车轮转速传感器信号计算 S_d，当 S_d 值超过某一限定值时，控制器就输出控制信号，抑制车轮的滑转，将车轮的滑转率控制在理想的范围内。

汽车防滑转电子控制系统常用的控制方式有以下几种：

（1）发动机输出功率控制　在汽车起步、加速时若加速踏板踩得过猛，会因为驱动力过大而出现两边的驱动车轮都滑转的情况。这时，ASR 控制器输出控制信号，控制发动机的输出功率，以抑制驱动车轮的滑转。

该控制方式下进行驱动防滑控制的方法通常有：辅助（副）节气门控制、燃油喷射量控制和延迟点火提前角控制。

（2）驱动轮制动控制　这种方法是对发生空转的驱动轮直接加以制动，反应时间最短。为使制动过程平稳，应缓慢升高制动压力。

采用制动控制方式的 ASR 的液压系统可分为两大类：一类是 ASR 与 ABS 的组合结构，在 ABS 系统中增加电磁阀和调节器，从而增加驱动控制功能；另一类是在 ABS 的液压装置和轮缸之间增加一个单独的 ASR 的液压装置。今后的发展主流是成本较低的 ASR/ABS 组合结构。

（3）同时控制发动机输出功率和驱动车轮的制动力　控制信号同时起动 ASR 制动压力调节器和辅助节气门调节器，在对驱动车轮施以制动力的同时，减小发动机的输出功率，以达到理想的控制效果。

（4）防滑差速锁（Limited Slip Differential，LSD）控制　当驱动车轮单边滑转时，控制器输出控制信号，使差速锁和制动压力调节器动作，对滑转车轮施以制动力，使车轮的滑转率控制在目标范围之内。这时，非滑转车轮仍有正常的驱动力，从而提高了汽车在滑溜路面的起步和加速能力及行驶方向的稳定性。LSD 能对差速器锁止装置进行控制，使锁止范围从 0 到 100%。

（5）差速器与发动机输出功率综合控制　汽车在行驶过程中，路面滑溜的情况千差万别，驱动力的状态也是不断变化，综合控制系统将根据发动机的状况和车轮滑转的实际情况采取相应的控制。例如，在发动机驱动力较小的状态下出现车轮滑转的主要原因可能是由于路面滑溜，这时采用对滑转车轮施以制动的方法就比较有效。而在发动机输出功率大（节气门开度大、转速高）时出现车轮滑转，则主要通过减小发动机输出功率的方法来控制车轮的滑转。有时候，车轮滑转的情况更为复杂，需要通过对车轮制动和减小发动机输出功率的共同作用来控制车轮的滑转。

二、ASR 系统的结构与工作原理

1. ASR 的基本组成与工作原理

该系统主要由轮速传感器、ABS/TRC（牵引力控制）控制单元、ABS 执行器（制动压力调节器）、TRC 制动执行器（包括隔离电磁阀总成和制动供能总成）、副节气门控制步进电动机和主、副节气门位置（开度）传感器等组成，如图 4-30 所示。

车轮车速传感器将行驶汽车驱动车轮转速及非驱动车轮转速转变为电信号，输送给电子控制单元（ECU）。ECU 根据车轮车速传感器的信号计算驱动车轮滑转率，如果滑转率超出目标范围，控制器再综合参考节气门开度信号、发动机转速信号、转向信号（有的车无）等因素确定控制方式，输出控制信号，使相应的执行器动作，将驱动车轮的滑转率控制在目

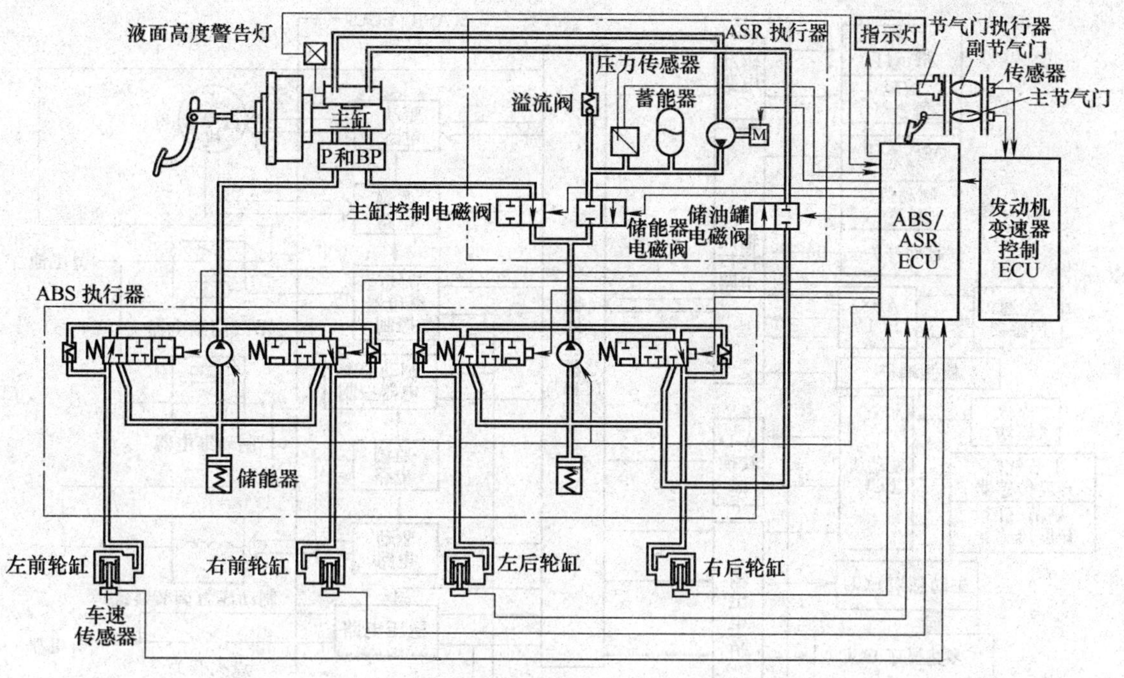

图 4-30 典型的 ASR 系统

标范围之内。

（1）ASR 的传感器 ASR 的传感器主要是车轮车速传感器和节气门开度传感器。车轮车速传感器与 ABS 系统共享，而节气门开度传感器则与发动机电子控制系统共享。

ASR 专用的信号输入装置是 ASR 选择开关，将 ASR 选择开关关闭，ASR 不起作用。例如，在需要将汽车驱动车轮悬空转动检查汽车传动系统故障时，ASR 就可能对驱动车轮施以制动，影响故障的检查。这时，关闭 ASR 开关，中止 ASR 的作用，可以避免这种影响。

（2）ASR 的电子控制单元（ECU） ASR 电子控制器以微处理器为核心，配以输入、输出电路及电源电路等。为了减少电子元器件的数目，简化和紧凑结构，ASR 控制器通常均与 ABS 控制器组合为一体，如图 4-31 所示。ASR ECU 的输入信号来自 ABS ECU 发动机控制 ECU 和几个选择控制开关等。根据上述输入信号，ASR ECU 通过计算后向制动器与发动机节气门发出工作指令，并通过指示灯显示当前的工作状态。一旦 ASR ECU 检测到任何故障，则立即停止 ASR 调节，此时，车辆仍可以保持常规方式行驶，同时系统会将检测出的故障信息存计入微机的 RAM，所诊断的故障码输出到多路显示 ECU，并使报警指示灯闪烁。

（3）ASR 系统的执行机构

1）制动压力调节器。ASR 制动压力调节器执行 ECU 的指令对滑转车轮施加制动力和控制制动力的大小，以使滑转车轮的滑转率在目标范围之内。ASR 制动压力源是蓄能器，通过电磁阀调节驱动车轮制动压力的大小。ASR 制动压力调节器的结构形式有单独方式和组合方式两种。

①单独方式的 ASR 制动压力调节器。所谓单独方式，是指 ASR 制动压力调节器和 ABS 制动压力调节器在结构上各自分开，如图 4-32 所示。

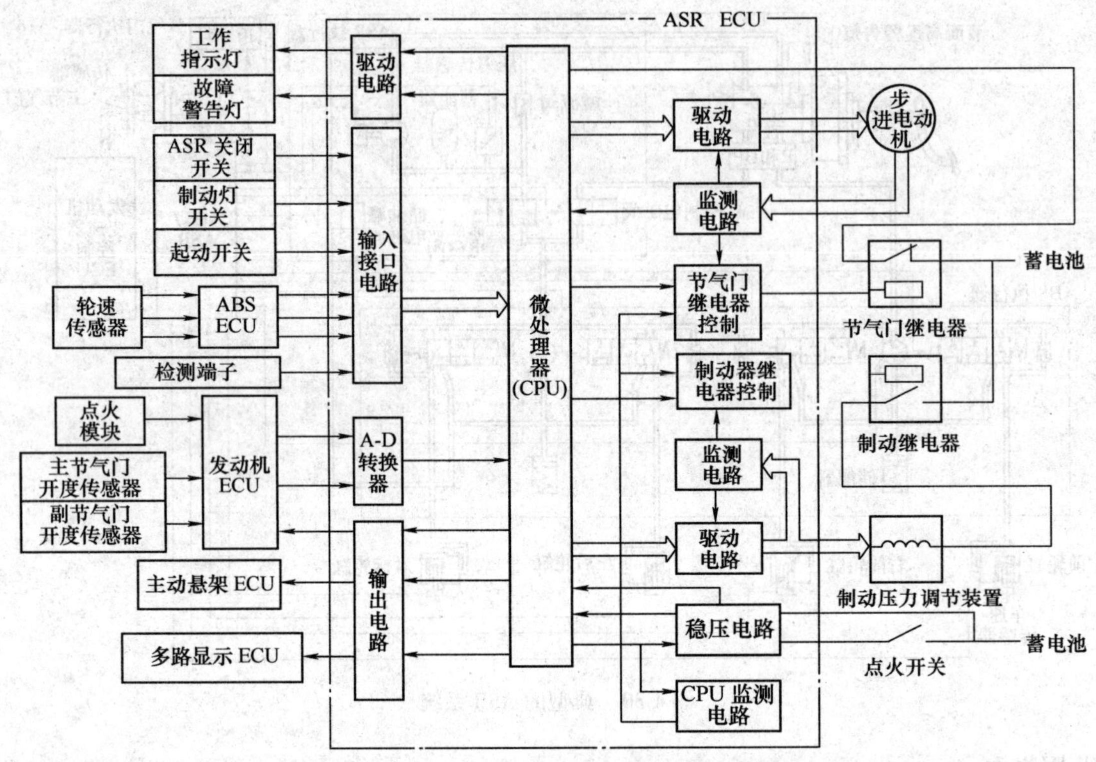

图 4-31 ABS/ASR 组合电子控制单元（ECU）

在 ASR 不起作用、电磁阀不通电时，阀在左位，调压缸的右腔与储液室相通而压力低，调压缸的活塞被回位弹簧推至右边极限位置。这时，调压缸活塞左端中央的通液孔将 ABS 制动压力调节器与车轮制动分泵沟通，因此，在 ASR 不起作用时，对 ABS 无任何影响。

当驱动车轮出现滑转而需要对驱动车轮实施制动时，ASR 控制器输出控制信号，使电磁阀通电而移至右位。这时，调压缸右腔与储液室隔断而与蓄能器接通，蓄能器具有一定压力的制动液推动调压缸的活塞左移，ABS 制动压力调节器与车轮分泵的通道被封闭，调压缸左腔的压力随活塞的左移而增大，驱动车轮制动分泵的制动压力上升。

当需要保持驱动车轮的制动压力时，控制器使电磁阀半通电，阀处于中位，使

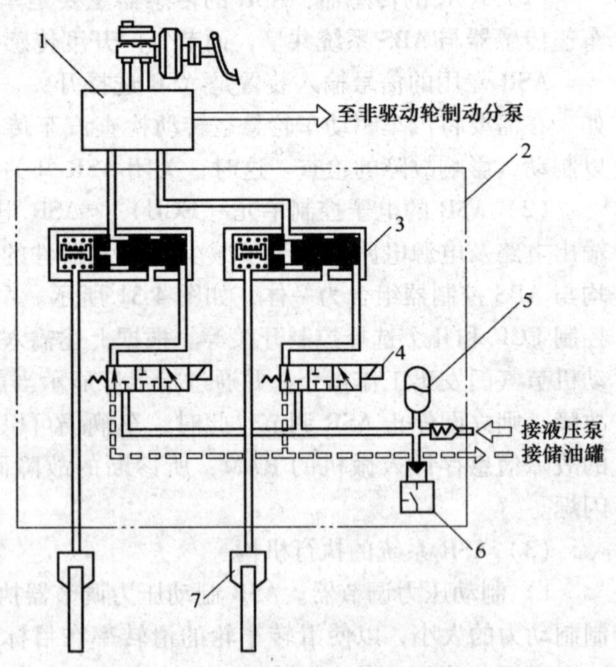

图 4-32 ASR 制动压力调节器原理

1—ABS 制动压力调节器 2— ASR 制动压力调节器
3—调压缸 4—三位三通电磁阀 5—蓄能器
6—压力开关 7—驱动车轮制动器

调压缸与储液室和蓄能器都隔断，于是，调压缸活塞保持原位不动，制动分泵的制动压力不变。

当需要减小驱动车轮的制动压力时，控制器使电磁阀断电，阀在回位弹簧力的作用下回到左位，使调压缸右腔与蓄能器隔断而与储液器接通；于是调压缸右腔压力下降，其活塞右移，使驱动车轮制动分泵的制动压力下降。

②组合方式的 ASR 制动压力调节器。如图 4-33 所示，在 ASR 不起作用时，电磁阀 I 不通电。汽车在制动过程中如果车轮出现抱死，ABS 起作用，通过控制电磁阀Ⅱ和电磁阀Ⅲ调节制动压力。

当驱动车轮出现滑转时，ASR 控制器使电磁阀 I 通电，阀移至右位，电磁阀Ⅱ和电磁阀Ⅲ不通电，阀仍在左位，于是，蓄能器的液压油进入驱动车轮制动泵，制动压力增大。

当需要保持驱动车轮的制动压力时，ASR 控制器使电磁阀 I 半通电，阀移至中位，隔断了蓄能器及制动总泵的通路，驱动车轮制动分泵的制动压力即被保持不变。

当需要减小驱动车轮的制动压力时，ASR 控制器使电磁阀Ⅱ和电磁阀Ⅲ通电，阀Ⅱ和阀Ⅲ移至右位，将驱动车轮制动分泵与储液室接通，制动压力下降。

如果需要对左右驱动车轮的制动压力实施不同的控制，ASR 控制器则分别对电磁阀Ⅱ和电磁阀Ⅲ实现不同的控制。

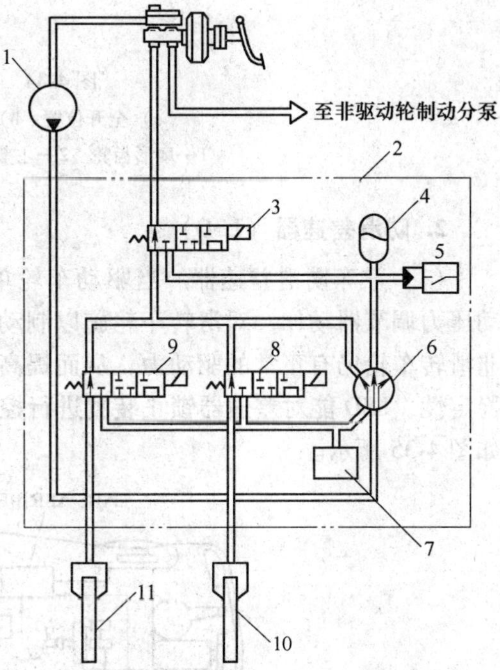

图 4-33　ABS/ASR 制动压力调节器原理

1—输液泵　2—ASR / ABS 制动压力调节器　3—电磁阀 I　4—蓄能器　5—压力开关　6—循环泵　7—储液室　8—电磁阀Ⅱ　9—电磁阀Ⅲ　10、11—驱动车轮制动器

2）副节气门装置。在发动机节气门上主节气门的前方，设置有一个副节气门（或称为辅助节气门）。该装置的主要作用是在驱动防滑转控制过程中调节副节气门的开度，调整发动机的进气量，达到控制发动机输出转矩的目的。

副节气门是由步进电动机根据 ABS/TRC ECU 的指令进行控制的。在步进电动机旋转轴的末端固定有一个齿轮（主动齿轮），步进电动机旋转时由该齿轮带动副节气门轴末端的扇形齿轮旋转，以此控制副节气门的开度。在 TRC 不工作时，步进电动机不通电，副节气门处于完全打开位置，此时发动机的进气量由驾驶人通过加速踏板操纵主节气门进行控制；在 TRC 工作时，副节气门的开度由步进电动机根据 ECU 的指令进行控制，使副节气门处于开启 半至全闭位置，实现进气量的自动调整，如图 4-34 所示。

在节气门体上设有主、副节气门位置（开度）传感器，其感测的信号先输入发动机和变速器 ECU，然后由发动机和变速器的 ECU 将主、副节气门位置信号送到 ABS/TRC ECU 中。

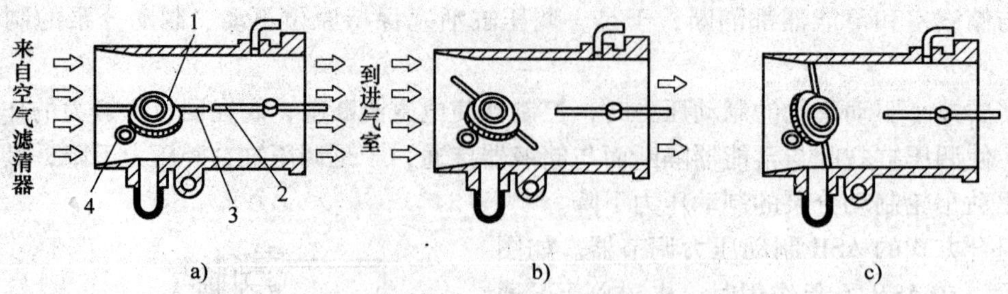

图 4-34 副节气门的各种位置

a) 全开位置 b) 50% 开启位置 c) 全闭位置

1—扇形齿轮 2—主节气门 3—副节气门 4—主动齿轮

2. 防滑差速器（LSD）

（1）汽车防滑差速器。当驱动车轮单边滑转时，控制器输出控制信号，使差速锁和制动压力调节器动作，对滑转车轮施以制动力，使车轮的滑转率控制在目标范围之内。这时，非滑转车轮仍有正常的驱动力，从而提高了汽车在滑溜路面的起步和加速能力及行驶方向的稳定性。LSD 能对差速器锁止装置进行控制，使锁止范围从 0 到 100%，带防滑差速器系统如图 4-35 所示。

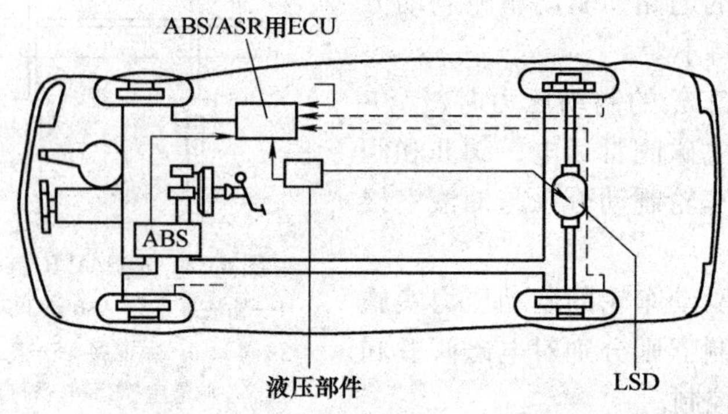

图 4-35 带防滑差速器的 ASR 系统

汽车防滑差速器有两类：一类是强制锁止式差速器，它通过电子控制或者气控锁止机构，人为地将差速器锁止，使左、右半轴连成一个整体转动；另一类防滑差速器是自动锁止（自锁）式差速器，它在滑路面上可以自动地增大锁止系数，直至差速器完全锁止，这类差速器合多种结构型式，例如摩擦片和自动（爪型）离合器式等。

（2）电子控制式防滑差速器　电子控制式防滑差速器目前主要装有湿式差速器（V-TCS）的防滑控制和主动防滑控制（LSD）差速器两种，其电子控制均采用模糊控制技术。下面以四轮驱动防滑差速器介绍其功能。

1）基本结构。图 4-36 所示为具有油压多板式离合器差动限制器的四轮驱动汽车的动力传递路线。从发动机输出的动力经过变速器变速后，从驱动小齿轮传递到环齿轮，由中央差速器分配到前后驱动轴，而且前差动器（前差速器）、后差动器分别传递到左右车轮。该差速传动系统主要由中央差速器和差速限制机构等组成。

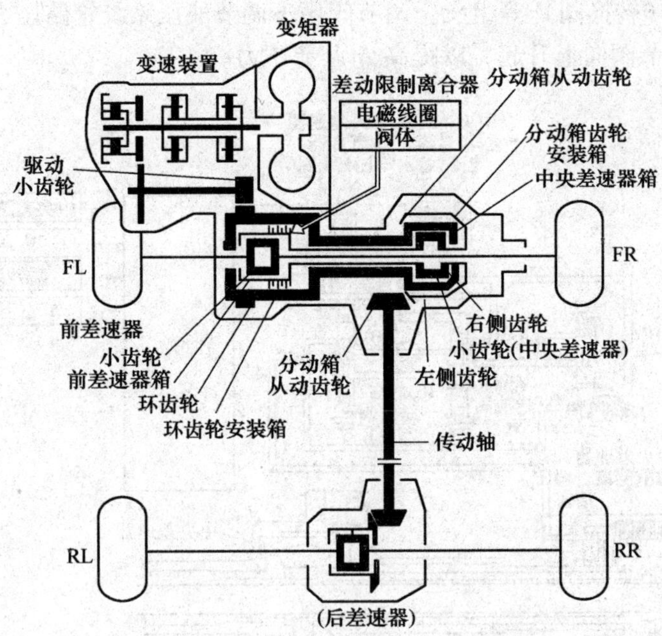

图 4-36 四轮驱动的差速传动系统的组成

中央差速器：中央差速器具有两大功能 第一个功能是把变速器输出的动力均匀分配到前后轮驱动轴上；第二个功能是在车轮转动时将前轮驱动轴和后轮驱动轴的转速差加以吸收。右侧齿轮经过分动齿轮箱、主动齿轮、分动箱从动齿轮，驱动力被传递到后差速器，左差速器经过前差速器箱把驱动力传向前差速器。

差速限制机构：当前轮与后轮之间发生转速差时，按照此转速差，控制油压多板离合器的接合力，从而控制前后轮的转矩分配。差动限制离合器由湿式多板离合器盘、平板以及活塞构成，如图 4-37 所示。改变环齿轮安装箱和前差速器箱的接合状态，亦即按照作用于活塞的油压大小，改变多板离合器的压紧力，从而控制向前差速箱分配转矩。此外，按车辆照行驶状态的差动限制量，由电子控制器 ECU 进行判别，由电磁阀控制活塞的工作油压。

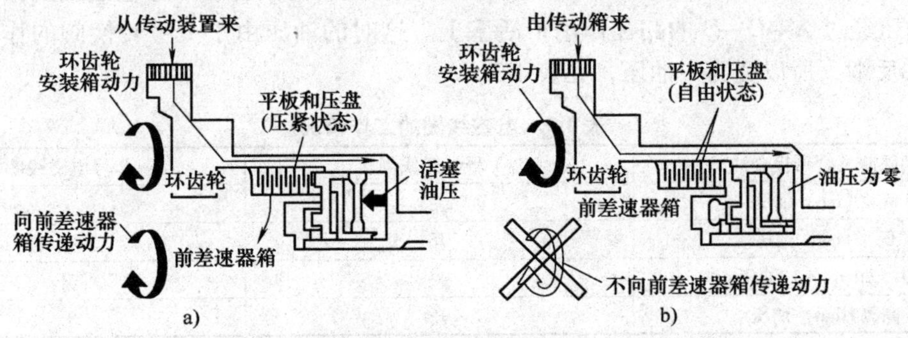

图 4-37 差动限制离合器的结构和工作示意图

a）差动限制自动开启 b）差动限制关闭

2）工作原理。图 4-38 所示为防滑差速器电子控制系统控制原理图，该系统主要由传感器、ECU、调节阀（转换阀）等组成。调节阀用于调节液压系统管路压力，利用1号转换阀使油压E动作，调节阀向上升起，以提高A调节压力。

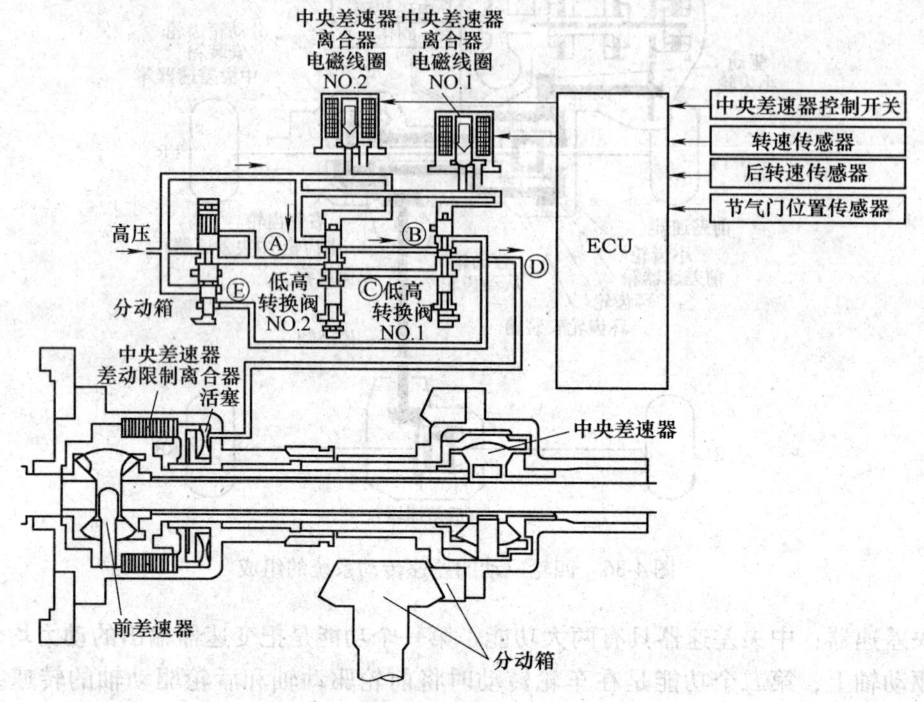

图4-38 防滑差速器电子控制系统

图4-38中，1号与2号电磁线圈均处于断开状态。这时1号转换阀输出口被关闭，不向活塞室供给油压，差动限制离合器处于自由状态。当1号与2号电磁线圈都接通时，由于1号和2号转换阀上部的油压分别由各自的电磁线圈作用而排出，转换阀由于回位弹簧的弹性作用向上顶起，所以，管路油压（高压）经过图中箭头所指的路径由输出道口D供给并与差动限制离合器的活塞接合。只有当1号电磁线圈接通时，被控制的管路油压，经过A→B→D的路径作用于活塞，这时油压低，离合器接合力变弱。只有当2号电磁线圈接通时，被调节的油压经过A→C→D的路径作用于活塞上。这时的油压由于1号转换阀的作用，管路油压向E反馈，所以变为中油压，见表4-3。

表4-3 电磁线圈的工作情况

差动限制离合器接合油压	1号电磁线圈	2号电磁线圈
无（Free）油压	关	关
低（Low）油压	开	关
中（Medium）油压	关	开
高（High）油压	开	开

3）控制特性。防滑差速器的差动限制控制主要根据节气门开度、车速和变速器的变速位置信号，由ECU控制并改变差动限制离合器的压紧力。

起步时控制：在1档、低速档，节气门开度大时，接合油压增强到中等“Medium”，由此能提高滑动路面或一个车轮脱落时的起步能力。

打滑控制：当节气门开度与车速关系处于某一区域，前后轮的转速差按照速度差换算超过2~3km/h时，接合油压变为“High”，差动限制达到最大值。

通常控制；当接合油压为“Low”，进行微弱差动限制，以防止产生急转弯制动现象。这是指转弯时前后轮产生车速差，当存在转速差时，转弯困难，就如同有制动器一样，一般发生在分段式四轮驱动行驶时。

三、ASR系统的使用与检修

1. 自诊断系统

与制动防抱死装置一样，ASR电控驱动防滑系统，又称牵引力控制系统具有故障自诊断功能，下面以丰田汽车为例说明ASR系统的故障诊断方法。

（1）故障码的读取　点火开关处于点火位置，用故障诊断专用检查线将故障诊断插座中的TC和E_1端子连接起来，或用专用诊断仪与诊断插座相连接，观察ASR警告灯（在仪表盘处）的闪烁规律并记录。若电子控制器（ECU）中没有存储故障码，2s后ASR警告灯将以0.25s的间隔连续闪烁，即显示正常代码。若ECU中存有故障，警告灯则在4s以后开始闪烁显示故障码。

如果ECU中有两个以上故障码时，故障则以故障码的数值大小由小到大的顺序显示。

根据仪表板上ASR故障指示灯的闪烁情况读取故障码并记录下来。故障的闪烁方式与制动防抱死系统相同。故障码详细内容见表4-4。

（2）故障码的清除　维修工作结束前，在保持跨接线与诊断接口或故障诊断仪通信线接口的TC和E_1相连接的情况下，接通点火开关，在3s内连续踩制动踏板8次以上，即可清除电控单元中的故障码，最后关闭点火开关取下跨接线。

2. ASR系统的检测

（1）测量ABS/ASR电子控制器（ECU）插接器各接线端子与地之间的电压　用万用表直流电压（DC）档测量ECU插接器有关端子对地的电压值。

1）电源电压的检测。BAT端子上的电压在点火开关断开和接通时，均应为10~14V。IG端子上的电压，在点火开关断开时为0V，点火接通时为10~14V。

2）空档启动开关两端子PL、NL上电压的检测。PL、NL两端子上的电压在点火开关断开时，均为0V。

当点火开关接通、变速杆在P位和N位时均为10~14V。

3）制动灯开关STP端子上电压的检测。在制动灯开关接通时，STP端子上的电压应为10~14V，制动灯开关断开时应为0V。

表4-4　故障码表

故障码	故障内容	故障码	故障内容
11	ASR制动主继电路断路	13	ASR节气门继电器电路短路
12	ASR制动主继电器电路短路	14	ASR节气门继电器电路短路

（续）

故障码	故障内容	故障码	故障内容
15	长时间给TRC电动机提供电流（制动液渗漏）	45	当怠速开关打开时，主节气门开度传感器的信号为1.5V或更高
16	压力开关电路断路（LHD） 压力传感器电路短路（RHD）	46	当怠速开关关闭时，主节气门开度传感器的信号为4.3V或更高，或主节气门的开度传感器的信号为0.2V或更低
17	压力开关（传感器）保持关状态	47	当怠速开关打开时，副节气门开度传感器的信号为1.45V或更高
19	ASR泵电动机开关运转次数比预定的次数多（储压器的制动液压渗漏）	48	当怠速开关关闭时，副节气门开度传感器的信号为4.3V或更高，或副节气门的开度传感器的信号为0.2V或更低
21	制动总泵切断电磁阀电路断路或短路	49	发动机通信电路断路或短路
22	储压器切断电磁阀电路断路或短路	51	发动机控制装置出现故障
23	蓄能器罐切断电磁阀电路断路或短路	52	制动液水平面警告灯打开
24	副节气门执行器电路断路或短路	54	ASR泵电动机继电器电路断路
25	步进电动机没有运行到由ECU决定的位置	55	ASR泵电动机继电器电路短路
26	ECU要求副节气门转动到全开位置，但副节气门没有转动	56	ASR泵电动机锁死
27	当停止给步进电动机提供电流时，副节气门没有转到全开位置	始终亮	ECU出现故障
44	在ASR控制过程中，没有给ECU提供转速信号		

4）ASR切断开关CSW端子上电压的检测。在点火开关接通时，按下ASR切断开关，其端子电压为0V，放开ASR切断开关，则应约为5V。

5）ASR节气门继电器BTH和TTR两端子上电压的检测。在点火开关接通时，BTH、TTR两端子上的电压均应为10~14V，开关断开时应为0V。

6）ASR制动压力调节器各端子电压的检测。

①在点火开关接通时，SR、SFR、SFL、SRR、SRL和AST端子上的电压均应为10~14V，点火开关断开时均为0V。

②MT、MR和R端子上的电压，在点火开关接通和断开时，其值均应为0 V。

（2）副节气门开度传感器的检测

1）测量各端子之间的电阻。副节气门全开启时，用万用表电阻档测量VC与E_2两端子之间的电阻值，如图4-39所示，应为4~9kΩ，VTA与E_2之间的电阻值应为3.3~10.0kΩ；副节气门全关闭时，VTA与E_2之间的电阻值应为0.2~6.0 kΩ。

2）检查端子IDL和E2之间的连通性。当副节气门全关闭时，IDL与E_2端子之间是连通的，全开启时应为不连通。

（3）ASR 切断开关的检查 如图 4-40 所示，检查 ASR 切断开关在开启相关闭时，ASR 切断开关插接器中的端子 3 和 4 之间的连通性。当切断开关开启时，3 和 4 端子应为连通，关闭时应为不连通。

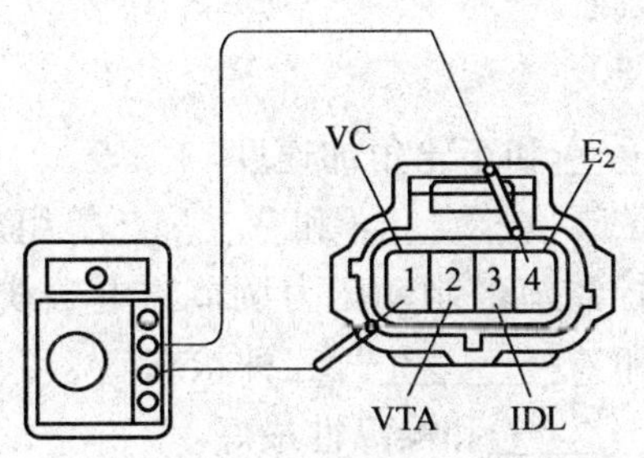

图 4-39 测量与副节气门相连端子的电阻

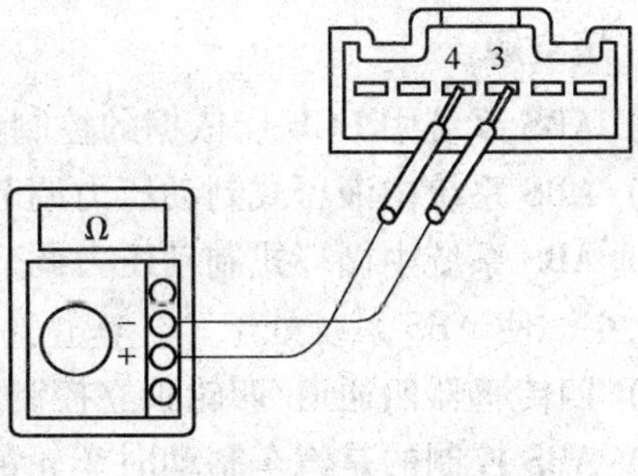

图 4-40 检查切断开关端子 3 和 4 的连通性

（4）ASR 节气门继电器的检查

1）通电检查观察节气门继电器的工作性能。在该继电器的端子 3 和 4 之间加上蓄电池电压时，检查其端子 1 和 2 应为连通状态。

2）不通电检查 ASR 节气门继电器的工作性能。去掉蓄电池电压，该继电器端子 1 和 2 应为断开状态，3 和 4 应为连通状态。

（5）ASR 制动压力调节器的检查 按照图 4-41 所示的方法，测试 BRC 与 SRC、BSM 与 SMC、BSA 与 SAC 端子之间应为连通状态。

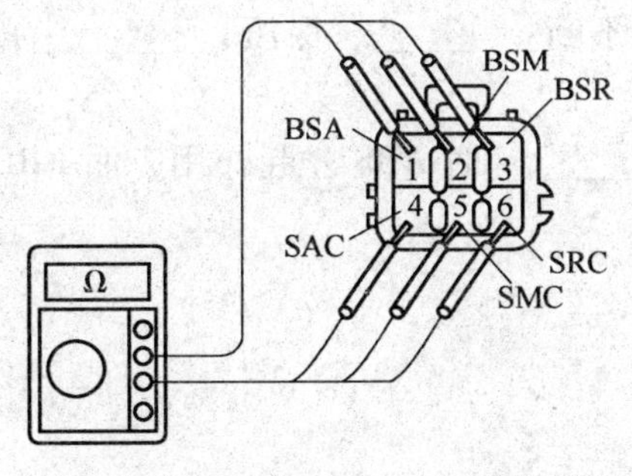

图 4-41 检查 ASR 制动压力调节器

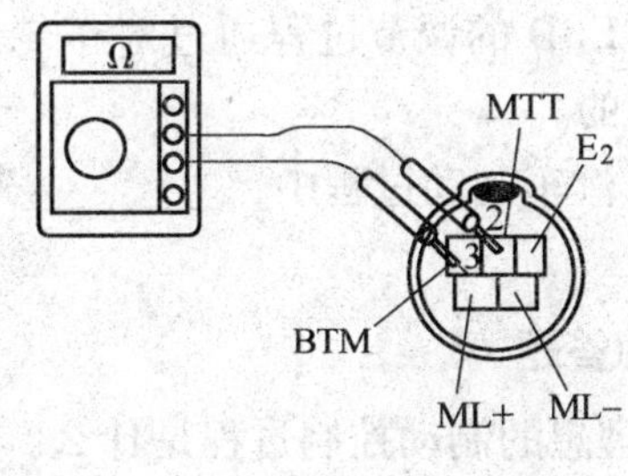

图 4-42 液压泵电阻检测

（6）ASR 液压泵电动机的检查

① 按照图 4-42 所示的方法，测量端子 BTM 与 MTT 之间的电阻值，其正常值应为 4.5 ~5.5Ω。

② 通电检查 ASR 泵步进电动机的工作性能。将蓄电池的电压加到 BTM 和 E_2 两端子上，泵电动机应转动；若电动机不工作，则表明步进电动机有故障，应更换泵电动机。注意：接通蓄电池的电压不得超过 3s。

思考题

1）哪些执行器出现故障，ABS、ASR 将不能工作，为什么？

2）若是车速传感器出现故障，ABS、ASR 能否工作，为什么？

练习题

1. 填空题

1）ABS 系统中 ECU 所依据的控制参数包括________和车轮角加速度。

2）ABS 系统中液压式制动压力调节器主要由电磁阀、________和________等组成。

3）ABS 系统中循环式制动压力调节器中，ECU 控制流经制动压力调节器电磁线圈的电流的大小，使 ABS 系统处于“________”、“保压”和“________”三种状态。

4）四传感器四通道/四轮独立控制的 ABS 系统________和操纵性最好。

5）ABS 控制的是汽车制动时车轮的“________”，主要是用来提高制动效果和确保制动安全。

6）ASR 是控制车轮的“滑转”，用于提高汽车________、________及在滑溜路面行驶时的牵引力和确保行驶稳定性。

7）ASR 的传感器主要是车轮________和________。

8）ASR 制动压力源是________，通过________调节驱动车轮制动压力的大小。

9）在制动时，EBD 单元只要检测到________发生的细微滑动，就会通过电子控制系统来控制________，以尽量限制后轮打滑，提高车辆制动时的稳定性。

10）汽车空载和满载时，重心位置不同，理想的前后轮制动力分配比例________。为了尽量避免________先抱死发生，就要对汽车制动系统进行制动力调节，以满足空载、半空载和满载条件下的理想制动力分配比例。

11）EBD 的调节过程通过对车轮制动压力实行不断________、保压、________的循环控制实现的。

12）汽车制动过程中，________先起作用，当________时 ABS 才起作用，而 EBD 作用消失。

2. 问答题

1）理想的制动控制过程是什么？

2）电控 ABS 的工作原理是什么？

3）ABS 的分类包括哪些？

4）ABS 系统循环式制动压力调节器的工作过程是什么？

5）ASR 的工作原理是什么？

6）比较 ASR 与 ABS 有何异同？

3. 论述题

1）简述 EBD 系统的制动压力调节过程。

2）简述 EBD 系统执行器的工作过程。

3）简述可变容积式压力调节器的工作过程。

4）简述循环式制动压力调节器的工作过程。

5）简述单独方式的 ASR 制动压力调节器工作过程。

6）简述组合方式的 ASR 制动压力调节器工作过程。

7）简述 ABS 系统故障自诊断的检测功能。

8）简述 ABS 维修注意事项。

9）简述 ASR 系统的检测方法。

第五章

电控悬架系统

◎掌握技能

➢电控悬架系统的初步检测

➢电控悬架电路及电子元件的故障检测

➢溢流阀的检查方法

◎基本概念

➢电控悬架系统的基本功能

➢半主动悬架的工作原理

➢空气悬架系统的工作原理

➢油气弹簧悬架系统的工作原理

➢阻尼力控制执行机构组成及工作原理

➢车高控制系统的执行机构组成及工作原理

➢侧倾刚度控制的执行机构组成及工作原理

★ 案例导入

故障现象：凯迪拉克·帝威（Cadillac Devill）轿车车身后部塌陷，几乎压在轮胎上。

故障诊断：此车装有电控空气悬架系统，可以随车身载荷和车速自动调节悬架的刚度。车身后部塌陷多是由于后减振器或空气管路泄漏引起的。据驾驶人反映，有时会听到发动机前部的气泵响，说明气泵能工作。所以应先检查后减振器、空气管路和车身高度传感器，然后再检查电路和控制部分。经检查，用手控制传感器的动作时，车身能够随之上升或下降，说明各个系统能够工作，只是传感器需要调整。通过调节传感器与后桥连杆的长度，故障解决。

根据上述案例，请思考下列问题：

1）电控空气悬架系统有哪些组成部分？

2）车身高度传感器有什么作用？

第一节 电控悬架系统概述

随着人们对汽车操纵性和舒适性要求的不断提高，以及电子技术的飞速发展，电子控制技术被有效地应用于现代汽车悬架系统。电控悬架系统的最大优点就是能使悬架随不同路况和行驶状态作出不同的反应，既能使汽车的乘坐舒适性达到令人满意的状态，又能使汽车的操纵稳定性达到最佳状态。

1. 电控悬架系统的功能

电控悬架系统的基本目的是通过控制调节悬架的刚度和阻尼力，改变传统被动悬架的局限性，使汽车的悬架特性与道路状况和行驶状态相适应，从而保证汽车行驶的平顺性和操纵的稳定性。其基本功能有：

（1）车高调整　无论车辆的负载多少，都可以保持汽车高度一定，车身保持水平，从而使前照灯光束方向保持不变；当汽车在坏路面上行驶时，可以使车高升高，防止车桥与路面相碰；当汽车高速行驶时，又可以使车高降低，以便减少空气阻力，提高操纵稳定性。

（2）减振器阻尼力控制　通过对减振器阻尼系数的调整，防止汽车急速起步或急加速时车后下蹲；防止紧急制动时的车头下沉：防止汽车急转弯时车身横向摇动；防止汽车换档时车身纵向摇动等，提高行驶平顺性和操纵稳定性。

（3）弹簧刚度控制　通过对弹簧弹性系数的调整，改善汽车的乘坐舒适性与操纵稳定性。

2. 电控悬架系统的分类

按控制理论不同，电控悬架系统分为半主动式、主动式两大类。其中半主动式又分为有级半主动式（阻尼力有级可调）和无级半主动式（阻尼力连续可调）两种。主动式悬架根据频带和能量消耗的不同，分为全主动式（频带宽大于15Hz）和慢全主动式（频带宽3～6Hz）；而根据驱动机构和介质的不同，可分为电磁阀驱动的油气主动式悬架和由步进电动机驱动的空气主动式悬架。

半主动悬架是指悬架元件中的弹簧刚度和减振器阻尼系数两者之一可以根据需要进行调节。它可以根据路面的激励和车身的响应对悬架的阻尼系数进行自适应调整，使车身的振动被控制在某个范围之内。为减少执行元件所需的功率，主要采用调节减振器的阻尼系数法，只需提供调节控制阀、控制器和反馈调节器所消耗的较小功率即可。半主动悬架是无源控制，因此，汽车在转向、起动、制动等工况时不能对刚度和阻尼进行有效的控制。

主动悬架是具有做功能力的悬架。它通常包括产生力和转矩的主动作用器（液压缸、气缸、伺服电动机、电磁铁等）、测量元件（加速度、位移和力传感器等）和反馈控制器等。当汽车载荷、行驶速度、路面状况等行驶条件发生变化时，主动悬架系统能自动调整悬架刚度和阻尼（包括整体调整和单轮调整），从而能同时满足汽车行驶平顺性和操纵稳定性等各方面的要求。此外，主动悬架还可以根据车速的变化控制车身的高度。

3. 电控悬架系统的组成

电控悬架系统基本组成如图5-1所示，包括传感器、电子控制器、执行机构。传感器将汽车行驶的路面情况（汽车的振动）和车速及起动、加速、转向、制动等工况转变为电信号，输送给电子控制器，控制器将传感器送入的电信号进行综合处理，输出对悬架的刚度和阻尼及车身高度进行调节的控制信号。执行机构按照电子控制器的控制信号，准确地动作，及时地调节悬架的刚度和阻尼系数及车身的高度。执行元件由电磁阀和步进电动机及气泵电动机等组成。

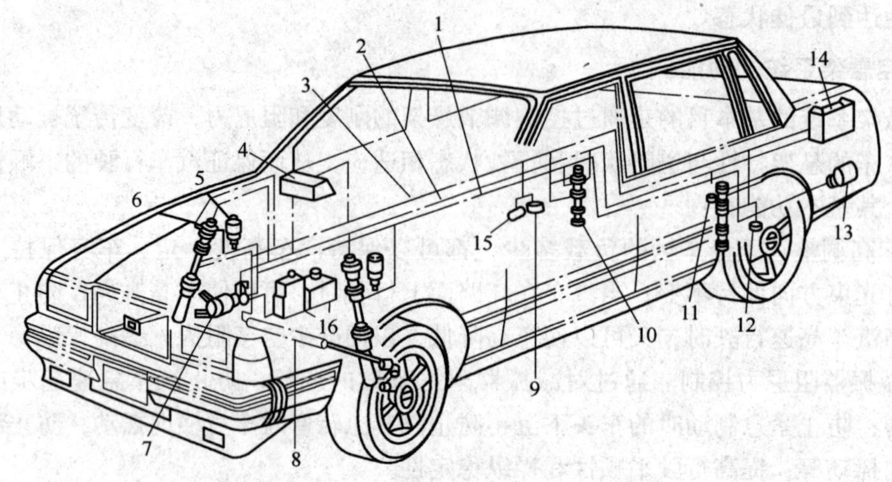

图 5-1　电控悬架系统

1—液压管　2—控制信号　3—传感器信号　4—控制仪表板　5、13—蓄能器　6—前执行油缸　7—液压泵　8—转向角传感器　9—纵横向加速度传感器　10—后执行缸　11—伺服电动机　12—轮毂加速度传感器　14—控制单元　15—横摆陀螺仪　16—油箱

第二节　电控悬架系统的工作原理

1. 半主动悬架系统工作原理

从行驶平顺性和舒适性出发，弹簧刚度和减振器的阻尼系数应能随汽车运行状态而变化，使悬架系统性能总是处于最优状态附近。但是，弹簧刚度很难改变，可改变减振器阻尼，将阻尼分为两级或三级，由驾驶人选择或根据传感器信号自动选择所需要的阻尼级。

半主动悬架的基本工作原理是根据簧上质量相对车轮的速度响应和加速度响应等反馈信号，按照一定的控制规律调节可调弹簧的刚度或可调减振器的阻尼力。半主动悬架产生力的原因近似于被动悬架，但是它的阻尼系数或刚度系数是可变的。由于弹簧刚度调节相对较难，通常以改变减振器的阻尼力为主，由人工选择或根据传感器信号自动确定阻尼等级。图 5-2 所示为一个两自由度半主动悬架的简化模型图，图中的阻尼元件为可调节减振器。

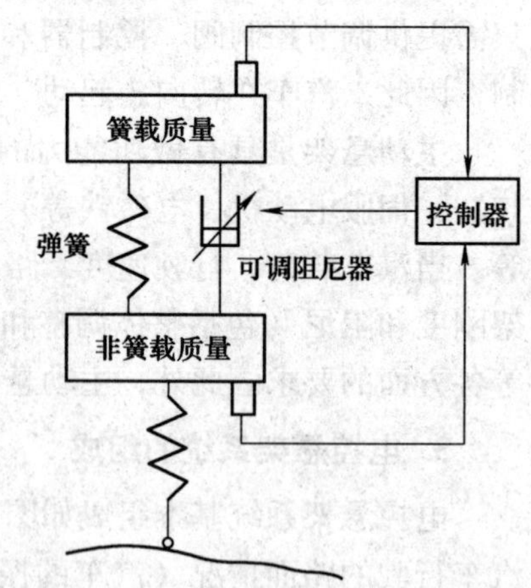

图 5-2　半主动悬架的简化模型图

半主动悬架采用可控阻尼减振器作为执行元件，通过系统内力采用闭环控制实现控制单元提出的力的要求，除了需要能量驱动电磁阀外，几乎不再额外耗费发动机能量。

半主动悬架大多采用无级控制，如图 5-3 所示，其前、后轴上的减振器特性由电磁伺服阀控制。安装在前悬架支柱上的加速度传感器可以测量来自路面不平产生的车身垂直加速度，由转弯等行为产生的侧向力则可以通过转向盘转角传感器记录。控制系统的微处理器由传感器接收位移、速度和加速度等信号，计算出相应的阻尼值，并向步进电动机输出控制信号，电动机通过阀杆调节阀门，使节流阻尼发生连续变化。

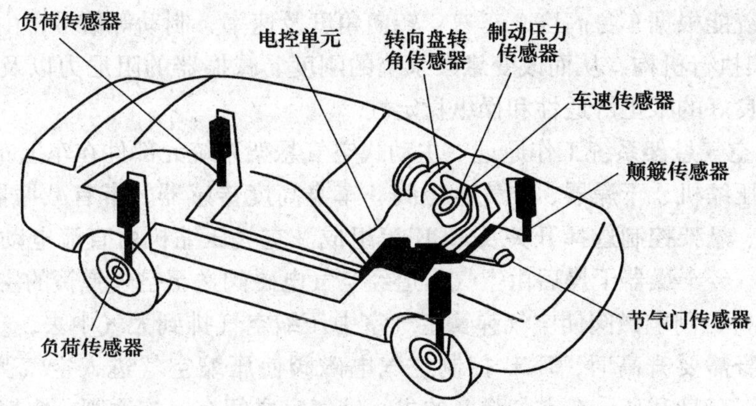

图 5-3 具有可变阻尼特性的汽车减振器系统

为了获得和谐的振动，从传感器拾取信号到给出相应阻尼力的时间间隔不应超过 20ms。可调阻尼减振器通过具有不同节流孔的转阀可以得到舒适（软）、正常（中）、运动（硬）3 个等级的阻尼，根据转阀开度控制悬架的阻尼力。

半主动悬架的基本原理是用可调刚度弹簧或可调阻尼的减振器组成悬架，并根据簧载质量的加速度响应等反馈信号，按照一定的控制规律调节弹簧刚度或减振器的阻尼，以达到较好的减振效果。半主动悬架包括刚度可调和阻尼可调两大类。阻尼可调半主动悬架又可分为有级可调半主动悬架和连续可调半主动悬架，有级可调半主动悬架的阻尼系数只能取几个离散的阻尼值，而连续可调半主动悬架的阻尼系数在一定的范围内可连续变化。

（1）有级可调减振器　有级可调减振器阻尼可在 2 ~ 3 档之间快速切换，切换时间通常为 10 ~ 20ms。有级可调减振器实际上是在减振器结构中采用较为简单的控制阀，使通流面积在最大、中等或最小之间进行有级调节。通过减振器顶部的电动机控制旋转阀的旋转位置，使减振器的阻尼在“软、中、硬”三档之间变化。有级可调减振器的结构及其控制系统相对简单，但在适应汽车行驶工况和道路条件的变化方面有一定的局限性。

（2）连续可调减振器　连续可调减振器的阻尼调节可以采取以下两种方式：

1）节流孔径调节。早期的可调阻尼器主要是节流孔可实时调节的油液阻尼器。通过步进电动机驱动减振器的阀杆连续调节减振器节流阀的通流面积改变阻尼，节流阀可采用电磁阀或其他形式的驱动阀实现。这类减振器的主要问题是节流阀结构复杂、制造成本高。

2）减振液粘性调节。使用黏度连续可调的电流变或磁流变液体作为减振液，从而实现阻尼无级变化，是当前的研究热点。电流变液体在外加电场作用下，其流体材料性能如剪切强度、粘度等会发生显著的变化，将其作为减振液，只需通过改变电场强度，使电流变液体的粘度改变，就可以改变减振器的阻尼力。

电流变减振器的阻尼可随电场强度的改变而连续变化，无须高精度的节流阀，结构简单，制造成本较低，且无液压阀的振动、冲击与噪声，不需要复杂的驱动机构。

磁流变液体是指在外加磁场的作用下，流变材料性能发生急剧变化的流体。通过控制磁场强度，可以实现磁流变减振器阻尼的连续、无级调节。

2. 主动悬架系统工作原理

主动悬架系统能根据车身高度、车速、转向角度及速率、制动等信号，由电子控制单元（ECU）控制悬架执行机构，从而改变悬架系统的刚度、减振器的阻尼力以及车身高度等参数，使汽车具有良好的乘坐舒适性和操纵稳定性。

（1）主动式空气悬架系统工作原理　主动式空气悬架系统元部件在车上布置如图5-4所示，主要由空气压缩机、干燥器、空气电磁阀、车身高度传感器、带有减振器的空气弹簧、悬架控制执行器、悬架控制选择开关及ECU等组成。空气压缩机由直流电动机驱动产生压缩空气，压缩空气经干燥器干燥后由空气管道经空气电磁阀送至空气弹簧的主气室。当车身需要降低时，ECU控制电磁阀使空气弹簧主气室中压缩空气排到大气中去，空气弹簧压缩，车身降低；当车身需要升高时，ECU控制空气电磁阀使压缩空气进入空气弹簧的主气室，使空气弹簧伸长，车身升高。在空气弹簧的主、辅气室之间有一连通阀，空气弹簧的上部装有悬架控制执行器。ECU根据各传感器输出信号，控制悬架执行器，一方面使空气弹簧主、辅气室之间的连通阀发生改变，使主、辅气室之间的气体流量发生变化，因此改变悬架的弹簧刚度；另一方面，执行器驱动减振器的阻尼力调节杆，改变减振器的阻尼力。

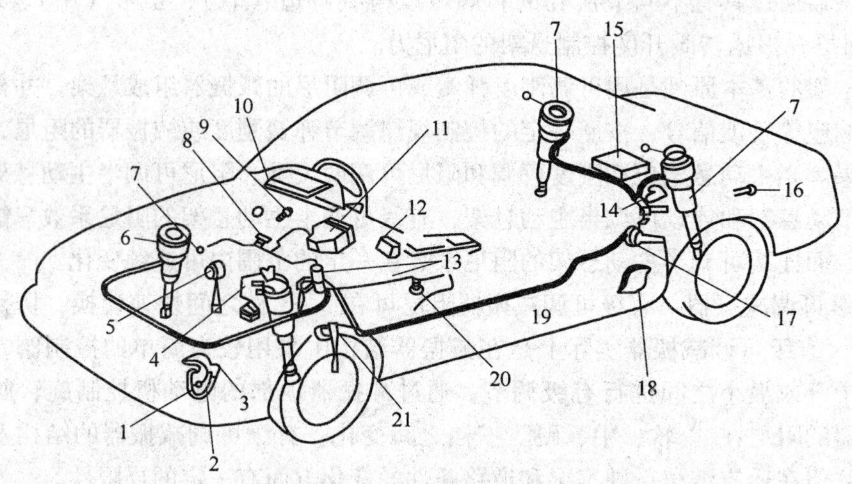

图5-4　主动式空气悬架系统元部件的车上布置

1—空气压缩机　2—空气电磁阀　3—干燥器　4—节气门位置传感器　5—车身高度传感器　6—带减振器的空气弹簧　7—悬架控制执行器　8—转向传感器　9—停车灯开关　10—2号高度电磁阀　11—电子多点视频器　12—悬架控制开关　13—1号高度控制阀　14—2号高度控制阀　15—显示器用ECU　16—诊断用接线柱　17—车身高度传感　18—悬架用ECU　19—空气管道　20—车速传感器　21—车身高度传感器

在主动式空气悬架系统中，车高、弹簧刚度和减振器阻尼力可同时得到控制，且各自可以取3种数值，其所取数值由ECU根据当时的运行条件和驾驶人选定的控制方式决定。驾驶人可以任意选择4种自动控制模式，即控制车身高度的“常规值自动控制”和“高值自动控制”，以及控制弹簧刚度和减振器阻尼力的“常规值自动控制”和“高速行驶时自动控制”。具体控制内容如下：

1）利用弹簧刚度/减振器阻尼力进行控制。

①抗后坐。通过传感器检测加速踏板移动速度和位移。当车速低于20km/h且加速度大时，ECU通过执行器将弹簧刚度和减振器阻尼力调到高值，从而抵抗汽车起步时车身后坐。

②抗侧倾。由装在转向轴的光电式转向传感器检测转向盘的操作情况，急转弯时，ECU通过执行器使弹簧刚度和减振器阻尼转换到高值，以抵抗车身侧倾。

③抗“点头”。在车速高于60km/h时紧急制动，ECU通过执行器使弹簧刚度和减振器阻尼力调到高值，而不管驾驶人选择了何种控制模式，都会抵抗车身前部下冲。

④高速感应。当车速大于110km/h时，系统使弹簧刚度和减振器阻尼力调至中间值，从而提高高速行驶时操纵稳定性。即使选择了“常规值自动控制”模式，系统也会将刚度和阻尼力调至中间值。

⑤前、后关联控制。车速在30~80km/h范围内时，若前轮车高传感器检测出路面有较小凸起，则在后轮越过该凸起之前，系统将使弹簧刚度和减振器阻尼力调至低值，从而提高汽车乘坐舒适性。

⑥坏路、俯仰、振动感应。车速在40~100km/h范围内，当前轮车高传感器检测出路面有较大凸起时，系统将弹簧刚度和减振器阻尼力调至中间值，以抑制车体的前后颠簸、振动等大动作，从而提高汽车的乘坐舒适性和通过性，且不用管控制处于何种模式。

⑦良好路面正常行驶。弹簧刚度和减振器阻尼力由驾驶人选择，“常规值自动控制”模式，刚度和阻尼力处于低值；“高速行驶时自动控制”模式，则刚度和阻尼力为中间值。

2）车身高度控制。悬架ECU接收左右前轮和左后轮3个车身高度传感器发出的车高信号，经处理后对执行器发出指令，对车身高度进行调整。

①高速感应。当车速高于90km/h时，将车身高度降低一级，以减小风阻，提高行驶稳定性。若选择了“常规值自动控制”模式，则车身高度值由中间值调至低值；若选择了“高值自动控制”模式，则车高由高值调至中间值。在车速为60km/h时，车高恢复原状。

②连续坏路面感应。汽车在坏路面上连续行驶，车高信号持续2.5s以上有较大变动，且超过规定值时，悬架控制系统将车高升高一级，使来自路面的突然抬起感减弱，并提高汽车的通过性能。

汽车连续坏路行驶且车速大于40km/h小于90km/h时，不论选择了何种控制模式，悬架控制系统都将车高调至高值，以减小路面不平感，确保足够的离地间隙，提高乘坐舒适性。

车速小于40km/h时，车高则完全由驾驶人选择，选择“常规值自动控制”时，车高为中间值；选择“高值自动控制”时，车高为高值。

在连续坏路面上，车速高于90km/h时，不管驾驶人选择了何种控制模式，车高都将调至中间值，以避免车身过高对高速行驶稳定性产生不良影响。

（2）主动式油气弹簧悬架系统工作原理　油气弹簧以气体作为弹性介质，而用油液作为传力介质，一般由气体弹簧和相当于液力减振器的液压缸组成。通过油液压缩气室中的空气实现刚度特性，通过电磁阀控制油液管路中的小孔节流实现变阻尼特性。图5-5所示为雪铁龙XM轿车的主动式油气弹簧悬架布置图。

转向盘转角传感器安装在转向柱上，用于测量转向盘转角信号，并将信号送入ECU。加速度传感器与加速踏板连接，将测得的加速动作信号送给ECU。制动压力传感器安装于

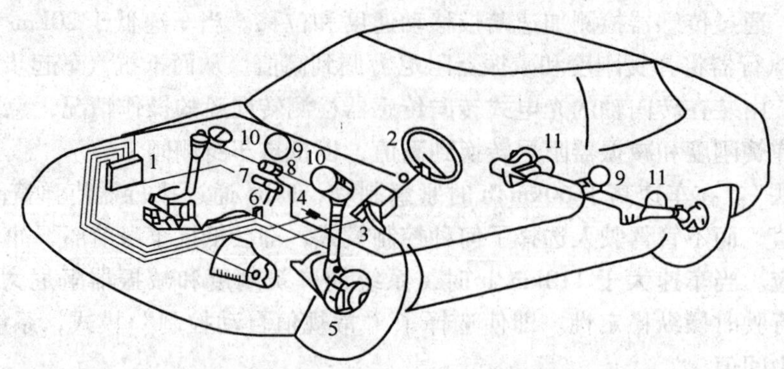

图 5-5 雪铁龙 XM 轿车的主动式油气弹簧悬架系统

1—ECU 2—转向盘转角传感器 3—加速度传感器 4—制动压力传感器 5—车速传感器 6—车身位移传感器 7—电磁阀 8—辅助液压阀 9—刚度调节器 10—前油气室 11—后油气室

制动管路中，制动时向 ECU 发送一个阶跃信号表示制动，使 ECU 产生抑制“点头”的信号输出。车速传感器安装于车轮上，送出与转速成正比的脉冲，ECU 利用它和转向盘转角信号，可以计算出车身的侧倾程度。车身位移传感器安装于车身与车桥之间，用来测量车身与车桥的相对高度，其变化频率和幅度可反映车身的平顺性，同时还用于车高自动调节。

油气主动悬架系统工作原理如图 5-6 所示，电磁阀在 ECU 指令下向右移动，接通压力油道，使辅助液压阀的阀芯向左移动，中间的油气室与主油气室连通，使总的气室容积增加，气压减小，从而刚度变小。a、b 节流孔是阻尼器，在图 5-6a 位置，系统处于“软”状态，在图 5-6b 位置，电磁阀中无电流通过，在弹簧作用下，阀芯左移，关闭压力油道，原来用于推动液压阀的液压油通过电磁阀的左边油道泄出，辅助液压阀阀芯右移，关闭刚度调节器，气室容积减小，刚度增大，使系统处于“硬”状态。在正常行车时，系统处于“软”状态，以提高乘坐舒适性，当高速、转向、起步和制动时，系统处于“硬”状态，以提高车辆的操纵稳定性。

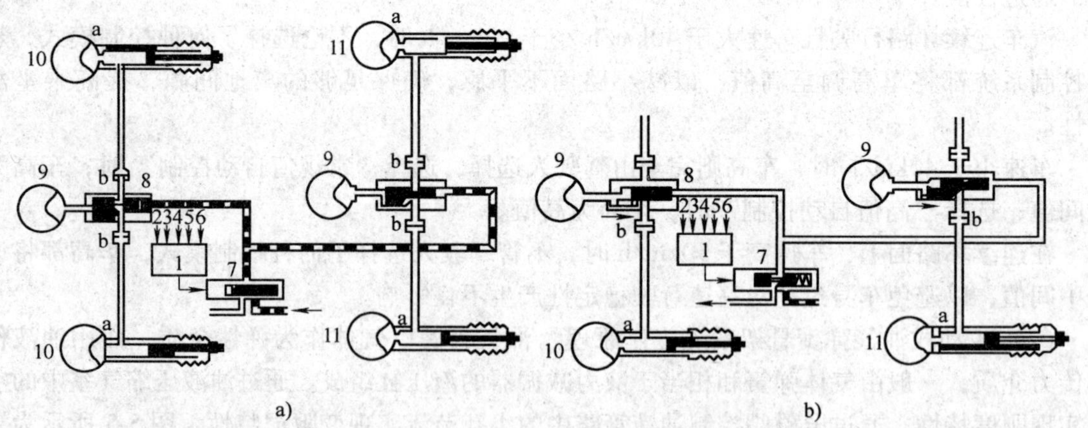

图 5-6 油气主动悬架系统工作原理

1—ECU 2—转向盘转角传感器 3—加速度传感器 4—制动力传感器 5—车速传感器 6—车身位移传感器 7—电磁阀 8—辅助液压阀 9—刚度调节器 10—前油气室 11—后油气室

第三节 电控悬架部件结构

传感器一般有车高传感器、车速传感器、加速度传感器、转向盘转角传感器、节气门位置传感器等。开关有模式选择开关、制动灯开关、停车开关和车门开关等。执行机构有可调阻尼力的减振器，可调节弹簧高度和弹性大小的弹性元件等。

1. 传感器的结构

（1）转向盘转角传感器　转向盘转角传感器用于检测转向盘的中间位置、转动方向、转动角度和转动速度。在电子控制悬架中，电子控制单元根据车速传感器信号和转角传感器信号，判断汽车转向时侧向力的大小和方向，以控制车身的侧倾。现代汽车多采用光电式转角传感器。

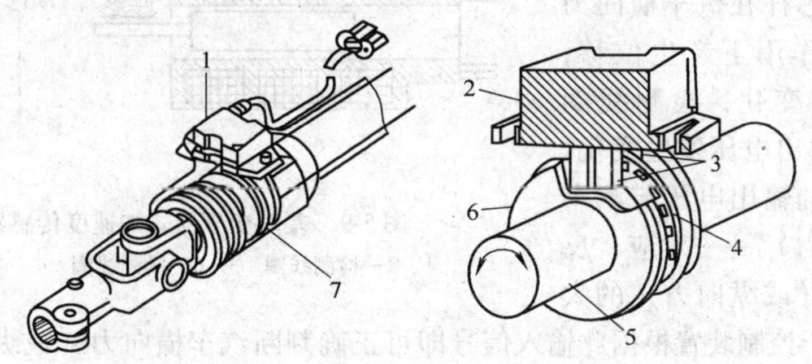

图 5-7　光敏式转角传感器的安装位置和结构

1、2—转角传感器　3—光敏元件　4—遮光盘　5—转向轴　6、7—传感器圆盘

图 5-7 所示为丰田汽车上应用的光敏式转角传感器的安装位置和结构图。在转向盘的转向轴上装有一个带窄缝的圆盘，传感器的光敏元件（即发光二极管）和光敏接收元件（光敏晶体管）相对地装在遮光盘两侧形成遮光器。由于圆盘上的窄缝呈等距均匀分布，当圆盘偏转时，窄缝圆盘将扫过遮光器中间的空穴，从而在遮光器的输出端，即可进行 ON、OFF 转换，形成脉冲信号。

光敏式转角传感器的工作原理如图 5-8 所示。当转动转向盘时，带窄缝的圆盘使遮光器之间的光束产生通/断变化，遮光器的这种反复开/关状态产生与转向轴转角成一定比例的一系列数字信号，系统控制装置可根据此信号的变化判断转向盘的转角与转速。同时，传感器在结构上采用两组光敏耦合器，可根据检测到的脉冲信号的相位差判断转向盘的偏转方向。这是因为两个遮光器在安装上使它们的 ON、OFF 变换的相位错开 90°，

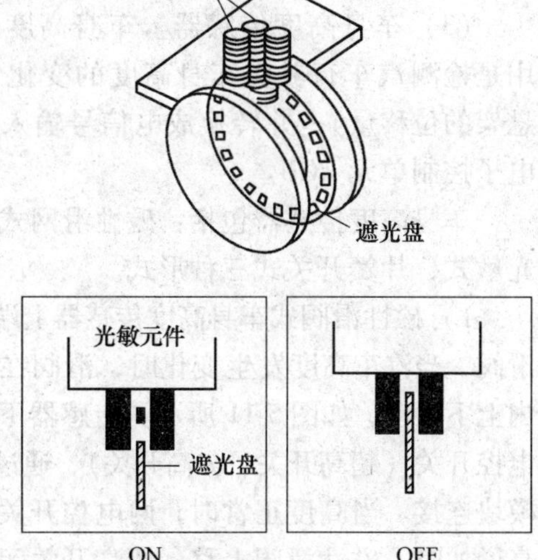

图 5-8　光敏式转角传感器的工作原理

通过判断哪个遮光器首先转变为 ON 状态，即可检测出转向轴的偏转方向。

（2）加速度传感器　在车轮打滑时，不能以转向角和汽车车速正确判断车身侧向力的大小。为了直接测出车身横向加速度和纵向加速度，可以利用加速度传感器。横向加速度传感器主要用于检测汽车转向时，汽车因离心力的作用而产生的横向加速度，并将产生的电信号输送给电子控制单元 ECU，使电子控制单元能判断悬架系统的阻尼力改变的大小及空气弹簧中空气压力的调节情况，以维持车身的最佳姿势。

加速度传感器常用的有差动变压器式和钢球位移式两种。

1）差动变压器式加速度传感器。图 5-9 所示为其工作原理图。在励磁线圈（一次绕组）通以交流电的情况下，当汽车转弯（或加、减速）行驶时，芯杆在汽车横向力（或纵向力）的作用下产生位移，随着芯杆位置的变化，检测线圈（二次绕组）的输出电压发生变化。所以，检测线圈的输出电压与汽车横向力（或纵向力）一一对应，反映了汽车横向力（或纵向力）的大小。悬架系统电子控制装置根据此输入信号即可正确判断汽车横向力（或纵向力）的大小，对车身姿势进行控制。

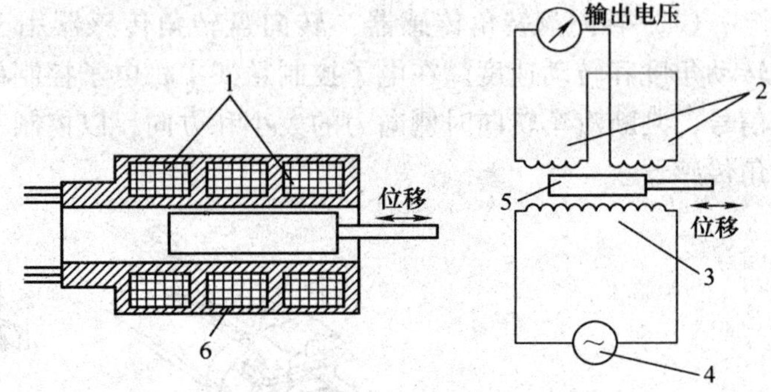

图 5-9　差动变压器式加速度传感器工作原理

1、2—检测线圈　3、6—励磁线圈　4—电源　5—芯杆

2）球位移式加速度传感器。球位移式加速度传感器的结构如图 5-10 所示。根据所检测的力（横向力、纵向力或垂直力）不同，加速度传感器的安装方向也不一样。如汽车转弯行驶时，钢球在汽车横向力的作用下产生位移，随着钢球位置的变化，会引起线圈输出电压发生变化。所以，悬架系统电子控制装置根据加速度传感器输入的信号即可正确判断汽车横向力的大小，从而实现对汽车车身姿势的控制。

（3）车身高度传感器　车身高度传感器的作用是检测汽车行驶时车身高度的变化情况（汽车悬架的位移量），并转换成电信号输入悬架系统的电子控制单元 ECU。

车身高度传感器包括：磁性滑网式、霍尔式和光敏式、片簧开关式三种形式。

1）磁性滑阀式车身高度传感器上端有一个磁性滑阀，当汽车高度发生变化时，滑阀在传感器下壳内上下运动，如图 5-11 所示。传感器下壳内有两个电控开关（超高开关、欠高开关），通过线束与控制模块连接。当高度正常时，两电控开关都断开。车高增加时，磁性滑阀上移，超高开关闭合，控制模块打开相应的空气弹簧阀和排气阀，空气弹簧排气，

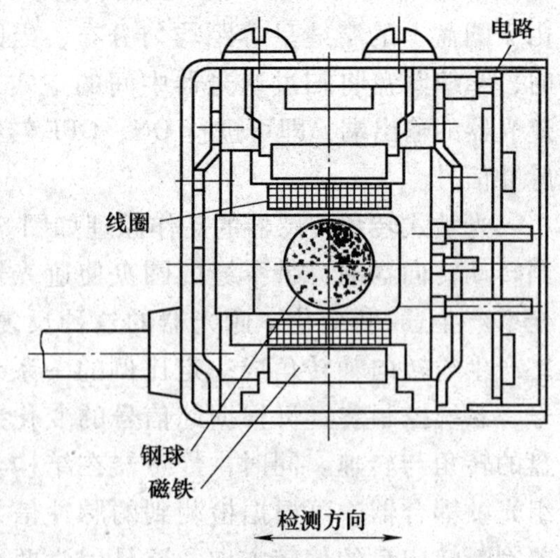

图 5-10　球位移式加速度传感器

改正超高的离地高度；车高降低时，磁性滑阀下移，超高开关断开，欠高开关闭合，控制模块使压缩机继电器通电，并打开相应的空气弹簧阀，空气弹簧充气，改正欠高的离地高度。

2）霍尔式车身高度传感器为电控可旋转式高度传感器，主要包括一个永磁转子和一个霍尔元件，为电控可旋转式高度传感器，主要利用永磁转子的转动和霍尔元件的霍尔效应产生车高电压信号，如图 5-12 所示。悬架的运动使永磁转子旋转，使霍尔元件上的电压信号变化，电压信号与标准车高、超高和欠高成比例。

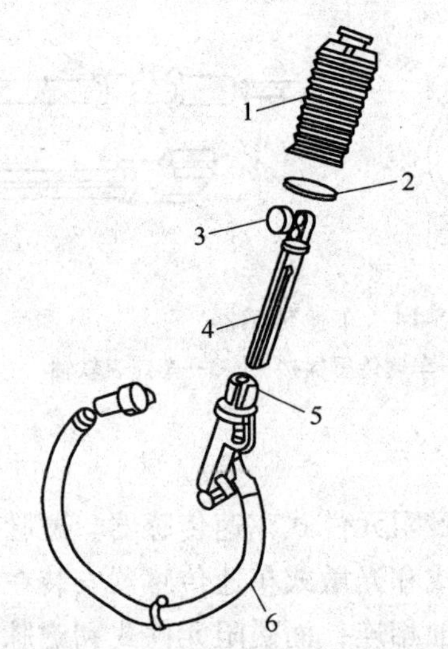

图 5-11 磁性滑阀式车身高度传感器

1—防尘罩 2—卡子 3—球头螺钉 4—磁性滑阀 5—阀壳与电控开关 6—导线线束

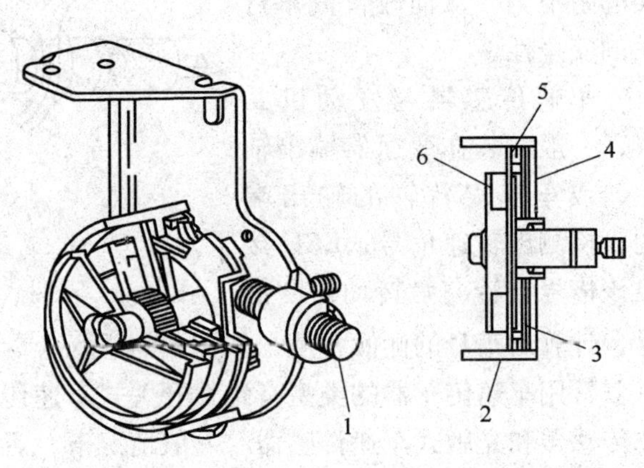

图 5-12 霍尔式车身高度传感器

1—连接线盒 2—传感器芯 3—霍尔效应开关 B 4—线路板 5—霍尔效应开关 6—永磁转子

3）光敏式车身高度传感器由轴（靠连杆带动旋转）、遮光盘（装在轴上，上面刻有窄缝，将转角数码化）和四组光敏耦合元件组成，与光敏式转向盘转角传感器相似。

4）片簧开关式高度传感器的结构和工作原理如图 5-13 所示。片簧开关式高度传感器有四组触点式开关，它们分别与两个晶体管相连，构成四个检测回路。用两个端子作为输出信号与悬架 ECU 连接，两个晶体管均受 ECU“输出”端子的控制。该传感器将车身高度状态组合为四个检测区域，分别是低、正常、高、超高。

当车身高度调定为正常高度时，如果因乘员数量的增加，而使车身高度偏离正常高度，此时片簧开关式高度传感器的另一对触点闭合，产生电信导输送给 ECU，ECU 随即作出车身

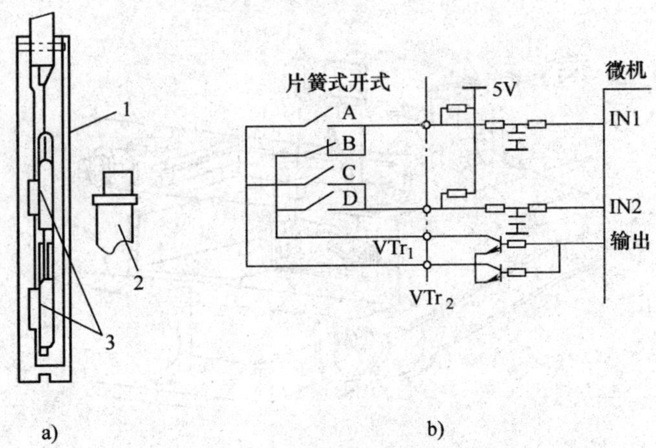

图 5-13 片簧开关式高度传感器

a）结构 b）工作原理

1—车高传感器 2—磁体 3—片簧开关

高度偏低的判断，从而输出电信号到车身高度控制执行器，促使车身高度恢复正常高度状态。

（4）节气门位置传感器　悬架控制系统中利用节气门位置传感器信号判断汽车是否在进行急加速。节气门位置传感器先将信号输入发动机电子控制装置，然后，发动机电子控制装置再将此信号输入悬架电子控制装置。

（5）车速传感器　车速是汽车悬架系统常用的控制信号，汽车车身的侧倾程度取决于车速和汽车转向半径的大小。通过对车速的检测，调节电控悬架的阻尼力，从而改善汽车行驶的安全性。

车速传感器与发动机共享，一般安装在变速器输出轴上，或车速表软轴的输出端内，检测出转速信号，ECU 接收该信号与转向盘转动角度信号，计算出车身的侧倾程度，如图 5-14 所示。

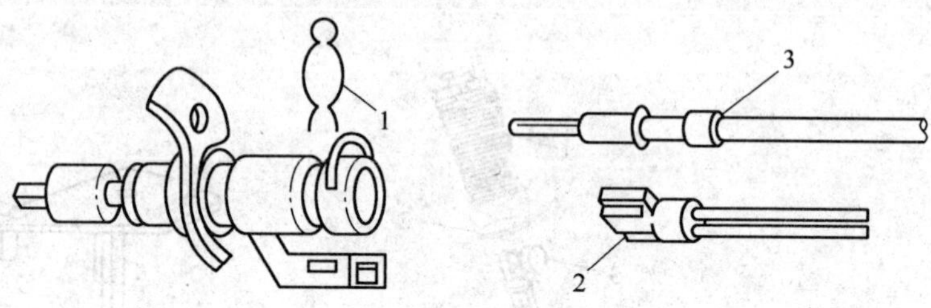

图 5-14　车速传感器

1—弹簧卡环　2—车速传感器接头　3—车速表软轴

常用车速传感器的类型有舌簧开关式车速传感器、磁阻元件式车速传感器、磁脉冲式车速传感器和光敏式车速传感器。一般情况下，舌簧开关式和光敏式车速传感器安装在汽车仪表板上，与车速表装在一起，并用软轴与变速器的输出轴相连；而磁阻元件式和磁脉冲式车速传感器装在变速器上，通过蜗杆蜗轮机构与变速器的输出轴相连。

（6）重力加速度传感器　如图 5-15 所示，重力加速度传感器安装在汽车的四角。后重力加速度传感器安装在车架后部，靠近后悬架支架处；前重力加速度传感器安装在减振器支架上，它将车身垂直方向的加速度信息变成相应的电压信号传给控制单元，如图 5-16 所示。

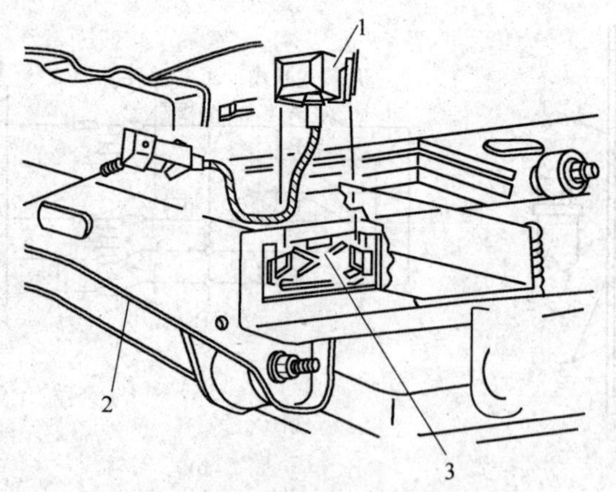

图 5-15　后重力加速度传感器

1—加速度传感器　2—后悬架支架

3—传感器防松片

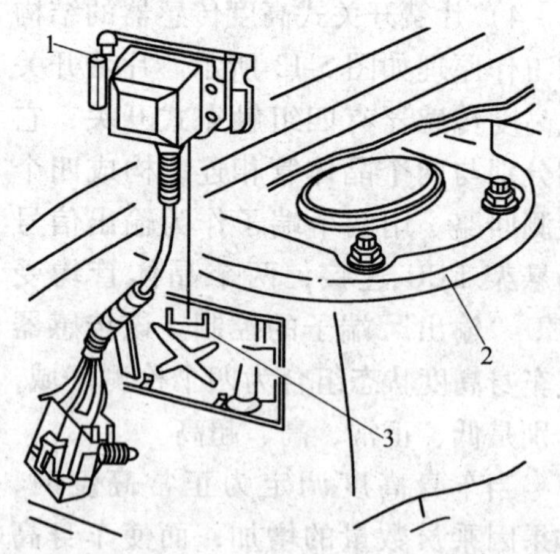

图 5-16　前重力加速度传感器

1—加速度传感器　2—前减振器拱座

3—传感器防松片

（7）停车灯开关 停车灯开关是当踩下制动踏板时，停车灯开关便接通，ECU 接收这个信号作为防点头控制用的一个起始状态。

（8）车门开关 车门开关是为了防止行驶过程中车门未关闭而设置的。

（9）制动开关 制动开关为安装在制动阀总成上的常开式开关。当制动压力达到 2758kPa时，制动传感器开关闭合。制动传感器如图 5-17 所示。

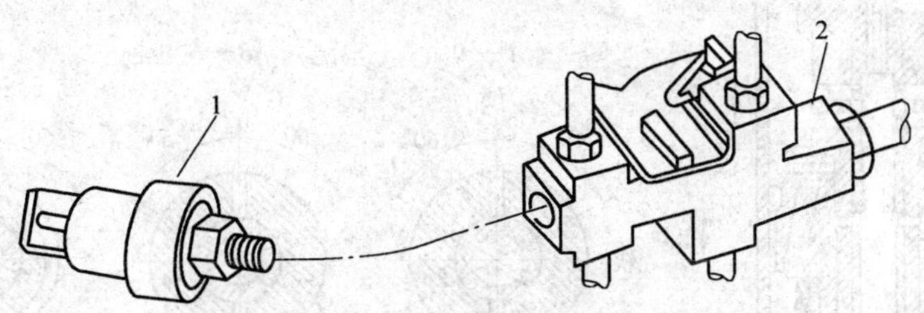

图 5-17 制动传感器

1—制动传感器 2—制动器控制阀总成

（10）模式选择开关 模式选择开关用来选择悬架的“软”、“中”或“硬”状态，ECU 检测到该开关的状态后，操纵悬架控制执行器，从而改变减振器的弹簧刚度和阻尼系数。

2. 悬架电控单元（ECU）

悬架电控单元（ECU）一般由输入电路、微处理器、输出电路和电源电路等组成。它是悬架控制系统的中枢，具有多种功能。

1）提供稳压电源：控制装置内部所用电源和供各种传感器的电源均由稳压电源提供。

2）传感器信号放大：用接口电路将输入信号（如各种传感器信号、开关信号）中的干扰信号除去，然后放大、变换极值、比较极值，变换为适合输入控制装置的信号。

3）输入信号的计算：电子控制单元根据预先写入只读存储器 ROM 中的程序对各输入信号进行计算，并将计算结果与内存的数据进行比较后，向执行机构（电动机、电磁阀、继电器等）发出控制信号。输入 ECU 的信号除了开/关信号外还有电压信号时，还应进行 A/D 转换。

4）驱动执行机构：悬架 ECU 用输出驱动电路将输出驱动信号放大，然后输送到各执行机构，如电动机、电磁阀、继电器等，以实现对汽车悬架参数的控制。

5）故障检测：悬架 ECU 用故障检测电路检测传感器、执行器、电路等的故障，当发生故障时，将信号送入悬架 ECU，目的在于即使发生故障，也应使悬架系统安全工作，而且在修理故障时容易确定故障所在位置。

3. 执行机构的结构与工作原理

执行机构主要包括可调阻尼减振器执行装置和空气弹簧组件（空气弹簧、空气弹簧阀、空气压缩机）。ECU 对汽车行驶的状态进行车高、弹簧刚度和阻尼系数的调节，使车辆的性能得到提高。

（1）阻尼力控制执行机构

1）可调阻尼力减振器。可调阻尼力的减振器主要由缸筒、活塞及活塞控制杆、回转阀等构成，如图 5-18 所示。活塞杆是一空心杆，在其中心装有控制杆，控制杆的上端与执行器相连。控制杆的下端装有回转阀，回转阀上有三个油孔，活塞杆上有两个通孔。缸筒中的油液一部分经活塞上的阻尼孔在缸筒的上下两腔流动；一部分经回转阀与活塞杆上连通的孔在缸筒的上下两腔间流动。

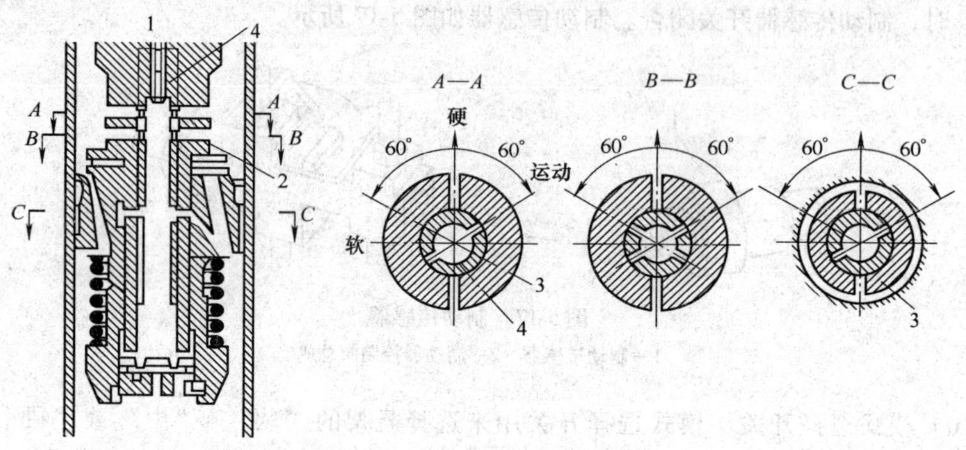

图 5-18　可调式减振器的结构

1—回转阀控制杆　2—阻尼孔　3—活塞杆　4—回转阀

当电子控制单元 ECU 促使执行器工作时，通过控制杆带动回转阀相对活塞杆转动，回转阀与活塞杆上的油孔连通或切断，从而增加或减少油液的流通面积，使油液的流动阻力改变，达到调节减振器阻尼力的目的，如图 5-19 所示。当回转阀上的 A、C 油孔相连时，流通面积较大，减振器 C 的阻尼力为软；当只有回转阀 B 油孔与活塞杆油孔相连时，减振器的阻尼力为中等；当回转阀上三个油孔均被堵住时，仅有活塞杆上的阻尼孔起衰减作用，此时减振器的阻尼力硬。

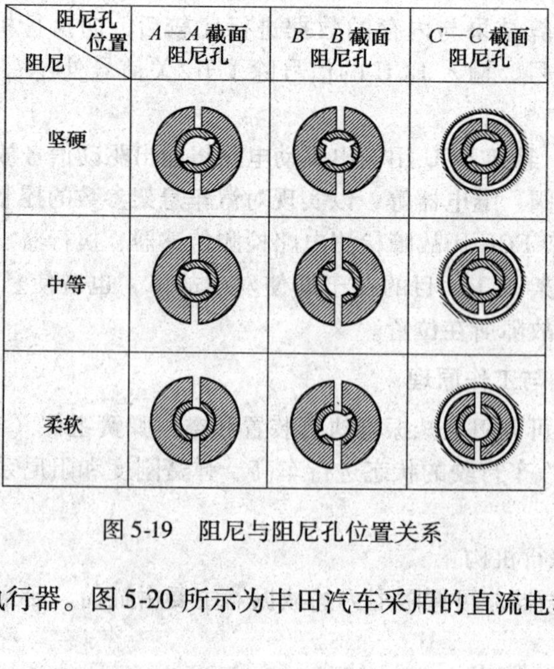

阻尼孔位置 / 阻尼	*A—A* 截面阻尼孔	*B—B* 截面阻尼孔	*C—C* 截面阻尼孔
坚硬			
中等			
柔软			

图 5-19　阻尼与阻尼孔位置关系

2）直流电动机式执行器。图 5-20 所示为丰田汽车采用的直流电动机式执行器的结构和工作原理图。该执行器主要由直流电动机、小齿轮、扇形齿轮、电磁线圈、挡块、控制杆组成。每个执行器安装于悬架系统中减振器的顶部，并通过其上的控制杆与回转阀相连接，直流电动机和电磁线圈直接接受电子控制单元的控制。

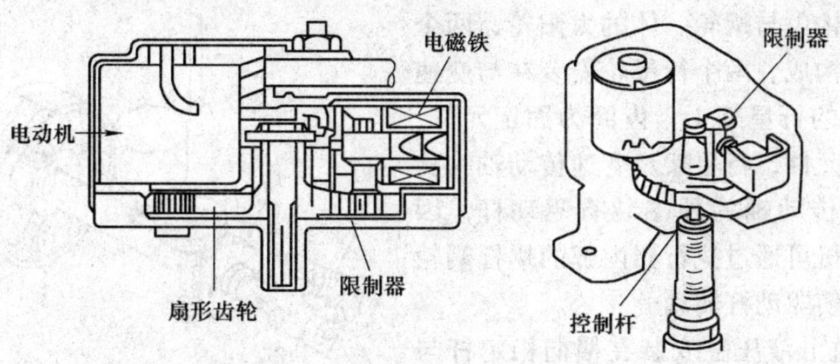

图 5-20　执行器的结构和工作原理

该执行器的基本工作原理是：电子控制单元输出控制信号使电磁线圈通电控制挡块的动作（如将挡块与扇形齿轮的凹槽分离），另外，直流电动机根据输入的电流方向作相应方向的旋转，从而驱动扇形齿轮作对应方向的偏转，带动控制杆改变减振器的回转阀与活塞杆油孔的连通情况，使减振器的阻尼力按需要的阻尼力大小和方向改变。当阻尼力调整合适后，电动机和电磁线圈都断电，挡块重新进入扇形齿轮的凹槽，使被调整好的阻尼力大小能稳定地保持。执行器的直流电动机和电磁线圈在工作时的通电情况见表 5-1。

表 5-1　执行器的通电情况

减振器的阻尼状态		电动机		电磁线圈
调整前	调整后	正极	负极	
	软	−	+	断开
	中等	+	−	断开
软	硬	+	−	接通
中等	硬	−	+	接通

当电控单元发出软阻尼力信号时，电动机转动使扇形齿轮作逆时针转动，直到扇形齿轮上凹槽的一边靠在挡块上为止；如发出中等硬度信号，电动机反向通电，使扇形齿轮顺时针方向偏转，直到扇形齿轮上凹槽的另一边靠在挡块上为止；当电子控制单元（ECU）发出硬阻尼力信号时，ECU 同时向电动机和电磁线圈发出控制信号，电动机带动扇形齿轮离开软阻尼力位置或中等阻尼力位置，同时电磁线圈将挡块拉紧，使挡块进入扇形齿轮中间的凹槽内。

（2）侧倾刚度控制的执行机构　汽车的侧倾刚度与汽车的转向特性密切相关。为改变汽车的侧倾刚度，可以通过改变横向稳定杆的扭转刚度实现。侧倾刚度控制系统根据电子控制单元的信号，通过执行器控制横向稳定杆液压缸内的油压，达到调节横向稳定杆扭转刚度的目的。

1）横向稳定杆执行器。图5-21所示为横向稳定杆执行器的工作原理图。它由直流电动机、蜗轮、蜗杆、行星轮机构和限位开关等组成。行星轮机构由与蜗轮一体的太阳轮、两个行星轮和齿圈构成。两个行星轮安装在与变速传动轴为一体的行星架上，齿圈为固定元件，太阳轮为主动元件，行星架及变速传动轴为从动元件。变速传动轴的外端装有驱动杆，因此，直流电动机可通过执行器内部的蜗杆蜗轮和行星轮机构使驱动杆转动。

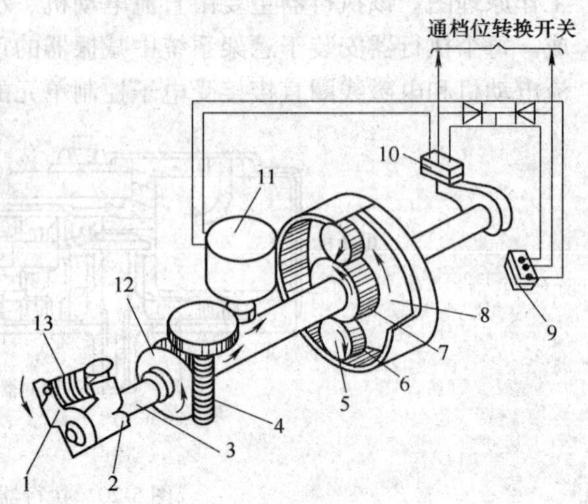

图5-21　横向稳定杆执行器工作原理

1—驱动杆　2—动杆　3—变速传动杆　4—蜗杆
5—行星轮　6—齿圈　7—太阳轮　8—行星架
9—限位开关（SW_1）　10—限位开关（SW_2）
11—直流电动机　12—蜗轮　13—弹簧

2）液压缸。液压缸安装在横向稳定杆与悬架下控制臂之间，通过改变液压缸内的油压改变横向稳定杆的扭转刚度。

当选择开关处于“TOURING”位置时，液压缸内的油压较低，液压缸具有能伸缩的弹性作用，此时横向稳定杆具有较小的扭转刚度；当选择开关处于“SPORT”位置时，液压缸内的油压较高，此时横向稳定杆具有较大的扭转刚度。

（3）弹簧刚度控制的执行机构

1）空气悬架气动缸。图5-22所示为空气悬架气动缸的基本结构剖视图。气动缸由封入低压惰性气体和阻尼力可调的减振器、旋转式膜片、主气室、副气室和悬架执行元件组成。主气室是可变容积的，在它的下部有一个可伸展的隔膜，压缩空气进入主气室可升高悬梁的高度，反之使悬架高度下降。主、副气室设计为一体既省空间，又减轻了重量的结构。悬架的上方与车身相连，随着车身与车轮的相对运动，主气室的容积不断交化。主气室与副气室之间有一个通道，气体可以相互流通。改变主、副气室的气体通道的大小就可以改变空气悬架的刚度，减振器的活塞通过中心杆（阻尼调整杆）和齿轮系与直流步进电动机相连接。步进电动机转动可改变活塞阻尼孔的大小，从而改变减振器的阻尼系数。

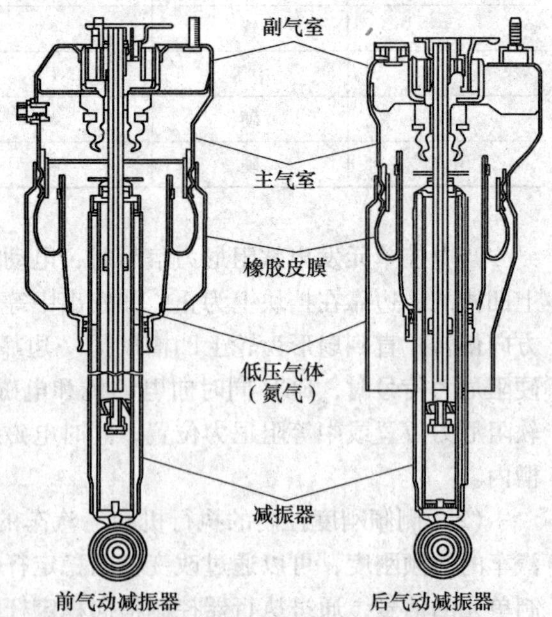

图5-22　空气悬架气动缸的基本结构剖视图

悬架刚度通过调整主、副气室间的气阀体上的大小两个通道进行控制。步进电动机带动空气阀控制杆转动，使空气阀阀芯转过一个角度，改变气体通道的大小，就可以改变主、副气室气体流量，使悬架的刚度发生变化。悬架刚度可以在低、中、高三种状态间变化。

2）空气弹簧阀。空气弹簧阀安装在空气弹簧顶部，如图 5-23 所示，是两位两通电磁滑阀，通常处于关闭状态。线圈通电时，阀芯移动将空气弹簧的通道打开，空气弹簧进气或排气。

3）空气压缩机。空气压缩机为单活塞的曲轴和连杆机构，如图 5-24 所示，采用直流电动机作为动力源驱动压缩机工作，通过活塞在气缸内上下运动实现高压空气源的形成。气缸顶端装有进、排气阀。排气阀通常关闭，用来给系统排气；当需要给空气弹簧排气时，空气弹簧阀和排气阀必须同时通电，且压缩机关闭。

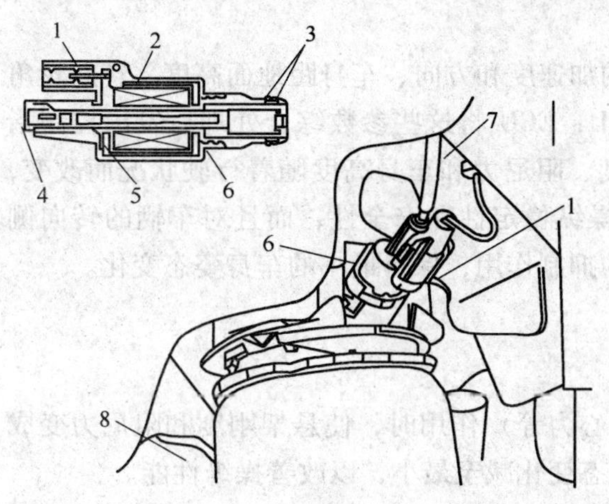

图 5-23　空气弹簧阀

1—导线插座　2—电磁线圈　3—O 形密封圈　4—空气管路接头　5—气阀　6—空气弹簧阀　7—空气管路　8—空气弹簧

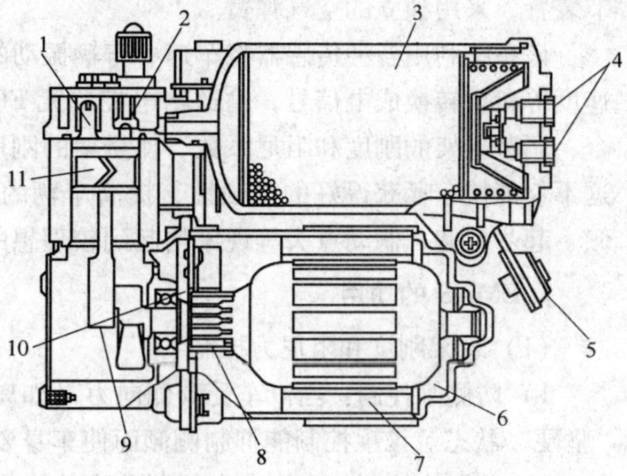

图 5-24　空气压缩机

1—进气阀　2—排气阀　3—干燥器　4—空气管路接头　5—橡胶隔振垫　6—电动机电枢　7—励磁线圈　8—换向器　9—连杆　10—电刷　11—活塞

（4）车高控制的执行机构　图 5-25 所示为车高控制悬架的结构，通过向空气弹簧的主气室内充放气实现车身高度的调节。车高控制执行机构主要由空气阀、空气压缩机和设置在悬架之上的主气室组成。空气压缩机由一个小直流电动机驱动，根据悬架 ECU 信号向干燥器输送提高车高所必需的压缩空气。干燥器有一个装有硅胶的小箱子，可以将空气中的水分过滤掉。排气阀从系统中放出压缩空气，同时排掉干燥器滤出的空气水分。

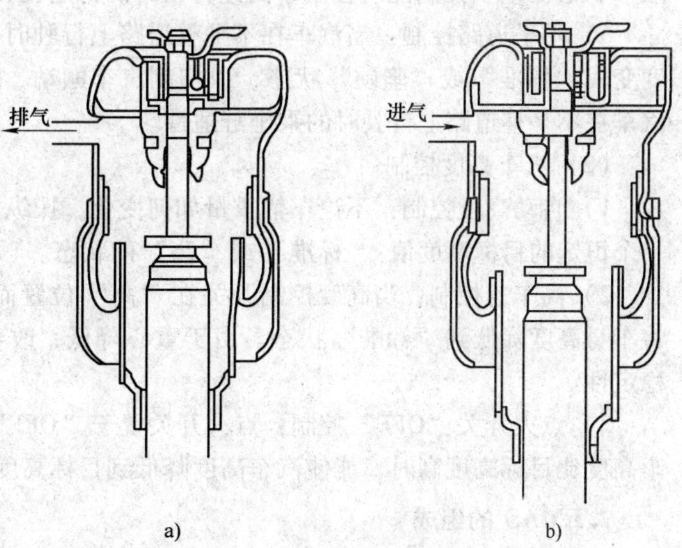

图 5-25　车高控制悬架的结构

a）车身降低　b）车身升高

悬架 ECU 根据汽车车高传感器信号判断汽车的高度状况。当判定“车身低了”时，则控制空气压缩机电动机工作，高度控制阀向空气弹簧主气室内充气，使车高增加；反之，若打开高度控制阀向外排气时，则使汽车高度降低。

第四节　典型的电控悬架系统（EMAS）

丰田雷克萨斯 LS400 轿车安装的是电子控制空气式主动悬架 EMAS（Electronic Modulated Air Suspension，EMAS）系统，这是一种利用微机控制的车辆高度和减振器阻尼力自动调节装置，采用独立的空气弹簧。

该系统利用各种传感器将车速、车辆振动的加速度和方向、车身距地面高度、转向轮角速度等参数转换成电信号，输送给电控单元 ECU，ECU 将这些参数综合处理后发出控制指令，调节悬架的刚度和阻尼系数，使悬架的刚度、阻尼力和车身高度随着行驶状况而改变，这不仅能使车辆获得好的平顺性，提高车辆的操纵稳定性和安全性，而且对车辆的转向侧倾、起步俯仰、制动点头等现象均起到较理想的抑制作用，保持最小的车身姿态变化。

1. EMAS 的功用

（1）悬架刚度和阻尼力控制

1）防侧倾控制：当汽车受到侧向力（如离心力等）作用时，使悬架刚度和阻尼力变成“坚硬”状态。该项控制能抑制侧倾而使车身姿态变化减至最小，以改善操纵性能。

2）防点头控制：当汽车由于制动或其他原因出现点头现象时，使悬架刚度和阻尼力变成“坚硬”状态。该项控制能抑制汽车行驶中的点头而使车身姿态变化减至最小。

3）防俯仰控制：当汽车起步或由于其他原因出现俯仰现象时，使悬架刚度和阻尼力变成“坚硬”状态。该项控制能抑制汽车加速时后部下坐而使车身姿态变化减至最小。

4）高车速控制：当汽车高速行驶时，使悬架刚度变成“坚硬”状态、阻尼力变成“标准”状态。该项控制能改善汽车高速行驶时的稳定性和操作性。

5）不平道路控制：当汽车在不平整道路上行驶时，使悬架刚度和阻尼力根据不平整程度变成“标准”或“坚硬”状态，以抑制汽车颠动、跳动和车身在悬架上下垂，从而改善汽车在不平整道路上行驶时的乘坐舒适性。

（2）汽车高度控制

1）自动高度控制：不论车辆重量如何变化，操纵高度控制开关能使汽车的高度保持在一个恒定的目标高度值：“标准”或“高”的状态。

2）高车速控制：当高度控制开关在“高”位置而汽车高速行驶时，悬架 ECU 能自动将车身高度降低到“标准”状态。由于重心降低，改善了高速行驶时的空气动力学作用和稳定性。

3）点火开关“OFF”控制：点火开关置于“OFF”后，因乘客和行李重量减小而使汽车高度比目标高度高时，能使汽车高度降低到目标高度，以改善汽车驻车时的稳定姿态。

2. EMAS 的组成

丰田雷克萨斯 LS 400 汽车电控悬架系统主要由高度控制压缩机、高度控制阀、高度控制传感器、高度控制开关、悬架 ECU、转向传感器、主节气门位置传感器、制动灯开关和悬架控制执行器等组成，如图5-26所示。4个汽车高度传感器分别安装在减振器下支臂和车身上，将车身高度变化转变成电信号输送到悬架ECU，用于判断路面状况和车载质量的变化；转向传感器安装在转向器上，将转向盘的角位移转变成电信号，与车速传感器信号共同确定转向时的侧向干扰程度；主节气门位置传感器、制动灯开关与车速传感器一起提供抑制起步俯仰、制动点头的重要控制信号；前后悬架控制执行器根据悬架ECU的指令，改变空气弹簧内的压力，使悬架刚度和阻尼力根据车辆行驶状况在“软”、“标准”和“坚硬”三种状态下变化。

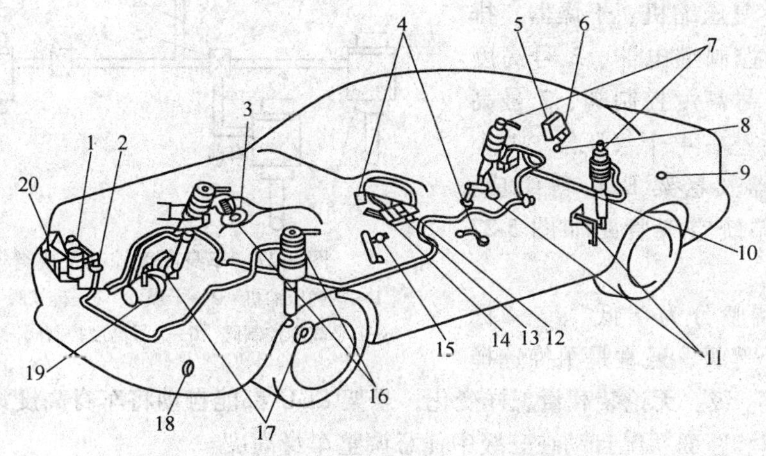

图5-26 电控悬架系统各部件布置

1—空气压缩机 2—1号高度控制器 3—主节气门位置传感器 4—门控灯开关 5—悬架ECU 6—2号高度控制继电器 7—后悬架控制执行器 8—高度控制连接器 9—空气悬架开关 10—2号控制阀和溢流阀 11—后车身高度传感器 12—LRC开关 13—高度控制开关 14—转向传感器 15—停车灯开关 16—悬架控制执行器 17—前车身高度传感器 18—1号高度控制继电器 19—IC调节器 20—干燥器和排气阀

3. EMAS的控制原理

(1) 车辆姿态控制　车辆姿态控制是通过转向传感器、车速传感器、主节气门传感器、制动灯开关等信号预测车辆行驶姿态的变化，在急转弯、车速高于60 km/h制动或车速低于20 km/h加速行驶时，悬架ECU通过前后悬架控制执行器发出指令，使悬架刚度和阻尼力暂时处于“坚硬”状态，从而减少车辆姿态的变化，有效抑制行驶中转向侧倾、制动点头和加速俯仰。

(2) 车速、路面感应控制　主要包括高速控制、前后轮相关控制和坏路面感应控制。

高速控制：当汽车处于高速行驶状态（车速超过110 km/h）时，悬架ECU根据车速传感器信号将悬架刚度和阻尼力从“软”状态调整到“标准”状态，以增加高速行驶时的操纵稳定性能。

前后轮相关控制：汽车在悬架刚度和阻尼力“标准”状态下行驶时，若前轮越过水泥路面的接缝等，悬架ECU根据车速、车高信号，在后轮临近接缝时的0.03s内将悬架刚度、阻尼力变换到“软”状态，从而缓和冲击，改善行驶平顺性。但高速行驶时，“软”状态又影响到车辆的操纵稳定性，因而该项控制的条件设定为30~80km/h。

坏路面感应控制：在汽车通过坏路面时，为抑制车身的前后颠簸和大的跳动，提高悬架的刚度和阻尼力。当车速 40～100 km/h 时，悬架 ECU 接收的车身高度信号在 0.5s 内变化较大时，发出指令将悬架刚度和阻尼力从“软”调整到“标准”状态；在车速大于等于 100 km/h，悬架 ECU 接收的车身高度信号在 0.5s 内变化较大时，发出指令将悬架刚度和阻尼力从“标准”调整到“坚硬”状态。

（3）车身高度控制　丰田雷克萨斯 LS400 轿车电子控制空气悬架车身高度控制子系统由空气压缩机、干燥器、排气阀、1 号高度控制继电器、2 号高度控制继电器、1 号高度控制阀、2 号高度控制阀、前后左右 4 个气压缸、4 个车身高度传感器及悬架 ECU 等组成。车身高度控制系统空气管路如图 5-27 所示。

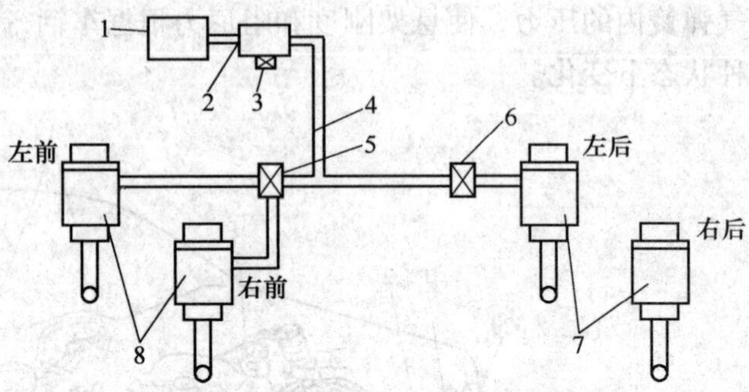

图 5-27　车身高度控制系统空气管路

1—空气压缩机　2—干燥器　3—排气阀　4—空气管　5—1 号高度控制阀　6—2 号高度控制阀　7、8—气压缸

车身高度调整分为“低”、“标准”、“高”3 个等级，通常是手控选择“标准”或“高”级。无论装载量怎样变化，悬架 ECU 都能自动将车身高度调整为设定值，而且能根据车速和路面状况自动在三级中任意调整车身高度。

当点火开关接通时，悬架 ECU 使 2 号高度控制继电器线圈通电，2 号高度控制继电器触点闭合，使前、后、左、右 4 个车身高度传感器接通蓄电池电源。

汽车正常行驶时，车高传感器每隔 0.008s 进行一次车高采样，悬架 ECU 经过 20 s 采样后取平均值并记录数据，与控制模式中的车高进行比较，判断此时的车高是否需要调整，并确定相应的调整量。

当汽车高度需要上升时，从 ECU 插接器的 RCMP 端子发出信号，使 1 号高度控制继电器线圈通电，1 号高度控制继电器触点闭合，压缩机控制电路接通，压缩机运转，产生压缩空气。ECU 使高度控制电磁阀线圈通电后，电磁线圈将高度控制阀打开并将压缩空气引向气压缸，从而使汽车高度上升。

当汽车高度需要下降时，ECU 不仅使高度控制阀电磁线圈通电，而且使排气阀电磁线圈通电，从而使排气阀打开，将气压缸中的压缩空气排到大气中。

在良好路面上正常行驶时，车身高度由驾驶人控制，如果选择“常规值自动控制”状态，则车高为标准（中间）状态；如果选择“高值自动控制”状态，则车高为高值状态。其他行驶工况时由系统自动控制：

1）高速感应。当车速高于 90 km/ h 时，系统将车身高度降低一级，以减小风阻，提高行驶稳定性。

2）连续坏路面感应。车高传感器向悬架 ECU 连续发送 2.5 s 以上车身高度大幅度变化信号，而车速在 40～90 km/ h 时，ECU 判定为汽车进入长距离的坏路面连续行驶，将控制车身高度维持在“高”状态不变，或自动调整到“高”状态。但车速在 90 km/ h 以上时，同样信号输入，为保证汽车的行驶稳定性，控制车身高度为“标准”状态。

汽车行驶中遇某个车轮突然撞击障碍或落空时，因振动车轮有可能跳离地面，悬架ECU会发出指令，使车身控制过程暂停，待正常行驶时恢复。

第五节 电控悬架系统的检修

1. 初步检查

（1）汽车高度调整功能的检查 在轮胎充气压力满足要求、汽车处于正常高度调整状态下，起动发动机，将高度控制开关从“NORM”位置转换到“HIGH”位置。检查完成高度调整所需的时间和汽车高度的变化量。从操作高度控制开关到压缩机起动所需时间约2s，从压缩机起动到完成高度调整所需时间20～40s，汽车高度的变化量为10～30mm。在汽车处于“HIGH”高度调整状态下，起动发动机，将高度控制开关从“HIGH”位置转换到“NORM”位置，检查完成高度调整所需的时间和汽车高度的变化量。从操作高度控制开关到开始排气所需时间约2s，从开始排气到完成高度调整20～40s，汽车高度的变化量10～30mm。若不满足，应做进一步检查，确定故障原因。

（2）输入信号的检查 该检查的目的是检查来自转向传感器和停车灯开关的信号是否正常地输入ECU。打开点火开关，将发动机室内的检查插接器相关端子短接。如果连接后，储存在存储器中的故障码输出，就应该进行维修；如果存储器中没有故障码输出，则要进行输入信号检查。

输入信号检查的每个项目检查，首先要按表5-2中规定的操作进行。观察发动机处于不同状态下“NORM”指示灯的闪烁方式，正常情况是在发动机停机状态下，高度控制“NORM”指示灯会以0.25s的间隔闪亮，并一直持续闪亮到发动机运转时为止。然后，按表规定的操作二进行操作，观察发动机处于不同的状态下“NORM”指示灯的闪烁方式。正常情况是在发动机停机状态下，高度控制“NORM”指示灯常亮。若满足要求，表明被检查系统信号正常地输入ECU。在进行上述各项检查时，减振力和弹簧刚度控制停止，并且减振力和弹簧刚度均固定在“坚硬”状态，汽车高度控制仍旧正常进行。

表5-2 输入信号的检查

检查项目	操作一	发动机工作状态		操作二	发动机工作状态	
		停机	运转		停机	运转
转向传感器	转向直前	闪烁	常亮	转向角45°以上	常亮	闪烁
停车灯开关	OFF（制动踏板不踩下）	闪烁	常亮	ON（制动踏板踩下）	常亮	闪烁
门控灯开关	OFF（所有车门关闭）	闪烁	常亮	ON（所有车门开启）	常亮	闪烁
节气门位置传感器	不踩加速踏板	闪烁	常亮	加速踏板全部踩下	常亮	闪烁
1号汽车车速传感器	车速低于20km/h	闪烁	常亮	车速20km/h以上	常亮	闪烁
高度控制开关	NORM位置	闪烁	常亮	HIGH位置	常亮	闪烁
悬架控制开关	NORM位置	闪烁	常亮	SPORT位置	常亮	闪烁
高度控制ON/OFF开关	ON位置	闪烁	常亮	OFF位置	常亮	闪烁

（3）溢流阀的检查　溢流阀的检查是迫使压缩机工作来检查溢流阀动作，其检查步骤为：

1）打开点火开关，短接高度控制连接器的相关端子，迫使压缩机工作。

2）等压缩机工作一段短时间后，检查溢流阀是否放空气。

3）关闭点火开关。

4）清除故障码。当迫使压缩机工作时，ECU 中会记录一个故障码。完成检查后，清除故障码。

（4）漏气检查　主要检查管子和软管的接头是否漏气。其步骤为：首先将高度控制开关拨到“HIGH”位置使汽车高度上升，然后使发动机停机，在管子和软管的接头处加肥皂水检查是否漏气。

（5）汽车高度调整　为了保证车高调节系统正常工作，必须进行汽车高度调整。首先将汽车停在水平地面上，检查汽车高度。若汽车的高度处在标准值范围以内，就不必进行汽车的高度调整，否则按下面步骤进行汽车的高度调整：

1）拧松高度控制传感器连接杆上的两只锁紧螺母。

2）转动高度控制传感器连接杆的螺栓以调节长度。高度控制传感器连接杆每一圈能使汽车高度改变大约 4mm。

3）调整时要注意检查高度控制传感器连接杆的尺寸是否小于极限值。

4）暂时拧紧两只锁紧螺母。

5）再检查一次汽车高度，直到车高达到标准值范围以内。

6）按拧紧力矩要求拧紧锁紧螺母。

2. 电路检测

（1）高度传感器电路检查　各传感器内部有一只与传感器转子轴连接在一起的电刷，该电刷在电阻器上方移动，产生线性输出。电刷和电阻器端子之间的电阻值与转子轴的转动角呈正比例变化。因此，传感器将悬架 ECU 施加在电阻器上的固定电压加以调整，再将此电压作为表示转子轴转动角的电压输至悬架 ECU 。

如图 5-28 所示，拆卸前轮，拆出前翼子板衬里，脱开高度传感器插接器，拆下高度传感器。将 3 只 1.5V 的干电池串联起来，将端子 2 与干电池正极连接、端子 3 与干电池负极连接，在端子 2 与 3 之间施加约 4.5 V 的电压，使控制杆缓慢地上、下移动，检查端子 1 、3 之间的电压。正常位置时，电压为 2.3 V ，低位置时为 0.5 ~2.3 V，高位置时为 2.3 ~4.1 V。

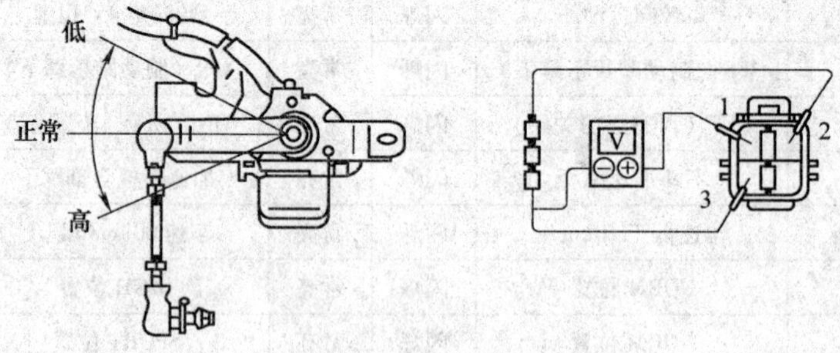

图 5-28　高度传感器检查

1、2、3—端子

（2）转向传感器电路检查　转向传感器装在转向信号开关总成上，用于检测转弯方向和转向角，由一个与转向盘一起转动的有缝信号盘和一对遮光器组成。每个遮光器中都装有一个发光二极管（LED）和一个光敏晶体管。遮光器将这两个元件之间光线照射的变化转换为通/断信号。信号盘在遮光器发光二极管和光电晶体管之间旋转。操作转向盘时，信号盘也随之旋转，使这两个元件之间的光线隔断或通过。由于这对遮光器具有不同的相位，根据每次输出的变化，悬架 ECU 便能检测出转弯方向和转向角。当转向传感器断定方向盘的最大转向角过大而车速高于预定值时，悬架 ECU 便使减振力增大。检测程序：

1）拆出仪表台下的杂物箱，接通点火开关，慢慢转动转向盘，测量悬架 ECU 连接器端子 SS1 和 SS2 与车身接地之间的电压，正常值为 0 ~ 5 V。

2）拆下转向盘，脱开转向传感器连接器，接通点火开关，测量转向传感器连接器端子 1 、2 之间的电压，正常值为 9 ~ 14V。

3）拆下转向盘，脱开转向传感器连接器，在端子间施加蓄电池电压。在转向传感器旋转部分慢慢转动的同时，测量转向传感器连接器端子 7、8 与 2 之间的电压。正常值为0 ~ ∞ V。

（3）制动灯开关电路检查　踩下制动踏板时，制动灯开关接通，蓄电池正极电压施加在悬架 ECU 的端子 STP 上。悬架 ECU 将该信号作为防点头控制的启动条件之一。拆出仪表台下的杂物箱，接通点火开关。在踩下和松开制动踏板的同时，分别测量悬架 ECU 连接器端子 STP 与车身接地之间的电压。正常值：松开时为 0 ~ 1. 2V，踩下时为 9 ~ 14V。若不正常，则需进一步检查配线连接器及悬架 ECU。

3. 利用自诊断系统进行故障检修

自诊断系统需要利用指示灯读取故障码，因此先进行指示灯检查。

（1）指示灯检查

1）打开点火开关，“HEIGHT”照明灯一直点亮。

2）检查悬架控制指示灯（带“SPORT”标志）和高度控制指示灯（带“NORM”或“HI”标志），应亮 2s 左右。当把悬架控制开关拨到“SPORT”侧时，悬架控制指示灯仍旧亮。同样，当高度控制开关拨到“NORM”或“HIGH”侧时，相应的高度控制指示灯“NORM”或“HIGH”也亮。

当高度控制“NORM”指示灯以每 1s 间隔闪亮时，表明 ECU 存储器中存有故障码。悬架控制系统存在故障，应做进一步的检修。

（2）故障码检查

1）打开点火开关。

2）将诊断盒或检查连接器的相关端子短接。

3）通过观察高度控制“NORM”指示灯的闪烁规律，读取故障码。若没有故障码输出时，应检查端子电路。若指示灯闪烁的时间间隔相等，表示悬架控制系统正常，自诊断系统未发现故障。

4）检查完后，断开相关端子。

5）故障码清除有两个方法：

①在关闭点火开关的情况下，拆下接线盒中的 ECU 熔丝 10s 以上。

②在关闭点火开关的情况下，将高度控制连接器的相关端子连接，同时使检查连接器的相关端子连接，保持这一状态 10s 以上，然后接通点火开关，并断开以上各端子。

6）对故障部位进行检查与维修，再按读取故障码的步骤检查一遍。如故障码消失，表明悬架控制系统正常，故障已经排除。

4. 根据故障现象进行检修

如果在进行故障码检查时显示一个正常故障码而汽车电控悬架仍然出现故障，这时可根据故障现象进行每个故障排除，按表 5-3 的次序检修每个与故障现象有关的电路。如果相关电路没有任何不正常现象，故障却依然出现，最后一步就应该更换控制单元。

表 5-3　汽车车高控制失灵的故障排除步骤

可能部位 / 故障现象	高度控制传感器电路	高度控制阀，排气阀电路	1号高度控制继电器电路	压缩机电动机电路	高度控制总ON/OFF开关	汽车车高控制电源电路	发电机电路	高度控制开关电路	车速传感器电路	门控灯开关	高度控制传感器连接杆	空气泄漏	气压缸/减振器	悬架控制单元
高度控制指示灯的亮灯位置不随高度控制开关的动作变化						3	2		1					5
汽车高度控制功能不起作用	5				4	2	1		3					6
只有高车速控制不起作用									1					2
汽车高度出现不规则变动	2											1		3
汽车高度控制起作用，但汽车高度不均匀		2									2			
汽车高度控制起作用，但汽车高度高或低（汽车高度在 NORMAL 状态时，高度与标准值不符）											1			
当调整汽车高度时，汽车处于非常高或非常低的位置	1													
即使是高度控制 ON/OFF 开关在“OFF”位置时，汽车高度控制仍起作用					1									
点火开关 OFF 控制不起作用						2				1				3
即使在车门打开时，点火开关 OFF 控制仍有作用										1				2
汽车驻车时汽车高度非常低												1	2	
压缩机电机运转不停			2	3								1		4

注：表中数字代表检修顺序。

思考题

1）若是空气电磁阀出现故障，将对空气悬架系统产生什么影响？

2）在电动式动力转向系统中，如何实现助力转向？

练习题

1. 填空题

1）电子控制悬架系统的基本功能包括：________、________、弹簧刚度控制。

2）无级半主动悬架可以根据路面的行驶状态和车身的响应对悬架________进行控制。

3）转向盘转角传感器用于检测转向盘的中间位置、________、________和转动速度。

4）在电子控制悬架中，电子控制单元根据________信号和________信号，判断汽车转向时侧向力的大小和方向，以控制车身的侧倾。

5）车高控制执行机构主要由________、________和设置在悬架之上的主气室组成。

6）为了获得和谐的振动，从传感器拾取信号到给出相应阻尼力的时间间隔不应超过________ms。

7）可调阻尼减振器通过具有不同节流孔的转阀可以得到________、正常（中）、________3个等级的阻尼，根据转阀开度控制悬架的阻尼力。

8）有级可调减振器实际上是在减振器结构中采用较为简单的控制阀，使________在最大、中等或最小之间进行有级调节。

9）电流变减振器的阻尼可随________的改变而连续变化。

10）磁流变液体是指在________的作用下，流变材料性能发生急剧变化的流体。

11）主动悬架系统能根据________、车速、转向角度及速率、________等信号，改变悬架系统的刚度、减振器的阻尼力以及车身高度等参数。

12）主动式空气悬架系统主要由________、干燥器、空气电磁阀、________、带有减振器的空气弹簧、________、悬架控制选择开关及ECU等组成。

13）空气压缩机由________驱动产生压缩空气，压缩空气经________干燥后由空气管道经空气电磁阀送至空气弹簧的主气室。

14）在车轮________时，不能以转向角和汽车车速正确判断车身侧向力的大小。为了直接测出车身横向加速度和纵向加速度，可以利用加速度传感器。

15）可调阻尼力的减振器主要由________、活塞及活塞控制杆、________等构成。

16）对于可调阻尼力的减振器，缸筒中的油液一部分经________上的阻尼孔在缸筒的上下两腔流动；一部分经________与活塞杆上连通的孔在缸筒的上下两腔间流动。

2. 问答题

1）电控悬架系统工作原理是什么？

2）在电子控制悬架中，如何控制车身的侧倾？

3）主动式空气悬架系统的工作原理是什么？

4）半主动悬架的阻尼调节方式是什么？

5）主动式油气弹簧悬架系统的工作原理是什么？

6）车身高度传感器的分类及工作原理是什么？

7）阻尼力控制执行机构的组成及工作原理是什么？

8）侧倾刚度控制的执行机构的组成及工作原理是什么？

9）车高控制的执行机构的组成及工作原理是什么？

3. 论述题

1）简述电控悬架系统的基本功能。

2）简述悬架刚度控制方式。

3）简述电控悬架系统的分类。

4）简述 LS400 轿车电控空气悬架组成及工作原理。

4. 故障诊断

1）汽车高度调整功能的检查方法有哪些？

2）溢流阀的检查方法有哪些？

3）简述控制系统电路及元件的检测方法。

第六章

电控转向系统

◎掌握技能

- ➢ 液压式电控动力转向系统的故障诊断
- ➢ 电动式电控动力转向系统的故障诊断
- ➢ 电控电动四轮转向系统的故障诊断

◎基本概念

- ➢ 液压式电控动力转向系统分类及工作原理
- ➢ 电动式电控动力转向系统组成及工作原理
- ➢ 电控电动四轮转向系统的组成及工作原理
- ➢ 四轮转向系统的控制逻辑

★ 案例导入

故障现象：一辆皇冠2.8L轿车，动力转向系统转向助力效果逐渐减弱，并引起转向沉重。

故障诊断：首先检查系统管路和油面高度，管路无泄漏，油面高度正常。然后检查油泵泵油压力，在压力表阀门全闭的情况下测得油压为3.5MPa，而标准值为大于7.0MPa，说明叶片泵有故障。将转向盘分别转到左或右极限位置，再打开压力表阀门，分别测油压，结果仍为3.5MPa，这说明转向助力器、安全阀以及溢流阀均正常。拆检叶片泵，发现叶片泵内的各滑片表面严重磨损，厚度仅为1.35mm，而标准值为1.55mm，这就是导致叶片泵泵油压力不足，引起转向助力不良的原因。更换滑片、弹簧、弹簧座后，泵油压力恢复正常，故障排除。

根据上述案例，请思考下列问题：

1）动力转向系统有哪些分类，分别有哪些组成部分？

2）转向助力器、叶片泵分别有什么作用？

汽车转向系统可按转向的能源不同分为机械转向系统和动力转向系统两类。机械转向系统是依靠驾驶人操纵转向盘的转向力来实现车轮转向；动力转向系统则是在驾驶人的控制下，借助于汽车发动机产生的液体压力或电动机驱动力来实现车轮转向，所以动力转向系统也称为转向动力放大装置。

电控动力转向系统（Electronic Control Power Steering，简称EPS），根据动力源不同又分为液压式电控动力转向系统和电动式电控动力转向系统。液压式EPS是在传统的液压动力转向系统的基础上增设了控制液体流量的电磁阀、车速传感器和电控单元等。电控单元根据检测到的车速信号，控制电磁阀，使转向动力放大倍率连续可调，从而满足高、低速时的转向助力要求。电动式EPS是利用直流电动机作为动力源，电控单元根据转向参数和车速等信号，控制电动机转矩的大小和方向。电动机的转矩由电磁离合器通过减速机构减速并增大转矩后，施加在汽车的转向机构上，使之得到一个与工况相适应的转向作用力。通过电控动力转向系统可以使驾驶人在汽车低速行驶时操纵转向轻便、灵活；而在中、高速行驶时又可以增加转向操纵力，使驾驶人的手感增强，从而获得良好的转向路感以及提高转向操纵的稳定性。

第一节　液压式电控动力转向系统（EPHS）

电控动力转向系统（EPS）可以在低速时减轻转向力以提高转向系统的操纵性，在高速时则可适当加大转向力，以提高操纵稳定性。液压式电控动力转向系统（EPHS），是在传统的液压动力转向系统的基础上，增设电子控制装置而构成的。根据控制方式的不同，液压式电控动力转向系统又可分为流量控制式、反力控制式和阀灵敏度控制式三种形式。

1. 流量控制式EPS

这是一种根据车速传感器信号调解动力转向装置供应的压力油液，改变油液的输入输出流量，以控制转向力的方法。其优点是在原来动力转向功能上再增加压力油液流量控制功能即可，可以简化结构，降低价格。其缺点是当流向动力转向机构的压力油液降低到极限值时，将改变转向控制部分的刚度，在低供给油量区域内，对于快速转向会产生压力油量不足的情况，降低了适应性。

图6-1所示为蓝鸟轿车流量控制式电控液压动力转向系统。它在一般液压动力转向系统上再增加旁通流量控制阀、车速传感器、转向角速度传感器、ECU和控制开关等。在转向液压泵与转向器体之间设有旁通管路，在旁通管路中又设有旁通油量控制阀。

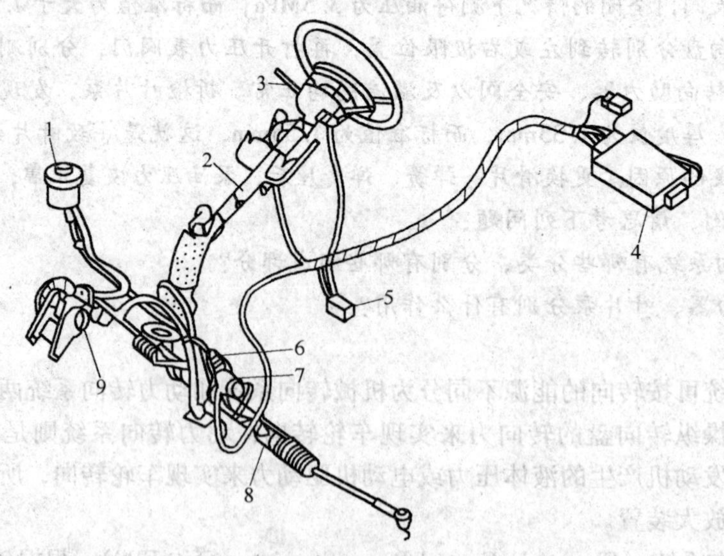

图6-1　蓝鸟轿车流量控制式电控液压动力转向系统

1—转向油罐　2—转向管柱　3—转向角速度传感器　4—ECU　5—转向角速度传感器增幅器　6—旁通流量控制阀　7—电磁线圈　8—转向齿轮联动机构　9—液压泵

根据车速传感器、转向角速度传感器和控制开关等信号，ECU 向旁通流量控制阀按照汽车的行驶状态发出控制信号，控制旁通流量，从而调整转向器供油的流量，如图 6-2 所示。当向转向器供油流量减少时，动力转向控制阀灵敏度下降，转向助力作用降低，转向力增加。驾驶人可变换仪表板上的转换开关，满足不同的行驶条件。同时，ECU 也可根据转向角速度传感器输出信号的大小，在汽车急转弯时，对转向力特性实施最优控制。

ECU 接收车速传感器、转向角速度传感器及变换开关的信号，以控制旁通流量控制阀的电流，并具有故障自诊断功能。旁通流量控制阀的结构如图 6-3 所示。在阀体内装有主滑阀 2 和稳压滑阀 7，在主滑阀的右端与电磁线圈柱塞 3 连接，主滑阀与电磁线圈的推力成正比移动，从而改变主滑阀左端流量主孔 1 的开口面积。调整调节螺钉 4 可以调节旁通流量的大小。稳压滑阀的作用是保持流量主孔前后压差的稳定，以使旁通流量与流量主孔的开口面积成正比。当因转向负荷变化而使流量主孔前后压差偏离设定值时，稳压滑阀阀芯将在其左侧弹簧张力和右侧高压油压力的作用下滑移。如果压差大于设定值，则阀芯左移，使节流孔开口面积减小，流入到阀内的液压油量减少，前后压差减小；如果压差小于设定值，则阀芯右移，使节流孔开口面积增大，流入到阀内的液压油量增多，前后压差增大。流量主孔前后压差的稳定，保证了旁通流量的大小只与主滑阀控制的流量主孔的开口面积有关。

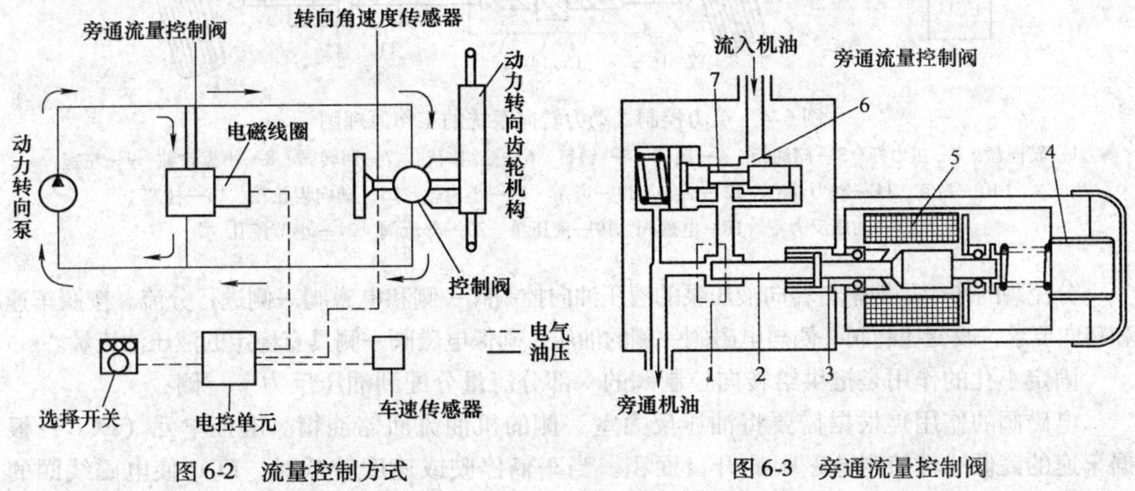

图 6-2 流量控制方式

图 6-3 旁通流量控制阀

1—流量主孔 2—主滑阀 3—电磁线圈柱塞 4—调节螺钉 5—电磁线圈 6—节流孔 7—稳压滑阀

总之，流量控制式 EPS 是一种通过车速传感器信号调节动力转向装置供应压力油，通过改变压力油的输入、输出流量，以控制转向力的大小。它在原来液压动力转向功能上增加了压力油流量控制功能，所以结构简单，成本较低。但是，当流向动力转向机构的压力油降低到极限值时，快速转向时会产生压力不足、响应较慢的问题。

2. 反力控制式 EPS

（1）组成 反力控制式动力转向系统是一种根据车速大小控制反力室油压，从而改变输入、输出增益幅度以控制转向力的转向系统。其优点是具有较大的选择转向力的自由度，转向刚度大，驾驶人能感受到路面情况，可以获得稳定的操作手感等。其缺点是结构复杂，价格较高。

图6-4所示为反力控制式动力转向系统的工作原理图。该系统主要由转向控制阀、分流阀、电磁阀、转向动力缸、转向液压泵、储油箱、车速传感器及电控单元等组成。转向控制阀是在传统的整体转阀式动力转向控制阀的基础上增设了油压反力室而构成。扭力杆的上端通过销子与转阀阀杆相连，下端与小齿轮轴用销子连接，小齿轮轴的上端通过销子与控制阀阀体相连。转向时，转向盘上的转向力通过扭力杆传递给小齿轮轴。当转向力增大，扭力杆发生扭转变形时，控制阀体和转阀阀杆之间将发生相对转动，于是就改变了阀体和阀杆之间油道的通、断和工作油液的流动方向，从而实现转向助力作用。

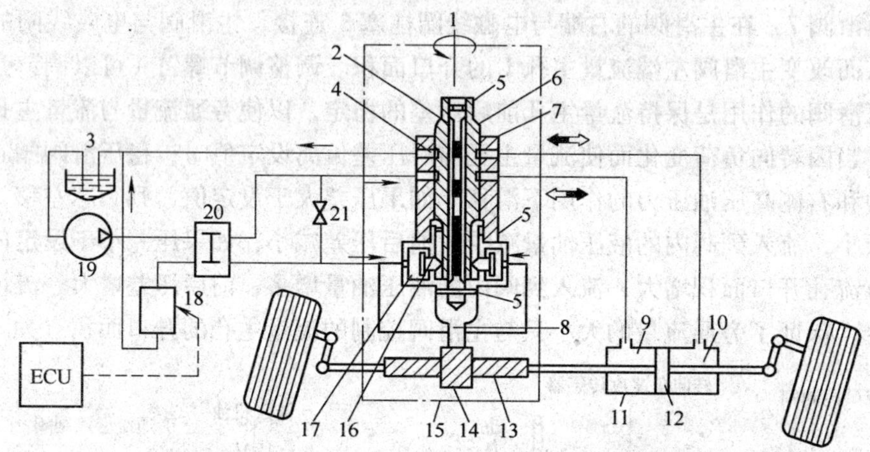

图6-4　反力控制式动力转向系统的工作原理图

1—转向盘　2—扭力杆　3—储油箱　4—接口　5—销钉　6—控制阀轴　7—回转阀　8—小齿轮轴　9—左室　10—右室　11—动力油缸　12—活塞　13—齿条　14—小齿轮　15—转向齿轮箱　16—柱塞　17—油压反力室　18—电磁阀　19—液压泵　20—分流阀　21—小节流孔

分流阀的作用是把来自转向液压泵的液压油向控制阀一侧和电磁阀一侧进行分流。按照车速和转向要求，改变控制阀一侧与电磁阀一侧的油压，确保电磁阀一侧具有稳定的液压油流量。

固定小孔的作用是把供给转向控制阀的一部分流量分配到油压反力室一侧。

电磁阀的作用是根据需要将油压反力室一侧的机油流回储油箱。电控单元（ECU）根据车速的高低线性控制电磁阀的开口面积。当车辆停驶或速度较低时，ECU使电磁线圈的通电电流增大，电磁阀开口面积增大，经分流阀分流的液压油，通过电磁阀重新回流到储油箱中，所以作用于柱塞的背压（油压反力室压力）降低，于是柱塞推动控制阀转阀阀杆的力（反力）较小，因此只需要较小的转向力就可使扭力杆扭转变形，使阀体与阀杆发生相对转动而实现转向助力作用。

（2）工作原理　ECU根据车速传感器的信号判断出车辆停止、低速状态与中高速状态，控制电磁阀通电电流，使动力转向液压系统根据车速的变化，在低速时操纵力减轻，在中速以上操纵力随车速而变化。

1）停车与低速时转向。如图6-5所示，汽车在低速范围内运行时，ECU输出一个大的电流，使电磁阀的开度增加，由分流阀分出的液流流过电磁阀回到储油罐中的液流增加。因此，油压反力室压力减小，作用于柱塞的背压减小，于是柱塞推动控制阀杆的力减小，利用转向盘的转向力来增大扭力杆的扭力。转阀按照扭力杆的扭转角作相对的旋转，使液压泵油压作用于转向动力缸的右室，活塞向左方运动，从而增强了转向力。此时，驾驶人仅需提供一个较小的操纵力，就可以产生一个较大的助力，使转向更为轻便、灵活。

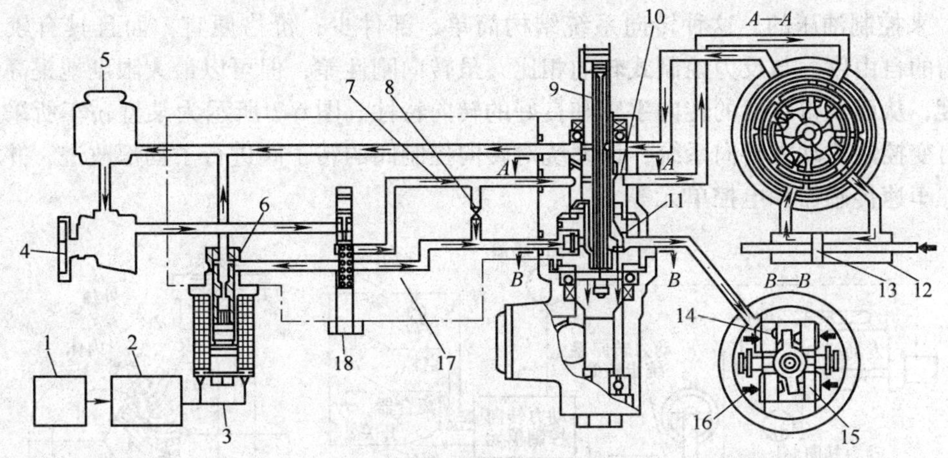

图 6-5　停车与低速时转向作用

1—车速传感器　2—ECU　3—电磁阀　4—叶片泵　5—油罐　6—电磁阀开度（大）　7—压力增加　8—量孔　9—扭力杆　10—转阀　11—油压反力室　12—动力缸　13—活塞　14—阀杆　15—柱塞　16—压力减小　17—至反力室　18—分流阀

2）中高速直行时转向。如图 6-6 所示，汽车转向盘在中、高速直行微量转动时，控制阀杆根据扭力杆的扭转角度而转动，转阀的开度减小，转阀里面的压力增加，流向电磁阀和油压反力室中的液流量增加。当车速增加时，ECU 输出电流减小，电磁阀开度减小，流入油压反力室中的液流量增加，反力增大，使得柱塞推动控制阀杆的力变大。液流还从量孔流进油压反力室中，这也增大了油压反力室中的液体压力，因此转向盘的转动角度增加时，将提供一个更大的转向操纵力，从而获得稳定且直接的路感。

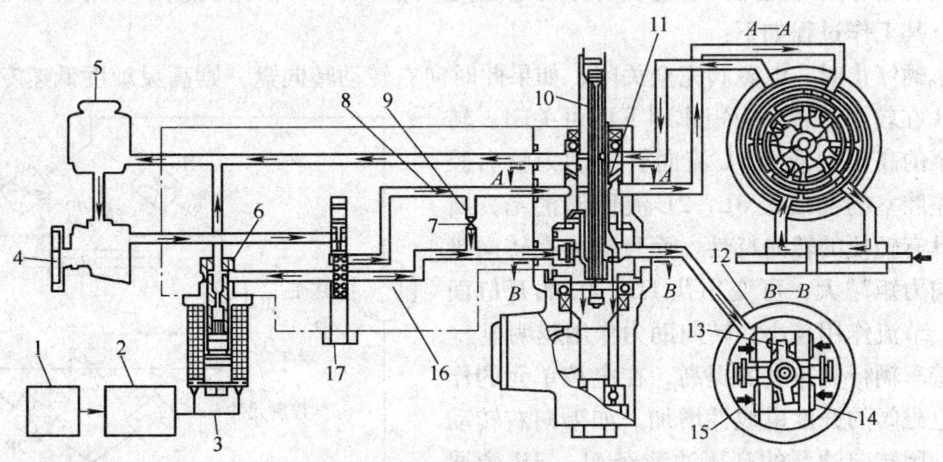

图 6-6　中高速直行时转向作用

1—车速传感器　2—ECU　3—电磁阀　4—叶片泵　5—油罐　6—电磁阀开度（小）　7、9—量孔　8—压力增加　10—扭力杆　11—转阀　12—油压反力室　13—控制阀杆　14—柱塞　15—压力增加　16—流量增加　17—分流阀

3. 阀灵敏度控制式

阀灵敏度控制式 EPS 是用车速控制电磁阀，直接改变动力转向控制阀的油压增益（阀灵敏度）来控制油压的。这种转向系统结构简单，部件少，价格便宜，而且具有较大的选择转向力的自由度。与反力控制式转向相比，虽转向刚性差，但可以最大限度地提高原来的弹性刚度，从而获得自然的转向手感和良好的转向特性。图 6-7 所示为某型轿车所采用的阀灵敏度可变控制式动力转向系统，该系统对转向控制阀的转子阀进行了局部改进，并增加了电磁阀、车速传感器和电控单元等。

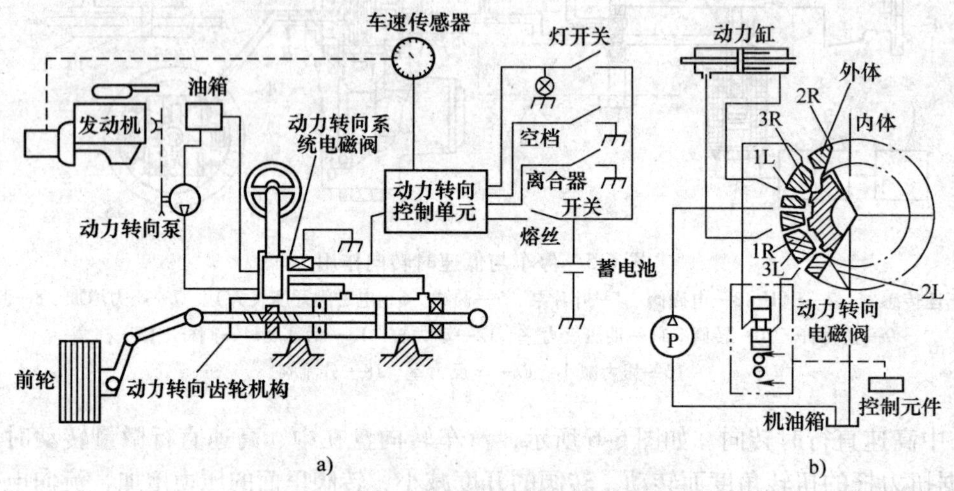

图 6-7 阀灵敏度可变控制式动力转向装置

a）系统示意图 b）转子阀

转子阀的可变小孔分为低速专用小孔（1R、1L、2R、2L）和高速专用小孔（3R、3L）两种，在高速专用可变孔的下边设有旁通电磁阀回路。图 6-8 所示为该系统的转子阀等效液压回路。其工作过程如下：

当车辆停止时，电磁阀完全关闭，如果此时向右转动转向盘，则高灵敏度低速专用小孔 1R 及 2R 在较小的转向力矩作用下即可关闭，转向液压泵的高压油液经 1L 流向转向动力缸右腔室，其左腔室的油液经 3L、2L 流回储油箱，所以此时具有轻便的转向特性。而且施加在转向盘上的转向力矩越大，可变小孔 1L、2L 的开口面积越大，节流作用越小，转向助力作用越明显。

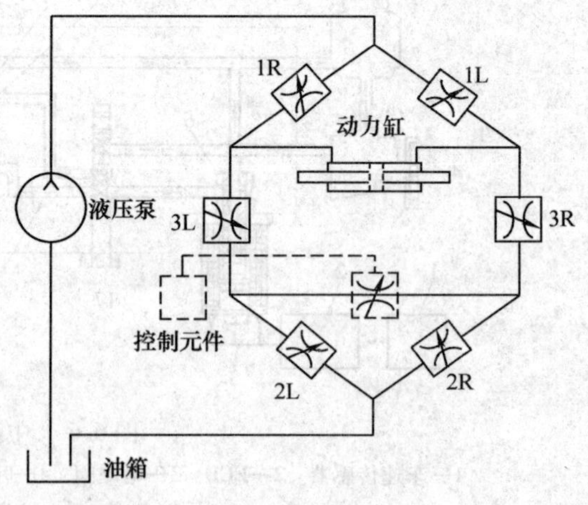

图 6-8 转子阀等效液压回路

随着车辆行驶速度的提高，在电控单元的作用下，电磁阀的开度也线性增加。如果向右转动转向盘，则转向油泵的高压油液经 1L、3R 旁通电磁阀流回储油箱。此时，转向动力缸右腔室的转向助力油压就取决于旁通电磁阀和灵敏度低的高速专用可变孔 3R 的开度。车速越高，在电控单元的控制下，电磁阀的开度越大，旁路流量越大，转向助力作用越小；在车速不变的情况下，施加在转向盘上的转向力越小，高速专用小孔 3R 的开度越大，转向助力作用也越小；当转向力增大时，3R 的开度逐渐减小，转向助力作用也随之增大。由此可见，阀灵敏度控制式动力转向系统可使驾驶人获得非常自然的转向路感和良好的速度转向特性。

4. 典型电控液压助力转向系统（EPHS）

（1）EPHS 系统组成　上海大众 POLO 轿车装配使用的电液助力转向系统有 TRW 公司生产和 TOYO 公司生产的两种。电控液压助力转向系统由电气装置和机械装置两部分组成。电气部分由转向角速度传感器 G250、电控单元和液压泵总成 G500、故障警告灯 K92 组成（对于带电子稳定程序 ESP 系统的车型，无 G250，而是由转向盘转角传感器 G85 通过 CAN-BUS 经 ABS ECU 传输转向角速度信号）。机械装置包括传统的齿轮齿条转向传动装置、控制阀、管路和与电控单元一体的电动液压泵。电控液压助力转向系统组成如图 6-9 所示。

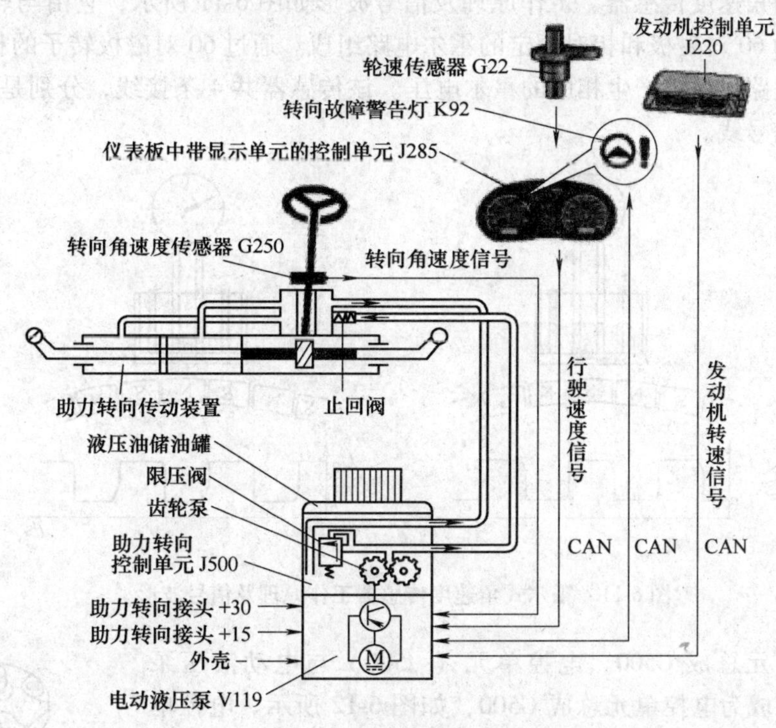

图 6-9　电控液压助力转向系统

1）转向角速度传感器（G250）。转向角速度传感器安装于液压转向机总成输入轴上，用来测量转向盘旋转角速度，即驾驶人在以多大的角速度转动转向盘。在其他条件不变的情况下，如果 EPHS 控制单元收到的信号表明转向盘旋转的角速度越大，则对应泵的转速越高，转向的助力越大；反之，转向盘旋转的角速度越小，则转向助力越小。

可变电容式转向角速度传感器剖面结构及工作原理如图 6-10 所示，由与转向盘柱一体并可随之转动的翼状金属挡片和相对固定的 9 个平板电容器及放大电路组成。

当挡片夹在电容器的两极板中间时，电容器的容量增加；挡片离开时，该电容器的容量减小。放大电路通过接收到 9 个电容器的容量变化速度及趋势，判断转向盘的转向角度及角

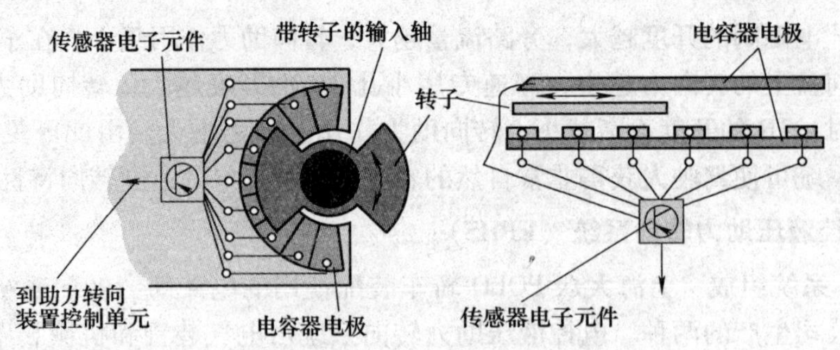

图 6-10　可变电容式转向角速度传感器结构

速度大小，并转化成电信号，输入到电控单元 J500。该传感器共 3 条接线，分别是 +5 V 线、搭铁线和一条信号线。

霍尔式转向角速度传感器、工作原理及信号波形如图 6-11 所示，它由与转向盘轴一体并可随之转动的 60 对磁极和相对固定的霍尔电路组成。通过 60 对磁极转子的相对转动，在传感器的霍尔电路上可以产生相应的霍尔电压。该传感器共 4 条接线，分别是 +5 V，搭铁和正、负两条信号线。

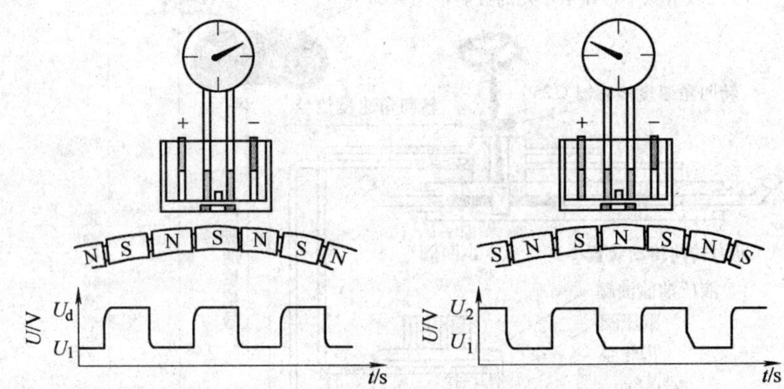

图 6-11　霍尔式角速度传感器工作原理及信号波形

2）电控单元总成 G500。电控单元（J500）与电动液压泵（V119）两者集成为电控单元总成 G500，如图 6-12 所示。电控单元根据转向角速度、车辆行驶速度（由车速传感器至仪表控制单元通过 CAN-BUS 传输）、发动机转速（由发动机控制单元通过 CAN-BUS 传输）等信息控制液压泵电动机转速，同时还提供温度保护、故障恢复（故障后再接通保护）和自诊断及故障码存储功能。液压泵是一个由电动机驱动的齿轮泵。

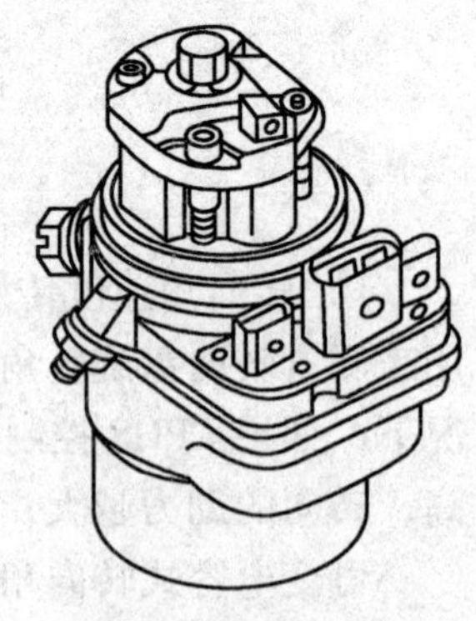

图 6-12　电控单元与电动液压泵总成

3）转向盘转角传感器（G85）。转向盘转角传感器安装在转向盘下，与安全气囊滑环结合在一起，其信号传送至 ABS ECU，主要为带 EDS/ASR/ESP 的 ABS 提供输入信号，再由 CAN-BUS 传输给 EPHS 系统的控制单元。装有转向盘转角传感器的 EPHS 系统则在液压转向机总成的位置无转向角速度传感器，如图 6-13 所示。

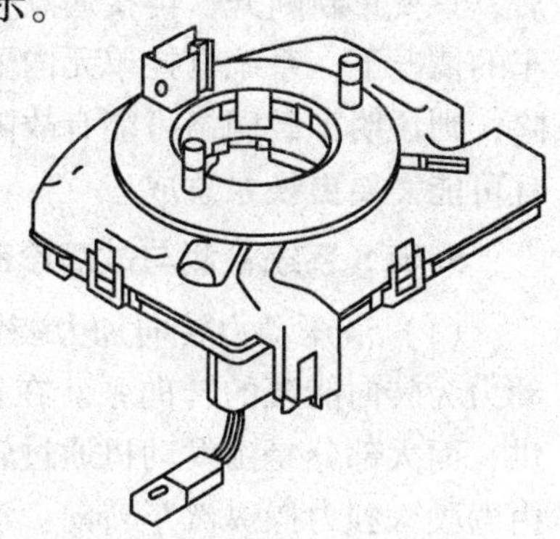
图 6-13　转向盘转角传感器

4）故障警告灯。故障警告灯安装在仪表总成内，由 EPHS 控制单元通过 CAN-BUS 传送控制信息至仪表控制单元，通过仪表控制单元控制该灯点亮或熄灭。接通点火开关后，故障警告灯亮，EPHS 系统进行内部检测。在发动机发动及系统测试结束后，故障警告灯应当熄灭。如果依然点亮，则指示系统可能有故障。

机械部分主要由扭力杆、旋转分流阀、控制套筒、工作缸、活塞等组成。

（2）EPHS 工作原理　电控液压助力转向系统的工作原理是：在汽车直线行驶时，转向盘不转动，电动液压泵以很低的速度运转，大部分工作油经过转向阀流回储油罐，少部分经液控阀流回储油罐；当驾驶人开始转动转向盘时，ECU 根据检测到的转角及角速度、车速、发动机转速以及电动机转速的反馈信号等，判断汽车的行驶状态、转向状态，决定应提供的助力大小，同时向驱动单元发出控制指令，使电动机产生相应的转速以驱动液压泵，进而输出相应流量和压力的高压油。高压油经转向控制阀进入齿条上的动力缸，推动活塞产生适当的助力，以协助转向操作，从而获得理想的转向效果。

当转向角速度传感器发生故障或系统出现其他异常情况时，电控液压助力转向系统即进入程序设定的紧急运行状态。机械转向的功能仍然可以实现，但是由于无助力，转向比较沉重。

EPHS 系统工作原理如图 6-14 所示。EPHS 系统由 3 路输入信号作为主控信号，分别是转向角速度传感器 G250、来自仪表控制单元 J285 的车速信号和来自发动机控制单元 J220 的发动机转速信号。当输入信号的条件（发动机转速不为 0，转向盘转动，不在中间位置）同时满足时，电控单元总成 G500 根据车速的大小确定提供助力的大小，即控制电动液压泵的转速大小来提供相应的液压流量。车速越低，提供的液压流量越大。

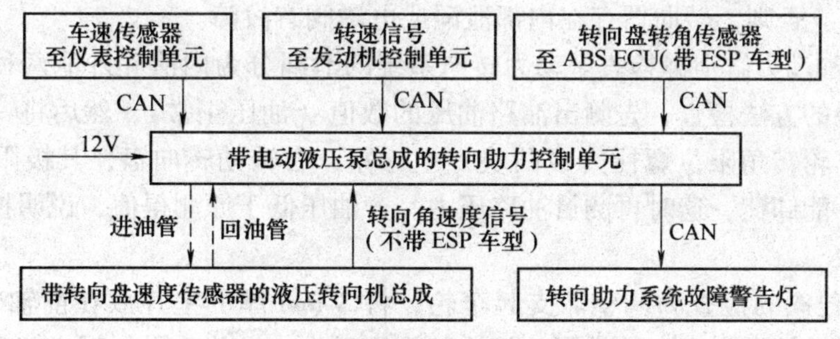

图 6-14　EPHS 系统工作原理

另外，系统还具有在电动机温度过高或电流过大的情况下，停止电动机工作的自我保护功能，以及系统在受到干扰、故障或撞车后的一种再接通保护功能。温度过高保护是为了使电动泵总成在过热之后能得到冷却，必须停止工作，等待大约 15 min 的时间。这段时间过后，只要重新断开、再接通点火开关，则可以自动解除此次保护。再接通保护则是在发生撞车的情况下，系统电控单元内要存储相应的故障码，需要用专用的诊断仪清除，如果无法清除，则说明车载网络可能有故障或电动液压泵总成损坏。在这种情况下，必须进行自诊断并且可能需要更换泵总成。

5. EPS 系统检测与故障诊断

（1）液压动力转向加力装置的故障诊断程序　动力转向系是兼用驾驶人体力和发动机动力为转向能源的转向系。在正常情况下，汽车转向所需的能量，只有小部分由驾驶人提供，而大部分是由发动机通过转向加力装置提供的。但在转向加力装置失效时，一般还应能由驾驶人独力操纵汽车转向。动力转向系最常见的故障为转向困难。诊断时应首先排除机械转向系的故障，液压加力装置的故障多为使用中加力不足或不均匀。

液压转向加力装置的故障诊断程序为：

①先查看驱动液压泵的传动带使用状况，如传动带张紧度不够而打滑，应予以调整；如已损坏，应更换。

②检查整个转向系各油管是否破裂或接头松动，如发现有漏油之处，应加以修理。

③检查转向油罐油质及油量。如油已脏污，应更换新油并清洗液压泵缸体和滤网。如油量不足，应加油补足。使动力缸在全行程往复运动，以排出油路中的空气，并注意添足油液。

④检查液压泵、安全阀、动力缸内的油封、密封环等是否密封完好，调整是否适当，油压是否达到规定值。

（2）液压动力转向系的检查与调整

1）系统油压检测。首先检查系统管路和油面高度，确认管路无泄漏，油面高度正常。将压力表连接在动力转向泵与转向控制阀的压力管中，完全开启压力表阀门，起动发动机并使其怠速运转；将转向盘在左、右转动的极限位置之间连续转动 3 ~ 4 次，以提高转向油液温度并排除系统内的空气；使转向油液温度升至 80 ℃以上，确保液面高度正常；检测发动机怠速时转向泵输出油压，应为 3MPa 以上。将转向盘转至极限位置，拔下电磁阀插接器，然后起动发动机，使其转速稳定在 1000r/ min ，测量动力转向泵的输出油压，其最低压力应为 7MPa 以上。否则，转向器存在内部泄漏或电磁阀有故障。

2）控制阀和动力缸泄漏检查。动力转向系统的泄漏分为内泄和外泄两种。内泄可以采取油路压力试验的方法检查，先测出油路油压的数值（油压正常），然后将一块 15mm 厚的金属垫板放在车轮转角限位螺栓（或凸块）上，左、右转动转向盘，其极限位置受垫板限制，使限位阀不能卸荷，这时再测量油路压力。若油压低于原测得值，说明控制阀和动力缸内部有泄漏现象。

3）液压限位阀的检查和调整。支起车轮，将 3 mm 厚的垫片放在前轴的限位凸块上，起动发动机，转动转向盘至车轮的限位机构起作用时为止。此时限位阀应卸荷，用旋具作传导，可听到卸荷的排油声，否则应对限位阀进行调整，并进行复验，慢慢使汽车起步，转动转向盘直到液压加力作用不足但又不完全是机械转向时为止。车轮转向限位螺钉与前轴限位凸块之间应有 2 ~ 3 mm 的间隙。

（3）动力转向系统控制电路的检测步骤

1）电控动力转向 ECU 电源的检查。接通点火开关，拆开电控动力转向 ECU 的插接器，检测插接器内的 +B 端子与搭铁点之间有无蓄电池电压，如图 6-15 所示。若无蓄电池电压，则应对电路中的易熔线、熔断器及相关的配线等进行检查。

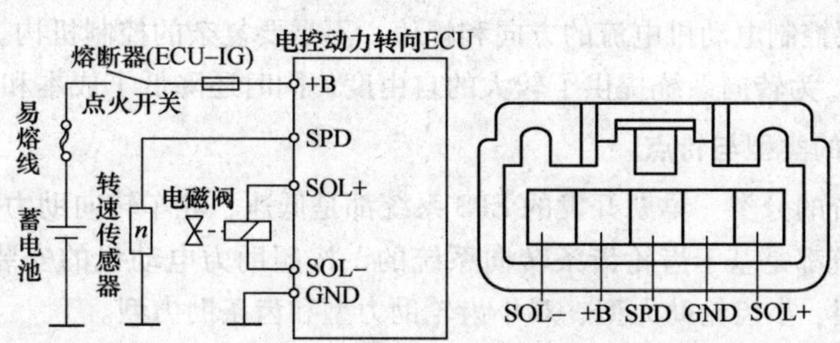

图 6-15 丰田雷克萨斯 LS400 轿车动力转向系统控制电路图

2）电控动力转向 ECU 搭铁情况的检查。检测电控动力转向 ECU 插接器内的 GND 端子与车身搭铁点之间是否导通。若不导通，应对相应的搭铁线及搭铁点进行检查。

3）转速信号的检查。用千斤顶顶起一侧的后车轮，把电压表接到电控动力转向 ECU 插接器内的 SPD 与 GND 端子之间。转动后车轮，读数应在 0 ~ 5V 之间变化。若读数不符，应对 SPD 端子与转速传感器之间的配线或转速传感器本身进行检查。

4）电磁阀电路的检查。把欧姆表接到电控动力转向 ECU 插接器内的 SOL 与 GND 端子之间，检测端子之间是否导通。若导通，说明电磁阀与 SOL + 与 SOL-端子之间的配线或电磁阀内部存在搭铁故障。把欧姆表接到电控动力转向 ECU 内的 SOL + 与 SOL – 端子之间，检测上述端子之间的电阻，其值应在 6. 0 ~ 11Ω。若所测电阻值不符合要求，说明 SOL + 与 SOL – 端子之间的配线或电磁阀内部存在断路或短路故障。

（4）电控部件的检测

1）电磁阀的检测。电磁阀是执行元件，当电磁阀的针阀开启时，油道中的电磁阀起旁路作用，致使转向助力发生变化。电磁阀常见故障通常是电磁阀线圈短路或断路及其针阀位置不当。其故障诊断步骤如下：

①检测电磁阀电磁线圈的电阻：先拆下线束插接器，然后用欧姆表测量两端子之间的电阻，其阻值应为 6. 0 ~ 11Ω，否则，电磁阀存在故障，应予以更换。

②检测电磁阀的工作情况：先从转向器上拆下电磁阀，然后将蓄电池正极接电磁阀 SOL + 端子，负极接 SOL – 端子，此时电磁阀的针阀应缩回 2mm；否则，电磁阀存在故障，应予以更换。

2）电控单元（ECU）的检测

①顶起汽车并稳固地支承，起动发动机。

②发动机怠速运转情况下，测量 ECU 的 SOL-端子和 GND 端子之间的电压。

③挂上档，使车轮以 60km/ h 的车速转动，再测量 ECU 的 SOL-端子和 GND 端子之间的电压，电压应比原来增加 0. 07 ~ 0. 22V。若上述测量无电压，则应更换 ECU 重试。

第二节　电动式电控动力转向系统（EPS）

电动式动力转向系统（EPS）是一种直接依靠电动机提供辅助转矩的电动助力式转向系统。该系统仅需要控制电动机电流的方向和幅值，不需要复杂的控制机构。另外，该系统由于利用ECU控制，为转向系统提供了较大的自由度，同时还降低了成本和重量。

1. EPS系统的类型与特点

（1）EPS系统的分类　早期开发的EPS系统都是低速、驻车转向助力型。目前现有的4种类型的EPS系统都是基于齿轮齿条转向系统的，按照助力电动机的安装位置不同可以分为：转向柱助力型、小齿轮助力型、双小齿轮助力型和齿条助力型。

转向柱助力型EPS的助力电动机安装在转向柱上，电动机助力转矩通过蜗杆蜗轮减速增矩后直接加在转向柱上。其优点是电动机可以安装在转向柱的任何位置，成本相对其他几种类型最低；缺点是电动机的转矩波动对驾驶人路感影响较大。

小齿轮助力型EPS的助力电动机通过小齿轮与齿条啮合，电动机的助力转矩直接加在小齿轮轴上。其优点是刚性好，转向路感强。

双小齿轮助力型EPS的转向齿条上安装有两个小齿轮，一个小齿轮与转向盘相连，助力电动机通过另外一个小齿轮与齿条啮合，为齿条提供助力。其优点是可以提供相对较大的助力。

（2）EPS系统的优点　EPS系统与传统的液压动力转向系统相比有以下优点：

1）EPS能在各种行驶工况下提供最佳助力。在驻车或停车入库以及低速转向时为驾驶人提供足够的助力，在高速转向时使驾驶人有良好的路感，并减小由路面不平所引起的对转向系统的扰动，改善汽车的转向特性。

2）提高了汽车的燃油经济性，城市工况下燃油经济性可以提高3.5%，平均节省燃油3%。EPS系统仅在汽车转向时才提供助力，而传统的液压动力转向系统即使在不转向时，油泵也一直运转。

3）EPS系统结构紧凑，零件数量较少，便于安装和装配，提高了劳动生产率。由于省去了装于发动机上的带轮和液压泵，留出的空间可以用于安装其他部件。

4）EPS系统取消了液压回路，不存在渗油和漏油问题，减少了对环境的污染，同时又节省了大量的转向助力油。

5）EPS系统具有自我诊断的功能，便于维修和保养。

6）EPS系统具有良好的低温工作性能，即使在-40℃的环境下，EPS系统也能很好地工作，具有更高的可靠性、安全性。

2. 电动式电控动力转向系统的结构与工作原理

电动式动力转向系统是由转矩传感器、车速传感器、控制元件组成的，如图6-16所示。

在操纵转向盘时，转矩传感器根据输入力的大小产生相应的电压信号，由此检测出操纵力的大小，同时根据车速传感器产生的脉冲信号又可测出车速，再控制电动机的电流，形成适当的转向助力。

(1) 转矩传感器　转矩传感器的作用是测量转向盘与转向器之间的相对转矩，是电动助力的依据之一。

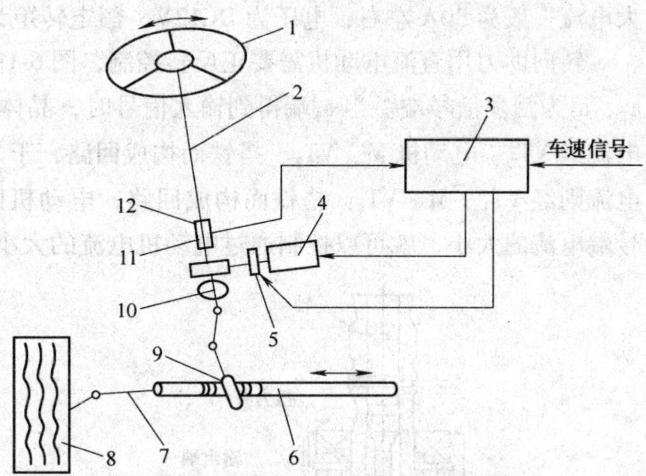

图 6-16　电动式动力转向系统组成

1—转向盘　2—输入轴　3—电控单元　4—电动机　5—电磁离合器　6—转向齿条　7—横拉杆　8—转向轮　9—转向器　10—扭力杆　11—转向齿轮　12—转矩传感器

图 6-17 所示为无触点式转矩传感器的结构及工作原理图。在输出轴的极靴上分别绕有 A、B、C、D 四个线圈，转向盘处于中间位置（直驶）时，扭力杆的纵向对称面正好处于图示输出轴极靴 AC、BD 的对称面上。当在 U、T 两端加上连续的输入脉冲电压信号 U_i 时，由于通过每个极靴的磁通量相等，所以在 V、W 两端检测到的输出电压信号 $U_o=0$；转向时，由于扭力杆和输出轴极靴之间发生相对扭转变形，极靴 A、D 之间的磁阻增加，B、C 之间的磁阻减少，各个极靴的磁通量发生变化，于是在 V、W 之间出现电位差，其电位差与扭力杆的扭转角和输入电压 U_i 成正比。

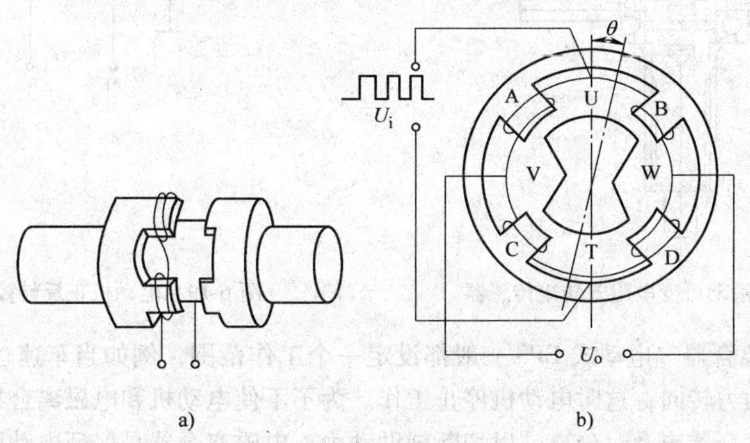

图 6-17　无触点式转矩传感器

所以，通过测量 V、W 两端的电位差就可以测量出扭力杆的扭转角，也就知道转向盘施加的转矩。

图 6-18 所示为滑动可变电阻式扭矩传感器的结构。它将负载力矩引起的扭力杆角位移转换为电位器电阻的变化，并经滑环传递出来作为转矩信号。

(2) 电动机　EPS 所采用的电动机是在一般汽车用电动机基础上加以改进后得到的。为了改善操纵感、降低噪声和减少振动，有的电动机转子外圆表面开有斜槽，有的则改变定子磁铁的中心处或底部的厚度。

电动式 EPS 用电动机与起动用直流电动机原理基本相同，但一般采用永磁磁场，其最大电流一般为30A左右，电压为DC12V，额定转矩为10N·m左右。

转向助力用直流电动机需要正反转控制，图6-19所示为一种比较简单适用的控制电路。a_1、a_2为触发信号端。当a_1端得到输入信号时，晶体管VT_3导通，VT_2得到基极电流而导通，电流经VT_2、电动机M、VT_3、搭铁而构成回路，于是电动机正转；当a_2端得到输入信号时，电流则经VT_1、M、VT_4、搭铁而构成回路，电动机则因电流方向相反而反转。控制触发信号端电流的大小，就可以控制通过电动机电流的大小。

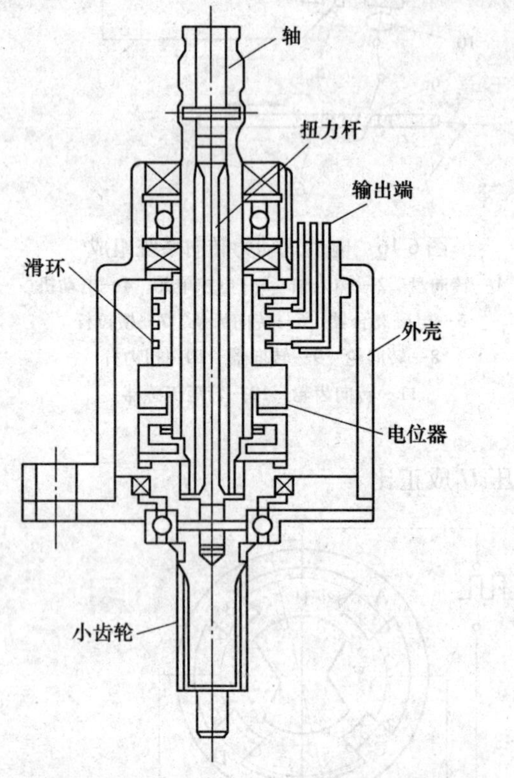

图6-18　滑动可变电阻式转矩传感器

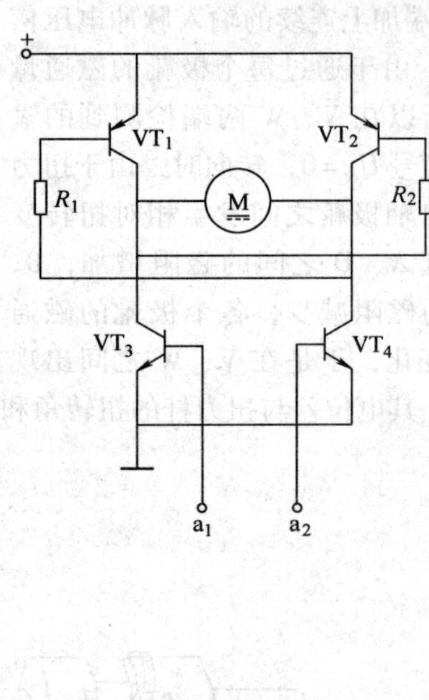

图6-19　电动机正反转控制电路

(3) 电磁离合器　电动式EPS一般都设定一个工作范围，例如当车速达到45km/h时，就不需要辅助动力转向，这时电动机停止工作。为了不使电动机和电磁离合器的惯性影响转向系的工作，离合器应及时分离，以切断辅助动力。电磁离合器是保证电动助力只在预定的范围内起作用。当车速、电流超过限定的最大值或转向系统发生故障时，离合器便自动切断电动机的电源，恢复手动控制转向。此外，在不助力的情况下，离合器还能消除电动机的惯性对转向的影响。为了减少与不加转向助力时驾驶车辆感觉的差别，离合器不仅具有滞后输出特性，同时还具有半离合状态区域。

图6-20所示为单片干式电磁离合器的工作原理图。当滑动可变电阻式转矩传感器电流通过滑环进入电磁离合器线圈时，主动轮产生电磁吸力，带花键的压板被吸引与主动轮压紧，于是电动机的动力经过轴、主动轮、压板、花键、从动轴传递给执行机构。

(4) 减速机构　减速机构是将电动机的输出放大后，再传给转向齿轮箱的主要部件。目前有多种组合方式，如两级行星轮与传动齿轮驱动组合式，涡轮涡杆与转向轴驱动组合式等。由于减速机构对系统工作性能的影响较大，因此在降低噪声，提高效率和左右转向操作的对称性方面对其提出了较高的要求。

（5）电控单元（ECU） 电控单元的基本组成如图 6-21 所示。工作时，微处理器根据转矩和车速等信号计算出最优化的助力转矩，然后将其输入到电流控制电路。电流控制电路把这些信号同电动机的实际电流值进行比较，产生一个差值信号，该差值信号被送到驱动电路，该电路可驱动动力装置并向电动机提供控制电流。微处理器同时给电动机驱动电路输出另一个信号，即决定电动机的转向方向。

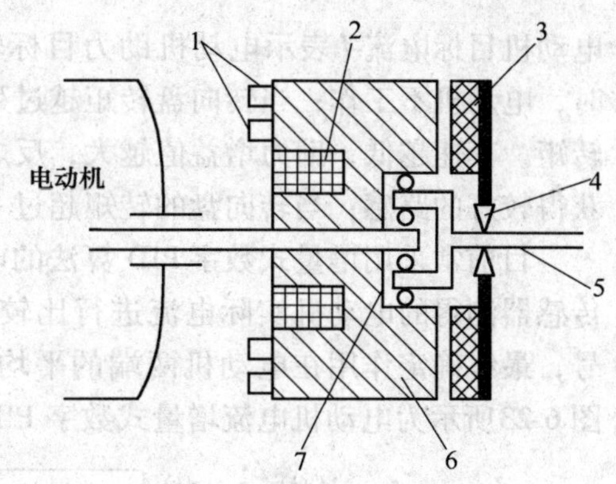

图 6-20 电磁离合器工作原理

1—滑环 2—线圈 3—压板 4—花键 5—从动轮 6—主动轮 7—滚珠轴承

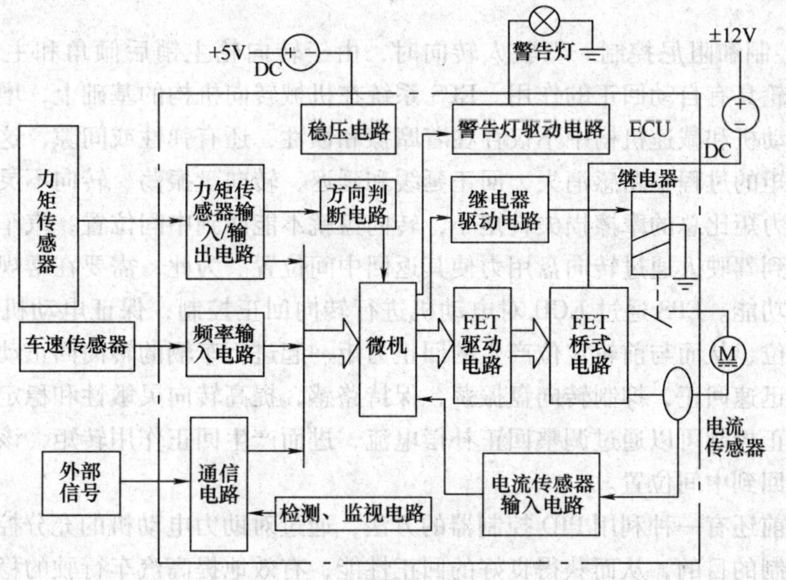

图 6-21 电子控制器 ECU 的组成

此外，ECU 还有安全保护和自我诊断功能，通过采集电动机的电流、发动机电压、发动机工况等信号判断其系统工作状态是否正常，一旦系统工作异常，助力将自动取消，同时 ECU 进行故障诊断分析。

3. 电动式电控动力转向系统的控制

（1）控制方法

1）助力控制。EPS 的助力特性属于车速感应型，即在同一转向盘力矩输入下，电动机的目标电流随车速的增加而降低，能较好地兼顾轻便性与路感的要求。EPS 的助力特性主要有直线型、折线型和曲线型。图 6-22 所示为常采用的直线型助力特性。横坐标为驾驶人操纵转向盘的转矩，纵坐标用

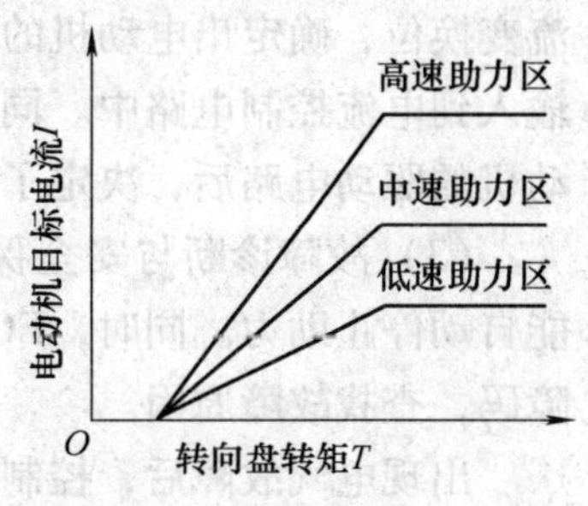

图 6-22 直线型助力特性

电动机目标电流 I 表示电动机助力目标转矩。当驾驶人施加在转向盘的转矩在死区范围内时，电动机不工作；当转向盘转矩越过死区时，电动机根据转向盘偏离方向线性地施加助力转矩。车速越低，助力增益值越大，反之越小，以保证低速时转向轻便，高速时操作稳定并获得较好的路感；当转向盘的转矩超过一定值时，电动机的输出电流保持不变。

目前常采用增量式数字 PID 算法的电流控制方法控制电动机的转矩，将目标电流与电流传感器测得的电动机实际电流进行比较，通过 PID 算法获得控制驱动电路的 PWM 斩波信号，最终确定作用在电动机两端的平均电压，从而也就控制了电动机电流的大小和方向。图 6-23所示为电动机电流增量式数字 PID 控制过程。

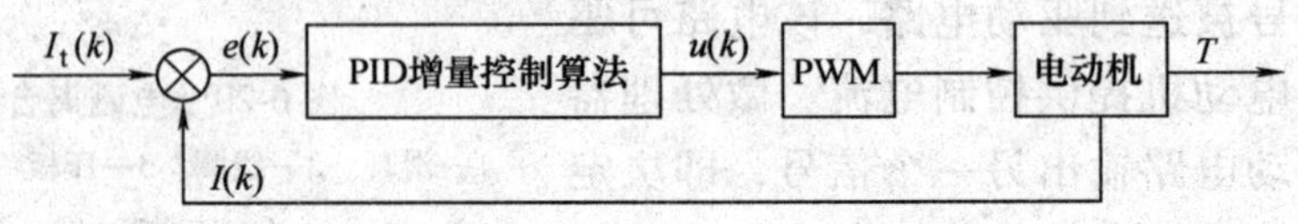

图 6-23　电动机电流增量式数字 PID 控制过程

2）回正控制和阻尼控制。驾驶人转向时，由于转向轮主销后倾角和主销内倾角的存在，使得转向轮具有自动回正的作用。EPS 系统在机械转向机构的基础上，增加了电动机和减速机构。电动机和减速机构中不仅存在着摩擦和惯性，还有弹性或间隙，这将引起在电动机提供助力转矩的过程中路感消失、回正延缓和延迟、转向盘振荡、转向不灵敏等问题。如果轮胎的回正力矩比总的摩擦损失转矩小，转向盘就不能回到中间位置，汽车将偏离预期的行驶路线，直到驾驶人通过转向盘用力使其返回中间位置。为此，需要在常规转向的基础上增加回正控制功能。EPS 通过 ECU 对电动机进行转向回正控制，保证电动机完成转向动作后迅速回到中位，从而与前轮定位产生的回正力矩一起进行车辆的转向回正动作。回正控制可以使转向盘迅速回正，抑制转向盘振荡，保持路感，提高转向灵敏性和稳定性，优化转向回正特性。回正控制可以通过调整回正补偿电流，进而产生回正作用转矩，该转矩沿某一方向使转向轮返回到中间位置。

此外，目前还有一种利用 PID 控制器的方法，通过对助力电动机的充分控制，达到回正控制和阻尼控制的目的，从而获得良好的回正性能，有效地提高汽车行驶的稳定性。

（2）控制电路　主传感器和辅助传感器的转矩及电动机的电流信号，通过 A-D 变换器输入到 ECU 中，而车速信号、发动机转速、蓄电池电压和起动机开关的通断状态、交流发电机的 L 端子电压则通过接口电路输入微机中。

转矩信号通过 A-D 变换器输入到微机后，微机根据车速范围按照规定的转矩-电动机电流变换位，确定出电动机的电流指令值，把电流指令值输入到 D-A 变换成模拟信号，之后输入到电流控制电路中。同时，ECU 还输出电动机的旋转方向指示信号，这个信号输入电动机的驱动电路后，决定了电动机的旋转方向。

（3）故障诊断与安全保护　控制元件具有故障自诊断功能，当发生电气系统故障时，能自动停止助力。同时，ECU 可以记忆故障内容，并使故障指示灯点亮。维修时可读取故障码，查找故障原因。

出现电气故障后，控制电路停止向电动机供电，在装有离合器的 EPS 上，离合器脱开，恢复到手动控制转向。

4. 典型电动助力转向系统

速腾轿车采用双齿轮式电动助力转向系统（EPS），该系统由于没有助力油从而减少了对环境的污染。EPS 没有液压回路，调整和检修较容易，可以通过设置不同的程序使其快速地与不同车型匹配。

（1）EPS 的组成　EPS 由转向盘、转向柱、转向盘转角传感器（G85）、转向力矩传感器（G269）、转向齿轮、电子转向助力电动机（V187）及转向助力控制单元（J500）组成，如图 6-24 所示。

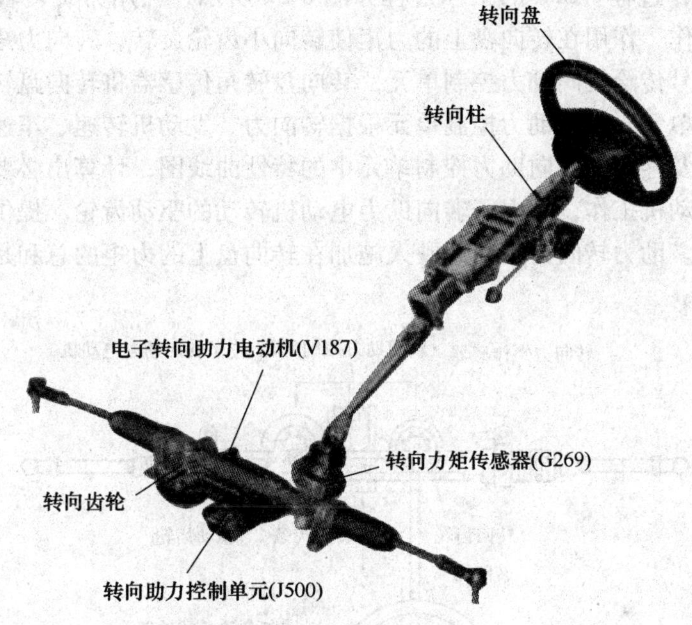

图 6-24　EPS 系统的组成

1）转向力矩传感器。转向力矩传感器的结构如图 6-25 所示，工作原理如图 6-26 所示。

图 6-25　转向力矩传感器的结构

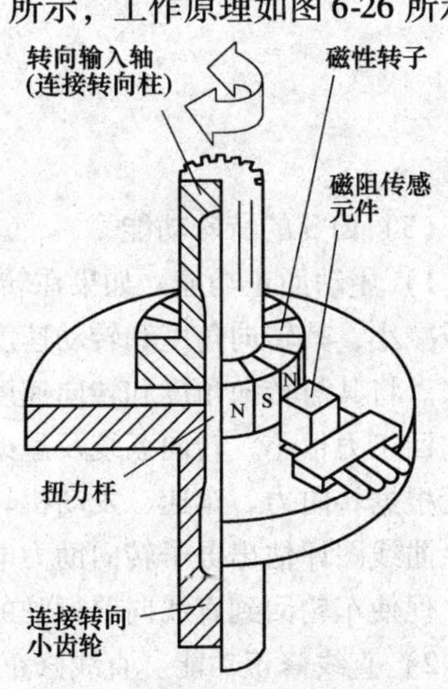

图 6-26　转向力矩传感器原理

磁性转子和转向输入轴为一体，磁阻传感元件和转向小齿轮连接为一体。当转动转向盘时，转向柱和转向小齿轮发生相对运动，即磁性转子和磁阻传感元件发生相对运动，因此转向力矩的大小可以被测量出来并传递给转向助力控制单元。如果转向力矩传感器的信号失效，故障警告灯（K161）亮起，转向助力系统将停止工作，但该系统的关闭是一个逐步的过程，并不马上关闭。在此过程中，转向助力的大小是由转向助力控制单元根据电子转向助力电动机转子角度和转向盘转角等信号计算出的值所代替。

2）转向盘转角传感器。转向盘转角传感器安装在转向柱模块上。

（2）EPS 的工作过程　EPS 的工作过程如图 6-27 所示，当用力旋转转向盘时，电动助力转向系统开始工作，作用在转向盘上的力矩使转向小齿轮旋转，转向力矩传感器监测到旋转时将转向力矩信号传给转向助力控制单元，转向盘转角传感器将转向盘转动的角度和速度传给转向助力控制单元，转向助力控制单元根据转向力、发动机转速、车速、转向盘转动的角度、转向盘转速及存储在转向助力控制单元中的特性曲线图，计算出必要的助力力矩并控制电子转向助力电动机工作，由电子转向助力电动机转动的驱动齿轮，提供转向助力，驱动转向齿条产生助力。助力转向力矩和驾驶人施加在转向盘上的力矩的总和是最终驱动转向齿条的有效力矩。

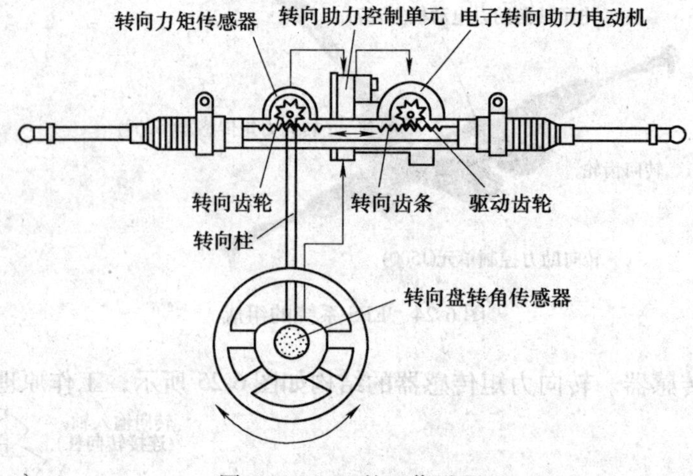

图 6-27　EPS 的工作过程

（3）EPS 的特殊功能

1）主动回正功能。如果在转向过程中减少了施加在转向盘上的力，转向柱的扭转就会相应减小，其转向角度和转动速度也都相应地减小，一个精确的、相应的回转速度也被计算出来。将其与转向角度和转向速度进行比较，其结果就是需要的回正力。作用在转向盘上的转向回正力很小，转向系统及悬架系统的摩擦力就可以使车轮回到中心位置。转向助力控制单元根据转向力、车速、发动机转速、转向角度、转向速度和存储在转向助力控制单元中的特性曲线图评估出电子转向助力电动机需要的、必要的回正力，指令电子转向助力电动机工作，促使车轮回到直线向前行驶的方向，转向盘回到中心位置。

2）直线修正功能。直线修正功能是主动回正功能的一个扩展。当没有力提供时，系统会产生一个助力使车轮回到中心位置。有两种方法实现该功能，长时间法则和短时间法则。

长时间法则。当转向轮长时间偏离中心位置时，EPS提供一个回正的助力，使车轮回到中心位置。

短时间法则。当转向轮短时间偏离直线行驶位置时，驾驶人给转向盘一个转向力矩使车辆保持直线行驶状态，此时，转向助力控制单元根据转向力矩、车速、发动机转速、转向角度、转向速度和存储在转向助力控制单元中的特性曲线图评估出为保持直线行驶状态而需要提供的转向力矩，控制电子转向助力电动机工作，使车辆回到直线行驶状态，使驾驶人容易驾驶轿车。

5. EPS故障自诊断

电动助力转向系统的电子控制单元具有故障自诊断功能，当电子控制单元检测出系统存在故障时，显示出相应的故障码。当检测出系统的基本部件如转矩传感器、电动机、车速传感器等出现故障而导致系统处于严重故障的情况下，系统会使电磁离合器断开，停止转向助力控制，确保系统安全、可靠。

（1）故障自诊断的基本原理　故障自诊断系统的作用是监测、诊断电子控制系统各传感器、执行器以及电控单元的工作是否正常。当ECU中某一电路超出规定范围的信号时，自诊断系统就判定该电路及相关传感器或执行器发生故障，并控制故障指示灯闪烁（故障码指示有两种：一是以闪烁次数和时间长短表示不同故障，如三菱、现代、克莱斯勒、宝马等车型；二是不同颜色的几盏灯（一般为红、绿灯）闪烁表示不同故障，如本田、日产等车型)。同时将故障信息以故障代码的形式存储到ECU内部的存储器中，然后ECU控制系统采取相应的安全防范措施。

（2）各元件的故障自诊断

1）转矩传感器的故障自诊断。以摆臂式转矩传感器为例。摆臂式转矩传感器工作原理相当于一个电位计，它有两个输出回路：即主转矩（对应IN+端电压值)、副转矩（对应IN-端电压值)。其主、副转矩输出特性为：当转矩传感器正常工作时，电位计的两个输出信号正常工作范围在1~4V之间，并且当转向盘处于中间位置时，转矩传感器的主、副转矩的输出电压均为2.5V。但实际车辆行驶中会引起转矩信号的暂时偏差，因此，转矩信号的异常界限值为0.9~4.1V。自诊断时，一旦其本身及信号采集电路出现异常，输入微处理器的主、副转矩信号将大于4.1V或小于0.9V或两信号之差超过3.1V，且当信号值超出其范围持续一定时间（如30ms）后，ECU才判定转矩传感器有故障。

另外，转矩传感器的信号检测是建立在+5V电源基础上的，电源电路的正常与否将直接影响到主、副转矩的信号。因此，首先应判断转矩传感器电源电压是否在规定范围内。规定正常输出电压为5V±0.2V。如果微处理器检测到电源电压异常，此时就跳过对转矩传感器信号的检测，可以避免对转矩传感器本身故障的误判。

通过信号值比较可以诊断出传感器以下故障：主转矩电路断开或短路；主电路与辅电路输出电压差异过大；转矩传感器电源电压过高或过低；副转矩电路断开或短路。

2）电动机故障的自诊断。转向助力大小是通过控制电动机电流的大小实现的，因此检测电动机两端的实际控制电流非常重要。电动机工作时给微处理器一个反馈电压，此时程序设计将此电压与理论计算电压进行比较。如果两者差距过大，或者连续几分钟之内的平均电流消耗超过预先规定的数值，就判断电动机及其电路有故障。通过反馈电压与理论计算电压信号比较可以诊断出电动机有以下故障：

①电动机的控制电流过高，使电动机出现过载而烧坏。

②微处理器计算的电动机控制电流与实际检测的控制电流相差太大。

③控制单元有控制电流传递给电动机，但电动机仍不能起动。

3）车速传感器的故障自诊断。车速信号是数字信号，可以直接送给微处理器端口。将车速信号与相应工况下的规定值进行比较，如不符合要求，判断为车速传感器故障。

4）电磁离合器的故障自诊断。电磁离合器连接了助力电动机和转向柱，它的分离与接合稳定与否将直接影响转向特性，因此系统工作时，其状态信号要及时反馈给微处理器：当离合器处于接合状态时输入高电平；反之，输入低电平。如果输入信号不符合此要求，则判定为离合器故障。

5）控制单元电源线路的故障自诊断。当点火开关闭合时，蓄电池给微处理器提供电压，因此当检测的电压信号低于10V时，设计程序就可以控制故障灯显示蓄电池电压太低。

（3）清除故障码　故障信息一旦被存储，即使故障已经排除且故障指示灯熄灭，仍将储存在存储器中，因此排除故障后必须清除故障码。清除故障码的方法有两种：一是将熔断器中的熔丝拔下10s以上；二是将蓄电池搭铁线拆下10s以上就可以清除故障码。

EPS系统用电动机直接提供助力，其助力的大小由电子控制单元控制，能够节约燃料，提高主动安全性，有利于环保；具有转向轻便、操纵稳定、助力特性好的性能，而且具有故障自诊断功能。

第三节　四轮转向控制系统（4WS）

四轮转向（4WS）汽车是指四个车轮都是转向轮的汽车，或四个车轮都能起转向作用的汽车。采用4WS方式，后轮与前轮转向相同时称为同相位转向，后轮与前轮转向相反时称为逆相位转向。四轮转向汽车的主要优点是在高速时采用同相位转向能够改善汽车操纵稳定性，低速时采用逆相位转向能够减小汽车的转弯半径，使汽车行驶更加灵活。四轮转向汽车按结构和执行机构的不同可分为机械式、机电组合控制式、电控液压工作式、液控液压工作式、电控电动式等。

1. 电控电动四轮转向系统概述

与电控液压式4WS系统相比，电控电动式4WS系统具有以下特点：

1）结构紧凑，体积小，重量轻，装配布置方便。

2）系统刚性大，有较高的惯性力矩，抗外界干扰的能力强。

3）采用步进电动机作为后轮转向系统的驱动执行元件，动态响应快，改善了瞬态转向灵敏度，有效地降低了电控液压式转向系统的转向滞后性。

4）步进电动机的角位移与输入脉冲数严格成正比，在转动过程中，无累积误差，随动性好，转向控制精度高，回正性好。

5）步进电动机由蓄电池供电，发动机动力消耗和燃油消耗低。

6）没有液压系统装置，系统的调整和检测方便，装配自动化程度高，能缩短系统产品的生产和开发周期。

目前，在成型的4WS汽车中主要采用电控液压式4WS系统。虽然电控电动式4WS系统发展较晚，相应的技术还不够成熟，且存在着动力小、ECU复杂，成本高等不足之处。但随着现代电子技术、电动机技术的飞速发展和应用，电控电动式4WS技术的不断完善，使其在转向控制性能、系统布置、节能等方面越来越显示其优越性。

2. 4WS车的转向特性

（1）4WS车低速时的转向特性　汽车在低速转向的情况下，可以认为车辆的前进方向和车体朝向是大体一致的，所以各车轮上几乎不产生转向力。四轮的前进方向的垂线在一点相交，而车辆以此交点（转向中心）为中心进行转向。

图6-28所示为低速转向时的行驶轨迹，2WS车（前轮转向操纵）的情况是后轮不转向，所以转向中心大致在后轴的延长线上。4WS车的情况是对后轮进行逆向转向操纵，转向中心比2WS车超前并在靠近车体处。低速转向时，若前轮转向角相同，则4WS车的转向半径更小，内轮差也能减小，所以转向性好。对小轿车而言，如果后轮逆向转向5°，则最少可减少转弯半径约0.5m，内轮差约0.1 m。

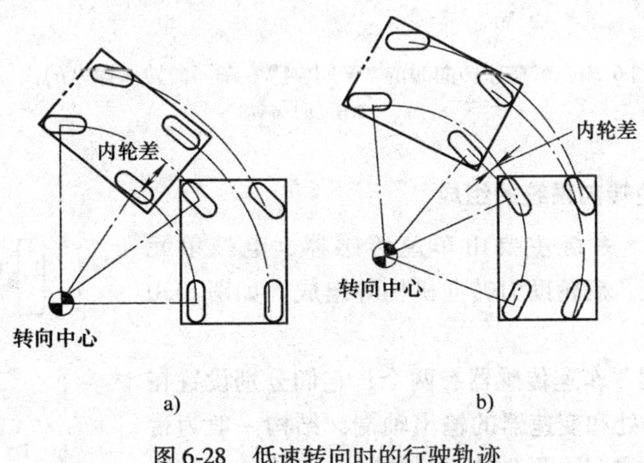

图6-28　低速转向时的行驶轨迹
a）2WS　b）4WS

（2）4WS车中高速时的转向特性　直行汽车的转向是下列两个运动的合成，即车辆的质心点绕改变前进方向的转向中心的公转和绕质心点的自转运动。

2WS车高速转向时车辆的起动状态。前轮转向时，前轮产生侧偏角，并产生旋转向心力使车体开始自转。当车体出现偏向时，后轮也出现侧偏角，且也产生旋转向心力。四轮分担自转和公转的力，一边平衡，一边转向。但是，车速越高，离心力越大，所以必须给前轮更大的侧偏角，使它产生更大的旋转向心力。而且，为了使后轮也产生与此相对应的侧偏角，必须使车体有更大的自转运动。但是，车速越高，车体的自转运动就越不稳定，容易引起车辆的旋转或侧滑。

理想的高速转向的运动状态是尽可能使车体的倾向和前进方向一致，以防多余的自转运动，使前后轮产生足够的旋转向心力。在4WS的车上通过对后轮的同相转向操纵，使后轮也产生侧偏角，使它与前轮的旋转向心力相平衡，从而抑制自转运动。这样有可能得到车体方向与车辆前进方向相一致的稳定转向状态，如图6-29所示。

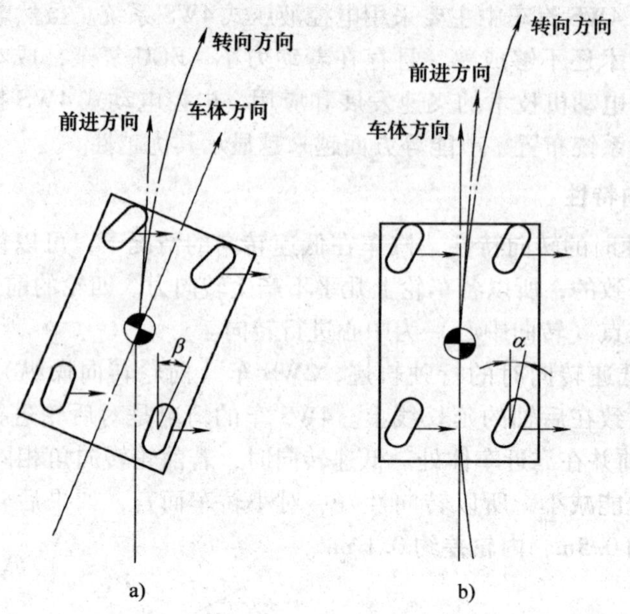

图 6-29　车高速转向时的 2WS 与 4WS 车同向转向操纵的比较

a）2WS　b）4WS

3. 电控电动四轮转向系统的组成

电控电动式 4WS 系统主要由车速传感器、电控单元（ECU）、步进电动机、后轮助力转向机构等组成，如图 6-30 所示。

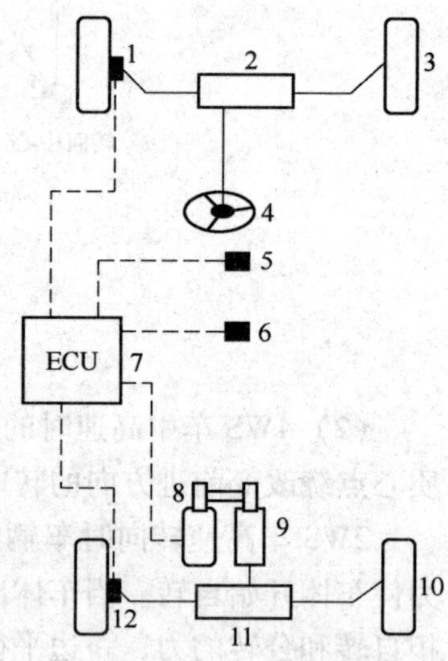

图 6-30　电子控制电动式 4WS 系统结构框

1—前轮转角传感器　2—前轮转向机构　3—前轮　4—转向盘　5—车速传感器　6—横摆角速度传感器　7—电控单元　8—步进电动机　9—减速器　10—后轮　11—后轮转向机构　12—后轮转角传感器

（1）车速传感器　车速传感器有两个，它们分别设置在汽车车速表的输入轴处和变速器的输出轴端，结构一般为舌簧触点开关式或光敏式。这两个传感器同时向四轮转向控制器 ECU 输送有关车速的电脉冲信号。

（2）前、后轮转角传感器　前、后轮转角传感器分别安装在前、后轮转向机构靠近车轮的一侧，采用非接触型霍尔元件传感器，用来检测前、后车轮的瞬时偏转角。

（3）车身横摆角速度传感器　车身横摆角速度传感器安装在汽车质心处的车身上，采用压电射流角速度传感器检测汽车转向行驶时的车身横摆角速度，以电信号的形式输入 ECU，ECU 输出控制信号，实时控制汽车的转向运动，保证汽车转向行驶时的动态稳定性。

（4）电控电动式 4WS 系统的 ECU　电控电动式 4WS 系统的 ECU 的控制框图如图 6-31 所示，主要由输入信号调理电路、微处理器、输出信号处理电路、电源电路等硬件部分和控制程序、软件平台等软件部分组成。ECU 是 4WS 系统的核心，其功用是根据制定的控制方案，按照编制的程序对各种传感器输入信号进行分析、计算、处理，输出一定的控制信号指令，驱动步进电动机动作。为保证控制系统可靠地工作，ECU还必须采取有效的抗干扰措施和故障自诊断措施。

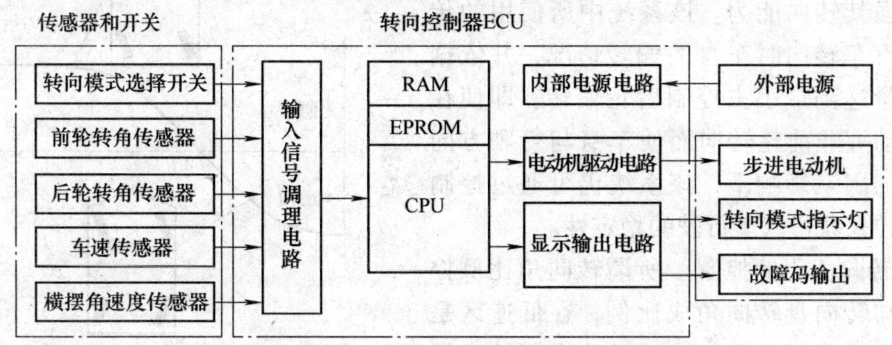

图6-31　电控电动式4WS系统控制框图

（5）步进电动机　电动机采用步进电动机，是后轮转向系统中的驱动执行元件，其功用是根据ECU的指令输出适宜的转矩和转角，驱动后轮转向机构，控制后轮的转向。步进电动机是一种数字控制电动机，将数字式电脉冲信号转换成角位移，控制性能好，非常适合于单片机控制。采用步进电动机的主要优点是：步进电动机的角位移与输入脉冲数成正比，随动性好，可以与角度反馈环节组成高性能的闭环数控系统；动态响应快，易于实现起停、正反转及变速；具有自锁和保持转矩能力；结构简单，坚固耐用，抗干扰能力强。

4. 电控电动四轮转向系统的工作原理

电控电动四轮转向系统中前轮与普通的转向机构相同，为机械式转向机构，而后轮则是由步进电动机驱动助力转向执行机构来转向。转向时，传感器将前轮转向的信号和汽车运动的信号送入ECU，ECU根据预定的控制策略进行分析计算，向步进电动机发送控制命令，步进电动机动作，通过后轮转向机构控制驱动后轮偏转。同时，ECU进行实时监视汽车状况，计算目标转向角与后轮实际转向角之间的差值实时调整后轮的转角。这样，就可以根据汽车的实际运动状态实现汽车的四轮转向。

电控电动四轮转向系统设有两种转向模式，既可进入4WS状态，也可以保持传统的2WS状态，驾驶人可以通过驾驶室内的转向模式开关进行选择。当4WS汽车在行驶过程中电子控制系统出现故障时，后轮自动回到中间位置，汽车自动进入前轮转向状态，保证汽车像普通前轮转向汽车一样安全地行驶。同时，故障情况被存储在ECU中，仪表板上的“4WS”指示灯亮，以警告驾驶人。

5. 电控电动四轮转向系统的控制模式

电控电动四轮转向系统通常采用的控制模式有两种，一种是当车速低于40km/h时，后轮偏转的方向与前轮偏转的方向相反，如图6-32所示；而当车速高于40km/h时，后轮偏转的方向与前轮偏转的方向相同。由于在实际行驶中汽车转弯时车速变化较快（通常转弯时都伴随有减速过程），所以实际是低于40km/h时前后轮反向转动，从而保证汽车在低速时转向机动灵活。因此，对后轮的偏转方向是根据车速及前轮的转向决定的。在实际操作中，车速的判断是有一定范围的，即在车速为40km /h 左右的某一偏差范围内执行器不动作。

另一种控制模式是四轮转向控制系统的改进型。此系统设计使其车身位置与行驶方向匹配，以增强其转向能力。该系统中所使用的传感器检测汽车转向时车身的偏转情况，并依据车身偏转量达到最小去控制后轮偏转。即使在侧风、制动等非前轮转向而使车身与行驶方向发生偏转的因素影响下，该系统仍可通过控制后轮的偏转来获得汽车行驶的稳定性。

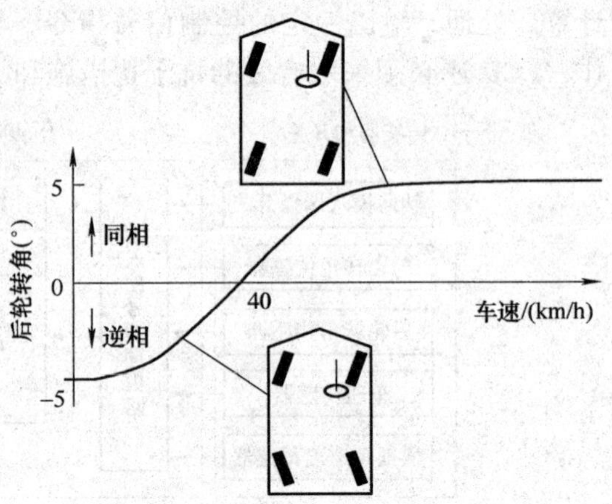

图 6-32　一种4WS汽车后轮转角与车速之间的关系曲线

（1）转向角比例控制　所谓转向角比例控制，就是与转向盘转向角成比例，在低速区是逆相而在中高速区是同相地对后轮进行转向操纵控制。在中高速区的转向操纵应使前后轮平衡稳定并处于恒定转向状态，车的前进方向和车体的朝向就能一致，并能得到稳定的转向性能。转向初期的过渡状态，从一开始就是使前后轮同时产生旋转向心力，所以，车体的公转先于自转，车体就有朝向转向外侧的倾向。但是，与2WS车的转向相比能够做到转向方向的偏离足够小。

1）系统组成。图6-33所示为4WS转向角成比例控制的系统图，主要由转向枢轴和4WS转换器组成。转向枢轴如图6-34所示，4WS转换器如图6-35所示。

前后的转向机构是以机械方式连接。转向盘的旋转传递到前转向齿轮箱（齿条和小齿轮），由齿条带动转向横拉杆左右运动，使前轮转向。同时，小齿轮的旋转输出，通过连接轴传给后转向齿轮箱。

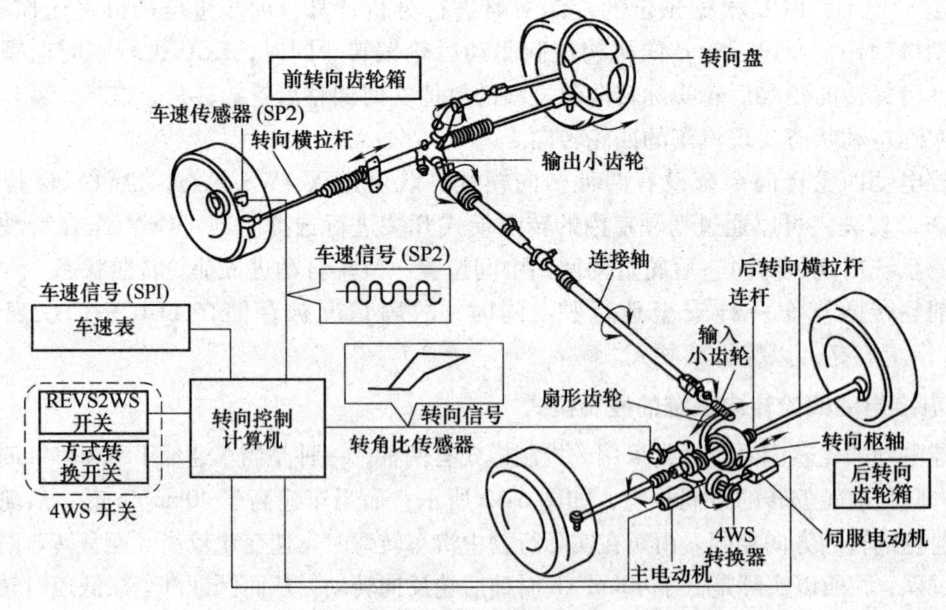

图6-33　转向角成比例控制4WS系统图

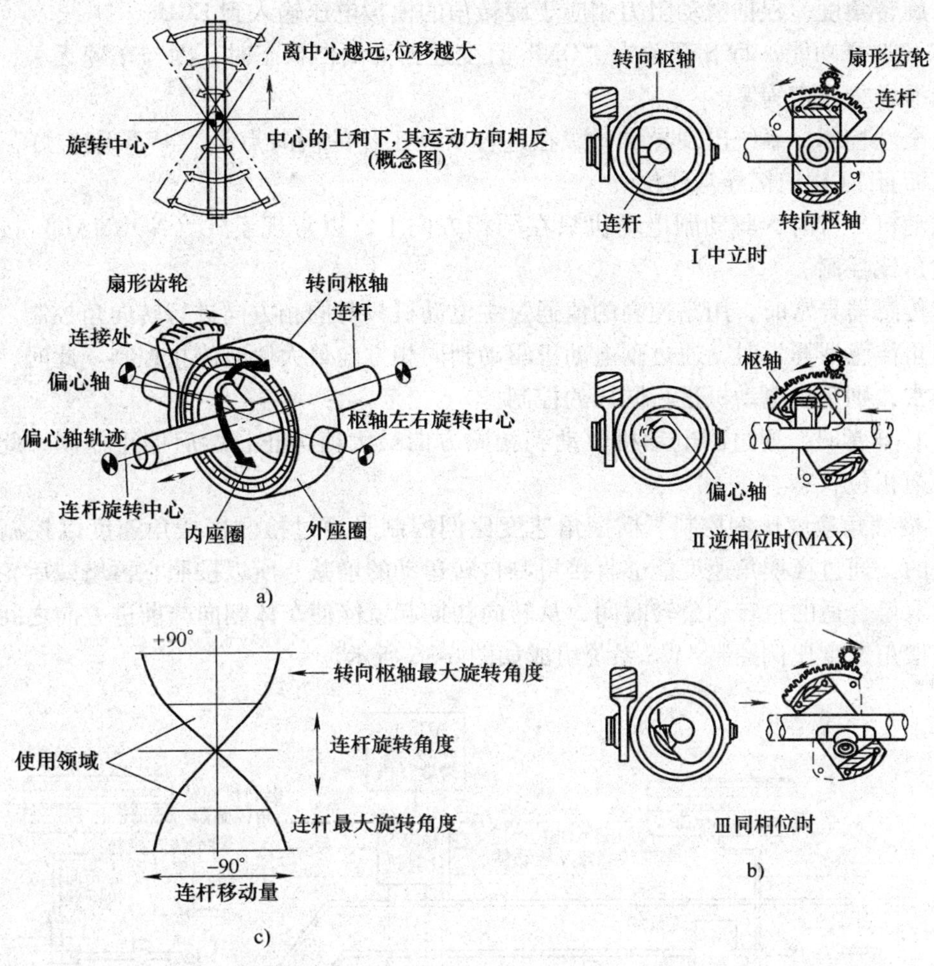

图 6-34 转向枢轴

a）结构 b）偏心轴和枢轴的运动 c）枢轴的旋转角与连杆移动量之间的关系

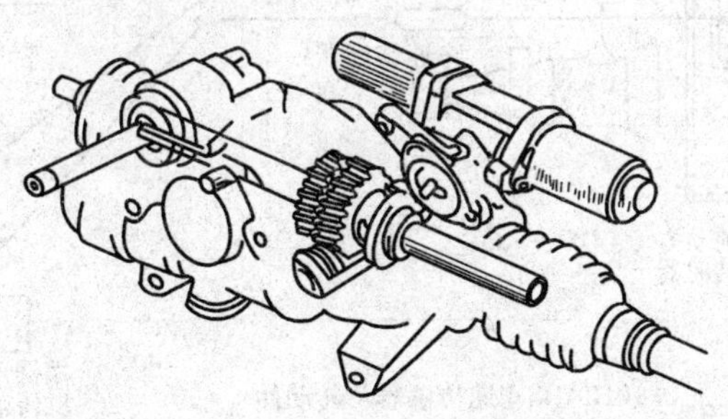

图 6-35 4WS 转换器

2）控制逻辑。ECU 通过转向角传感器、车速传感器等输入信号，进行以下控制。

①转向角控制。转向角由主电动机进行控制。驾驶人通过 4WS 方式转换开关，可选择常规模式（NORMAL）和运动模式（SPORT）。

车速信号主要由车速表传感器提供，作为辅助信号。转向角传感器是检测后转向齿轮箱内连杆的旋转角度，根据滑动阻力相应于旋转角的模拟电压输入到 ECU。

②2WS 选择功能。2WS 开关为“ON”且变速器为倒档状态时，因与车速无关，故将后轮的转向操纵量设定为零。

③安全性控制。系统出现异常时，在进行下列工作的同时点亮“4WS 警告灯”以通知驾驶人，而且 ECU 记忆异常部位。

主电动机异常时，驱动副电动机只在同相方向上，以常规模式（NORMAL）按照车速进行转向角比控制。

车速传感器异常时，用车速高的值通过主电动机只对同相方向进行转向角控制。

转向角传感器异常时，通过副电动机驱动到同相方向最大值时停止控制。此时，若是副电动机异常，则用主电动机进行同样的控制。

④ECU 异常时，通过副电动机驱动到相同方向最大值为止，然后停止控制。此时，可避免出现逆相位状态。

（2）横摆角速度比例控制　横摆角速度比例控制是通过检测横摆角速度以控制后轮转向操纵量的。通过横摆角速度能够直接检测自转运动的增减，所以按照它再增减后轮的转向角，就能取得合适的自转和公转时间，从转向初期起就能使车体朝向与前进方向之间的偏离很小。横摆角速度比例控制 4WS 系统组成如图 6-36 所示。

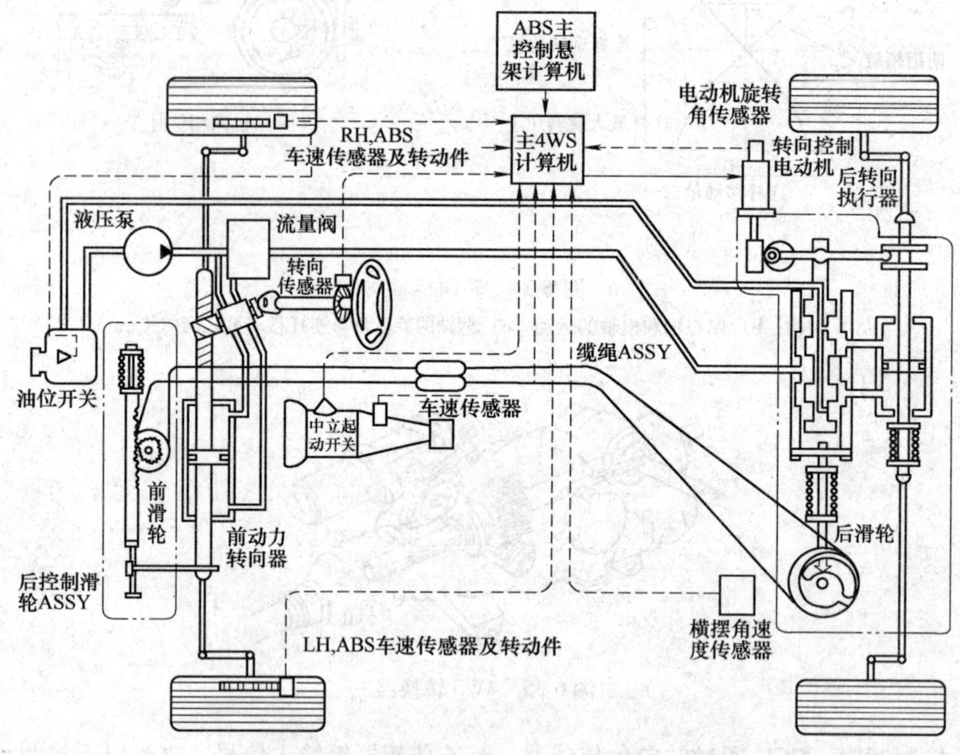

图 6-36　横摆角速度比例控制 4WS 系统组成

1）前轮转向操纵机构。图 6-37 所示为前轮转向操纵机构的结构。转向盘的旋转运动传递到转向器的小齿轮和齿条，并随着齿条的左右移动带动小齿轮旋转，此时与小齿轮成为一体的前带轮作正反旋转。前带轮的旋转通过转向角传动缆绳传递到后轮转向操纵机构的后带轮上。控制齿条上有一定的自由行程（盲区），而相应的转向盘的转动范围大约为250°，所以不能进行与前轮转向角连动的后轮转向操纵。高速行驶时，后轮不能进行这样大的转向角的转向操纵。因此高速行驶时，后轮只是通过脉冲电动机进行电子式转向控制。

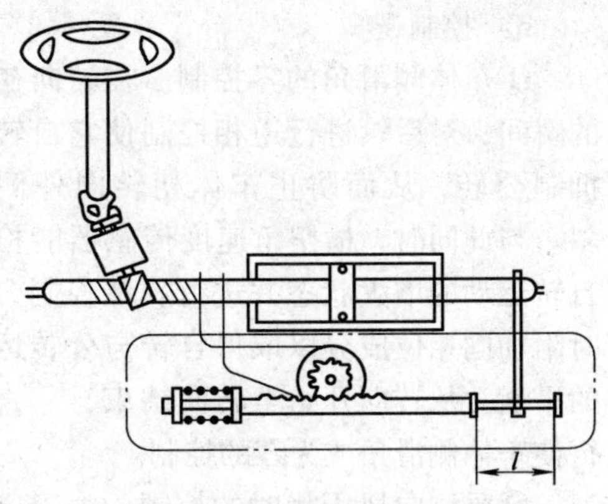

图6-37 前轮转向操纵机构

2）后轮转向操纵机构。图6-38所示为后轮转向操纵机构的结构。机械式转向操纵机构的情况是通过缆绳将转动传递到后带轮并带动控制凸轮，而凸轮推杆仿照凸轮外形运动带动阀套筒左右移动，转向盘向左转动时，后带轮作右旋转。此时随着旋转，凸轮曲率半径变小，凸轮推杆被拉出，阀套筒向左移动，转向盘右转时则相反。随着凸轮曲率半径变大，凸轮推杆被推进，阀套筒向右移动。由于阀套筒和阀芯的相对位移，使来自液压泵的工作压力油路被切换。转向盘向左转时，阀套筒就向左移，使油液进入液压缸的右室，动力活塞向左移动。此时与活塞一体的拉杆向左移动，将后轮向右转。相反，当前轮向右转时，动力活塞向右移动，后轮就向左转。无论何种情况，总是逆相位转向操纵。

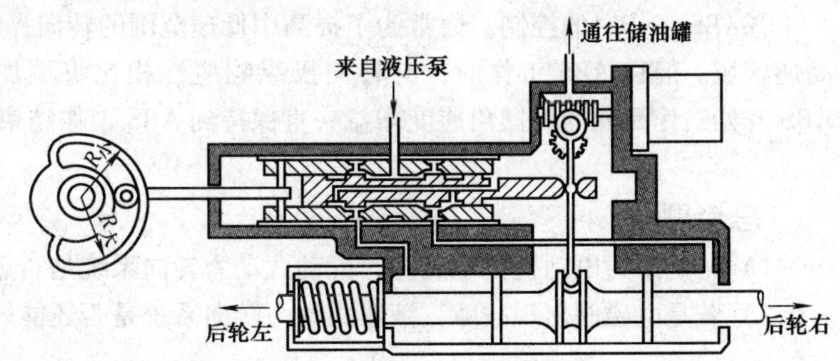

图6-38 后轮转向操纵机构

系统大转向角控制（机械控制）如图6-39所示，小转向角控制（电子式控制）如图6-40所示。

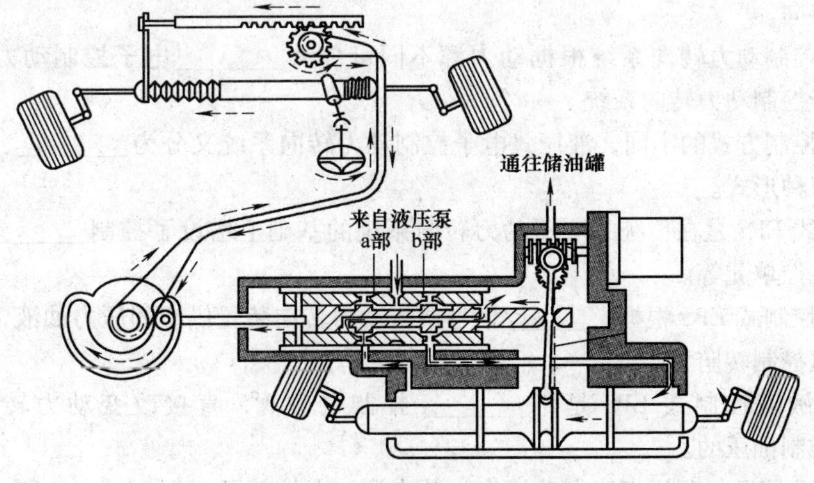

图6-39 大转向角控制（逆相位）

3）控制逻辑

①车体侧滑角的零控制。在转向初期的瞬间，对后轮进行逆相控制使它自转并抑制公转，从而防止车体朝转向外侧倾斜。与此同时，横摆角速度传感器能检测自转运动的增大状态并进行反馈控制，同时附加同相位成分以取得自转与公转运动的平衡。从转向开始至转向结束，一直进行使车体侧滑角成为零的控制。

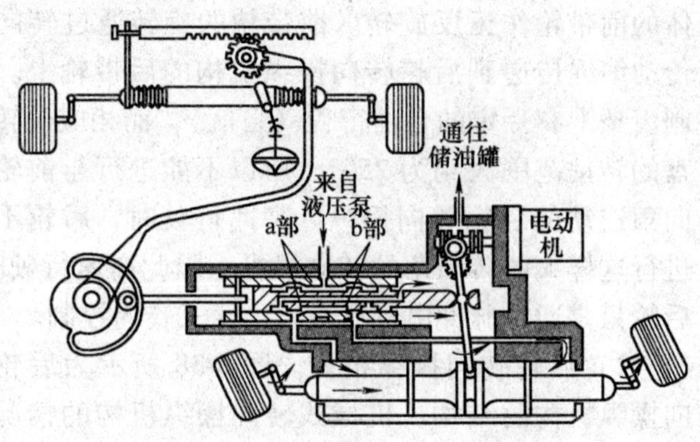

图 6-40　小转向角控制（同相位）

②受侧向风干扰时的控制。由于突然的侧向风力的作用，车辆要偏向行驶。横摆角速度传感器立即检测出偏向，并对后轮进行转向控制以消除产生的偏向行驶。由于后轮产生的力矩，横向侧风力引起的自转运动会减小，并能使车的行驶方向偏差最小。

③ABS 工作时的控制。通常为了提高中低速范围的转向操纵的响应性，角速度增益低于高速区域。但是 ABS 工作时，与转向操纵响应性相比将更加重视车辆的稳定性，而且将 ABS 开始工作瞬间的横摆角速度增益一直保持到 ABS 工作结束。

思考题

1）若是助力电动机出现故障，电动式动力转向系统是否还能转向，为什么？

2）若是电磁阀出现故障，液压式动力转向系统是否还能转向，为什么？

练习题

1. 填空题

1）汽车转向系统可以按转向能源的不同分为________和________两类。

2）动力转向系统是在驾驶人的控制下，借助于汽车发动机产生的________或________来实现车轮转向。

3）电子控制动力转向系统根据动力源不同可分为________电子控制动力转向系统和________电子控制动力转向系统。

4）根据控制方式的不同，液压式电子控制动力转向系统又分为________、反力控制式和________三种形式。

5）液压式 EPS 是在传统的液压动力转向系统的基础上增设了控制________的电磁阀、________和电控单元等。

6）流量控制式 EPS 根据________信号调解动力转向装置供应的压力油液，改变油液的________，以控制转向力。

7）阀灵敏度控制式 EPS 是用________控制电磁阀，直接改变动力转向控制阀的________来控制油压的。

8）电动式 EPS 是利用直流电动机作为动力源，电控单元根据________和________等信号控制电动机转矩的大小和方向。

9）电动式动力转向系统由________、________、控制元件组成。

10）EPS 的电动机由________通过________减速增大转矩后，加在汽车的转向机构上，使之得到一个与工况相适应的转向作用力。

11）反力控制式动力转向系统是一种根据________大小，控制________油压，从而改变输入、输出增益幅度以控制转向力。

12）电动式动力转向系统（EPS）是一种直接依靠电动机提供辅助转矩的电动助力式转向系统，该系统仅需要控制电动机________的方向和________。

13）转矩传感器的作用是测量________与________之间的相对转矩，以作为电动助力的依据之一。

14）四轮转向汽车的主要优点是在高速时采用________转向能够改善汽车操纵稳定性，低速时采用________转向能够减小汽车的转弯半径，使汽车行驶更加灵活。

15）转向角比例控制是与________成比例，在低速区是________而在中高速区是________地对后轮进行转向操纵控制。

16）横摆角速度比例控制是通过检测________以控制后轮转向操纵量的。

17）电控电动式 4WS 系统主要由________、电控单元、________、后轮助力转向机构等组成。

2. 问答题

1）液压式电控动力转向系统分类及工作原理是什么？

2）电动式电控动力转向系统组成及工作原理是什么？

3）四轮转向控制系统转向系统转向特性是什么？

4）电动式 EPS 工作原理是什么？

5）反力控制式 EPS 工作过程是什么？

6）EPS 中无触点式转矩传感器的工作原理是什么？

7）电动式电控动力转向系统离合器功用是什么？

8）四轮转向横摆角速度比例控制方法是什么？

3. 论述题

1）简述 POLO 轿车电控液压助力转向系统组成及工作原理。

2）简述速腾轿车电动助力转向系统组成及工作原理。

3）对比液压式 EPS 和电动式 EPS 的区别。

4）简述四轮转向控制系统控制逻辑。

4. 故障诊断

1）EPS 故障自诊断方法是什么？

2）怎样进行液压式电控动力转向系统的检测与故障诊断？

3）怎样进行电动式电控动力转向系统的检测与故障诊断？

第七章

其他电子控制系统

◎**掌握技能**

- VSC 系统故障自诊断方法

◎**基本概念**

- 液力缓速器的组成及作用
- 电涡流缓速器的组成及作用
- 电子驻车制动系统的功能
- ESP 的组成及各部分作用
- ESP 的控制原理
- VSC 系统的控制原理

★ 案例导入

故障现象：一辆2000 年款奔驰 ML500 越野车，行驶里程8 万多 km。行驶中仪表板上的 ESP（电子稳定控制系统）、ETS（循迹控制系统）两个仪表灯全部点亮。

故障诊断：首先用故障诊断仪进行检查，查询 ESP 系统后得到 1 个故障码 C1402，含义为“高压回流泵故障”。出现这个故障码的可能部位包括 ABS 泵、ESP 控制单元以及相关电路。对 ABS 泵进行替换试验，调取故障码还是 C1402，说明不是 ABS 泵的问题。对 ESP 控制单元进行替换，用故障诊断仪对控制单元进行编码，并激活驾驶测试。按照规定方法路试，仪表灯全部熄灭，故障排除。

根据上述案例，请思考下列问题：

1）ESP 系统的作用及组成？

2）高压回流泵有什么作用？

第一节　辅助制动电控系统

1. 辅助制动装置的功用与分类

辅助制动装置的作用是在不使用或少使用行车制动器的情况下，使车辆行驶速度降下来或保持稳定，但不能将车辆紧急停止，这种作用称为缓速作用。辅助制动装置，可以不使用主制动器就能减缓车辆行驶速度，从而增强了车辆的安全性。其作用原理与传统制动方式不同，能有效延长传动系和制动系的使用寿命。在辅助制动装置中用来产生制动力矩并且对车辆起缓速作用的部件称为缓速器。

目前的辅助制动装置包括发动机制动和排气制动、电涡流缓速器、液力缓速器和永磁式缓速器等。

2. 常用辅助制动装置结构及工作原理

（1）发动机缓速器　对行驶中的汽车发动机停止供给燃料，并将变速杆挂入某一前进档，使汽车可以通过驱动轮和传动系带动发动机曲轴继续旋转。发动机成为消耗汽车动能的部件对汽车起缓速作用。在这种情况下，汽车对发动机输入的动能大部分耗损在气缸的进气、压缩、排气行程中，小部分消耗于对水泵、液压泵、空压机、发电机等附件的驱动。发动机及上述各附件阻碍曲轴旋转的力矩即是制动力矩，将通过传动系放大后传给驱动轮。

发动机缓速器结构（图 7-1），主要由缓速器本体、电磁阀、控制阀、调节螺钉、从动活塞和主动活塞等主要零部件组成。缓速器本体的作用是将发动机缓速器的主要零部件集成为一个总成；电磁阀主要起导通或截断发动机机油的作用；控制阀的作用是在发动机缓速器工作时产生低压油区和高压油区；从动活塞是发动机缓冲器工作执行元件；主动活塞的作用是在高压油区产生高压。从动活塞与发动机排气门丁字形压板的间隙由调节螺钉调节。

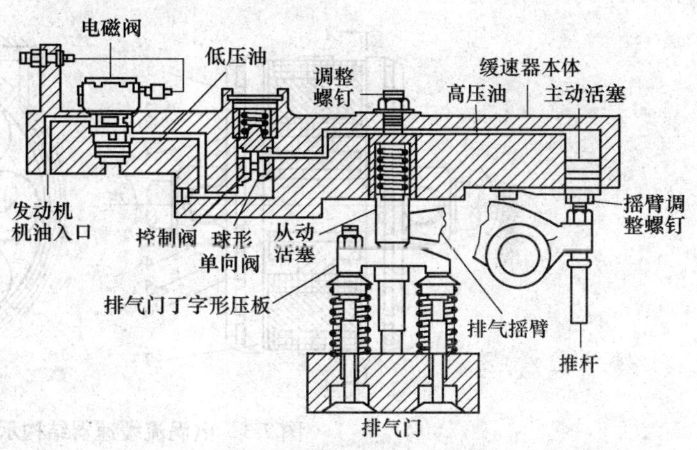

图 7-1　发动机缓速器的结构

（2）发动机排气辅助制动装置　排气辅助制动系统是利用设置在排气通道内的碟形节流阀来堵塞排气通道并停止供油，使发动机在压缩和排气过程中都能压缩纯空气，这时发动机成为压缩机来吸收汽车动能，迫使发动机降低转速，从而实现在短时间内降低车速的目的。

电磁气压控制式排气制动装置是最常见的形式，如图 7-2 所示。其工作原理如下：

三个气动缸分别控制排气制动阀 3、进气消声阀 1 和熄火操纵臂 13；常闭式电磁阀 15 串联在排气制动开关 7、离合器开关 10 和加速开关 11 的控制电路中，并控制储气筒 5 至各气动缸的压缩空气管路。其中任何一个开关断开都会使电磁阀关闭而解除排气制动。

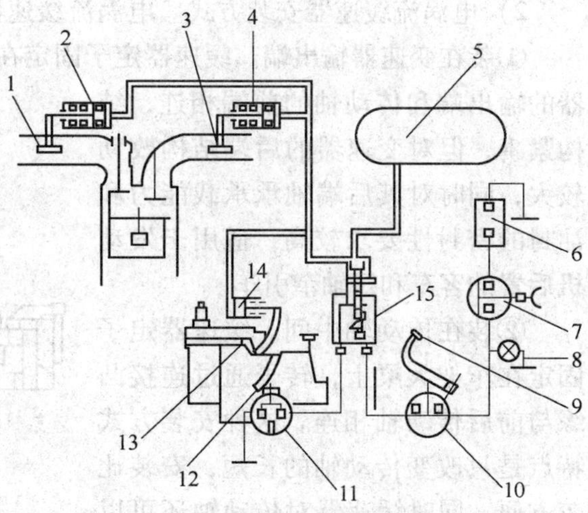

图 7-2　电磁气压控制式排气制动装置

1—进气消声阀　2、4、14—气动缸　3—排气制动阀　5—储气筒　6—蓄电池　7—排气制动开关　8—信号灯　9—离合器踏板　10—离合器开关　11—加速开关　12—喷油量操纵臂　13—熄火操纵臂　15—电磁阀

制动时，放松加速踏板，接通排气制动开关7，信号灯8亮，电流经离合器开关10、电磁阀线圈15和加速开关11形成回路，电磁阀15产生吸力，关闭排气口，打开进气道，压缩空气进入三个气动缸，使柴油机停止供油，并关闭发动机的进、排气管，实现排气制动，急速降低发动机转速，从而使车速迅速降低。

（3）电涡流缓速器

1）电涡流缓速器结构。电涡流缓速器结构（图7-3）由转动的圆盘、固定的磁极和线圈组成。线圈在通电后产生磁场，由于圆盘在这一磁场中转动，因此有电涡流流过，电涡流和磁场间因相互作用而产生制动力矩。其中随电涡流而产生的热量由装设在圆盘上的散热片散发到大气中。

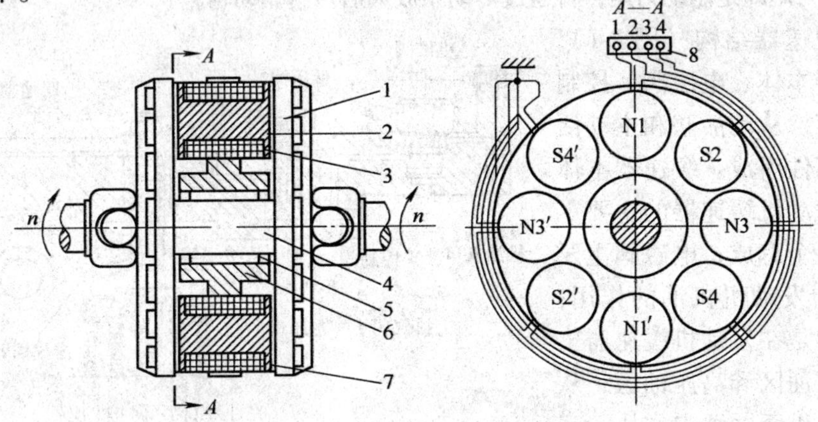

图7-3　电涡流缓速器结构示意图

1—转子盘　2—铁心　3—励磁线圈　4—转子轴　5—轴承　6—固定架　7—气隙

2）电涡流缓速器安装方式。电涡流缓速器安装方式如图7-4所示。

①装在变速器输出端。缓速器定子固定在变速器后端盖上，转子通过过渡法兰盘与变速器的输出端和传动轴的前端相连，结构紧凑，但对变速器的后端结构改动较大，同时对其后端轴承承载能力和油封的密封性要求较高，适用于发动机后置的客车和短轴牵引车。

②装在传动轴中间。缓速器定子固定在车架大梁上，转子通过连接凸缘与前后传动轴相连。这种安装方式特点是只改变传动轴的长短，安装比较方便，同时缓速器对传动轴还可以起到中间支承作用，适合于传动轴较长的车型。

③装在主减速器输入端。缓速器定子固定在主减速器外壳上，转子通过连接环与主减速器的输入端相连。

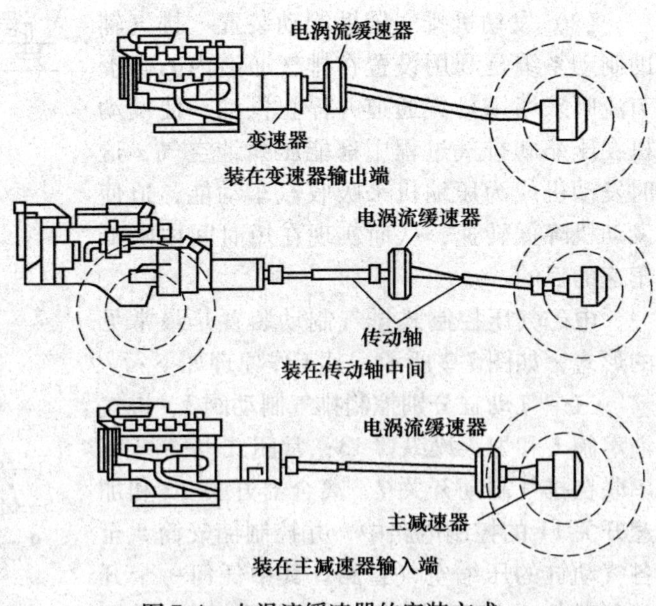

图7-4　电涡流缓速器的安装方式

这种安装方式比较紧凑，但对主减速器前端的密封圈和输入轴轴承的使用寿命以及使用效果影响较大，适合于发动机后置的客车和短轴牵引车。

（4）永磁铁电涡流缓速器 永久磁铁电涡流式缓速器与使用电磁线圈的电涡流缓速器工作原理相同，如图7-5所示，在旋转的金属板（强磁性体）附近放置一个永久磁铁，由于永久磁铁的磁场作用，在金属板上产生涡电流，与此同时产生一个与金属板旋转方向相反的制动力。

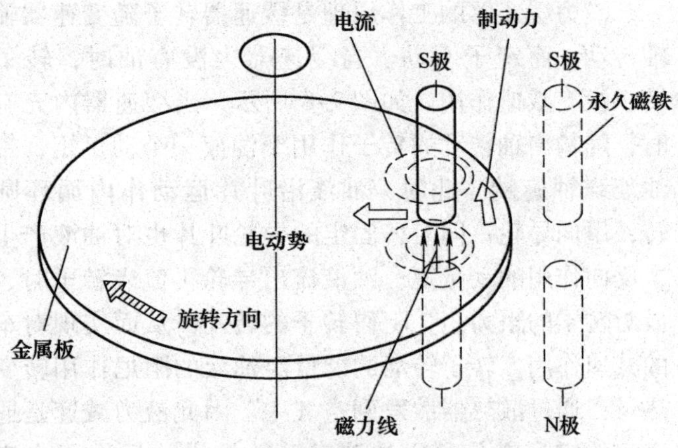

图7-5 永磁铁电涡流式缓速器工作原理

利用这个原理，将旋转体（转子）做成圆筒形，将12个永久磁铁极性交错地均布于环状支架的外圆上，它们是不旋转的固定体（定子）。当制动时，由于气缸的作用力，将永久磁铁推向转筒的内侧，这时永久磁铁在转筒内形成磁回路，当转筒旋转时，转筒的内圆面就产生了涡电流，与此同时转筒就受到一个与旋转方向相反的制动力，如图7-6所示。

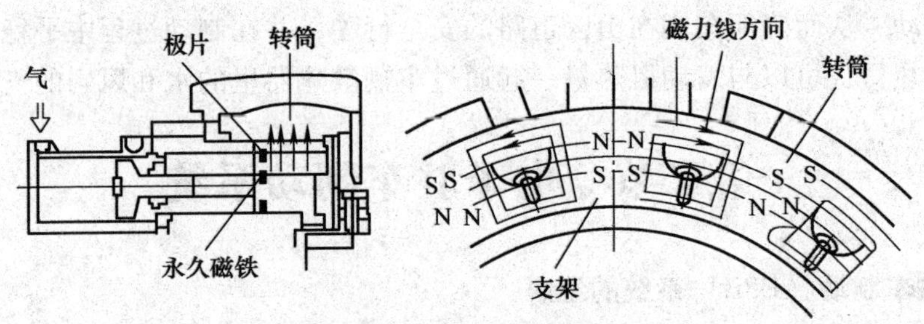

图7-6 制动时的磁回路

当非制动时，由于气缸的作用力将永久磁铁推出，与转筒内侧脱离，这时永久磁铁与隔离套之间形成磁回路。由于转筒的磁力回路已断开，所以制动力被解除。由于磁力是在隔离套内迂回，所以磁力线不会向外部泄漏，如图7-7所示。

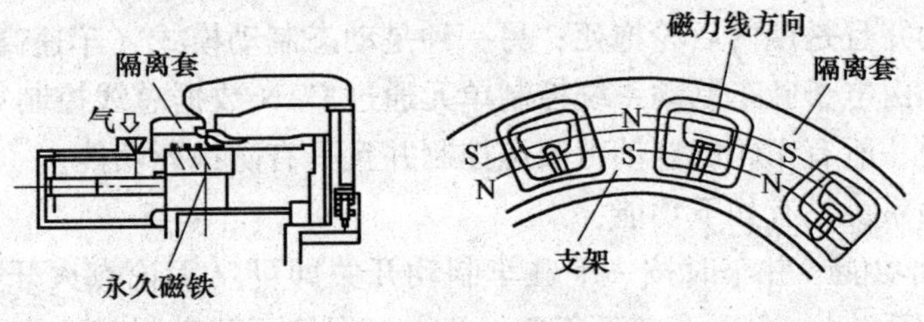

图7-7 非制动时的磁回路

（5）液力缓速器 液力缓速器的主要零件是固定叶轮和旋转叶轮，一般安装在变速器处。当汽车需要缓速时，汽车通过驱动桥和变速器等反带液力缓速器的旋转叶轮转动，固定叶轮通过流动的液体对旋转叶轮产生阻力矩，使汽车缓速。

液力缓速器的工作原理是缓速器转子随变速器输出轴转动，而定子不动。当缓速器内没有油时，转子空转，没有减速作用。如图 7-8 所示，当缓速器内充有油时，随输出轴转动的转子作用于油液一个动量矩，带动油液绕轴旋转。此时，油液沿叶片运动作内循环圆旋转，甩向导轮；同时，固定的导轮叶片也对油液产生一个反向作用的动量矩。油液流出导轮再流入转子时，形成对转子的阻力矩，阻碍转子的转动，从而实现对车辆的减速作用。转子转动的能量经油液的阻尼作用转变成热量，通过散热器散发到空气中。因此液力减速是通过固定的定子充分利用油液对叶轮转子的反作用力实现的，这种反作用力矩本质上是油液的阻尼作用，此种作用是连续平顺的，再加上减速力矩作用于变速器输出轴，不会造成制动器抱死，所以，车辆在行车制动时，制动冲击大幅降低。

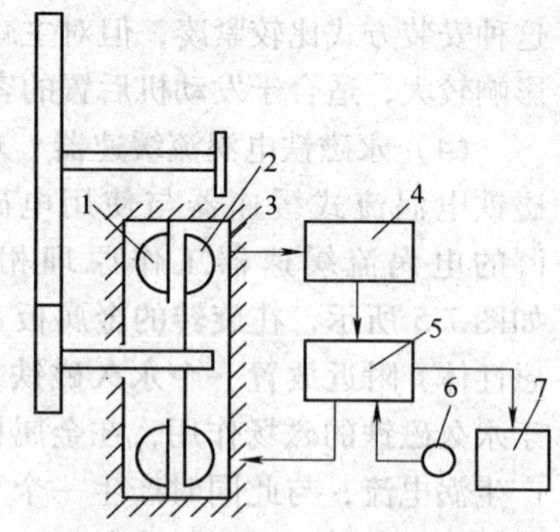

图 7-8　液力缓速器工作原理简图
1—定子　2—转子　3—壳体　4—散热器
5—控制阀系　6—液压泵　7—储油罐

在车辆应用中，液力缓速器通常连接在车辆万向轴动力输入端轴上。驾驶人操纵转向盘旁的按钮和气动阀门便可以控制液力缓速器的充液量，按需要施加不同的制动力矩限制下行速度或减速制动，从而确保车辆在山区道路的安全行驶，并在制动过程中平稳减速。液力缓速器所转化的热量，可以与发动机热量一起通过车辆散热器里的水和风扇的气流带走。

第二节　电子驻车制动系统

1. 电子驻车制动（EPB）系统的组成

电子驻车制动系统由 ABS 控制单元、电子驻车制动系统控制单元、离合器位置传感器、驻车制动开关、自动驻车开关、后轮制动钳以及一些指示灯等组成，如图 7-9 所示。

2. 电子驻车制动系统的功能及工作原理

电子驻车制动系统根据车速可以将其制动模式分为两种类型：一种是静态制动模式（车速低于 7km/h）时，在静态模式下，电子驻车制动系统的接通和断开为电控机械式的，控制的是两个后轮并且是使两后轮抱死；另一种是动态制动模式（车速高于 7km/h 时），在动态制动模式下，由电子驻车制动系统控制单元通过 CAN 数据总线控制 ABS/ESP 系统使车辆减速，也就是说，所有车轮的制动由液压控制并且具有防抱死功能。

电子驻车制动系统具有如下功能：

（1）驻车制动功能　驻车时按一下驻车制动开关即可（无论点火开关是否接通都可以接通电子驻车制动系统）。只要车速低于 7km/h，短促按下驻车制动开关即可实现驻车制动。在点火开关接通的情况下接通电子驻车制动系统，电子驻车制动系统指示灯及组合仪表中制动指示灯就会点亮；在点火开关断开的情况下接通电子驻车制动系统，两个指示灯只点亮大约 30s，然后熄灭。

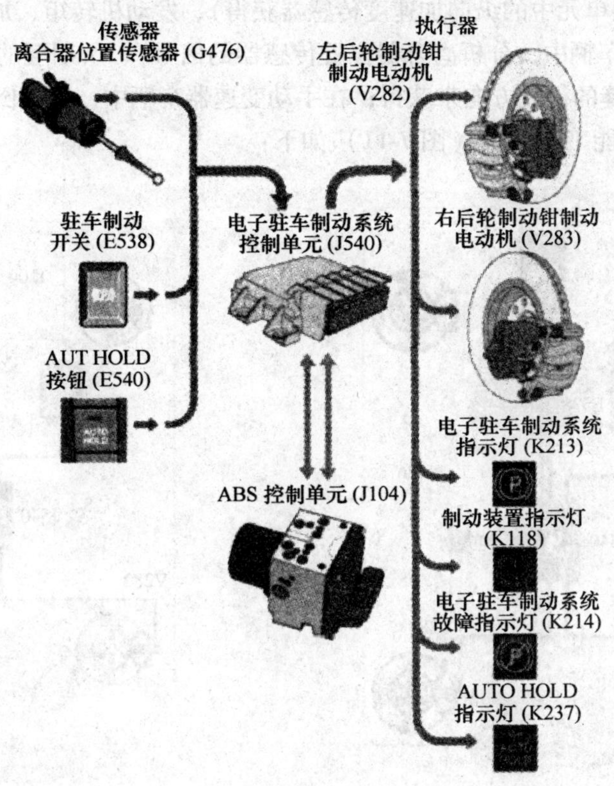

图 7-9 电子驻车制动（EPB）系统的组成

如果需要解除驻车制动，只有在点火开关接通的情况下才可以用以下两种方式断开电子驻车制动系统：脚踩制动踏板，同时按下驻车制动开关；系上安全带，关上车门并起动发动机后，将变速杆挂入档位（包括手动变速器和自动变速器）、放松离合器踏板并踩下加速踏板使车辆起步时，电子驻车制动系统会自动断开。这时，电子驻车制动系统控制单元会根据车辆倾斜角度和发动机转矩，计算出何时断开电子驻车制动系统。同时驻车制动开关和组合仪表中的制动指示灯熄灭。

驻车制动功能工作过程（图 7-10）如下：

1）按下驻车制动开关，将信号通过信号线输入电子驻车制动系统控制单元。

2）电子驻车制动系统控制单元通过专用 CAN 数据总线与 ABS 控制单元互通信息并确定车速低于 7km/h。

3）电子驻车制动系统起动两个后车轮制动器制动电动机，电控机械式制动过程完成。

4）再次按下驻车制动开关并同时踩动制动踏板，后轮驻车制动器松开或电子驻车制动系统控制单元满足一定条件后自动松开。

（2）坡道起步辅助功能　在电子驻车制动系统接通的情况下，坡道起步辅助功能可确保车辆在倾斜道路上起动时车轮不会向前或向后猛冲。只有在下列情况下，该功能才能起效：侧车门关闭、安全带已经系上、发动机已经起动。

电子驻车制动系统控制单元根据下列参数决定何时接通电子驻车制动系统：车辆倾斜角度

（由电子驻车制动控制单元中的纵向加速度传感器获得）、发动机转矩、加速踏板位置、离合器操纵（在手动变速器车辆中，分析离合器位置传感器的信号）、所期望的行驶方向（在自动变速器车辆中，通过选择的行驶方向来获得；在手动变速器车辆中，通过倒车灯开关获得）。

坡道起步辅助功能工作过程（图 7-11）如下：

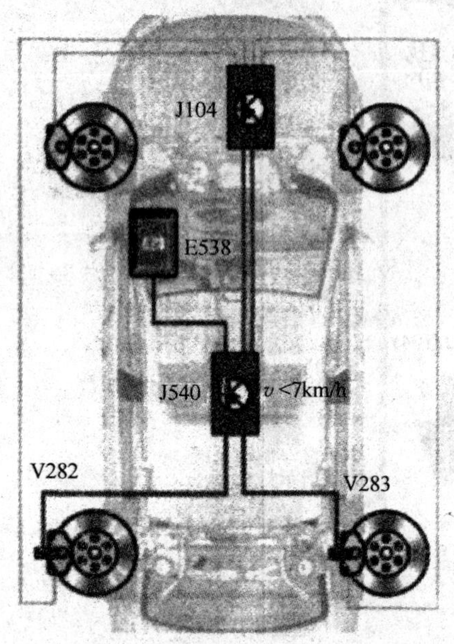

图 7-10　驻车制动功能的工作过程

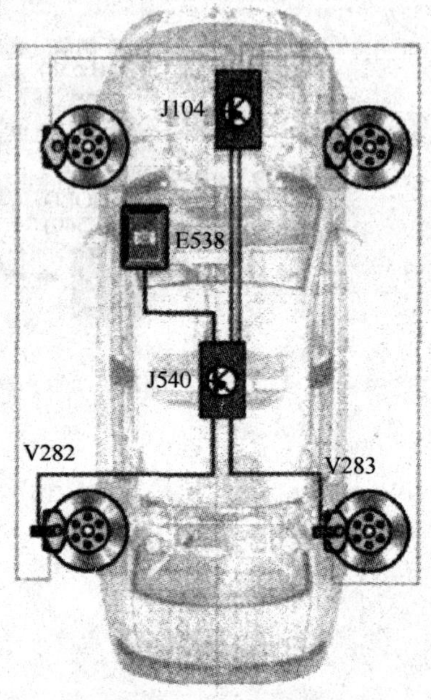

图 7-11　坡道起步辅助功能的工作过程

1）车辆静止，接通电子驻车制动系统。若是要起动车辆，选择第 1 档并且踩下加速踏板。

2）分析完所有参数（车辆倾斜角度、发动机转矩、加速踏板位置、离合器操纵或选择的前进档）后，电子驻车制动系统 ECU 计算出斜坡输出转矩。

3）如果车辆输入转矩大于由电子驻车制动系统 ECU 计算出的斜坡输出转矩，电子驻车制动系统控制单元起动两个后车轮制动器制动电动机。

4）后车轮驻车制动器电控机械式制动解除。车辆起步，且起步过程中车轮不会向后滚。

（3）动态紧急制动功能　若是制动踏板失灵或锁住，可以通过电子驻车制动系统的动态紧急制动功能强行制动车辆。车辆行驶时通过长按驻车制动开关可以制动车辆；车速超过 7km/h 时，通过建立液压制动压力，可以在所有 4 个车轮上实现动态紧急制动。ABS/ESP 系统根据行驶状况调节制动过程。如果成功制动且车辆静止后，必须解除驻车制动。

动态紧急制动功能工作过程（图 7-12）如下：

1）按下驻车制动开关。

2）电子驻车制动系统控制单元通过专用 CAN 数据总线与 ABS 控制单元互通信息并判断车速是否超过 7km/h。

3）ABS 控制单元起动液压泵，并在液压管路中建立液压制动压力，液压管路与 4 个车轮制动器连接，车辆被制动。

4）如果松开驻车制动开关或操纵加速踏板，电子驻车制动系统控制单元将解除车辆驻车制动。

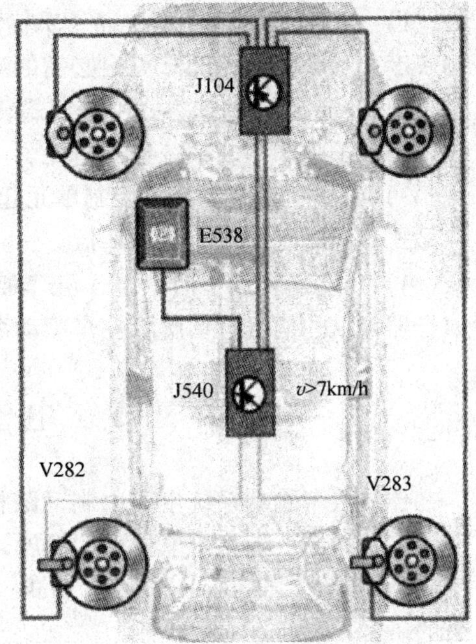

图 7-12 动态紧急制动功能的工作过程

（4）自动驻车功能（AUTO HOLD） AUTO HOLD 功能是一个辅助功能，它在车辆静止和起步过程中（向前行驶或向后行驶时）辅助驻车。只有当下列条件满足时，AUTO HOLD 功能才可以激活：

1）驾驶人侧车门关闭。

2）安全带已经系上并且发动机已经起动。

3）按下中控台上的 AUTO HOLD 功能开关。

每次重新起动发动机时，都必须通过按 AUTO HOLD 开关重新激活该功能。

只要车辆停止，AUTO HOLD 功能就能够确保车辆自动驻车，即无需再踩住制动踏板，就能实施驻车。

而当车辆再次起步时，AUTO HOLD 功能则会根据发动机转矩、加速踏板位置、离合器操纵的信号自动解除驻车。

制动压力是由 ABS（带 ESP 功能）控制单元控制的，车辆总是首先通过 4 个液压车轮制动器进行制动。如果汽车是由踩制动踏板使其停止的，那么控制回油的阀门会保持液压压力，使汽车驻车。如果汽车是滑行到一定程度后停止的，那么控制系统由液压泵建立制动压力。3min 后，车辆由液压制动转入电控机械式制动。

AUTO HOLD 功能工作过程（图 7-13）如下：

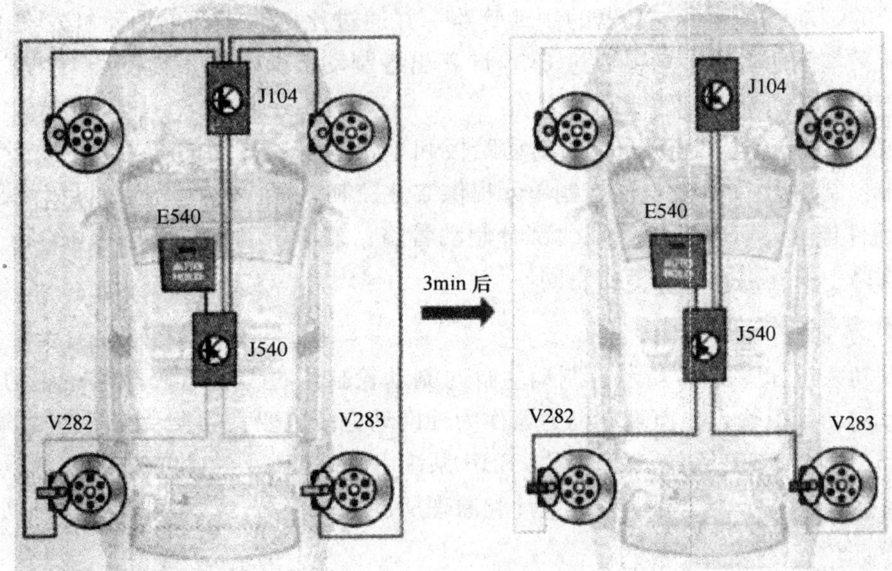

图 7-13 AUTO HOLD 功能的工作过程

1）AUTO HOLD 功能接通。车辆静止，并且通过 4 个车轮制动器液压制动。根据车辆倾斜度，ABS 控制单元计算出必需的液压压力并进行调整。

2）3min 后，制动方式由液压式转换成电控机械式。ABS 控制单元将计算出的制动转矩传递给电子驻车制动系统控制单元。

3）电子驻车制动系统控制单元起动两个后轮制动器制动电动机，使制动方式转为电控机械式，同时制动压力自动降低。

4）车辆需要起步时，电子驻车制动系统控制单元会根据发动机转矩、加速踏板位置、离合器操纵的信号自动解除驻车制动系统。

第三节　电子液压制动系统（EHB）

传统汽车制动系统主要由制动踏板、真空助力器、主缸 、轮缸 、制动鼓（或制动盘）及管路等构成。随着机电技术的发展，电子液压制动系统已经应用在中高级轿车上。电子液压制动系统（ Electro-Hydraulic Brake System，EHB）是在传统的液压制动器基础上发展而来的。

EHB 是一种线控制动（Brake by-Wire）系统，它以电子元件替代了部分机械元件，制动踏板不再与制动轮缸直接相连，驾驶人操作作为控制意图由传感器采集，完全由液压执行器完成制动操作。

1. EHB 与传统制动系统的对比

（1）液压产生　在传统的制动系统中，驾驶人通过对制动主缸的调节，在轮缸建立制动压力；而电液制动系统则是通过液力蓄能器提供制动压力，而所储压力是由电动液压泵产生的，可以提供多次连续制动的液压力。

（2）液压分配　传统的制动系统只是均匀的分配液压力，当踩下制动踏板时，制动主缸就将等量的制动液送往各制动器的制动管路，并通过比例阀平衡前后轮缸；而 EHB 则根据传感器所采集到的各种信息，通过 ECU 计算出各制动器所需的最佳制动力，并将其分别施加于各制动轮，达到良好的制动效果。

（3）动力传递　电液制动系统的制动踏板和车轮制动器之间的动力传递是分离的，在制动过程中，制动力由 EHB 电子控制单元提供柔性控制，替代了传统的纯机械传递方式。

（4）元件连接　EHB 用电线取代部分制动管路，缩短了制动管路的长度，并可以省去一些制动管路中的阀类元件，节省空间。

2. EHB 系统的优点

传统制动系统如图 7-14 所示，制动主缸与制动轮缸通过制动管路相连，制动压力直接由人力通过制动踏板输入，而真空助力器作为辅助动力源也要受到发动机真空度的限制。

图 7-15 所示为 EHB 系统的示意图，EHB 系统由于改变了压力建立方式，踏板力不再影响制动力，从而弥补了传统制动系统设计和原理所导致的不足，具有许多传统制动系统无法比拟的优越性：

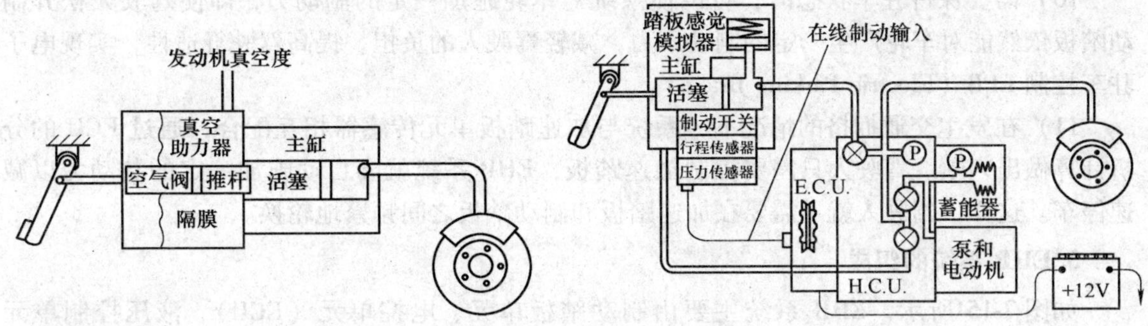

图 7-14 传统制动系统　　图 7-15 EHB 系统

1）在传统制动系统中，在紧急制动或长时间制动后，系统部件特性可能发生变化，进而影响制动性能。采用 EHB 控制系统，部件机械特性的变化可以由控制算法进行补偿，使制动压力等级和踏板行程始终保持一致。

2）由于蓄能器压力等级很高，高压制动液通过高速开关阀的控制进入制动轮缸，制动过程平顺柔和。在紧急制动工况下，制动压力上升梯度大，能达到的制动压力也更高。制动蹄（钳）对制动鼓（盘）的制动压力通过轮缸压力传感器的反馈进行精确调节，消除制动噪声。

3）传统制动系统的制动特性无法随意改变，而 EHB 系统通过分析驾驶人意图，判断不同的制动行为，并提供最合理的压力变化特性。

4）传统制动系统只能在一定程度上实现前后制动压力的分配，而 EHB 系统在四轮压力分配方面有很大的自由度，这在左右附着系数不同的路面上制动时效果显著。

5）传统的采用真空助力器的制动系统助力能力受发动机转速和负荷的影响，而 EHB 系统的制动能力不受发动机真空度影响。

6）由于制动传感器探测的是踏板的运动速度和踏板的行程，ECU 根据此信号进行制动压力调节，可以根据不同的车型以及对驾驶人驾驶习惯的统计，仅仅通过更改控制算法和踏板感觉模拟器给驾驶人提供不同的踏板感觉，因此 EHB 的可移植性好。

7）传统制动系统在进行 ABS 工作时，制动管路内的压力波动，使制动踏板出现振动现象，缺少经验的驾驶人往往会因此而不自觉的减少踏板力，从而影响制动效果。EHB 由于踏板与制动管路不直接相连而彻底解决了这一问题，不但可以保证各个车轮不会抱死，而且解除制动迅速，制动过程安全、高效，对动力损失影响极小。

除了能够实现传统制动系统所能实现的基本制动、ABS 等基本功能外，EHB 还能实现一些辅助功能。

8）当车辆在雨天或湿滑路面上行驶时，根据风窗玻璃刮水器的动作，EHB 系统可以在固定间隔时间发出微弱的制动脉冲，清干制动片上的水膜，以消除制动器的水衰退现象，保证可靠的制动。

9）大部分驾驶人在遇到紧急情况时，如施加制动力时则会出现犹豫、施加踏板力不足，导致危险情况的发生。EHB 通过正确识别驾驶人意图，对制动力（由踏板行程以及踏板加速度来辨别计算）加以调整，以避免制动力不足。

10）需要保持驻车状态时，可以使系统对车轮施加一定的制动力，即使驾驶人松开制动踏板依然能对车轮产生一定的制动压力，减轻驾驶人的负担，提高驾驶舒适性，实现电子驻车控制 EPB（Electric Parking Brake）。

11）在发生交通拥挤的情况下，系统与加速踏板单元传感器相互配合，通过 ECU 的分析计算做出判断。驾驶人只需要控制加速踏板，EHB 系统就会自动施加一定的制动力以减速停车。这样，驾驶人就不需要在加速踏板和制动踏板之间频繁地轮换。

3. EHB 系统的组成

如图 7-15 所示，EHB 系统主要由制动踏板单元、电控单元（ECU）、液压控制单元（HCU）以及一系列的传感器组成。

（1）制动踏板单元　制动踏板单元包括踏板感觉模拟器、踏板力传感器或踏板行程传感器以及制动踏板。踏板感觉模拟器是 EHB 系统的重要组成部分，为驾驶人提供与传统制动系统相似的踏板感觉（踏板反力和踏板行程），使其能够按照自己的习惯和经验进行制动操作。踏板传感器用于监测驾驶人的操纵意图，一般采用踏板行程传感器。采用踏板力传感器的较少，也有两者同时应用，以提供冗余传感器且可用于故障诊断。

（2）HCU　制动压力调节装置用于实现车轮增减压操作，HCU 中一般包括以下几个部分。

1）独立于制动踏板的液压系统。该系统带有由电动机、泵和高压蓄能器组成的供能系统，经制动管路和方向控制阀与制动轮缸相连，控制制动液流入流出制动轮缸，从而实现制动压力控制。

2）人力驱动的应急制动系统。当伺服系统出现严重故障时，制动液由人力驱动的主缸进入制动轮缸，保证最基本的制动力使车辆减速停车。

3）平衡阀。同轴的两个轮缸之间设置有平衡阀，除需对车轮进行独立制动控制的工况之外，平衡阀均处于断电开启状态，以保证同轴两侧车轮制动力的平衡。

（3）传感器　包括轮速传感器、压力传感器和温度传感器，用于监测车轮运动状态、轮缸压力的反馈控制以及不同温度范围的修正控制等。

图 7-16 所示为 BOSCH 公司的 EHB 系统，系统带有踏板感觉模拟装置，一套采用液压伺服控制的行车制动系统和一套人力操纵的应急制动系统。其中，液压伺服系统控制 4 个车轮的压力，而人力应急制动系统只能控制 2 个前轮。系统共有 14 个电磁阀，均为二位二通阀。

正常的行车制动中，当制动灯开关被触发时，ECU 判定制动发生，由踏板行程传感器感知驾驶人制动意图，进而通电关闭隔离阀。在人力作用下从制动主缸输出的制动液进入踏板感觉模拟器，使驾驶人产生与操作传统制动系统时相同的感觉。

车轮制动所需要的能源由动力源提供，经主供油管路送往各轮缸，轮缸进油阀和出油阀可以实现各轮缸压力控制。同轴两轮缸间各设有一个平衡阀，用于在常规制动时保持两侧车轮制动力的协调。

（4）EHB 的控制　EHB 所要实现的制动动作分为基本制动和控制制动。

1）基本制动。基本制动是指驾驶人根据自己的意图，施加踏板力，控制车辆的减速度并保证期望的行驶方向。而 EHB 系统需要充分反应驾驶人的意图，给予车轮驾驶人所期望

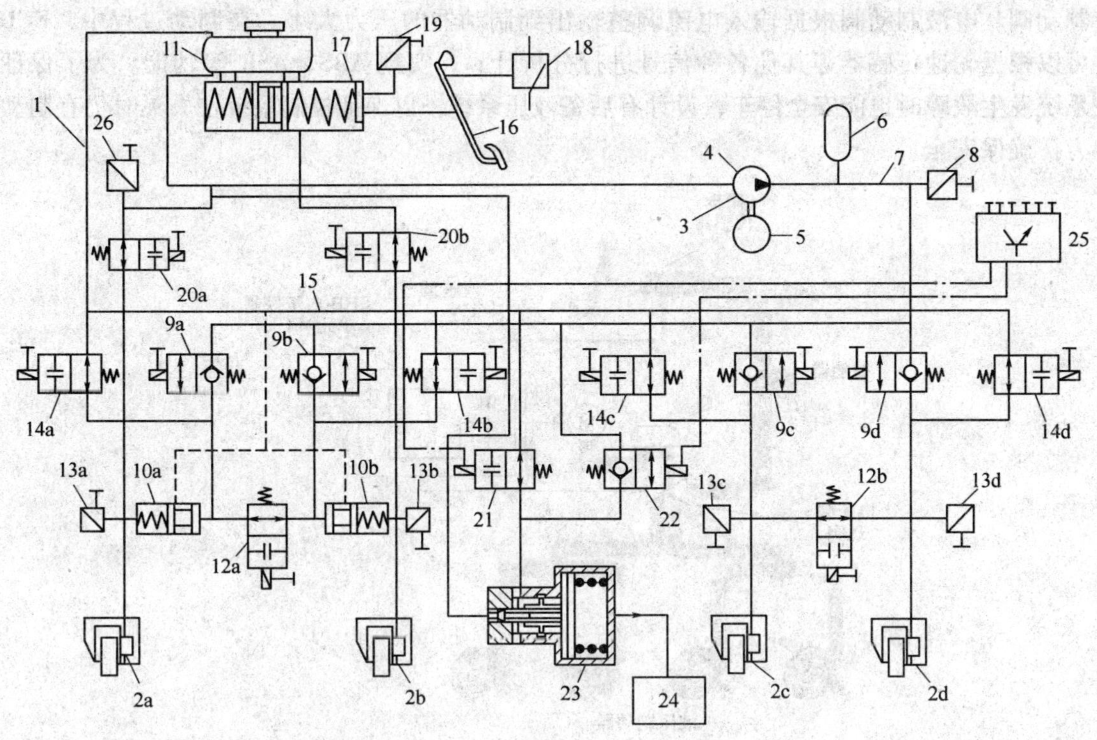

图 7-16 BOSCH 公司的 EHB 系统

1—液压调节装置 2—制动轮缸 3—动力源 4—泵 5—电动机 6—高压蓄能器 7—主供油管路 8—主供油管压力传感器 9—轮缸进油阀（2/2） 10—液压隔离活塞 11—储液器 12—前、后轴平衡阀 13—轮缸压力传感器 14—轮缸出油阀（2/2） 15—回油管 16—制动踏板 17—制动主缸 18—制动灯开关 19—踏板行程传感器 20—隔离阀 21—模拟器泄油阀 22—模拟器进油阀 23—踏板感觉模拟器 24—气源 25—ECU 26—回油管压力传感器

的制动力。

2）控制制动。控制制动是指在必要的附加干预下施行的制动。即当驾驶人欲对车辆采取紧急的全力制动，而大力并快速地踩下制动踏板时，EHB 系统对车轮上的制动压力进行控制以防止车轮抱死和车辆的制动稳定性下降等情况。

EHB 系统还可以融合多种车辆控制系统：当车辆在弱附着路面起步或加速时，以及车辆从高附着路面行驶到低附着路面时，系统集成驱动防滑功能；在车辆转弯时，EHB 系统通过车轮制动实现车辆稳定性控制。

4. EHB 的工作原理

EHB 采用电子踏板取代传统制动系统中的制动踏板，用来接受驾驶人的制动意图，产生并传递制动信号给电控单元和执行机构，并根据一定的算法进行模拟，然后将信息反馈给驾驶人，保证驾驶人有足够的踏板力。

如图 7-17 所示，制动过程中，车轮制动力由 ECU 和执行器控制，踏板转角传感器不断地将踏板转角信号转换为电信号，并将其输入到电控单元。ECU 将控制信号及电流分别输入到阀驱动器和电液制动阀，阀驱动器根据两个输入信号中的较大值产生控制电流输入到电液制动阀。电液制动阀根据输入电流调整输出到制动器的压力大小。在制动过程中，ECU还可以根据轮速传感器等其他各种信号进行分析计算，实现 ABS、ASR 等功能。为了保证在系统发生故障时也能安全停车，设计有后备液压系统，以保证控制系统在失灵时仍有制动能力，确保安全。

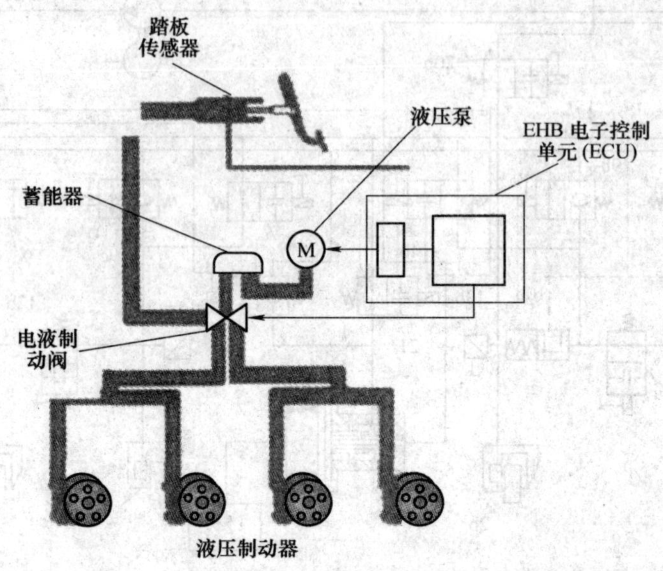

图 7-17　EHB 的工作原理

第四节　电子稳定程序（ESP）

电子稳定程序（Electronic Stability Program，ESP）的主要作用是防止车辆高速行驶时出现操纵失控状态，增加车辆行驶稳定性，减少侧滑危险和侧滑事故，减少侧面碰撞概率，提高行车安全。典型作用是在高速转弯或湿滑路面上行驶时，能提供更好的操纵稳定性和方向控制。

1. ESP 系统的组成

（1）ESP 系统的结构特点　ESP 系统是一项综合控制技术，整合了防抱死制动系统 ABS、驱动防滑控制 ASR/TCS、电子制动力分配 EBV/EBD、电子差速锁 EDS/EDL、发动机牵引力力矩调整 MSR/EBC 等多项电子制动技术，通过对制动系统、发动机管理系统和自动变速器施加控制，防止车辆滑移。

（2）ESP 系统的组成　ESP 系统由电控单元（ ECU）、转向盘转角传感器、轮速传感器、横向偏摆率传感器、横/纵向加速度传感器及液压系统等组成，如图 7-18 所示。主要部件如下：

1）ESP ECU。ESP ECU 是控制核心。为确保高可靠性，采用冗余控制，用两个相同的处理器同时处理信号，并相互比较监控。接通点火开关后，系统进入自检，连续监控所有电气连接，并周期性检查电磁阀功能。若 ESP ECU 出故障，仍可以按常规制动，但 ABS/EBS/

ASR/ESP 功能失效。

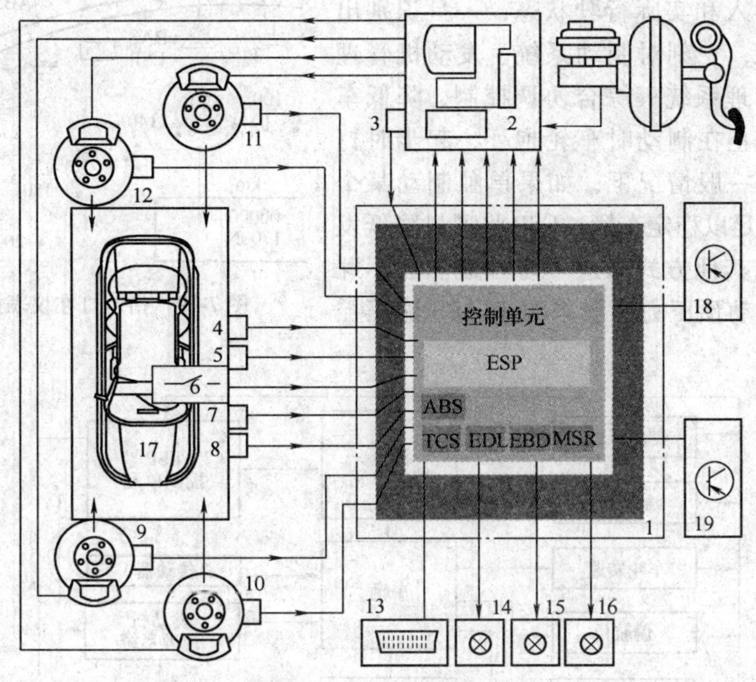

图 7-18 ESP 系统组成

1—ESP ECU 2—液压控制单元 3—制动压力传感器 4—侧向加速度传感器 5—横向偏摆率传感器 6—ASR/ESP 按钮 7—转向盘转角传感器 8—制动灯开关 9～12—轮速传感器 13—自诊断接口 14—制动系统警告灯 15—ABS 报警灯 16—ASR/ESP 警告灯 17—车辆和驾驶状态 18—发动机控制调整 19—变速器控制调整

2）转向盘转角传感器。依据光栅原理测量转向盘转角，ESP ECU 以此获得预定的行驶方向。若无此信号则无法确定行驶方向，ESP 失效。

3）制动压力传感器。检测实际制动管路压力大小，ESP ECU 由此算出车轮上的制动力和整车的纵向力大小。如果 ESP 正在对不稳定状态进行调整，ESP ECU 将该数值包含在侧向力计算范围内。若无此信号则无法准确算出侧向力，则 ESP 失效。

4）横向偏摆率传感器。检测车辆绕其纵轴旋转角度和转动速率，ESP ECU 以此获得车辆的实际行驶方向。若无此信号，ESP ECU 则无法确定车辆是否发生横向偏摆，ESP 失效。

5）纵向加速度传感器。纵向加速度传感器只安装在四驱车上。对于单轴驱动车辆，通过计算制动压力、车轮转速信号以及发动机管理系统信息，得出纵向加速度。

6）侧向加速度传感器。检测车辆侧向力大小。若无该信号则 ESP ECU 无法算出车辆的实际行驶状态，则 ESP 失效。

7）ASR/ESP 开关。在积雪路面或松软路面上起步时，安装了防滑链的车辆在测功机上检测时，应关闭 ESP 系统。

8）系统指示灯。各指示灯在仪表板上的位置如图 7-19 所示。

2. ESP 的控制原理

（1）基本控制原理 ESP 控制框图如图 7-20 所示。通过传感器收集转向盘转角、横摆角速度、侧向加速度等信息，输入电控单元，检测转向盘转角输入和实际行驶状态，一旦识别出车辆不稳定状态，立刻对制动系统、发动机管理系统和变速器管理系统等综合协调控制，降低车辆横向滑移，防止在制动时车轮抱死、起步时打滑和车辆侧滑。一般情况下，如果单独制动某个或某几个车轮不足以稳定车辆，ESP将通过降低发动机转矩输出或其他方式来进一步控制。在不踩制动踏板时，制动预压力一般来源于ABS液压控制单元。

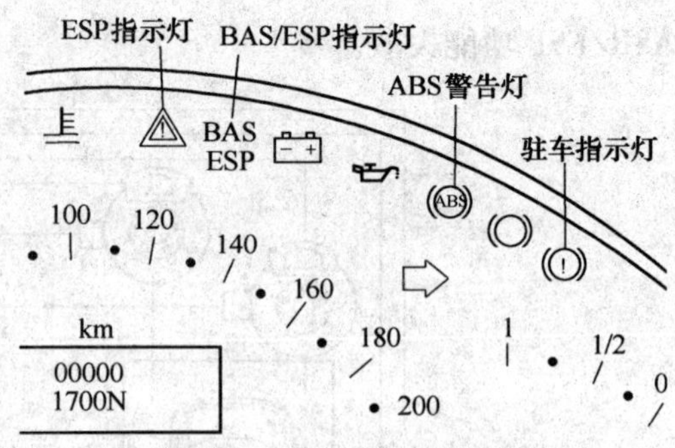

图7-19　指示灯在仪表板上的位置

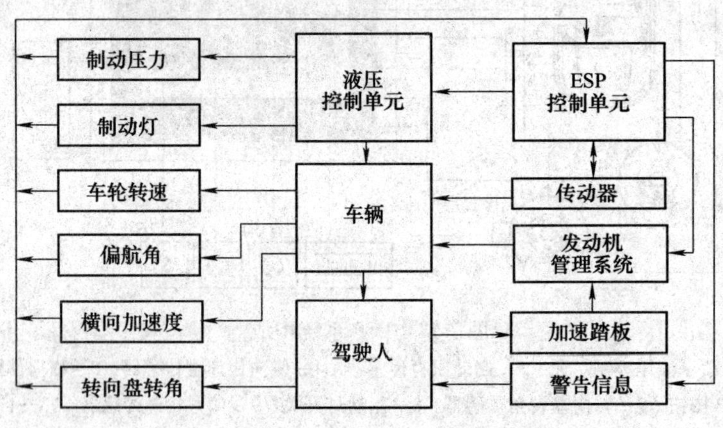

图7-20　ESP控制框图

（2）控制优先原则

1）TCS逻辑覆盖ESP逻辑。此原则只发生在驱动轮，即选择较低的制动压力施加在车轮上。与TCS直接介入有所不同的是：此时动力源来自ESP压力调节器，否则将破坏液压系统。

2）ESP逻辑覆盖ABS逻辑。由于ESP产生接近50%的滑移率稳定车辆，超出ABS 20%逻辑控制范围。

3）发动机转矩调节ASR。如果ESP和TCS都需降低发动机转矩，则优先采用最大调节量。

4）ESP与EBC。当ESP工作时，EBC需要介入，提高发动机转速。

3. 典型实例

以典型的博世ESP为例分析ESP的控制措施：

1）通过转向盘转角传感器及各车轮转速传感器识别驾驶人转弯方向（驾驶人意愿）A。

2）由横摆角速度传感器识别车辆绕重心的旋转角度，侧向加速度传感器识别车辆实际运动方向B。

3）若A > B，ESP判定为出现转向不足，则制动内侧后轮，使车辆进一步增大转向。

4）若A < B，ESP判定为出现转向过度，则制动外侧前轮，防止出现甩尾并减弱过度转

向趋势。

5）若单独制动某个车轮不足以稳定车辆，ESP则进一步降低发动机转矩输出或制动其他车轮以达要求。

（1）转向不足　出现转向不足时，后内侧车轮制动，ESP液压系统控制如图7-21所示。

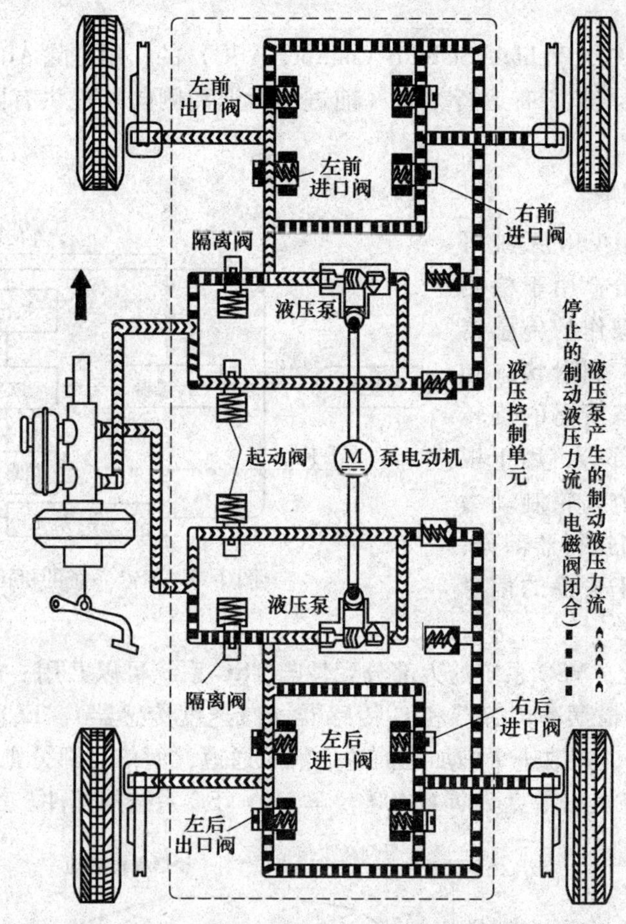

图7-21　ESP液压系统控制

ESP ECU监测并比较来自横向偏摆率传感器、转向盘转角传感器和每个车轮速度传感器等信号，以确定车轮是否滑移。当ECU检测到车辆转向不足时，控制液压调节器的过程为：关闭前/后隔离阀→打开前/后起动阀→关闭右前/右后进口阀→运行液压泵。这将促使以下操作：

①当液压泵积累了液压力时，关闭后隔离阀，后轮制动回路与总泵隔开，防止制动液返回总泵。

②右前和右后进口阀关闭，以隔离右轮液压回路，液压调节器只向左轮提供制动液压力。

③后起动阀打开，制动液从总泵进入液压泵中。

④液压泵将合适的制动液压力施加到左轮制动钳上，使车辆朝驾驶人想要的方向偏转。

⑤液压控制单元以TCS模式调节左前和左后进口阀及出口阀，以便获得最大的路面牵

引力。

（2）转向过度　出现转向过度时，液压系统控制过程与转向不足相似。

第五节　车辆稳定控制系统（VSC）

车辆稳定控制系统（Vehicle Stability Control，VSC）的作用是除 ABS 和 TRC（驱动防滑控制系统）之外，在汽车所有运行方向（前进、后退和侧向）提供有限防护功能，以限制汽车操纵的失控。

1. VSC 系统的组成

如图 7-22 所示，VSC 系统可以大致分为 4 个部分：用于检测汽车状态和驾驶人操作的传感器部分；用于估算汽车侧滑状态和计算恢复到安全状态所需的旋转动量和减速的 ECU 部分；用于根据计算结果控制每个车轮制动力和发动机输出功率的执行器部分；用于告知驾驶人汽车失稳的信息部分。

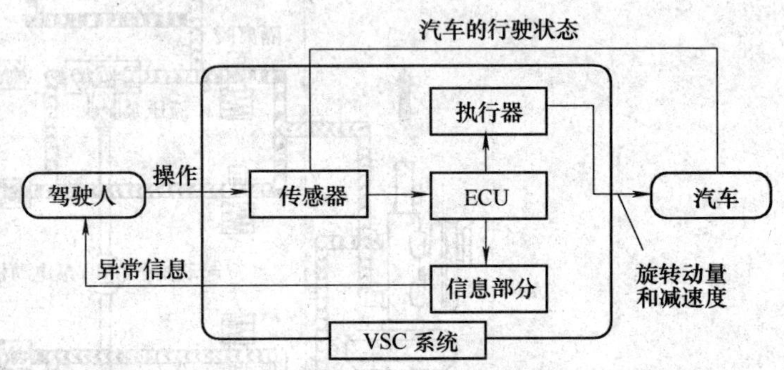

图 7-22　VSC 系统的机构流程

与 TRC 系统相比，VSC 系统的大部分元件与 TRC 系统可以共用。对于传感器，增加了用于检测汽车状态的横摆率传感器和 G 传感器（减速度传感器）。ECU 部分增大了运算能力，至于执行器部分，则改进了施加到前轮的液压通道，而信息部分则增加了 VSC 蜂鸣器。图 7-23 所示为安装在丰田雷克萨斯 LS400 轿车上的 VSC 系统的部件。

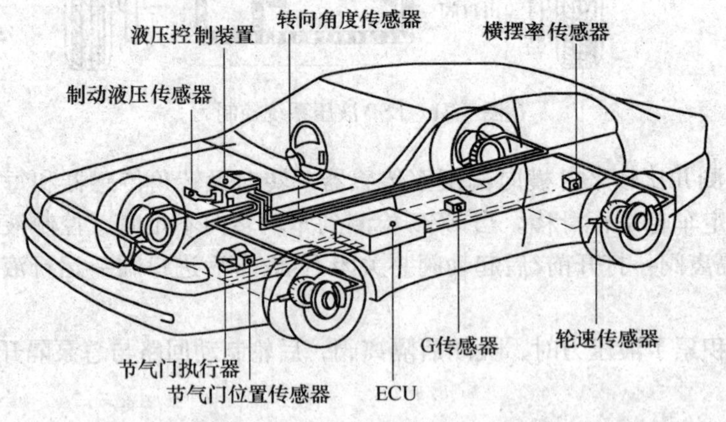

图 7-23　VSC 系统部件布置图

横摆率传感器装在汽车行李箱前部，与汽车垂直轴线平行，检测横摆率（汽车绕垂直轴旋转的角速度）。

G 传感器水平地安装在汽车重心附近地板下方的中间位置，检测汽车的纵向和横向加速度。转向角度传感器安装在转向盘后侧，直接检测由驾驶人操纵的转向盘转动。

制动液压传感器装在 VSC 液压控制装置的上部，检测由驾驶人进行制动操作时制动液压力的变化。

轮速传感器安装在每个车轮上，负责检测每个车轮旋转的角速度。

节气门位置传感器安装在节气门执行器上，检测由驾驶人操纵加速踏板引起的节气门开度，以及由 VSC 系统控制发动机输出引起的节气门开度的变化。

制动踏板的操作传递到装在发动机室一侧的 VSC 液压控制装置上，在正常情况，它执行通常的制动助力功能。当车轮在加速或减速下出现滑移时，执行 TRC 和 ABS 功能；当汽车出现侧滑时，执行 VSC 功能，把受到控制的制动液压施加到每个车轮上。

节气门执行器安装在发动机进气通道上，在 VSC 控制发动机动力输出期间，负责启闭发动机节气门。

装在车厢内的 ECU 通过线束与每个传感器和执行器相连。

2. VSC 系统的控制原理

汽车动力性能的极限取决于轮胎摩擦力的极限，当前轮或后轮的驱动力达到极限时，汽车转向的稳定性就会受到极大的影响。汽车出现侧滑或甩尾这两种不稳定现象取决于前轮和后轮哪一个轮首先达到极限，而这又取决于路面状况（附着系数）、汽车速度、加速或减速的程度等各种因素。高速时驱动轮先达到极限，在中、低速时，从动轮易先达到极限。要抑制由于前轮侧滑造成的侧滑，确保车辆的循迹行驶，首先要通过减速，有效地减小所需的转向力。为有效地利用后轮保留的转向力，可以额外地增加向转向角内侧的旋转运动（此时，后轮也可以产生最大的转弯力）；为抵消后轮的侧滑，可以额外增加向外的旋转运动，以防止汽车的不稳定性。所以，要抑制前轮的侧滑，首先制动后轮，以得到向内旋转的运动，然后对 4 个车轮进行制动，使车速降到某一水平来平衡旋转运动，使转向在转弯力的范围内进行；当出现后轮侧滑时，外前轮被制动，以产生向外的运动，确保汽车的稳定性。

4 个车轮所需的总转向力与车速的平方成正比，而每个车轮的实际转向力并不随车速而变，这是汽车在高速下不稳定的原因之一。因此，车速高时，即使车速轻微下降，也会使所需的转向力大大下降，从而明显地改善汽车的稳定性。VSC 系统主要是通过控制汽车的旋转运动，利用上述原理独立地对每一个车轮主动施加制动力减速，确保车辆转弯的稳定性和循迹行驶的能力。

3. VSC 液压控制装置的结构和工作原理

（1）VSC 液压控制装置组成　如图 7-24 所示，VSC 液压控制装置主要包括 4 个部分。

1）供能部分，由电动机驱动液压泵和蓄能器组成。蓄能器储存由液压泵供应的液压油，作为本液压装置的压力源。

2）制动主缸和制动助力器部分。这部分根据驾驶人的制动操作产生液压，并进行助力。利用与制动主缸平行的滑阀通过把由供能部分供应的恒定液压调节到与驾驶人操作制动踏板力成正比的水平，送到动力活塞，从而获得助力。

3）选择电磁阀部分。当 VSC、TRC 或 ABS 工作时，它关闭制动主缸的液压油，并把从供能部分（动力液压）来的液压油或从制动助力器（调节液压）来的液压油送到控制电磁阀，从而控制每个车轮制动轮缸的液压。

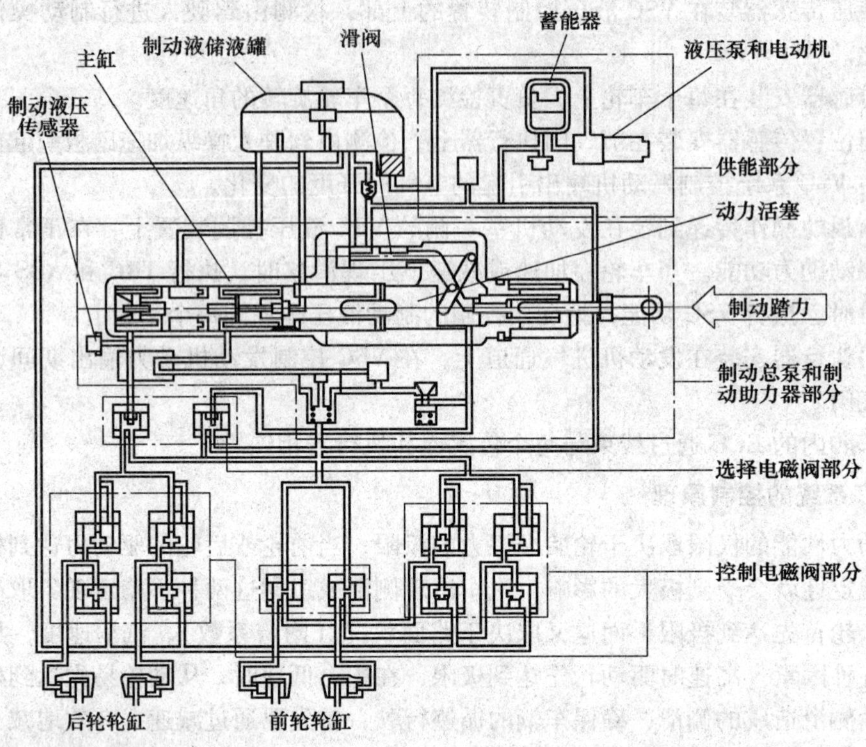

图 7-24　VSC 液压控制装置的结构

4）控制电磁阀部分。当 VSC、TRC 或 ABS 工作时，增加或降低每个车轮制动轮缸的液压，以控制每个车轮的制动力。

（2）VSC 液压控制装置工作原理　VSC 液压控制装置的工作原理如下：

1）抑制后轮侧滑。当因后轮产生侧滑而使汽车滑移角增加时，VSC 系统立即把制动力加到正在转弯的外前轮上。VSC 液压控制装置的基本动作就是把经调节的供能部分的动力液压油送到正在转弯的外前轮上。

如图 7-25 所示，通过操作选择电磁阀，从蓄能器来的动力液压被导向正在转弯的外前轮上。控制电磁阀由通/断占空比驱动，以把动力液压调节并控制到合适的水平。

2）抑制前轮侧滑。当因前轮产生侧滑而出现侧滑现象时，VSC 系统把制动力施加到两个后轮上。VSC 液压控制装置的基本动作是把经调节的供能部分的动力液压送到两个后轮制动轮缸。

如图 7-26 所示，通过操作选择电磁阀，从蓄能器来的动力液压油被导向到两个后轮，控制电磁阀由通/断占空比驱动，以把动力液压调控到合适的水平。

4．VSC 系统的检修

如图 7-27 所示，以丰田雷克萨斯 LS400 车的 VSC 系统为例说明 VSC 系统的检修方法。

（1）故障自诊断

1）VSC 系统指示灯的检查。当将点火开关转至“ON”时，仪表板上的“VSC OFF”

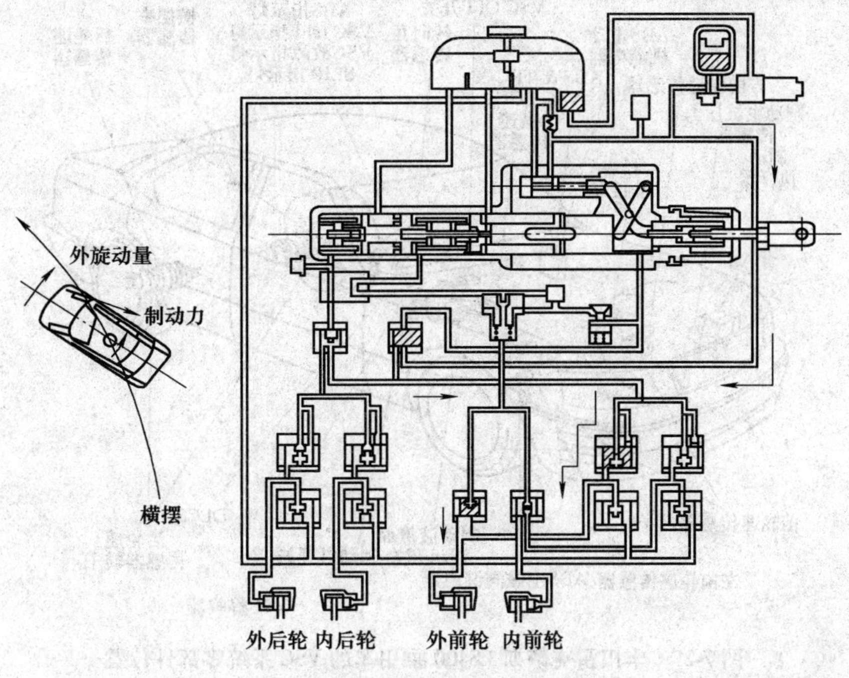

图 7-25 抑制后轮侧滑的液压油路

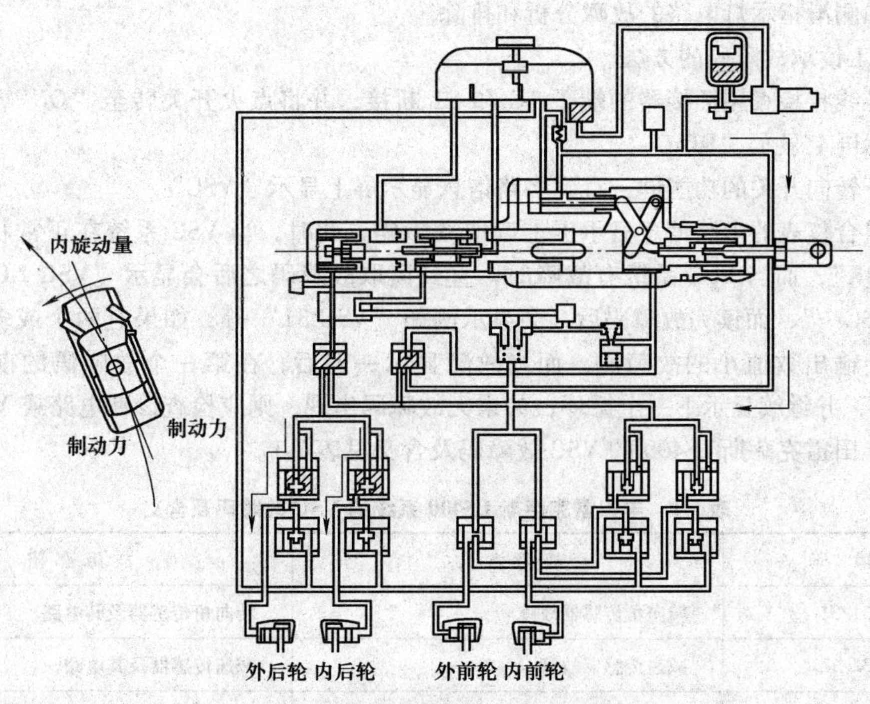

图 7-26 抑制前轮侧滑的液压油路

指示灯应点亮且侧滑指示灯应点亮 3s。如果 ABS&TRC&VSC ECU 内存储有与 VSC 系统有关的故障码，则多路信息显示屏上显示“CHECK VSC”，同时“VSC OFF”指示灯点亮。如果

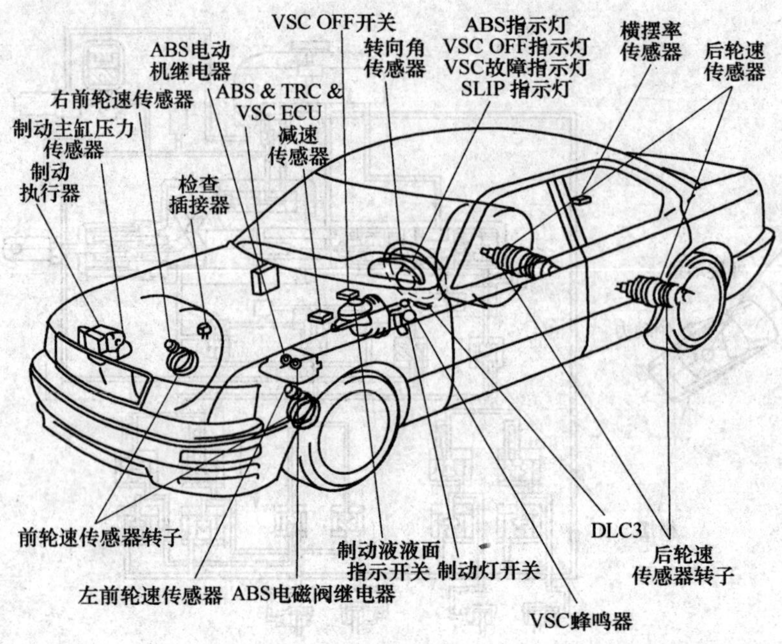

图 7-27　丰田雷克萨斯 LS400 乘用车的 VSC 系统零部件位置

VSC 系统指示灯的检查结果与上述情况不符，则应进行 VSC 故障指示灯电路、VSC OFF 指示灯电路和侧滑指示灯电路的故障分析和排除。

2）人工读取故障码的方法。

①用导线将检查用插接器的端子 TC 和 E1 断接，并将点火开关转至“ON”，此时，多路信息显示屏上显示“DIAG”。

②按下转向开关的功能键，直到多路信息显示屏上显示“VSC”。

③从组合仪表的多路信息显示屏上读取故障码。此时，当 VSC 系统在正常状态时会显示“VSC OK”，而当 VSC 系统有故障时，直到读取故障码之后会显示“VSC NG”、“VSC E”或“VSC…”，而读完故障码后，会显示例如“VSC 31”等；如果有两个或多个故障码时，首先会输出数值小的故障码，而当故障显示一遍后，在第一个故障码的前边会显示“■”记号，并继续显示下一个循环；如果无故障码出现，则应检查诊断电路或 VSC 故障指示电路。丰田雷克萨斯 LS400 的 VSC 故障码及含义见表 7-1。

表 7-1　丰田雷克萨斯 LS400 系统的 VSC 故障码及含义

故 障 码	故 障 含 义	故 障 部 位
C1231/31	转向角传感器故障	转向角传感器及其电路
C1232/32	减速传感器故障	减速传感器及其电路
C1233/33	横摆率传感器电路开路或短路	横摆率传感器及其电路
C1234/34	横摆率传感器故障	横摆率传感器及其电路
C1210/36	横摆率传感器未经零点调校	横摆率传感器及其电路 P 位开关电路

（续）

故 障 码	故 障 含 义	故 障 部 位
C1207/37	P/R 位开关故障	P/R 位开关及其电路
C1223/43	ABS 控制系统故障	ABS 控制系统
C1224/44	NE 信号电路开路或短路	NE 信号电路发动机 &ECT ECU
C1201/51	发动机控制系统故障	发动机控制系统
C1202/52	制动液液面过低制动液液面指示开关电路开路	制动液液面不对制动液液面指示开关及其电路
C1203/53	ECU 通信电路故障	TRC + 或 TRC – 电路 ENC + 或 ENC – 电路发动机 &ECT ECU
VSC 系统故障指示灯常亮	ABS&TRC&VSC ECU 故障 VSC 故障指示灯电路故障	电源电路 VSC 故障指示灯电路

④完成检查后，脱开端子 TC 和 E1 的连接导线，并关闭点火开关。

3）清除故障码的方法。

①用导线连接检查用插接器的端子 TC 和 E1，并将点火开关转至“ON”。

②在 5 s 内踩制动踏板 8 次以上，便可清除存储在 ECU 中的故障码。

③检查多路信息显示屏上有无显示“CHECK VSC”（应不显示）。

④从检查用插接器上拆下连接导线。

（2）VSC 系统传感器的检查（测试模式） 如果在测试模式中将点火开关从“ON”转至“ACC”或“LOCK”，故障码将被清除。

①将点火开关转至“OFF”，检查变速杆是否在 P 位，将转向盘转至中间位置。

②用导线连接检查用插接器的端子 TC 和 E1。

③起动发动机并检查多路信息显示屏上是否显示“VSC TEST”。如果多路信息显示屏上不显示“VSC TEST”，则应检查 VSC 故障指示灯电路和端子电路。

④进行横摆率传感器的零点调校（起动发动机并保持车辆在平地静止状况 3 s 以上）。

⑤检查转向角传感器。在车辆静止情况下将转向盘向左（或右）转 450°更多，最后将转向盘转回至正前方位置。

⑥检查横摆率传感器。将变速杆置于 D 位，并以约 5 km/h 的车速驾驶车辆，向左（或右）转转向盘 90°或更多，并保持车辆按 180°圆弧行驶（在圆弧行驶时的起始和终止位置，方向应在 180° ±5°），不要转后轮，停车并将变速杆换至 P 位，检查 VSC 蜂鸣器是否响 3s。如果 VSC 蜂鸣器响，VSC 系统传感器正常，检查完成；如果 VSC 蜂鸣器不响，则再做几次 VSC 系统传感器检查。如果 VSC 蜂鸣器仍然不响，则说明 VSC 系统传感器有故障，应检查故障码。

⑦用导线连接检查用插接器的端子 TC 和 E1（此时，多路信息显示屏上显示“DIAG”）。读取多路信息显示屏上所显示的故障码。故障码的含义见表 7-2。

表 7-2　故障码的含义

故障码	故障含义	故障部位
C0371/71	横摆率传感器输出信号故障	横摆率传感器及其电路
C1208/72	转向角传感器输出信号故障	转向角传感器及其电路

⑧检查完成后，脱开检查用插接器上的端子和 E1 及端子 TC 和 E1 之间的连接导线，并将点火开关转至“OFF”。

（3）横摆率传感器零点的调校　当脱开过蓄电池电缆或 ABS&TRC&VSC ECU 导线插接器和更换了横摆率传感器或 BS&TRC&VSC ECU 时，必须进行横摆率传感器零点调校。方法是：在安装 ABS&TRC&VSC ECU 或横摆率传感器及连接蓄电池电缆后，将变速杆换至 P 位并将点火开关转至“ON”，保持车辆静止 15s 以上即可（在 15 s 内，多路信息显示屏上应显示“CHECK VSC”，且“VSC OFF”指示灯应点亮）。

（4）相关电路和元件的检查

1）制动液液面指示开关电路的检查。当制动液液面下降时，制动液液面指示开关向 ABS&TRC&VSC ECU 发出相应的信号。当 ABS&TRC&VSC ECU 检测到制动主缸储液罐中的制动液液面过低的状况持续 60 s 以上，或当 ABS&TRC&VSCECU 的 IG 端子电压为 9.5 ~ 17.2 V，制动液液面指示开关电路开路持续 2 s 以上的任何一种情况时，ABS&TRC&VSC ECU 便记录故障码 C1202/52。故障码 C1202/52 的检查方法如下：

①检查制动液液面，如果制动液液面不正常，则检查制动液是否泄漏并加注制动液。

②如果制动液液面正常，则检查或更换制动液液面指示开关。

③如果制动液液面指示开关正常，则检查与制动液液面指示开关和制动液液面指示灯相连的所有线束和元件有无开路故障。如果没有开路故障，则检查并更换 ABS&TRC&VSC ECU。

2）横摆率传感器的检查。如果横摆率传感器电路发生任何故障，ABS&TRC&VSC ECU 将关闭 TRC 和 VSC 功能。

横摆率传感器输出信号的检测：

①拆开固定横摆率传感器的两个固定螺栓，拆下横摆率传感器，但不拆开横摆率传感器的导线插接器。

②将手持式测试仪连到检查用插接器 DLC3 上。

③将点火开关转至“ON”，并按下手持式测试仪的主开关（ON），选择“DATA LIST”模式。

④将横摆率传感器与地面垂直放置并绕其中央轴线转动。手持式测试仪上显示的横摆率传感器的横摆率值应随着横摆率传感器的转动发生变化。

横摆率传感器的单件检测：

①安装横摆率传感器及其 2 个固定螺栓。

②将点火开关转至“ON”，在导线插接器处于连接状态下，用万用表电压档测量横摆率传感器的端子 1（YAW）和端子 3（GYAW），以及端子 3 和端子 4（YD）之间的电压。正常时，端子 1 和端子 3 之间的电压应为 2.42 ~ 2.58V；端子 3 和端子 4 之间的电压应为4.5 ~ 5.3V。

3）转向角传感器的检测。如果转向角传感器电路发生任何故障，ABS&TRC&VSC ECU将关闭 TRC 和 VSC 功能。

转向角传感器输出信号的检测：

①将手持式测试仪连接到检查用插接器 DLC3 上。

②将点火开关转至“ON”，并按下手持式测试仪的主开关（ON），选择“DATA LIST”模式。

③当转动转向盘时，检查手持式测试仪上显示的转向角传感器的转向盘转向角值是否变化（正常时，此值必须随着转向盘的转动不断变化）。

转向角传感器的单件检测：

①拆下转向盘下部 2 号和 3 号盖，转向盘护垫以及转向柱上下盖，脱开组合开关导线插接器（用于转向角传感器）。

②将示波器连接到组合开关插接器的端子 3 和端子 6（用于转向角传感器）上，并在端子 1 和端子 2 之间施加蓄电池电压。

③慢慢转动转向盘并检查示波器上的信号波形，如果波形异常，检查转向角传感器的信号圆盘的切口是否损坏或被堵塞，如果正常则更换转向角传感器。

思考题

1）在传统汽车上是否能安装 EHB 线控制动（Brake by-Wire）系统，为什么？

2）在电动式动力转向系统中，如何实现助力转向？

练习题

1. 填空题

1）目前的辅助制动装置包括：________和________、电涡流缓速器、液力缓速器和永磁式缓速器等。

2）发动机缓速器是对行驶中的汽车发动机停止供给________，并将变速器________，使汽车可以通过驱动轮和传动系带动发动机曲轴继续旋转。

3）排气辅助制动系统的基本工作原理是利用设置在________通道内的碟形节流阀来堵塞排气通道并停止________，使发动机在压缩和排气过程中都能压缩________，迫使发动机降低转速，从而实现在短时间内降低车速的目的。

4）电涡流缓速器由转动的________、固定的________和线圈组成。线圈在通电后产生磁场，由于圆盘在这一磁场中转动，因此有电涡流流过，电涡流和磁场间因相互作用而产生制动力矩。

5）液力缓速器的主要零件是________和________，一般安装在变速器处。

6）液力缓速器工作时，汽车通过________和变速器等反带液力缓速器的________转动，固定叶轮通过流动的液体对旋转叶轮产生阻力矩，使汽车缓速。

7）电子驻车制动系统在动态制动模式下，由电子驻车制动系统控制单元通过________控制________使车辆减速。

8）EHB 是一种________系统，它以电子元件替代了部分机械元件，制动踏板不再与________直接相连，完全由液压执行器完成制动操作。

9）EHB 系统主要由________、电控单元（ECU）、________以及一系列的传感器组成。

10）ESP 是一项综合控制技术，整合了________、驱动防滑控制（ASR/TCS）、电子制动力分配（EBV/EBD）、________、发动机牵引力力矩调整（MSR/EBC）等多项电子制动技术，通过对制动系统、发动机管理系统和自动变速器施加控制，防止车辆滑移。

11）ESP 由电控单元（ECU）、________、轮速传感器、________、横/纵向加速度传感器及液压系统等组成，

12）VSC 系统的作用是除 ABS 和 TRC（驱动防滑控制系统）之外，在汽车所有运行方向（________、后退和________）提供有限防护功能，以限制汽车操纵的失控。

2. 问答题

1）发动机缓速器的组成及作用是什么？

2）发动机排气辅助制动装置的组成及作用是什么？

3）电涡流缓速器的组成及作用是什么？

4）液力缓速器的组成及作用是什么？

5）电子驻车制动系统的坡道起步辅助功能工作过程？

6）电子驻车制动系统的动态紧急制动功能工作过程？

7）ESP 的组成及各部分作用是什么？

8）ESP 的控制原理是什么？

9）VSC 系统的组成是什么？

10）VSC 系统的控制原理是什么？

3. 论述题

1）简述电子驻车制动系统能实现的功能。

2）简述典型的博世 ESP 的控制措施。

3）简述 VSC 液压控制装置的结构和工作原理。

4. 故障诊断

1）VSC 系统故障自诊断方法是什么？

2）转向角传感器的检测方法是什么？

3）横摆率传感器的检查方法是什么？

参考文献

[1] 舒华，姚国平．汽车电气设备构造与维修［M］．北京：金盾出版社，2006.
[2] 秦明华．汽车电器与电子技术［M］．北京：北京理工大学出版社，2003.
[3] 舒华，姚国平．汽车电器与电子技术［M］．北京：人民交通出版社，2004.
[4] 冯渊．汽车电子控制技术［M］．北京：机械工业出版社，2001.
[5] 吴际璋，王林超，苏霆．本田飞度车电控无级自动变速器原理与检测（一）［J］．汽车维护与修理，2006（5）：3-6.
[6] 吴际璋，王林超，苏霆．本田飞度车电控无级自动变速器原理与检测（二）［J］．汽车维护与修理，2006（6）：3-5.
[7] 曾显恒，何丽．电子控制技术在汽车底盘中的应用［J］．商品储运与养护，2007（6）：97-99.
[8] 解福泉．丰田汽车电子控制动力转向系统的使用与检修［J］．汽车电器，2006（9）：41-42.
[9] 赵方庚，姜丁，朱先民等．汽车底盘电子控制系统的发展［J］．汽车电器，2003（2）：1-3.
[10] 解福泉．凌志 LS400 汽车电控悬架的使用与检修［J］．公路与汽运，2005（6）：19-21.
[11] 马二从．迈腾车电子驻车制动系统的功能及工作原理［J］．汽车维护与修理，2009（4）：57-59.
[12] 曾银丰．汽车电子制动系统-电子稳定程序 ESP［J］．汽车电器，2008（4）：42-48.
[13] 孟刚．自动变速器的应用与型号含义［J］．工业科技，2006（1）：29-30.
[14] 曹利民．自动变速器动力传递路线分析（二十三）［J］．汽车维修与保养，2008（2）：38-39.
[15] 汤沛，熊永森．提高汽车主动安全性的新技术-辅助制动装置［J］．中国农机化，2008（1）：75-78.
[16] 牛铭奎，高炳钊，葛安林等．双离合器式自动变速器系统［J］．汽车技术，2004（6）：1-3.
[17] 侯波．车辆稳定性（VSC）控制系统及其检修（一）［J］．汽车维护与修理，2003（3）：34-36.
[18] 冯力平．本田飞度轿车 CVT 变速器结构原理与维修［J］．汽车维修，2006（2）：12-13.
[19] 赵建斌，李俊林．POLO 电控液压助力转向系统分析与诊断［J］．汽车电器，2007（9）：41-45.
[20] 成洁．车辆半主动悬架系统及其控制技术［J］．城市车辆，2008（7）：57-59.
[21] 李黎明．大众 01M 型自动变速器解析［J］．汽车维修，2009（7）：45-47.
[22] 吴成位．电子控制悬架系统的原理与检修［J］．公路与汽运，2008（4）：23-27.
[23] 曾显恒，何丽．电子控制技术在汽车底盘中的应用［J］．商品储运与养护，2007（6）：97-99.
[24] 桂鹏程，过学迅，程飞．汽车底盘最新技术的发展现状［J］．上海汽车，2007（11）：36-39.
[25] 张蕾．汽车电子控制技术［M］．北京：清华大学出版社，2009.